역주

목민심서 3

정약용

다산연구회 역주
임형택 교열

창비

3

4

5

6

7

『牧民心書』原文

일러두기

1. 이 책 『역주 목민심서』(전7권)는 1934~38년 신조선사에서 간행한 『여유당전서與猶堂全書』(전 67책冊, 1970년에 경인문화사에서 6책으로 영인본 간행) 중 제5집 정법집政法集의 『목민심서 牧民心書』를 저본으로 한 『역주 목민심서』(전6권, 창작과비평사 1978~1985)의 전면개정판이 다. 전7권 중 국문 번역문은 제1~6권에, 한문 원문은 제7권에 실었다.

2. 원문에 충실한 번역을 원칙으로 하되 독자의 이해를 돕기 위하여 경우에 따라 의역을 하였다.

3. 원저의 지은이 주註는 본문에서 【 】안에 넣었다. 다만 옮긴이의 보충이 필요한 항목은 각주 에서 원주의 내용을 밝히고 추가 설명을 하였다.

4. 인명, 지명, 제도, 중요한 역사적 사실과 용어 등에 대하여 옮긴이의 각주를 붙였다.

5. 『목민심서』의 서술 체제는 강목체綱目體로 되어 있는데 이 책에서는 활자의 색과 크기를 달리 하고 행간을 띄어 강綱과 목目을 구분하였다.

6. 부(예: 제1부 부임 6조), 조(예: 제1조 전정) 등은 원문에는 없지만 이해를 돕기 위하여 붙였다.

7. 원저의 목目 부분에 ○ 기호로 구분지어 서술해놓기도 했는데, 번역문에서 그 부분을 그대로 따랐다. 다만 독자의 편의를 위해 문단을 나누기도 하였다.

8. 원저의 목目 부분에는 소제목이 없지만 독자의 편의를 위해 소제목을 넣기도 하였다.

9. 이 책에 나오는 기호는 다음과 같이 사용하였다.

　　『 』서명을 나타낸다. 서명과 편명을 함께 밝힐 때는 중점으로 구분했다. 예: 『후한서·순리전』

　　「 」편명을 나타낸다. 예: 「순리전」 「호전」

　　〔 〕병기한 한자와 음이 다른 경우, 번역문에 원문을 병기할 때 사용하였다.

　　案 鏞案 臣謹案 정약용 자신의 견해임을 밝힌 표현이다. 鏞案은 존경하는 분의 말씀에 대해, 臣謹案은 임금의 말씀에 대해, 案은 그밖의 일반적인 문제에 대한 견해이다.

제6부 호전 6조

戶典六條

穀簿

환자(還上)¹는 사창社倉이 바뀐 것인데, 곡식을 사고팔지도 않으면서 백성에게는 뼈를 깎는 병폐가 되었다. 이 때문에 백성이 죽어가고 나라가 망하는 사태가 바로 눈앞에 닥쳤다.

『주례周禮·여사旅師²』에 봄에 곡식을 나눠주고 가을에 거두었다고 나와 있으니, 삼대三代 시기에도 환자가 없었던 것은 아니다. 그러나 한나라와 위나라의 제도에는 창고에 비축하는 곡식은 대부분 조적糶糴에 속하여 상평常平³을 위해 쓰거나 균수均輸⁴를 위해 썼으며, 환자법은 흔적도 찾을 수 없다【조적이란 쌀을 사고파는 것을 의미한다. 오늘날 사람들이 환자를 조적이라

---

1 환자(還上): 이두어로 환곡還穀을 가리킴. '환자還子'라고 쓰거나 '조적糶糴'이라고도 일컬었는데 다산은 이런 말들이 잘못이라고 지적하였다.
2 여사旅師: 『주례·지관사도地官司徒』의 편명. 여사는 지관地官에 속하는 관직으로 농민에게 징수한 곡식을 관리하는 업무를 맡았다.
3 상평常平: 상평법常平法. 중국 전한前漢 시대에 설치된 상평창이 그 시초이다. 풍년에 곡식을 구입해 저장해두었다가 흉년에 판매함으로써 곡식의 가격을 안정시키는 정책이었다.
4 균수均輸: 균수법均輸法. 중국 한나라 때 군국郡國의 백성들이 조세 대신 각 지방의 특산물을 납부하면, 이것을 서울 또는 다른 주나 군에서 팔아 가격을 고르게 한 제도. 상평법이 물가의 시간적 평준화를 기한 것이라면 균수법은 장소적 평준화를 기한 것이다.

고 부르는 것은 잘못이다】. 수나라의 장손평長孫平[5]이 홍수나 가뭄에 대비하여 곡식을 저장하는 의창법義倉法[6]을 처음 만들었고, 주자朱子가 이를 다듬어 시행하고 그 명칭을 사창社倉이라 하였다. 요즈음 사람들이 환자를 이 사창으로부터 전해 내려온 제도라고 말하지만, 사창은 곡식을 저장하고 나눠주는 일을 모두 향사鄕社[7]에서 직접 하고【외촌外村에 있다】 관리들은 관여하지 않았다. 이는 백성을 위한 참된 마음에서 나온 것이며 지금의 환곡법과는 하늘과 땅 차이가 있다.

오직 왕안석王安石의 청묘법靑苗法[8]이 진대賑貸[9]라고 하면서 억지로 이자를 취했으니 환자법과 대동소이하다. 청묘법은 돈으로 하였고 환자법은 곡식으로 하지만 실은 마찬가지이다. 백제 때에도 조적이라는 명목이 있었는데, 이것은 곧 한나라와 위나라의 제도를 따른 것이다. 고구려에서는 고국천왕이 처음으로 진대법을 정해 봄에 빌려주었다가 겨울에 돌려받았다. 고려 초에 이창里倉을 설치했다가 성종 때에 의창義倉으로 개칭했는데 우리 조선도 초기부터 그대로 따라 고치지 않았다. 이 법은 당초에 사창을 본떴으나 차차 관고官庫로 변질되었고 지금에 와서는 환자가 된 것이다. 이 법을 만든 본뜻의 반은 백성의 생계를 돕기 위해서였

---

5 장손평長孫平: 중국 수나라 때 사람. 자는 처균處均이다. 탁지상서度支尙書와 공부상서工部尙書 등을 역임하였고 의창을 설치한 것으로 유명하다.
6 의창법義倉法: 중국 수나라 문제 때 장손평의 건의에 따라 만들어졌으며 홍수와 가뭄 등 재해에 대비하여 곡식을 저장하도록 한 구휼제도이다.
7 향사鄕社: 중국의 행정단위로 우리나라의 면에 해당한다.
8 청묘법靑苗法: 농민을 대상으로 한 저리융자제도로 왕안석이 입안하여 시행했다. 농민이 곤궁한 1월과 5월에 5호戶 이상이 연대보증을 서면 현금을 빌려주고 납세 기한이 되면 곡물로 바치게 하였다. 이자는 연간 최고 3할, 보통은 2할이었다.
9 진대賑貸: 빈민구제제도지만 의창처럼 무상으로 곡식을 나누어주는 것이 아니라 빌려주는 것을 말한다.

고, 반은 나라의 경비에 보태기 위해서였다. 어찌 꼭 백성을 착취하고 못살게 만들려는 것이었겠는가. 지금은 폐단 위에 폐단이 쌓이고 문란에 문란이 가중되어 구름과 안개에 휩싸이고 모래에 쓸리고 물결이 출렁이듯 하니, 천하에 따져서 밝혀낼 도리가 없게 되고 말았다. 나라의 경비에 보탬이 되는 것은 기껏 열 가운데 하나요, 각 아문에서 관장하여 자기들의 몫으로 삼는 것은 열 가운데 둘이요, 군현의 아전들이 농간질하여 장삿속으로 이득을 취하는 것이 열 가운데 일곱이다. 백성은 일찍이 한 톨의 곡식도 구경조차 못했음에도 가져다 바치는 쌀이나 좁쌀이 매년 천만을 헤아린다. 이것이 부렴(賦斂, 조세를 걷는 일)이지 무슨 진대이며, 억지로 빼앗는 것이지 무슨 부렴씩이나 되는 것인가. 목민관이 젊어서는 혹 시부詩賦를 공부하고 활쏘기를 익힌다 하면서, 항우項羽와 패공沛公을 다룬 글귀[10]를 지어 부채를 두들기고 뽐내는가 하면, 마작이나 투전 등 노름을 일삼고 도박을 즐긴다. 이보다 낫다는 무리들은 태극원회太極元會[11]의 원리다, 하도낙서河圖洛書의 수리數理다, 혹은 이기理氣와 성정性情의 논쟁으로 천하의 고묘高妙한 이치를 꿰뚫는다 하며 자부한다. 이런 이들은 전제와 세법, 창름(倉廩, 곳간)의 계수에 관해서는 일자반구一字半句도 공부한 적이 없는데 하루아침에 수령으로 뽑아서 귀신같이 간특하고 교활한 무리들 위에 앉혀놓고 "네가 저들의 간교한 행사를 잘 살펴라"라고 한다. 천하에 이런 처사가 있을 수 있겠는가.

---

10 항우項羽와 패공沛公을 다룬 글귀: 과거시험에서 짓는 시詩나 부賦에 항우와 유방의 고사가 허다히 등장하기 때문에 이를 주제로 삼은 글짓기가 유행했다.
11 태극원회太極元會: 중국 북송시대 주돈이周敦頤·소옹邵雍 등이 주장한 우주의 형성 및 변화에 관한 사변적인 이론.

오늘날 환곡의 폐단을 논하는 사대부들은 "가을에 바치는 양곡은 좋은 것으로 많이 내게 하고, 봄에 나누어주는 양곡은 거친 것으로 부족하게 주니 백성에게 몹시 억울한 노릇이다"라고 말하는 데 지나지 않는다. 그리고 아전이 포흠逋欠하는 방식을 저들이 밤에 창고 문을 열어 양곡을 직접 짊어지고 제 집에 가져가는 정도로 인식할 따름이다. 그래서 수령들은 미행을 한답시고 창고를 엿보는 자들이 많다. 아, 이 얼마나 실상과 거리가 먼가. 팔도 중에는 삼남(三南, 충청도·전라도·경상도)의 아전들이 더욱 교활하며, 역대로 오늘날처럼 극심한 때가 없었다. 그 누가 이들의 흉악함을 알겠는가. 본디 한 톨의 양곡도 나누어준 적이 없는데 해마다 한 호당 10섬씩을 거저 바치게 하는 것이다. 슬프다! 백성들이 잠깐이나마 목숨을 부지하고자 한들 가능하겠는가. 옛날과 지금의 법제의 잘잘못에 대해서는 「창름제도」[12]에서 아울러 밝혔으니 여기서는 생략한다.

환자의 병폐는 그 법의 근본이 혼란하기 때문이다. 근본이 어지러운데 그 지엽이 어떻게 잘될 수 있겠는가.

근본이 혼란하다는 것은 무엇인가? 첫째는 환곡의 명목이 어지러운 것이요, 둘째는 관장하는 아문이 어지러운 것이요, 셋째는 석수石數가 어지러운 것이요, 넷째는 모법耗法[13]이 어지러운 것이요, 다섯째는 순법巡

---

12 「창름제도」: 『경세유표經世遺表·지관수제地官修制·창름지저倉廩之儲』 항목을 지칭한 듯하다. 또 다산은 『여유당전서與猶堂全書·시문집詩文集』의 「환향의還餉議」와 「환상론還上論」 등에서도 이 문제를 논하였다.

法[14]이 어지러운 것이요, 여섯째는 분류分留[15]가 어지러운 것이요, 일곱째는 이무移貿[16]가 어지러운 것이요, 여덟째는 정퇴停退[17]가 어지러운 것이다. 이 여덟 가지 어지러움이 폐단을 낳는 큰 줄기요, 여기서 천 갈래 만 갈래로 파생되니 이를 다 지적하고 논할 수는 없다. 무릇 천고千古를 헤아려보더라도 재물을 이런 식으로 운용하고서 나라를 잘 다스린다고 자부한 자는 아직까지 없었다. 백성들이 물과 불 속에서 아우성치고 있거늘 재상으로서 조정에 앉아 '정유구(政由舊, 정사는 옛것을 따라야 한다)' 석 자로 지극한 요체를 삼고 있으니, 슬프다 이를 어찌하랴! ○ 폐단이 비록 이와 같다 해도 무릇 한 고을의 수령으로서 어찌할 수 없는 것은 이 책에서 급하게 다룰 문제가 아니다. 「창름제도」에서 아울러 밝혔으므로 여기서는 모두 생략한다.

조남성趙南星[18]은 「사창의社倉議」에서 이렇게 말하였다. "여섯을 나누어 주고 열을 거두어들이는 것을 '가사加四'라 하는데 어찌 넷만 더 붙이겠는가. 선량하고 연약한 백성은 아전이 그의 곡식을 거두고 장부에서 그의 이름을 빼버려서 한 되 한 홉도 나누어 받지 못하게 된다. 그 밖의 간

---

13 모법耗法: 환곡을 빌려주었다가 돌려받을 때 이자 조로 받아들이는 것.
14 순법巡法: 환곡을 농민에게 나눠줄 때 한 번에 주지 않고 여러 차례로 나누어 지급하는 것. 한 번에 주는 것을 일순一巡이라 함.
15 분류分留: 환곡을 나누어주는 것과 남겨두는 것. 나누어주고 남겨두는 비율은 기관마다 다르게 규정되어 있었는데, 중앙 아문에서는 반은 남겨두고 반은 나누어주는 것을 원칙으로 삼았으며, 지방의 각 기관은 전부 나누어주는 경우가 많았다.
16 이무移貿: 감사가 곡식값이 비싼 고을에다 환곡을 판매하고 싼 고을에서 사들여 채워놓는 것을 이르는 말.
17 정퇴停退: 흉년이 든 해에 환곡을 갚을 기한을 미뤄주는 것을 가리키는 말.
18 조남성趙南星, 1550~1627: 중국 명나라 때 인물. 자는 몽백夢白, 시호는 충의忠毅이다. 이부상서 등을 역임했다. 저서로 『사운史韻』 『학용정설學庸正說』이 있다.

교한 폐단은 여러 사람을 동원해도 다 세기 어렵다. 불교에서 이른바 아비지옥阿鼻地獄, 즉 지옥 가운데 또 무수지옥無數地獄이란 것이 있으니 오늘날의 사창은 이런 따위가 아니겠는가. 열을 바치고는 일곱을 받고 알곡을 바치고는 쭉정이를 받는데, 심한 경우 쭉정이마저도 받지 못한다. 이는 궁한 백성이 되도록 만드는 것이다. 또한 처리하는 데 술과 밥을 접대하는 비용이 들고, 왕래하는 데 도로의 노고가 따르니 이 역시 궁한 백성이 아무 걸리는 것이 없는 것만도 못하다. 아아, 누가 이 법을 쓰는가. 간악한 자인가? 어리석은 자인가? 필시 이 중에 하나일 것이다." 案 조남성의 「사창의」는 전편이 모두 사창의 폐단을 절실히 지적한 내용이다. 아울러 「창름제도」에도 상세하니 여기서는 생략한다.

감사가 장사를 하여 장삿길을 크게 터놓았으니, 수령이 법을 어기는 것은 말할 것도 없다.

감사가 여러 고을에 매달 물가를 보고하도록 하여 곡식값의 오르내림을 상세히 알아 장사꾼 노릇을 한다. 예컨대 벼 1석【15두】이 갑현에서는 시가가 7전錢【엽전 70닢】[19]이고 을현에서는 시가가 1냥 4전【산간 고을과 연해 고을은 풍작과 흉작이 서로 같지 않다】이면, 을현의 벼 2000석을 취하여 팔아서 돈 2800냥을 만들어 그중 반【1400냥】은 훔쳐 자기가 먹고, 나머지 반【1400냥】은 갑현에서 곡식을 사들여 다시 벼 2000석을 만든다. 이른바 이

---

19 7전錢의 전錢은 화폐 단위로 돈[돈]을 뜻하며, 1돈이 엽전 10개이므로 70닢이라 한 것이다. 엽전 1개는 '푼' 또는 '문文'이라고도 했다. 「환향의」에서는 "세속에서는 10전錢을 1전돈이라 한다〔俗以十錢爲一돈〕"라고 하였다.

무移貿, 입본立本,[20] 보속步粟[21]이라 하는 것이다. 감사의 녹봉이 본래 박하
지 않은데도 장사꾼 노릇을 하여 백성의 기름을 짜내고 나라의 명맥을
상하게 만드니 다른 일이야 말할 것이 있겠는가? 한 해에 백만 냥이나
천만 냥의 돈을 축재하면서도 만족할 줄 모르고, 쌀을 파는 고을에서는
값을 올려 돈을 걷고, 쌀을 사는 고을에서는 값을 낮춰 돈을 푸니 백성의
피해가 어찌 이에 그치겠는가? 물가를 보고하는 수령은 감사의 태도를
살펴서 마음속으로 영합하여 곡식을 팔아야 할 고을에서는 높은 값으로
보고하고【시가보다 더 높게 한다】, 곡식을 수매해야 할 고을에서는 으레 낮은
값으로 보고한다【시가보다 더 낮게 한다】. 한 고을에서 이미 감사의 뜻을 받
들었으면 사방의 다른 고을이 책망을 듣고【시가를 보고한 문서를 퇴짜 맞는다】
모두 감사의 뜻에 가장 맞는 값으로 묶어놓으니, 백성의 피해가 어찌 이
에 그치겠는가? 내가 일찍이 암행어사로 나갔을 때 본 일인데, 인근의 대
여섯 고을에서 보고한 물가가 각기 달랐으나 결국 그중에 가장 높은 쪽
을 따르는 것이었다. 이로써 그 사정을 알 수 있었다.

수령이 농간질하여 나머지 이익을 훔치니 아전이
농간질하는 것은 말할 나위도 없다.

수령의 농간질은 또한 그 구멍이 많다. 법을 어긴 것만을 대강 추려도

---

20 입본立本: 장부상에 올라 있는 원래의 전곡 수를 채워놓는 것을 말한다.
21 보속步粟: 곡식이 걸어서 옮겨간다는 말. 이무의 방식으로 비싼 고을에다 곡식을 판매하
   고 싼 고을에서 사들여 채워놓으면, 곡식이 이동하는 현상이 발생하기 때문에 이를 비유
   적으로 표현한 것이다.

그 명목이 여섯 가지가 있다. 1)번질[反作]【反은 음을 번으로, 作은 음을 질로 읽는다】, 2)가분加分, 3)허류虛留, 4)입본立本, 5)증고增估, 6)가집加執이다.

1)번질이란 무엇인가? 겨울이 되어 곡식을 거두는 일【이문吏文에서는 환봉還捧이라 한다】은 본래 연말을 기한으로 삼는데, 아직 거두지 않은 것을 다 거둔 것으로 거짓 문서를 작성해 감사에게 보고한다. 새봄이 되면 환곡을 나누어주지 않았는데도 나누어준 것으로 거짓 문서를 작성해 감사에게 보고한다. 이것을 번질 또는 와환臥還[22]【지난해와 새해에 곡식을 뉘어둔 채 일으키지 않는 것과 같다】이라 한다. 평안도와 황해도의 관례는 와환미臥還米【좁쌀이다】 1석마다 돈 1냥을 토색하는데, 이것을 와환채臥還債라 하여 아전들이 먹기도 하고 수령이 먹기도 한다. 황주黃州의 경우 목사와 절도사가 함께 이 돈을 먹으면서 당연한 것으로 알고 있다【삼남 지방에는 이런 관례가 없다】.

2)가분이란 무엇인가? 이자 조로 받는 모곡耗穀에서 이익을 얻기 위해 응당 보관해야 할 곡식까지 나누어주는 것이다. 법에 창고를 다 털어 나눠준 자는 무기한 정배定配시키고, 보관해야 할 곡식의 절반을[折半留庫][23] 나누어준 자는 도형徒刑 3년에 처하고, 가분하였으나 그 양이 적은 자는 고신告身[24]을 빼앗는다고 하였다【「호전戶典」에 보인다[25]】. 법 규정이 없지 않

22　와환臥還: 수령이 환곡을 나누어주어야 할 시기에 주지 않고 감사에게는 나눠준 것으로 보고하는 것을 말한다. 이런 경우에도 농민에게는 모곡을 징수하는데 이 모곡이 와환채臥還債이다.

23　절반유고折半留庫: 반류반분곡半留半分穀 중에서 분급하지 않고 창고에 유치해두어야 하는 절반의 곡식.

24　고신告身: 관직을 수여할 때 주는 직첩職牒, 즉 지금의 임명장이다. 그러므로 고신을 빼앗는다는 것은 해직을 의미한다.

25　『속대전續大典·호전戶典·창고倉庫』.

은데 어기는 자가 계속 생기는 것은 작은 이익이 있기 때문이다. 백성이 굶주리고 곡식이 적어 구제할 방책이 없을 때에 상급 관청에 보고하고 승인을 얻어 가분하는 것은 관대히 봐줄 수 있다. 그러나 이 역시 어사가 적발하면 수령은 오히려 죄를 면치 못하기 때문에 법을 두려워하는 자로서는 할 바가 못 된다. 요즘에는 감영의 곡식을 온통 다 나눠주고 있다. 위가 흐리니 아래가 더러워지는 것은 막을 도리가 없다.

3)허류란 무엇인가? 전관前官이 아전의 포흠을 덮어둔 채 인계하여 모두가 허위 기록인데 나 또한 꺼려서 적발하지 않거나, 혹은 사정에 어두워 환곡 장부가 무엇이며, 관청의 물건을 사사로이 쓴 것이 어떤 것인지를 모른다. 철마다 감영에 보고하는 장부에는 분명히 남아 있는 곡식이 몇 석이라고 되어 있으나 창고 안은 텅 비어 아무것도 없다. 비변사낭청備邊司郞廳[26]이 부정을 적발하거나 감영의 비장과 아전이 이를 적발하더라도 이미 뇌물 거래가 일반화되어 있어, 허물을 잡아내지 않고 그대로 덮어두니 마침내 고질이 되었다. 여러 고을의 환곡 장부가 온통 허위 기록이어서 법대로 빗질해 가려내면 열 가운데 일고여덟은 모자랄 것이다. 나라 살림을 생각하면 참으로 통탄할 일이다. 법전[27]에 "장부를 허위로 기록한 자는 도형 3년에 정배, 또는 금고禁錮 5년에【10석 이하일 때는 죄를 주지 않는다】처하고, 후임자로서 전관의 부정을 덮어둔 자와 수령이 오랫동안 부임지를 떠나 있어 대신 다스린 이웃 고을의 수령도 도형과 정배에 처하며, 사면의 혜택을 받지 못한다"라고 되어 있다【「호전」에 보인다】. 법이 있음에도 어기는 자가 계속 생기는 까닭은 일찍이 법대로 시행되지 않았

---

26 비변사낭청備邊司郞廳: 비변사에 속한 종6품 관직으로 인원은 12명.
27 『속대전·호전·창고』.

기 때문이다. 근래에는 아전이 관청의 물건을 사사로이 쓴 것을 엄중히 적발하고는 되레 뇌물을 받아먹고 덮어주는 수령이 많으니 장차 어찌할 것인가.

4)입본이란 무엇인가? 혹 가을이 되면 돈을 손에 쥐고 그 이익을 먼저 훔치기도 하고, 혹 봄이 되어 돈을 지급한 다음에 그 이익을 거두기도 한다. 보리 또한 그러하니, 이것이 바로 수령이 법을 어기지 않으면서 하는 요판(料販, 요령껏 운영하여 이익을 남기는 것)이다. 가을이 되어 돈을 거두는데 있어서, 가령 갑년甲年에 흉년이 들어 환조還租 1석【쩛지 않은 벼 15말이다】에 시가가 2냥이면 벼 대신 돈으로 거두니【2냥을 거둔다】백성들 또한 좋아한다. 을년乙年 봄에 바야흐로 백성이 굶주리고 곤란하면, 관에서 "올 가을에 풍년이 들면 1석의 벼가 1냥에 지나지 않을 것이니, 너희는 지금 돈으로 받고 가을을 기다려 벼로 바치면 좋지 않겠느냐"라고 명령을 내리면 백성들도 좋아한다. 이러는 동안에 이익이 1냥이 되어, 만약 1000석을 가지고 있으면 이익이 1000냥이 되니, 이것이 이른바 입본이다. 관이 얻은 것은 비록 1냥에 그치지만, 백성이 잃은 것은 2냥이 된다. 왜 그런가? 갑년 가을에 쌀값이 2냥이면 을년 봄에는 값이 올라 으레 3냥에 이른다【봄이 되면 시세가 오른다】. 3냥일 때 1냥만 받았으니 2냥을 잃은 것이다. 분명 돈 2냥을 잃었는데도 가을이 되면 받은 돈을 기꺼이 바치고 봄이 되면 또한 기꺼이 받으니, 백성이란 참으로 가련하다. ○ 봄에 관에서 백성에게 돈을 나눠주는 경우, 봄에는 돈의 가치가 극히 낮고 창고의 곡식은 상태가 아주 나빠 백성이 받기를 싫어하므로, 관에서는 그것을 알고서 주어야 할 액수의 반만 백성들에게 나눠주고【쌀값의 시가가 1냥이면 5전을 준다】, 가을에 돈을 돌려받을 때에는 원래의 가격대로 거두어들이니【봄에

5전을 주고 가을에 1냥으로 거둔다】 남는 것이 그 반이다【1석마다 5전을 남긴다】. 그리하여 본래 상태가 나쁜 곡식이 또 창고 안에서 묵어【봄에 나누어주지도 않고 가을에 새 곡식으로 바꿔놓지 않는다】 끝내는 흙처럼 되는데 그다음 해 봄이 되면 흙처럼 된 곡식을 나누어준다. ○ 보리 환곡은 마땅히 늦가을에 나눠주어 종자로 쓰게 하고, 또 마땅히 이른 봄에 나눠주어 궁핍을 덜어주어야 한다. 그런데 아전이 수령에게 말해 창고를 닫고 곡식을 방출하지 않은 채 보리농사를 보고 있다가 망종芒種 8~9일 전에 이르러 풍작과 흉작이 이미 가려지게 된 때에 만약 보리가 흉작이면 끝내 창고를 닫아두고 만약 풍작이면 그때 비로소 나누어준다. 백성은 이미 수확한 풋보리를 먹고 있으니 누가 창고의 보리를 받으려 하겠는가? 그러면 이에 관에서는 보리 장사를 하는데, 보리 1석마다 가격을 3전【30닢】으로 결정하여 돈으로 나누어준다. 추곡이 흉작이라 보리 가격이 오르면 창고를 열어 보리를 내는데, 그 보리가 경기와 호서 지방에 나도니 이익이 몇 배나 된다. 만약 보리농사가 흉작이라 묵은 보리를 이미 봉해두었는데 새 보리가 또 들어오면, 묵은 보리를 적당히 종자로 나누어주고 새 보리는 저장해두었다가 장사를 도모한다. 봄에 정례대로 나눠줄 때에는 돈으로 하되, 1석의 값은 5전에 지나지 않는다. 여름이 되면 보리를 거두어 입본을 하는데, 이것은 모두 요즘 수령이 관례에 따라 응당 하는 일로 되어 있다.

  5)증고란 무엇인가? 감사가 어떤 관아에 통상적인 비율에 따라〔詳定例〕[28] 돈으로 걷으라는〔作錢〕 공문을 보내왔다. 통상적인 비율이 쌀 1석에 3냥이고, 벼〔租〕【나락을 찧지 않은 것】는 1석에 1냥 2전인데 현재 그 고을의

---

28 상정례詳定例: 일종의 시행 규례로 여기서는 대동법을 시행할 때 화폐와 각종 곡물 간의 환산 비율을 정한 것을 말한다.

시가가 쌀 1석이 5냥이고 벼 1석이 2냥이면, 시가로 백성에게 징수하고는 통상적인 비율대로 상급 관청에 바쳐 그 차익을 자기 주머니에 넣는다【쌀 2000석을 1석마다 2냥씩 훔치면 4000냥이 된다】. 이를 증고라 한다. 그러나 감사가 통상적인 비율에 따라 돈을 걷는 일 또한 드무니, 매번 시가대로 돈을 걷어 감사가 이익을 차지하면, 수령은 그 이득에 끼지도 못한다. 혹 시가가 헐할 때라야 통상적인 비율에 따라 돈을 걷는다.

6)가집이란 무엇인가? 앞에 살핀 바대로 어떤 관청의 곡식에 대해 감사는 2000석만을 돈으로 걷도록 허가했는데, 수령이 2000석을 더하여 통틀어 4000석을 돈으로 대신 징수한다. 이미 통상적인 비율로 바친 데 따른 차액을 훔치고, 또 가집의 본전을 취하여 그 이듬해 봄에 3냥을 환곡으로 집집마다 나눠주고 가을을 기다려 쌀을 거두어 그것으로 입본하니, 1석마다 2냥이 또 남는다. 2000석을 추가로 징수하면 그 이익이 4000냥이다. ○ 감사가 공문을 띄워 감영의 모곡〔營耗米〕 1000석을 돈으로 걷으라고 하면, 수령이 이에 또 2000석을 더하여 통틀어 3000석을 돈으로 대신 징수하되 한결같이 시가에 따르고, 그다음 해 봄에 그 5분의 3을 백성에게 나눠주었다가 가을을 기다려 입본한다. 이와 같은 방법으로 그 차액을 훔치는 것이다. 이 또한 요즘 수령이 관례에 따라 응당 하는 것으로 되어 있다.

가경嘉慶 무오년(1798)에 선대왕(정조)이 호남 선비들에게 낸 책문策問에서 환자의 폐단에 대해 다음과 같이 물었다. "나라를 이롭게 한다는 것이 나라를 병들게 하고 사람을 기른다는 것이 사람을 해치게 되었다. 연해 고을에 쌓인 곡식은 발이 없는데도 산간 고을로 가서 쌓으며, 작년에 받은 것이 쭉정이여서 찧지도 않았는데 금년에 좋은 쌀을 요구하며, 족징 族徵[29]을 금하는데도 일가친척뿐만 아니라 이웃에게까지 거두고 있다. 억배抑配[30]하는 것도 죄가 되는데 억지로 배당할 뿐만 아니라 혹 터무니없이 거두어들이기도 한다. 한번 모곡의 산매散賣[31]가 있으면 공무를 핑계로 요관하는 자가 나오고, 한번 진정賑政[32]의 시행이 있으면 협잡과 사기로써 농간 부리는 자가 많다. 심한 경우에는 입본하는 벼(租)에 대해 영읍營邑에서는 알지도 못하며, 정퇴한 곡식은 쭉정이와 알곡이 뒤섞여 있고, 민역民役과 읍용邑用에 있어서 먼저 창고 장부에서 유용을 하고 추수가 끝난 뒤에 곱으로 징수한다. 조미漕米와 결전結錢은 시가에 맞추되 겨울 동안에는 허류虛留가 되게 만들고, 곡식의 명목이 바뀌면서 아문에서 서로 기록하는 중에 아전의 농간이 몰래 이루어지게 된다. 창고에 축난 것이 드러나서 촌락이 착취를 당하니 백성들의 형편이 날로 지탱하기 어려워간다. 선급미船給米는 나눠준 양과 남아 있는 양이 분명치 않고 성향城餉[33]은 운반한 것과 남겨둔 양이 일정하지 않으며, 나리포羅里舖를 자주 옮김으로 해서 시책상의 변덕이 너무 잦다. 제민창濟民倉[34]을 도로 폐지하는 것은 득실이 어떠한가? 영문의 곡식은 불어나는데 삼사三司의 곡식[35]

---

29 족징族徵: 전세田稅·군역軍役·환곡還穀 따위의 부담을 진 사람이 갚지 못할 때에 그의 일족에게 책임을 전가하여 대신 부담시키는 것을 말한다.

30 억배抑配: 환곡은 농민의 일시적 곤궁을 구제한다는 명분으로 제도화된 것이기 때문에 농민의 요구가 있을 때 나누어주는 것이 원칙이지만 조선 후기에 이르면 이자를 받기 위해 억지로 배당하는 경우가 일반적이었다. 이와 같이 강제로 배당하는 것을 억배라 한다.

31 산매散賣: 작은 단위로 나누어 파는 것, 즉 소매와 같은 말.

32 진정賑政: 농민의 양식이 모자랄 때 국가가 곡식을 나누어주어 구제하는 정사.

33 성향城餉: 산성山城의 군량곡.

34 제민창濟民倉: 영조 39년(1763)에 홍봉한洪鳳漢의 주창으로 북방의 교제창交濟倉과 마찬가지로 남방의 여러 지역에 설치한 창고를 제민창이라고 불렀다. 제민창에 보관된 곡식을 춘궁기에 농민에게 저리로 대여하였다가 추수기에 환수하였다.

35 삼사三司의 곡식: 원회곡元會穀(군자곡軍資穀·창원곡倉元穀·호조곡戶曹穀이라고도 함)·상

은 점점 줄어드니 곡식을 전부 나눠주는 일[盡分]의 폐단이 고질화되었다. 관수官需가 축적되어 있음에도 환미還米의 수요는 점점 넓어지고 있으니 잉봉仍捧【관례대로 받아들임】의 피해가 절박하다. 장차 무슨 방도로 이 모든 문제를 조정할 수 있겠는가?"[臣謹案] 연안 고을에 쌓인 그 많은 곡식이 발이 없어도 산간 고을로 돌아간다는 것은 감사가 돈으로 집행하여 입본하는 것을 말함이요, 모곡을 산매함에 있어서 공무를 빙자하여 요판한다는 것은 수령이 가집하고 증고함을 말하는 것이다.

윗물이 흐린데 아랫물이 맑기 어렵다. 아전이 농간을 부리는 일에 온갖 방법을 쓰고 귀신같이 간활한데 밝게 살피지 못하고 있다.

아전이 농간을 부리는 데는 천 가지 방법과 백 가지 계책을 다 써서 구멍이 수없이 많은데, 그 이름으로는 대략 12가지가 있다. 1)번질[反作], 2)입본立本, 3)가집加執, 4)암류暗留, 5)반백半白, 6)분석分石, 7)집신執新, 8)탄정呑停, 9)세전稅轉, 10)요합徭合, 11)사혼私混, 12)채륵債勒이다. 이것은 모두 붓끝에서 놀아나고 주판을 굴리는 대로 돌아가는 것이다. 구름과 안개같이 변하고 물결이 출렁이듯 모래가 쌓이듯 하니, 공수龔遂와 황패黃覇도 능히 살피지 못할 것이요, 양염楊炎[36]과 유안劉晏[37]이라도 능히 다스리지 못할 것이다. 수령으로서 이런 일을 겪어보지 않은 자가 어떻게 그 농간을 밝혀내겠는가.

진곡·常賑穀 및 비변사備邊司가 담당한 환곡을 말함(『만기요람萬機要覽·재용財用·조적糶糴』 참조).

1)번질이란 이런 것이다. 겨울철이 되어 환곡을 수납할 때에 수납을 다 끝내지 못한 것은 아전이 포흠하는 것이다. 가난한 백성의 집에는 항아리와 단지가 모두 비어 있고, 쌀 한 줌이라도 거두지 않은 것이 없을 텐데 결국 번질은 누구 때문인가. 10월에 창고 문을 열 때 아전이 포흠한 것이 아직도 감춰져 있는데 연말에 이르러 수리首吏가 이렇게 말한다. "어느 아전은 이제 쌀 500석이 나올 곳이 없습니다. 만약 이를 잡아내면 거말居末【한 도에서 환곡 수납을 마치고 창고 문을 봉하는 것[封庫]을 제일 늦게 하는 것을 말한다. 법전[38]에 "거말한 자는 영문營門에서 장형을 받는다"라고 되어 있다】을 면치 못할 것이니 먼저 문서를 꾸며서 감영에 올리고 천천히 거둘 것을 의논하면 별일이 없을 것입니다." 수령이 그 말을 충직한 것으로 여기고 머리를 끄덕이면서 하라는 대로 하니 이것이야말로 번질이 매년 계속되는 까닭이다. 아전이 참으로 충직하다면 8월 추수가 시작될 때에 아전이 포흠하여 숨긴 것을 어찌 먼저 보고하지 않았겠는가. 처음 창고 문을 열 때에 마땅히 아전의 포흠을 기록하는 장부를 따로 만들고, 매일 거둔 것을 기록하여 일계부日計簿를 만들고, 몸과 마음을 다하여 이 일을 감독하면 어찌 반드시 번질이 일어나겠는가. ○황해도와 평안도의 번질은 혹 백성이 창고에서 멀리 살거나 혹 곡식값이 평년보다 높은 경우, 백성이 관에 환곡을 바칠 때는 되에 넘치게 받는 폐해가 있고 백성이 환곡을 받을 때

---

36 양염楊炎, 727~781 : 중국 당나라 덕종德宗 때 재상. 자는 공남公南이다. 문하시랑門下侍郎, 동중서문하평장사同中書門下平章事 등을 역임했다. 종래의 균전조용조법均田租庸調法에 의한 인두세人頭稅 중심의 세제를 개혁하여 재정을 안정시키는 데 크게 기여하였다.

37 유안劉晏, ?~780 : 중국 당나라 때 사람. 자는 사안士安이다. 이부상서吏部尙書·동평장사同平章事 겸 강회상평사江淮常平使를 지냈고 안록산의 난 때 재물을 잘 관리하여 명성을 날렸다.

38 『속대전·호전·창고』.

는 겨를 섞는 폐단이 있어서, 백성과 아전이 의논하여 환곡을 그대로 뉘어둔 채 바치지 않고 좁쌀 1석마다 1냥〔조 1석은 5전이다〕을 바치니 이것을 와환채라고 한다. 이것 또한 번질을 하기에 유리한 경우이다. 내가 곡산에 있을 때 가을에 "무릇 와환채를 내는 자는 관에서 마땅히 가려내어 연말에 환곡을 다시 징수하되, 아전은 다스리지 않고 와환채를 낸 자만을 다스리겠다"라고 거듭 명령을 내리고 신칙하니 드디어 어기는 백성이 없었다.

2) 입본이란 이런 것이다. 아전이 장차 입본하려고 할 때에는 먼저 그 수령을 꾀어내는데, 창문 앞에 엎드려 달콤한 말로 비밀스럽게 아뢴다. 수령이 이에 귀를 기울여 묘책이라고 생각하고 드디어 이 아전을 충직한 사람이라 믿어 마침내 그의 말대로 하게 된다. 아전은 뜻을 이루고, 물러가서는 창리倉吏가 된다. 수령이 이미 굽혔으니 나 혼자만 깨끗할 수 있겠는가. 수령이 1000석을 입본하면 나도 1000석을 입본할 것이요, 수령이 먹은 것이 썩은 생선〔鮑魚〕[39]이 되어 내 몸에서 나는 냄새와 뒤섞이니 그 누가 가려내겠는가. 어느 고을에서 가집한 몇 섬이 썩은 생선 냄새를 풍기고 어느 날에 가반加頒[40]한 몇 냥이 썩은 생선 냄새를 풍긴다. 수령이 비록 어리석지 않다 하더라도 어떻게 알아내겠는가.

3) 가집이란 무엇인가? 아전이 수령을 꾀어서 가집하게 한 것을 일컬어 관가官加라 하고〔앞 조목에 나와 있다〕 아전이 수령을 속여서 밑에서 가집한 것을 일컬어 이가吏加라 한다. 감영에서 2000석을 작전作錢하는데 수령이

---

39 포어鮑魚: 비리나 실체를 은폐하기 위한 도구. 진시황이 객지에서 사망하자 측근들이 시신을 운반하면서 악취를 숨길 목적으로 시신 위에 썩은 생선을 덮었다는 고사에서 온 말.
40 가반加頒: 규정 이상으로 더 나누어줌.

1000석을 가집하면 아전은 그 사이에서 또 800석을 가집하여 여러 마을에 배당한다. 아무개 집에 몇 두, 아무개 집에 몇 두 하는 식으로 조목조목 계산하면 충분히 10석이 되는데 장부의 끝에 적혀 있는 총수는 8석에 지나지 않으니, 수령이 비록 밝게 살핀다고 하여도 그 끝에 적혀 있는 수만 보고 계산하니 무엇으로써 밝혀내겠는가. 무릇 감영에서 작전하라는 관문關文이 도착하면 수령은 마땅히 그 숫자대로 민호에 분배할 것이다【가령 2000석을 4000호에 나누면 1호당 내야 할 분량은 반 석이 된다】. 이에 여러 마을의 총 호수를 보아서 어느 마을은 8석에 대한 돈을 내도록 하고 어느 마을은 10석에 대한 돈을 내도록 하는데 다만 그 총수를 알리고 오직 매 호에 몇 두씩이라고만 말할 뿐이요, 처음부터 호구별로 조목조목 나열한 장부를 내려보내지 않으면, 백성들이 자기 마을에서 스스로 능히 쪼개어서 차질이 없을 것이다.

4)암류란 나눠줘야 할 것을 나눠주지 않는 것이다. 곡식값이 오를 기미가 있으면 아전과 수령이 의논하여 나눠주지 않고 놓아두었다가 시가가 올라간 뒤에 팔아먹는다. 곡식값이 바야흐로 내려가면 아전과 백성이 의논하여 나누어주지 않은 채 놓아두고 싼값으로 쌀을 사들여서 천천히 뒷날의 이익을 도모하고 다만 나누어주었다는 문서를 꾸며 상급 관청에 보고한다. 이것을 암류라 부른다. 환곡을 나눠주는 일이 끝나고 나서 수령이 몸소 창고 안을 살펴보니 아직도 많은 곡식이 있어 의심이 나서 물어보면 아전이 이렇게 말한다. "소인이 곡식이 축날까 두려워서 거둔 색락미色落米[41]를 모두 창고 안에 저장해둔 것이 여기 남은 곡식 섬들입니

---

41 색락미色落米: 간색미와 낙정미.

다." 수령은 그 말을 믿고 아전을 충직하다고 여기니 크게 잘못된 것이다. 일찍이 서도 지방의 한 군수가 이 물건을 보고 의심하여 물으니 아전의 대답이 앞의 것과 같았다. 수령이 "거짓말이다. 가히 의심스러운 물건이다"라고 하며 드디어 관에 귀속시켰다. 탐냈다면 탐냈다고 할 수 있겠으나 어두워서 그런 것이라고는 말할 수 없다. ○ 이른바 암류해둔 곡식은 겨울이 되면 반드시 모축耗縮[42]을 거두는데 곡식 1석마다 모조耗條가 1두 5승이고 색락色落이 1두 5승【간색미看色米 3승, 낙정미落庭米 5승이 비록 법례라고 하지만 간색미 5승, 낙정미 1두가 드디어 잘못된 관습이 되었다】이며, 타섬打苫의 비용[43]이 2승을 밑돌지 않고 창고 안에서 축나는 것이 5두를 밑돌지 않는다【분석分石[44] 때문이다】. 이를 모두 합하여 모축이라고 부르는 것이 매양 7~8두가 되는데 그것을 이 고을 백성에게서 징수한다【백성이 본디 보관해두도록 원했기 때문이다】.

5)반백은 천하에 억울한 것이다. 반 섬의 곡식을 아전이 이유 없이 훔치고 반 섬의 곡식을 백성이 이유 없이 바치는 것을 말한다. 환곡을 나누어줄 시기가 될 때마다 세력 있는 아전과 재물 있는 아전이 마을의 유력자를 불러서 유인하기를 "너희 마을이 받아야 할 환곡은 40석인데 창고 안에서 축나고 겨와 쭉정이가 섞여 있어서 받아다가 키질하면 20석이 못 될 것인 데다가【반이 줄어든다】, 왕래하고 받아가는 데 이틀의 날품을 버리게 되고 간색미·낙정미·모곡·타섬미【섬질하는 것이다】에 몇 말의 비용

---

42 모축耗縮: 모조耗條, 간색미, 낙정미 등 창고에서 축이 났다고 하여 백성에게서 거두는 모든 명목의 곡식을 합한 것이다.
43 타섬打苫의 비용: 세곡을 거두어 섬으로 만들 때 축나는 것을 보충하기 위한 쌀. 타석미打石米와 같음(2권 344면 주 33참조).
44 분석分石: 쌀에 겨를 섞어 한 섬을 두 섬으로 만드는 것.

이 늘어날 것이니 무슨 이익이 있겠는가. 나에게 한 가지 방책이 있는데 너희들에게는 어떻겠는가?" 하고 말한다. 마을 유력자가 "뭡니까? 하라는 대로 따르겠습니다"라고 하면 아전은 이렇게 말한다. "내가 마침 춘궁기를 당하였으니 어찌 조그만 손해를 피하겠는가. 그 40석을 모두 나에게 주면 내가 그것을 먹고 가을이 되어 너희가 그 반[20석]을 바치고 내가 그 반을 바치면 좋지 않겠는가. 간색미·낙정미·모곡·타섬미를 내가 부담하면 내가 바치는 것은 그 반이 넘을 것이다."【자기가 바치는 것이 백성보다 많다는 말이다】 유력자는 "좋습니다. 감히 따르지 않겠습니까?"라고 한다. 계약 문서〔券契〕【시속에서는 수기手記라 한다】를 작성하고 나면 유력자는 돌아가고 또 다른 유력자를 불러서 이와 같이 약정한다. 마을 10곳과 약정을 하면 아전은 모두 곡식 400석을 얻는다. 이에 바로 창고 문을 열어서 알차고 축나지 않은 곡식 섬을 골라 200석을 가지고 나와서 드디어 그것을 착복하고【그 반을 착복한다】 200석은 그대로 묵혀둔다【그 반은 남겨둔다】. 가을이 되어 창고를 열 때에 곡식 10여 석만을 준비해서 겨와 쭉정이를 섞어 40석을 만들고, 모조耗條【400석에 대한 이자 조의 모곡이다】라는 명목으로 창고 안에 넣으면【아전은 색락미와 타석미를 바치지 않는다】 마을 10곳의 백성은 일찍이 곡식 껍질조차 꿈에도 구경하지 못했는데 스스로 곡식 200석을 마련하여 창고 안에다 바친다【그 반을 바친다】. 아전은 440석의 자문尺文【곡식을 돌려받았다는 수표手標이다】을 백성들에게 나누어준다. 백성은 감사하며 "어른의 신실하심은 털끝만큼도 어긋남이 없습니다. 내년에도 다시 은혜를 베풀어주시기 바랍니다"라고 하니 이것을 반백이라고 부른다. 아전으로서 이런 일을 하는 자가 5~6명이고, 한 명이 400~500석, 많은 경우에는 600~700석을 먹는다. 한 톨의 곡식이라도 민호에 들어간 것이 있었겠는

가. 이런 방법이 나온 것은 이제 불과 10여 년도 채 안 되었으며 처음에는 몇 고을에서만 행해지다가 지금은 한 도에 두루 퍼졌다. 아아! 폐단이 여기에 이르렀는데도 재상과 감사는 팔짱을 낀 채 뻔히 보면서도 바로잡지 않으니 장차 어찌할 것인가.

6)분석이란 흘러내려온 옛 법이다. 내가 처음에 강진으로 귀양 가서 읍내 주막에 거처를 정하고 있었는데 주모가 키질한 데서 나온 겨와 쭉정이를 따로 모아서 한곳에 쌓아두는 것을 보았다. 내가 무엇에 쓸 것이냐고 물었더니, 주모는 "창리가 민가에 미리 돈을 나누어주고 이것을 거두어 갑니다. 어디에 쓰는지는 새삼스럽게 말해서 무얼 하겠습니까"라고 말하고서 낄낄대고 웃는 것이었다. 그 후 다산茶山⁴⁵에 있을 때에 창리의 아우가 갯마을을 돌아다니면서 돼지먹이로나 들어갈 겨 수백 섬을 사간다는 말을 들었는데 이 또한 분석을 하려는 것이다. 아전이 곡식을 거두는 날에, 까불고 불린 알곡을 멱서리가 불룩하도록 받고 창고에 넣어 봉한 뒤에 밤이 되면 촛불을 들고 창고에 들어가서는 곡식을 꺼내어 겨를 섞어서 드디어 1석을 나누어서 2석으로 만들고 심한 경우에는 3석, 4석을 만들어서 원래의 숫자를 채우고 온전한 알곡 섬은 훔쳐서 자기 집으로 가져간다. 이것을 일컬어 분석이라 한다. 그러나 큰 도둑놈들은 바로 온전한 알곡을 섬째로 팔아서 입본을 하지 꼭 분석을 하지는 않으며, 도리어 분석하는 자들을 좀도둑이라고 비웃는다.

7)집신이란 무엇인가? 번질·입본·가집·암류를 하면 묵은 곡식을 나

---

45 다산茶山: 정약용은 강진 유배 시절 후반기에 귤동의 윤씨 마을에서 생활했다. 귤동 뒷산의 별칭이 다산이었으며, 그곳에 있는 다산초당에서 주로 거처했다. 그의 다산이란 호는 여기에서 유래한 것이다.

누어주지 않고 묵히고 묵혀서 이미 썩고 쭉정이[『춘추좌전春秋左傳』에는 벌레 먹은 곡식 쭉정이를 '고蠱'라 한다고 나와 있다]가 된 다음에라야 백성에게 나누어주는데 아전이 집행하는 것은 모두 새 곡식이다. 묵은 곡식을 새 곡식으로 바꾸니 백성이 아무리 원망한다고 한들 수령에게 어떻게 그 원망이 들리겠는가. ○ 무릇 곡식을 나누어주는 날에는 반드시 해당 아전에게 미리 상급 관청에 보고할 서류의 초안을 잡도록 하여 오늘 나누어줄 곡식이 본디 묵은 곡식은 몇 섬이고 새 곡식은 몇 섬인지를 파악한다. 그런 다음 창리에게 먼저 묵은 곡식을 꺼내게 하고 시노侍奴[곧 급창及唱이다]로 하여금 왼손에는 구기[46]를 들고 오른손에는 색대[兒管][태兒는 예銳, 즉 날카로운 것이다. 대통 하나를 잘라서 날카롭게 만들고 곡식을 담은 먹서리를 찌르면 곡식 한 줌이 대통 속으로 들어간다]를 들고 창고 문 옆에 서 있게 한다. 백성이 곡식 섬을 지고 나올 때마다 찔러서 쌀을 빼내어 구기에 쏟게 한다. 만약 새 곡식 낟알이 묵은 곡식 가운데 섞여 있으면 곧 창고 안에 도로 넣게 한다. 구기에 든 곡식을 쏟아버린 다음 새로 색대의 곡식을 받는데 마당에 내어놓은 묵은 곡식이 본래의 수량에 맞으면 한쪽에 쌓아둔다. 그런 다음 창리에게 새 곡식을 꺼내게 하고 시노로 하여금 전과 같이 색대질을 하게 하는데 만약 묵은 곡식 낟알이 새 곡식에 섞여 있으면 창고 안에 다시 넣게 하되 앞에서 한 방법과 같이 할 것이다. 마당에 내어놓은 새 곡식이 이미 수량에 맞으면 한쪽에 쌓아둔 다음 시노에게 구기를 가져오게 하여 만약 묵은 낟알이 새 곡식 가운데 섞여 들어 있으면 곧 시노를 죄줄 것이다. 현장에서 새 곡식으로 바꿔치기하는 것을 조사하여 가려내기

---

46 구기: 두자杓子. 국자 비슷한 기구.

를 이와 같이 하면 아전이 썩은 곡식을 백성에게 나누어주는 일은 없을 것이다. 내가 곡산부사로 있을 적에 늘 이 방법을 썼더니 세력 있는 아전 이갑팽李甲彭이 북창北倉에 저장해둔 묵은 콩 500석을 꺼내어 나누어주려고 했지만 번번이 걸려서 도로 창고에 집어넣었고 3년이 되도록 나누어주지 못하게 되자 마침내 삭아서 밭에 거름으로 썼다고 한다.

8)탄정이란 세상에 가장 원통한 것이다. 크게 흉년이 든 해에도 연말에 이르러서야 비로소 조정에서는 환곡을 갚을 기한을 미루라는[停退] 영을 내린다. 노회한 아전은 미리 짐작하고 민간에서 곡식을 거둬들이는 일을 배나 급히 서두르고 수령을 눈앞에서 속여 백성들을 마구 매질하며 몰래 향갑鄕甲【풍헌과 약정】 등에게 부탁하여 혹독하게 뒤져서 거둬들인다. 동짓달 그믐이 되어 이미 수납이 끝나면 오직 유력한 아전이 요판한 것과 허랑한 아전이 포흠한 숫자만이 허액虛額[47]으로 기다린다. 감영의 관문이 이미 도착한 다음에 그 아전이 수령에게 아뢰기를 "외촌에서는 이미 다 거둬들였는데 읍중邑中에서 못 거둔 것이 아직도 이렇게 많습니다. 꼴찌가 되는 화를 면치 못하게 생겼는데 하늘에서 행운을 내려 이와 같이 정퇴령停退令이 내렸으니 우리 고을은 이제 무사하게 되었습니다"라고 한다. 수령 또한 기뻐하며 벼슬살이에 운이 좋은 것으로 여긴다. 아전이 하라는 대로 따라서 드디어 아전이 요판한 것과 포흠한 것으로 이 정퇴한 액수를 충당하니, 백성에게는 정퇴의 혜택이 한 톨도 미치지 않는다. 아! 원통하구나. 우리 임금은 부모요 우리 백성은 자녀이다. 부모가 자녀를 불쌍히 여겨 이 정퇴령을 내렸거늘 그 사이에 가로놓인 것이 있

---

47 허액虛額: 실제로는 없으면서 장부상에만 올라 있는 액수.

어 백성을 사랑하는 은혜를 막으니 어찌 슬프지 아니한가. ○ 정퇴하는
법은 반드시 몇 등급으로 나눈다. 1등급은 미루지 않고【어느 정도 충실한 고
을】, 2등급은 조금 미루어주고【그다음 고을은 4분의 1을 미루어준다】, 3등급은 더
미루어주고【더 심한 고을은 3분의 1을 미루어준다】, 4등급은 절반을 미루어준다
【가장 심한 고을은 그 반을 정퇴한다】. 노회한 아전은 셈해보아서 본 고을의 정
퇴가 마땅히 어느 등급에 들어갈 것인가를 미리 알고 아전이 요판한 것
과 포흠한 것을 이 액수에 배정해놓고 기다리는 것이다. ○ 한층 더 간악
한 자가 또 있으니 혹 정퇴령이 이미 일찍 내려지면 아전이 유창油牕[48]
밑에서 남몰래 고하기를 "지금 민력民力이 크게 군색한 지경에는 이르지
않았는데 만약 이 조정의 영이 일찍 알려지면 곤궁하지 않은 백성들 또
한 바치려고 하지 않을 것입니다. 그러면 내년 봄의 구휼하는 일은 장차
어떻게 손을 쓰겠습니까?"라고 한다. 수령은 흡족히 여겨 좋다고 말하고
는 드디어 조정의 명령을 숨긴 채 더욱더 매질을 하고 대대적으로 검독
檢督을 보내어서 성화같이 서두른다. 백성의 수납이 이미 끝난 뒤에라야
조정의 영을 알린다. 그리고서 거두어놓은 것을 정퇴로 돌려, 그것을 높
은 값으로 팔아 아전과 함께 나누어 먹는다. 그 이듬해 봄에는 약간의 돈
을 풀어서 수령이 먹은 것을 입본해두고【벼 1석마다 불과 1냥을 지출한다】아전
이 먹은 것은 그냥 두었다가 탕감의 은혜를 기다린다. ○ 정퇴된 곡식을
구환舊還[49]이라 하는데 나라에 큰 경사가 있으면 반드시 탕감을 명한다.

---

48 유창油牕: 유지油紙로 바른 창문이라는 뜻. 여기서는 수령이 거처하는 방의 창문을 가리
키는 듯하다.
49 구환舊還: 봄에 나눠준 환곡은 추수기에 돌려주는 것이 원칙이지만, 흉년이 들면 기한을
1년씩 연기해주는데 첫해에 연기하는 것을 정퇴라 하고 다음 해에도 계속 연기하는 경우
는 잉정仍停이라 하고 그다음 해에도 연기하면 그 환곡은 구환이 된다(『만기요람·재용·조

임금의 생각으로는 민호에 있는 구환은 모두 이미 죽은 사람이 진 빚인데 지금 살아 있는 백성에게 떠맡겨진 것이라 하여, 이 기쁘고 경사스러운 날을 맞이하여 특별히 은혜를 내려 구휼하는 혜택을 베푸는 것이다. 그 지극한 뜻이 이와 같음에도 일찍이 백성에게는 곡식 한 톨의 혜택도 미친 일이 없으니 어찌 슬픈 일이 아닌가. ○ 정퇴의 원수原數 말고도 아전이 수령을 꾀어서 미수급분으로【이문吏文에서는 미봉未捧이라 한다】 사칭하는 것이 혹 수천 석에 이르는데 그것으로 마감장부를 꾸미고 팔아서 이익을 취하고는 보리 수확 때가 되어 곤궁이 풀리면 비로소 싼값으로 입본한다. 이것 또한 근래에 늘 하는 짓이다.

9) 세전이란 무엇인가? 환곡을 바꾸어 세미稅米로 삼거나 세미를 바꾸어 환곡으로 삼는 것이다. 아전이 창고에서 포흠을 내어 가지고서는 세 빈 뒤집고 네 번 굴리니 겨울에는 창고의 포흠이 되고 봄에는 세미의 포흠이 된다. 이것은 마치 더위를 타는 사람이 여름에는 더위를 타고 겨울에는 추위를 타는 것과 같다. 끝없이 돌고 돌지만 그 근본은 한 가지 병폐에 있는 것이다. 환자의 포흠을 채워놓도록 독촉을 받고서는 마련해낼 길이 없으면 아전은 마을에 나가서 방결防結을 구하고 추결抽結【속무망束無亡이다. '세법 상'(제6부 제2조)에 나온다】을 구하여 돈으로 받거나 곡식으로 받아서 의원이 다래끼를 고쳐놓듯 하지만, 봄이 되면 일이 터져서 또 환미還米를 받아서 방아를 찧어 세미로 바친다. 한번 굴리면 100석이 200석이 되고 다시 굴리면 200석이 300석이 되니, 마침내 심한 치질이 되어 끝내 완쾌되지 않는다. 수령이 밝으면 구족九族[50]이 가산家産을 탕진하게

적』참조).
50 구족九族: 친가·처가·외가 등을 포함한 친척을 통칭하는 말인데, 여기서는 아전의 일가

되고 수령이 어두우면 나라 곡식이 허류[虛留]로 될 것이니 이것이 한 가지 폐단이다. ○ 또 혹 고을 아전이 영저리[營邸吏][영주인[營主人]이다]에게 잘 보이려고 그 진상용의 좋은 쌀[進上價米]은 마땅히 환미로 회감(會減: 회계 처리에서 감해주는 것)해야 하는 것인데도 세미로 지급하니 1석 줄어들 것이 1석이 더 줄어들게 된다. 왜 그런가. 환미는 아주 거칠고 세미는 아주 정한 것이며 환미의 섬은 작고 세미는 섬이 크니 그 줄어듦이 이와 같다. 겨울에 창고를 열면 이 줄어든 곡식을 민호에 배당하여 징수하는데 이것도 한 가지 폐단이다. 또 병영과 수영의 진상용 쌀은 본래 환미로 회감해야 하는데 병영과 수영이 그 위세를 가지고 세미를 받아다 쓰고 환미로 이 세액을 채우게 한다. 모자라는 1석을 민호에 배당하여 징수한다. 진상용 쌀로 소용되는 것이 600석이면 300석을 백성이 또 거저 바친다[이것은 강진의 폐단이다]. 만약 창고 안에 원래 환미가 없으면 환조[還租][51]로 이 세미를 채우는데 환조 1석은 쌀로는 겨우 2말밖에 안 될 것이니[겨를 섞기 때문이다] 모름지기 환조 7~8석을 가져야 세미 1석의 양을 바칠 수 있다. 만약 창고 안에 환조도 없으면 환맥[還麥][52]으로 이 세미를 채우는데 모름지기 보리 12석을 팔아야 세미 1석을 바칠 수 있으므로[보리값은 싸다] 환맥을 뒤집어 환조로 만들면 축이 더 많이 나게 된다. 필경 세미 1석이 굴러서 환미 20석이 되니 그 도도함이 이와 같다. 무릇 이같이 굴러서 축난 것을 모두 민호에 나누어 징수하니 백성이 견디어내겠는가. ○ 또 무릇 민고[民庫]의 쌀도 많은 경우 세미와 함께 징수하는데 만약 유망[流亡]했거나 대가

친척을 가리킨다.
51 환조[還租]: 환곡 중의 벼.
52 환맥[還麥]: 환곡 중의 보리.

끊어진 집이 있는 마을에서 혹 거두지 못한 것이 있으면 바로 민고의 쌀이 반드시 굴러서 환미가 된다. 거듭 뒤집고 굴리면 민고의 쌀 1석은 필경 환미 20여 석이 된다. 불쌍한 것은 백성이라 무엇으로 감당하겠는가【이것은 해남의 폐단이다】. 세稅를 굴리는 폐단이 이와 같다.

10)요합이란 무엇인가? 민고의 요역은 모두 조로 징수한다. 결환結還【전결을 기준으로 배당하는 것을 결환이라 하며 매 결에 4~5두, 많은 경우는 7~8두이다】의 읍에서는 매 결에 몇 두, 통환統還【호구 총수대로 나누어주는 것을 통환이라 한다】의 읍에서는 매호에 몇 두씩을 징수한다. 용도에 따라 징수하기도 하고 환자에 혼합하여 같이 내도록 하기도 한다. 환자와 함께 내는 경우에는 곧 색락【색은 간색미이고 락은 낙정미이다】이 있고 또한 타섬【말질하는 데 남는 것이다】이 있어서 이것이 벌써 지나친 것이니 백성을 크게 괴롭히는 병폐가 된다. 창고 안에 공곡(公穀: 국가나 관청 소유의 곡식)만 있으면 그 수납과 방출에 관한 모든 관문이 영문營門을 거치게 되니 관과 의논하지 않고서는 마음대로 놀리기 어렵다. 만약 요조徭租[53]와 이조吏租[54]가 그 안에 섞여들어 있으면 그것을 빙자하여 부정의 소굴로 삼는다. 밀어 넣고 빼내기를 마음대로 하며 값이 오르고 내림에 따라 농간을 부리고 판매하니 한 섬의 썩은 생선이 그 냄새를 교란시키는 것과 같다. 이것은 마치 전세 가운데 궁결宮結【무토면세】이 섞여 있거나, 혹 요미徭米[55]가 섞여 있으면 양호養戶와 방납防納하는 자가 그것을 빙자하여 부정의 소굴을 삼고 한없이 침식하는 것과 같다. 혹 민고에서 쓸 것이 급하다는 평계로 공곡을 꾸

53　요조徭租: 요역을 충당하기 위해 비치한 벼로 민고에 속함.
54　이조吏租: 이속들이 사적으로 차지하는 벼.
55　요미徭米: 요조와 같은 성격의 쌀.

어주도록 요청하여 다행히 일단 창고 문이 열리면 마음대로 꺼내어 판다. 혹 포흠한 것이 드러나게 되면 농량(農糧: 농사짓는 동안 농가에서 먹을 양식)을 급여하지 않고 매양 "민고에 빌려준 것이 있으니 채워놓는 것은 어렵지 않다"라고 하니 마침내 공창公倉을 사고私庫로 삼아버린 것이다. 요합은 아전이 농간 부리는 큰 소굴이다. 그러므로 "무릇 민고에서 거두는 것은 모두 마땅히 돈으로 해야지 곡식으로 해서는 안 된다"라고 말하는 것이다.

11)사혼이란 무엇인가. 삼남 지방에는 이른바 고급조考給租라는 것이 있는데 이고조里考租, 회대조回貸租 또는 회두조回頭租라고 부르기도 한다. 고급조는 곡식으로 거두기도 하고 돈으로 거두기도 하며, 전결에다 부과하기도 하고 가호에다 부과하기도 한다. 신분의 귀천에 관계없이 징수하기도 하고, 호호豪戶【시속에서는 양반호라 한다】에는 징수를 면제하기도 한다. 고을에 따라서 많은 경우도 있고 적은 경우도 있으며, 있기도 하고 없기도 하다【한두 곳 이런 예가 없는 읍도 있다】. 구결을 명목으로 거두기도 하고 환자와 함께 섞어서 내도록 하기도 한다. 이것은 대개 40년 이래 처음 생겨난 일로 혹 삼남 지방에서 두루 행해진다 하기도 하고 호남이 유독 심하다고 하기도 한다. 애초에는 서원書員이 면에 나가서【면서원面書員이 면으로 나감】소민小民이 모여 사는 곳으로 몰래 다니면서 명목 없이 재물을 뜯어가는데 소민은 안면과 인정에 이끌리며, 또한 이 아전이 이미 전권田權[56]을 잡고 있고 면내의 사정을 잘 알고 있기 때문에 그의 욕심이 채워지지 않으면 반드시 음해하는 일이 있을까 두려워한다. 그리하여 곡식을 몇

56 전권田權: 전결에 대하여 세금을 부과하고 징수하는 권한. 아전들이 실질적인 영향력을 갖고 있음을 지칭한 것이다.

말이나 주기도 하고 약간의 돈을 주기도 한다. 진秦나라가 남의 땅을 요구함이 끝이 없었듯이[57] 해마다 그 비율이 높아져, 마치 산에 오르는 자가 일단 올라간 곳은 포기하지 않는 것과 같게 하니, 그 기세에 나아감은 있어도 물러남이 없다. 수년 이래로 거두는 곡식이 이미 4두에 이르렀고 거두는 돈이 이미 5전에 이르렀으니 앞으로 얼마나 더 많아질지 알 수 없다. 이 고을의 전총田總이 6000결인데 매 결에 벼 4두를 거두면 1600석이다. 1600석은 그 숫자가 비록 작지만 환자 가운데 섞여 들어가면 곧 포흠의 소굴이 된다. 한 섬의 썩은 생선이 냄새를 어지럽히면 수만 석의 나라 곡식이 다 이것으로 흐려지게 된다. 먼저 기일에 앞서서 미리 꺼내 쓰기도 하고 빌리고서 갚지 않기도 하며, 실제보다 더 집전執錢【돈으로 거두는 것을 집전이라 한다】한 것을 이것으로 채우기도 한다【포흠한 것을 채운다】. 창고를 열 명분이 없으면 이것으로 핑계를 대기도 한다. 따져보면 여러 면 서원의 것인데도 서로 주고받고 밀고 당기고 하다보니 얽히고 뒤섞여서 동쪽에서 잡아 흔들면 서쪽이 흔들리듯이 수리首吏·도리都吏·창리倉吏·고리庫吏 및 일을 보지 않는 아전까지도 서로 연루되지 않은 자가 하나도 없다. 혹 변하여 환맥이 되고 혹 변하여 세미가 되기도 한다. 필묵으로 농간질하기도 하고 온갖 조화를 부리는데 모두가 고급조를 큰 구실로 삼는다. 현감 이 아무개가 창고를 열어 환자를 내는 날에 목록에서 이 물건을 조사하여 잡아내고 함께 섞어서 징수하지 못하도록 하려고 하자 아전 떼거리 80여 명이 모의하여 소란을 피우고 백방으로 막으려고 들어, 일이 끝내 이루어지지 못하였다. 너무 이상해서 내가 그 까닭을 물었더니

---

57 중국 전국시대 말기에 진나라가 강성해서 다른 나라에 땅을 요구하는 것이 계속되어 그만두지 않았다는 의미. 이를 "진지구무이秦之求無已"라고 표현했다.

"환자와 고급조를 따로 분리하면 온 읍내에 포흠의 죄를 면할 자가 한 사람도 없어서, 마치 도깨비가 숲을 잃고 꼭두각시가 휘장이 걷혀진 것과 같기 때문에 그렇게 소란을 피웠다"라고 하는 것이다. 백성이 말하는 것은 오직 색락미와 타섬미가 더 들어갔다는 것뿐인데, 이는 이 관계가 이와 같음을 헤아리지 못하기 때문이다. 대체로 공곡과 사곡은 서로 섞어서는 안 되는 것이니 그 많고 적음과 이롭고 해로운 것은 물을 필요도 없다【수십 년 전 어사가 고급조는 법으로 정하지 않았으므로 엄금해야 한다고 주청한 일이 있었는데 겨우 1년 중지하고는 또다시 전과 같이 되었다】. ○ 황해도·평안도에도 또한 사혼의 폐단이 있다. 향교에서 사사로이 환곡을 마련하거나 무청武廳에서 사사로이 군량미〔餉米〕를 마련하여 환자에 섞어서 그 모곡을 취하지만 그 폐단이 그리 심하지 않으므로 여기서는 잠시 생략한다.

12)채륵이란 무엇인가. 수령이 심히 어리석고 아전의 횡포가 극에 달해서 환자라는 것도 드디어 난잡하고 무법한 것이 되었다. 저채邸債[58]【저는 경주인을 가리킨다】·약채藥債[59]【약은 관약국官藥局이다】·이채吏債·노채奴債 등 일단 빚진 것이 있으면 또 환자와 함께 섞어서 내게 하는데 그 명목이야 저리邸吏와 약옹藥翁,[60] 이 아전 저 노비가 모두 창고의 포흠을 지고 있어서 이것을 환자와 함께 내게 하는 것이라고 하지만 사실은 그렇지 않다. 무릇 사채를 받을 수 있으면 먼저 아전과 의논하여 창고를 열고 곡식을 꺼내서 이익을 좇아 장사를 하여 그 차액을 먹는 것이다. 10월이 되면 또 사채에 그 매월 이자를 합산하여【1냥의 돈은 매달 그 이자가 10문이다】그때의

---

58 저채邸債: 경저리京邸吏, 즉 경주인京主人의 부채.
59 약채藥債: 관약국官藥局의 부채.
60 약옹藥翁: 관약국의 의원을 가리킴.

시가에 따라 곡식으로 환산하여 환자와 함께 섞어서 내도록 한다. 이미 나라 곡식을 도용해서 그 이익을 미리 먹고 또 이자를 계산하여 포개어 받으니 너무 탐욕스럽지 아니한가. 무릇 빚을 지고 갚지 않은 자는 읍내 사람과 촌사람을 불문하고 모두 가난한 자들이다. 일찍이 공창에서 한 톨의 곡식도 받지 않았으나 겨울에 바치는 것은 모두 생각지 않았던 것이요, 백성의 살을 깎고 골수를 치는 것인데도 나라 곡식 핑계를 대니 나라가 나라꼴이 되기 또한 어렵지 않겠는가.

앞에 열거한 12가지 조목은 모두 해마다 되풀이되는 관례인데 한 톨의 곡식이라도 백성에게 나누어준 것이 있었는가. 혹 입본하는 돈을 30닢 내지 50닢으로 나눠준다고 해놓고는 이 마을의 결전結錢·군전軍錢·요전傜錢·세전稅錢【어염세】을 이것으로 제하여 실제로는 한 닢의 돈도 일찍이 나눠준 일이 없는 것이다. 내가 다산에 거처하면서 창고로 가는 길을 내려다본 것이 이제까지 10년인데 시골 백성 중에 곡식 섬을 받아 지고 지나가는 자를 일찍이 본 적이 없다. 한 톨의 곡식도 받아온 적이 없는데도 겨울이 되면 가호마다 곡식 5~7석을 내어 관창官倉에 바치는데, 그러고서도 다시 환자라고 부르는 것은 또한 부끄럽지 않은가. 무릇 '환還'이라는 것은 되돌린다는 뜻이며 갚는다는 뜻이다. 가져가지 않으면 되돌려줄 것이 없고 베풀지 않으면 갚아야 할 것도 없는 법이다. 무엇 때문에 '환' 자를 쓰는가. 지금은 백상白上[61]은 있어도 환상還上은 없다.

폐단이 이같이 극심하나 수령이 구제할 수 있는

---

61 백상白上: 까닭 없이 거저 바친다는 뜻.

문제는 아니다. 그러나 수령이 출납의 숫자와
백성에게 나눠준 것과 창고에 남아 있는 것의
실제만이라도 잘 파악하고 있으면, 아전의 횡포가
그렇게 심하지 못할 것이다.

환곡 장부의 규식規式은 천 가지 만 갈래로 어지럽고 복잡해, 아전으로
늙은 자라도 분명하게 파악하기가 쉽지 않다. 필히 단속하는 일에 간편
한 방법이 있어야만 그 대강이나마 다스릴 수 있다. 환곡의 명목이 비록
많으나 한 고을에서 저축하는 것은 대여섯 종류를 넘지 않으며, 환곡을
운영하는 관청은 많지만 환곡을 처분할 수 있는 권한을 가진 관청[句管]62
은 네댓을 넘지 않는다. 모법耗法이 아무리 어지러워도 구별을 분명히 하
면 그 수량을 알 수 있고, 분류分留가 아무리 어지러워도 조목을 상세히
나열해놓으면 그 실제를 파악할 수 있다. 전총에 비하면 오히려 명백한
것이니 정신을 가다듬어 연구하고 살피면 저절로 분명해질 것이다. 자포
자기하고 태만하여 살펴보지도 않으려고 해서는 안 될 것이다.

현행 마감성책磨勘成册63 규식

호조戶曹 구관句管

【기사년 겨울 강진현의 상진조常賑租64 1조목의 규식만을 나타낸다】

---

62 구관句管: 원래 관리한다는 말인데, 여기서는 환곡이 소속된 관청 혹은 환곡을 처분할
   권리를 가진 기관을 의미한다.
63 마감성책磨勘成册: 일정 기간 동안 전곡이나 요역을 관리한 결과를 상부에 보고하고 결
   재를 받기 위해 문서를 작성하는 일 또는 그 문서.
64 상진조常賑租: 상평창과 진휼청에서 관리하는 환곡 중 벼를 가리킴. 자세한 것은 제6부

상진조 4958석 9두 4승 3홉

이전移轉 570석 이미 제주도로 들여보냄.

갑인년 구환 1326석 13두 6승 안에서 428석 4두 6승 9홉 조정의 명령
에 따라 탕감.

　　남은 것 898석 8두 9승 1홉

무진년 정퇴 744석 11두 5승

탈하頃下[65] 4석 12두 5승 실화인失火人 신철억申哲億 등의 휼전恤典.

환분還分 1158석 7두 2승

정퇴 350석

미봉未捧[66] 258석 7두 2승

봉상捧上 550석

사모四耗[67] 44석

잉류仍留[68] 1153석 9두 6승 3홉

　　합合 4574석 4두 7승 4홉

　　【이전 570석

　　갑인년 구환 898석 8두 9승 1홉

　　무진년 정퇴 744석 11두 5승

　　탈하 4석 12두 5승

제3조 '환곡 장부 하' 참조.

65　탈하頃下: 백성이 지는 부담을 어떤 사고로 질 수 없게 되었을 때 면제해주는 것.

66　미봉未捧: 거두어들이지 못한 것, 즉 미수未收.

67　사모四耗: 모축耗縮의 명목으로 받아들이는 네 가지를 말하는데, 모조·간색·낙정·타섬
을 가리킨 듯함.

68　잉류仍留: 과거의 관례대로 유고留庫되는 것.

정퇴 350석

　　미봉 258석 7두 2승】

유고留庫 1747석 9두 6승 3홉 안에서 1419석【2두 5승 9홉 9작】 원회부元會付[69]의 가하加下[70] 및 이미 차하[上下][71]한 것.

실유고實留庫 328석 7두 3홉 1작

　　이 규식을 보면 어지럽고 복잡해서 알기가 어렵지 않은가. 만약 열째 항목 다음에 기타 여러 항목의 지출 총수를 먼저 기록하고 올 가을에 실제 들어온 것과 올 봄의 잉류 숫자를 그 밑에 기록하면 글이 중복되지 않을 것이니 알기가 쉽지 않겠는가. 감사에게 의논하여 규식을 개정하면 무척 좋은 일이려니와 그렇지 못하면 장부 하나를 따로 만들어서 내가 참고하는 데 편리하도록 하되, 다음과 같은 규식으로 할 것이다.

지금 개정한 마감성책 규식

상진조 4958석 9두 4승 3홉

갑인년 구환 1326석 13두 6승 안에서 428석 4두 6승 9홉 조정의 명령에 따라 영구 탕감【영감永減】

　　남은 것 898석 8두 9승 1홉

무진년 정퇴 744석 11두 5승

69　원회부元會付: 호조의 원회元會에 올라 있는 곡식, 즉 군자창곡軍資倉穀을 가리킨다. 별회부別會付의 반대.

70　가하加下: 정해진 액수 외에 추가로 지출함. 여기서는 추가로 분급한 것인 듯하다.

71　차하[上下]: 이두어로 지출한다는 뜻. 『경세유표·지관수제·창름지저倉廩之儲 1』에서 "임금이 하사하는 것을 차하라 이른다"라고 하였다.

제주 이전 570석【금년 봄 수송】

실화인 휼전 4석 12두 5승【영감】

    이상 영구 탕감 433석 2두 1승 9홉

    잡탈雜頉 2213석 5두 4승 1홉

금년 환분 1158석 7두 2승 안에서

    정퇴 350석

    미수 258석 7두 2승

    합탈合頉 608석 7두 2승

금년 수입 550석

    신모新耗 44석【5분의 4 회록會錄[72]】

금년 봄 잉류 1153석 9두 6승 3홉

    【유고 중에서 실화인 휼전을 감했기 때문에 그 숫자가 이에 그쳐서 반류半留가

    되지 못하였음】

    합유고合留庫 1747석 9두 6승 3홉 안에서 1419석 2두 5승 9홉 9작

        원회부의 가하 및 이미 차하한 것.

실유고 328석 7두 3홉 1작

이 규식을 보면 명확히 드러나서 알기 쉽지 않은가. 이른바 탈하 중에

---

72 회록會錄: 회계장부에 기록한다는 뜻이며, 반대로 회계장부에서 삭제하는 것을 회감會
減이라 한다. 일반적으로 한 기관이 보유하고 있는 전곡 따위의 일정한 액수를 다른 기관
명의의 회계 항목에 기록함으로써 그 소유권을 넘겨주는 것을 말한다. 환곡의 경우는 지
방 관아에서 관리하는 환곡의 모곡 일부를 호조에 넘겨주었는데 처음에는 모곡의 10분
의 1을 회록하였으나 뒤에는 그 비율이 높아져 전모全耗를 회록하는 경우도 있었고, 호조
외에 상평창에 회록하게 하는 경우도 생겼다(제6부 제3조 '환곡 장부 하' 참조).

영감永減이 있고 고허姑虛[73]가 있는데 구별이 없어서야 되겠는가. 구환에서 탕감되지 않은 것은 고허이고 지난해의 정퇴가 고허이고, 미수는 고허이고 이전된 곡식 또한 되돌아올 때가 있을 것이니 고허이다. 마땅히 여러 조목 끝에 '영감'이라고 쓰거나 '고허'라고 써두면 구별하기가 쉬울 것이다. ○ 앞에서 원회부의 가하라고 한 것 또한 반드시 마감성책 가운데 그 실제 수를 먼저 나타내고 나서 환보還報[74]라고 써두면 이제 표기하지 않더라도 잠시 빈 것임을 알 수 있다. ○ 무릇 여러 아문의 여러 가지 명목의 환곡에 대한 마감장부를 만드는 일은 모두 마땅히 이와 같이 할 것이니 여기서는 다 갖추어 논하지 않는다.

계절마다 마감한 환곡에 대한 감영의 결제 장부[回草成帖][75]는 그 사리를 상세히 알고 있어야 하므로 아전들의 손에 맡겨서는 안 된다.

무릇 상급 관청에서 마감한 것은 본 고을에서 마땅히 지켜야 할 실제 수치이다. 이미 나눠준 것이 몇 석이고 남겨둘 것이 몇 석이며, 장차 거두어들일 것이 몇 석인지 그 실제 수량을 알고 엄격히 원칙대로 지켜나가면, 아전의 농간이 지나치지는 못할 것이다.

○ 영리營吏의 농간은 그 구멍이 더욱 크다. 늘 보면 창고를 열어 보리

---

73 고허姑虛: 정퇴·이전의 경우와 같이 일시적으로 액수가 비는 것을 말함. 영감永減의 반대.
74 환보還報: 되돌아올 것이라는 뜻.
75 회초성첩回草成帖: 수령이 올린 마감성책에 대한 감영의 회답 문서, 즉 결제장부.

환곡을 나눠주거나 가을 환곡을 나눠주는 날[76]마다 여러 읍의 아전들이 돈 수백 냥을 가지고 감영에 가 아주 싼값으로 환곡을 사들이고, 시골집에 저장해두었다가 외촌에서 바쳐야 할 때를 기다려 환곡을 팔아먹는데, 때로는 그것이 4500석에 이른다. 해마다 그렇게 하는 것이 관례가 되었는데, 이는 곧 감사가 마땅히 살펴야 할 일이지 수령의 죄는 아니다. 은결이 매년 늘어나는 것은 영리가 팔아먹은 것이요[진전陳田이 개간된 것을 영리가 현리에게서 뇌물을 받고 대개장大槪狀의 잡탈雜頉로 인정해준다], 환곡 장부가 날로 문란해지는 것은 영리가 팔아먹은 것이다. 한 도를 맡은 감사가 '지대체(持大體, 대체만 파악한다)' 석 자를 벼슬살이하는 요결로 삼고 있으니, 아 어찌할 것인가?

○ 김동검金東儉이란 사람이 여러 차례 호방비장戶房裨將[77]이 되어서, 능히 환곡 장부의 농간과 거짓을 알기 때문에 영리와 현리가 감히 속일 생각을 못했다. 아전들이 그 때문에 말을 만들어 "큰 흉년을 만날지언정 동검을 만나지 말라"라고 하였다. 무릇 감사가 된 자는 마땅히 이런 사람을 구하여 막료 가운데 두어야 할 것이다.

아전들 사이에는 비결이 있으니, 그것은 약속이나 한 듯이 "괴롭히면 얻는 것이 있다[困而得之]"라는 말이다. "괴롭히면 얻는 것이 있다" 함은 무엇을 말하는 것인가. 결역結役[78]은 번거롭고 무거운데 해마다 그 비율을

---

76 보리 환곡은 보통 음력 5월에 창고를 열어 6월에 창고를 닫고, 가을 환곡은 10월에 창고를 열고 12월에 창고를 닫았다.

77 호방비장戶房裨將: 감사에 딸린 관리인 육방비장六房裨將의 하나. 호방의 사무를 담당하였다.

78 결역結役: 전결에 부과되는 자질구레한 세금. 이 경우에는 영리와 저리에게 주는 역가를 말함.

높여서 부세를 바치는 백성을 괴롭히면 백성은 괴로움을 견디지 못해 높은 값으로 방결을 구할 것이니 일거양득이다【이미 요부徭賦에서 먹고 방결에서 또 먹는다】. 환곡은 아주 형편없는 데다가 알곡을 훔쳐서【겨를 섞어 분석한다】 환곡을 받는 백성을 괴롭히면 백성은 괴로움을 견디지 못하여 곡식을 가져다 바친다【반백하는 법은 앞에서 설명하였다】. 이 또한 일거양득이다【이미 분석에서 먹고 반백에서 또 먹는다】. 백성은 나라의 근본인데 아전은 백성의 것을 갉아먹는 자이다. 백성을 들볶고 백성의 살을 깎아내는 것은 그들을 마치 재[灰] 가운데 있는 지렁이나 모래 위에 있는 미꾸라지처럼 만드는 것이다. 괴로움을 견디지 못해 스스로 찾아와 애걸하도록 만들어놓고서, 이에 "백성들이 모두 기꺼이 따른다"라고 하니 이것이 이른바 "괴롭히면 얻는 것이 있다"라는 것이다. 백성의 수령 된 자가 어찌 깊이 생각하지 않을 수 있겠는가.

흉년의 정퇴에 따르는 혜택은 마땅히 온 백성에게 고루 돌아가도록 할 것이며 포흠하는 아전이 독차지하게 해서는 안 된다.

농사가 크게 흉년이 들고 본 고을이 또 하등【등급이 우심尤甚과 최우심最尤甚에 드는 경우】에 들면 금년 겨울에 반드시 정퇴령이 있을 것임을 확실히 알 테니, 수령은 마땅히 미리 묵묵히 궁리하여 백성에게 혜택이 돌아가도록 도모할 것이다.

○ 여러 면과 마을 가운데 농사 피해가 매우 심한 곳은 수령이 알 것이니, 추분날에 수령은 여러 면에 널리 시달하되 한 면에서 빈궁하여 죽을

지경에 이르러 환곡을 바치지 못할 자를 적어내도록 하고 따로 장부를 만들 것이다. ○ 가령 이 고을이 응당 4분의 1의 정퇴에 들어가게 되고 봄에 나누어준 곡식이 1만 석이라면 2500석은 반드시 정퇴에 들게 될 것이다. 이에 여러 면의 빈궁한 가호가 바쳐야 할 곡식 가운데 2500석을 추려내어 조목조목 나열하여 장부를 만들고 조정의 영을 기다릴 것이다. ○ 10월에 창고 문을 열면 곧 이 장부를 여러 마을에 돌리고 "이 마을의 빈궁한 가호에서 바쳐야 할 환곡이 20여 석【가령 그렇다는 것이다】인데 그 가운데 10석은 요행히 정퇴에 들 것 같으니 이를 기다려보도록 하며, 그 나머지 10석은 빨리 마련하여 마을에 보관해두고 관의 영을 기다리도록 하라"라고 시달할 것이다. 조정의 영이 도착하거든 그날로 정퇴해줄 대상과 액수를 정하되 흉년에 조세를 감하는 것과 같은 방식으로 할 것이요, 이전이 포흠한 것은 1석도 정퇴해주어서는 안 된다. ○ 정퇴할 대상과 액수를 적은 장부는 마땅히 3부를 만들어 1부는 수령, 1부는 아전의 참고용으로 비치하고, 또 1부는 각 마을에 나눠주어서 뒷날 혹 탕감의 영이 있을 때 이를 증빙으로 삼을 것이다.

그 이듬해 농사가 좀 잘되어서 정퇴한 곡식을 아울러 추징하게 되면 백성의 괴로움은 흉년보다 더 심하게 된다. 사는 것이 죽는 것만 못하고 풍년이 흉년만 못하다는 것은 이를 두고 하는 말이다. 수령은 이런 해를 만나면 마땅히 부드럽게 다스려서 마치 큰 병을 앓고 난 사람을 잘 보살펴 원기를 북돋아주듯 해야 바야흐로 좋은 수령이라 할 수 있다.

장거정張居正[79]은 누적된 체납의 탕감을 청하는 상소에서 다음과 같이

---

79 장거정張居正, 1525~1582: 중국 명나라 때 사람. 자는 숙대叔大, 호는 태악太岳이다. 신종神宗 때 재상에 올랐으며 저서로는『서경직해書經直解』『장태악집張太岳集』『제감도설帝

말하였다. "소위 대징帶徵이라는 것은 여러 해 끌어온 미납액을 분할하여 금년의 전량(錢糧: 돈과 곡식)과 함께 독촉하여 징수하는 것을 말합니다. 무릇 백성들이 1년에 거둬들이는 것은 겨우 그해에 낼 액수를 채울 수 있을 뿐이며, 불행히 흉년을 만나게 되면 부모는 추위에 떨고 굶주리며 처자는 흩어지게 됩니다. 금년의 전량도 마련할 수 없는데 어찌 다시 여력이 있어서 몇 해 동안 누적되어온 미납액을 다 바치겠습니까."

매지梅摯가 소주蘇州의 통판으로 부임한 초기에 절동浙東과 절서浙西 두 지역에 기근이 들었는데 관에서는 종자와 양식을 빌려주어 먹여 살렸다. 이어 빌려준 곡식을 상환하라는 독촉이 매우 심하므로 매지가 글을 올려 "백성에게 진대賑貸하는 것은 혜택을 주기 위함인데 도리어 백성을 괴롭히고 있습니다"라고 하였다. 이에 임금에게 아뢴 대로 따르게 허가하니 여러 주가 모두 기한을 늦춰서 상환할 수 있게 되었다.

鑑圖說』 등이 있다.

穀簿

대저 간편하게 단속할 수 있는 규례로는 경위표經緯表 한 가지 방법이 있을 뿐이다. 가로세로로 조리 있게 나열되어 있어 환히 살필 수 있다.

구관(句管, 관할)이 각각 다르며, 분류(分留, 환곡을 나눠주고 남기는 것)의 법이 각각 다르며, 새로 받아들인 모곡을 회록하는 법이 각각 다르므로 이런 것들이 빠짐없이 나열되어야 한다. 각종 곡식이 여러 관아에 분속分屬되어 있어서, 결국 쌀이 전부 몇 석이 되며, 조가 전부 몇 석이 되는가를 알 수 있도록 기록된 문서가 없으니 역시 소홀하지 않은가. 이제 경위표를 작성하여 가로로 보면 여러 가지 곡식의 총수[쌀 몇 석, 벼 몇 석]를 알 수 있고, 세로로 보면 여러 아문의 곡식의 분류를 알 수 있다. 비록 그간에 수없이 들쭉날쭉하기도 하며 증가하고 감소하기도 하나, 이러한 양식에 의거하여 칸을 조금 더해 모두 경위표로 만들어서 훑어보면, 창고에서 곡식을 받아들이고 내어주는 날에 그 분류의 실제 숫자를 환히 볼 수 있다. 이것이 좋은 방법 아닌가. 이제 시험 삼아 표로 만들어보면 다음과 같다.

총수표 總數表	쌀 〔米〕	벼 〔租〕	콩 〔大豆〕	겉보리 〔皮牟〕	구관 句管	분류 分留	모록 耗錄
군자창 軍資倉	1석 5두				호조 戶曹	남기고 나누 지 않음 〔留而不分〕	10분의 9를 회록함
선저치 船儲置	406석 10두				호조	3분의 1을 남김	10분의 9를 회록함
상진곡 常賑穀	598석 13두	4958석 9두	36석 2두	2580석 7두	호조	반은 남기고 반은 나눠줌 〔半留半分〕	5분의 4를 회록함
수성창 守城倉[1]	436석 3두	508석 7두			비국 備局	반은 남기고 반은 나눠줌	전부를 회록함〔全錄〕
별검곡 別檢穀	5석 8두	373석 3두		258석 9두	비국	3분의 2를 남김	전부를 회록함
화성곡 華城穀[2]	570석 14두				비국	모두 나눠줌 〔盡分〕	전부를 회록함
군작미 軍作米	52석 6두				비국	반은 남기고 반은 나눠줌	전부를 회록함
승번대 僧番代	293석 5두				비국	모두 나눠줌	당년 當年 의 승번급대 僧番給代
휴번고 休番庫	2석 12두	697석 6두	1석 10두 9승		비국	반은 남기고 반은 나눠줌	전부를 회록함
사비곡 私備穀	1석 8두	2427석 7두	65석 3두	1360석 12두	비국	반은 남기고 반은 나눠줌	전부를 회록함
경진청 京賑廳[3]	8두				비국	반은 남기고 반은 나눠줌	전부를 회록함
군이작 軍移作[4]	1761석 4두				비국	반은 남기고 반은 나눠줌	전부를 회록함
회록곡 會錄穀	815석 14두	40석		25석	균청 均廳	모두 나눠줌	전부를 회록함
보환곡 補還穀	194석 4두				균청	모두 나눠줌	전부를 회록함
순검곡 巡檢穀[5]	207석 13두	1056석 11두	3석 1두	560석 8두	순영 巡營	모두 나눠줌	전부를 회록함

보민고 補民庫[6]		3209석 9두		순영	모두 나눠줌	전부를 회록함
나리포 羅里舖		537석 1두		순영	모두 나눠줌	전부를 회록함
군수고 軍需庫[7]		19석 4두		순영	모두 나눠줌	전부를 회록함
보군고 補軍庫[8]	3석	9석 8두	2석 11두	순영	모두 나눠줌	전부를 회록함
균역고 均役庫[9]	85석 6두	188석 10두	9석 9두	95석 11두	순영	모두 나눠줌	전부를 회록함
영고미 營庫米[10]	3석 3두			순영	모두 나눠줌	전부를 회록함
영진곡 營賑穀	116석 9두	554석 2두	5석 10두	258석 6두	순영	모두 나눠줌	전부를 회록함
통회부 統會付	191석 4두	34석 3두		통영 統營	반은 남기고 반은 나눠줌	전부를 회록함
통회외 統會外	11석 12두	113석 7두	6두	통영	모두 나눠줌	전부를 회록함
합계 合計	5760석 10두	1만 4808석 12두	124석 11두	5139석 8두		

앞의 표는 쌀·벼·콩·보리의 네 가지 곡식만을 들어서 그 규례를 보인 것이다. 만약 그 고을의 여러 곡식이 혹시 7, 8, 9종에 이르는 경우에는

---

1 수성창守城倉 : 수성창곡守城倉穀이다. 이는 영조 10년(1734)에 전주 축성築城 후 전라도의 진대賑貸를 위한 대동미 및 관서전關西錢 2만 냥과 소 410두頭를 비국備局에 보고하여 얻어서, 돈으로는 쌀을 사들이고, 소는 각 고을에 나누어주어 매 두頭에 쌀 10두를 수세 하다가 그 후에는 또 소를 팔아 곡식을 사들였는데, 이들을 합하여 성을 지키는 데 소용 되는 군량으로 삼은 것이다.

2 화성곡華城穀 : 화성곡으로는 화성겸제곡華城兼濟穀·화성이획곡華城移劃穀 등이 있었는데 화성겸제곡은 경기도의 여러 읍에 있었고 화성이획곡은 그밖의 도에 있었다. 화성겸제 곡은 정조 19년(1795) 화성이 장용영壯勇營의 지시를 받아 경기 감영[畿營]에 조회하고, 평신둔세平薪屯稅 중에서 2470냥을 얻어서 이것을 수원 부근에 있는 경기 관내의 각 읍 에 나누어주어, 이를 벼로 교환하여 환곡으로 삼은 것이다.

마땅히 가로 칸을 늘려서 모두 그 이름을 기록해야 할 것이다.

『비국요람備局要覽』에서 말했다. "경아문京衙門의 환곡은 원회元會라 하는데 반은 남기고 반은 나눠주며〔半留半分〕, 각 도 영문의 환곡은 별회別會라 하는데 모두 나눠준다〔盡分〕." ○ 분류의 법은 본래 이와 같으나 표에 열거된 것 중에는 들쭉날쭉한 것이 너무 많다. 근년에 법이 허물어져서 여러 아문의 각종 환곡을 모두 나누어주지 않은 것이 없는데 역시 그 까닭이 있는 것이다. 가령 상진조常賑租의 본총本總이 4958석〔상편에 나온다〕이고 법에는 본래 반은 남겨두게 되어 있으니 유고(留庫, 남은 양)는 2479석이 되어야 한다. 그러나 구환이다, 정퇴다, 이전이다, 흉전이다, 가

---

3 경진청京賑廳: 경진미京賑米를 가리킨다. 이것은 영조 17년(1741)에 수사水使 정수송鄭壽松이 진청미賑廳米를 얻어서 설치한 것이다. 이것이 충청수영경진미忠淸水營京賑米가 되었다.

4 군이작軍移作: 균역청均役廳 군이작을 가리킨다. 이것은 균역청 설치 후 영조 27년(1751)에 비국의 군작미軍作米를 이관하여 창설된 것이다.

5 순검곡巡檢穀: 전라 감영이 담당하는 것으로, 정조 3년(1779)에 전라도의 순영곡巡營穀과 검영곡檢營穀을 합하여 순검곡을 설치하였다. 모곡은 장사將士의 비용으로 지출하되 그중 200석은 군작미로 회록하였다.

6 보민고補民庫: 영조 29년(1753) 통제사 오선행吳善行이 칠민조七憫租를 떼어 별도로 준비하여, 이것으로써 영민營民 등의 상장喪葬 및 민휼憫恤의 자資로 삼은 것이다.

7 군수고軍需庫: 전라도의 군수고미軍需庫米이다. 이것은 정조 15년(1791)에 아병수미牙兵需米를 폐지한 후 병영의 자비곡自備穀 및 송가곡松價穀으로 설치한 것이다.

8 보군고補軍庫: 전라도의 보군고미補軍庫米를 가리킨다. 이것은 영조 5년(1729)에 군수여곡軍需餘穀 및 진여곡賑餘穀을 본 고庫에 이관하고, 또 영조 32년(1756)에 별비미別備米를 지급하여 창설한 것이다. 모곡은 장사將士의 비용으로 지급하였다.

9 균역고均役庫: 전라도의 군역고미軍役庫米를 가리킨다. 영조 27년에 감사 이성중李成中이 본 고를 창설하여 곡물을 별도로 준비하고 또 흉년에 백성들을 진휼하기 위해 수령이 개인적으로 마련한 곡식을 본 고에 소속시켜 설치한 것이다.

10 영고미營庫米: 전라도에 설치하였다. 현종 3년(1662)에 별비미와 당년의 진여미賑餘米를 본 고에 이관하고 또 그 후 본 고의 전錢과 목면木綿을 곡식과 교환하여 설치한 것인데, 그 모곡은 장사將士의 비용으로 지급하였다.

하다 하여 여러 가지로 빠져나간 것이 그 수가 아주 많아서 실제 유고는 328석【상편에 보인다】에 불과하다. 그 본총을 가지고 반류半留를 잡는다면 유고의 수가 부족할 것이니 이른바 밀가루 없는 수제비[11]이다. 이에 실제로 유고된 328석은 오래도록 창고 속에 머물러서 나누어줄 기약이 없어 장차 흙이 되고 말 것이니, 어찌 이럴 수 있겠는가. 옛날의 관례에는 실제로 유고된 것 중에서 반은 남기고 반은 나눠주었는데 요즈음 사정은 실제로 남겨둔 곡식이 혹 본총의 반이 되거나, 혹은 본총의 반이 되지 못하기 때문에 상급 관청에서 이를 전부 나눠주도록 하는 것은 불가피한 조처다. 그러나 흉년과 전란에 대비하는 뜻으로 본다면 소홀하고 공허함이 심하다. 한 고을의 수령으로서 장차 이를 어찌할 것인가.

『속대전續大典』에서 규정하였다.[12] "추수하고 난 뒤에 받아들이되 모곡의 수취는 10분의 1로 한다. 호조의 환곡은 매 석石당 모곡 1두 5승 내에서 호조회록戶曹會錄은 1승 5홉이며 나머지에서 상평창에 회록하되 원회부곡元會付穀이 3000석 이상의 고을에서는 3승 5홉, 6000석 이상의 고을에서는 6승, 1만 석 이상의 고을에서는 8승 5홉이며, 그리고 남는 것은 본 고을에 지급한다. 원회부곡이 3000석 미만의 읍에서는 호조회록만 한다. 황해도와 평안도의 경우에는 모곡 전부를 관향管餉으로 회록한다. ○ 상평진휼청常平賑恤廳 회부곡會付穀은 15분의 12를 상진청으로 회록하되 평안도의 경우에는 모곡 전부를 회록한다. ○ 비황곡備荒穀은 모곡 전부를 회록한다." ○『비국요람』에 의하면 "인조仁祖 병자년(1636)의 전쟁이 끝난

---

11 원문은 "무면지박탁無麪之餺飥"이다. '박탁'은 수제비를 가리킨다. 그래서 밀가루 없는 수제비라고 풀이한 것이다. 즉 내용이 없는 것이라는 뜻.
12 『속대전·호전·창고』.

후에 상평창의 모곡은 3분의 2를 회록하도록 한다"라고 하였다. 案 법은 비록 이러하지만 근년의 관례는 오직 상진곡만 5분의 4를 회록하고 그 밖의 호조곡은 10분의 9를 회록하며, 이외에는 모두 모곡 전부를 회록하고 예외가 없다.

『국조보감國朝寶鑑』에 이렇게 나와 있다. "명종 9년 호조에서 '모곡은 수령이 마음대로 쓰지 못하게 하고 별창別倉[13]에 회록하되 그 10분의 1[14]을 채우는 자는 차례로 상을 주도록 하소서'라고 아뢰었다. 윤개尹漑[15]가 '수령의 지출이 단지 모곡에만 의존하는데, 사용하지 못하게 하면 그 형세가 반드시 교묘하게 명목을 만들어서 백성들에게 수취를 무겁게 할 것입니다'라고 아뢰었다. 이에 임금이 앞의 논의를 중지하도록 명하였다." 案 당시에 환자의 법이 새로 세워져서 모곡을 수령이 모두 사용하였다. 그 후로 모곡의 10분의 1을 호조에 회록하였는데 그것이 점차 증가하여 오늘에 와서는 5분의 4를 회록하게 되었다. ○ 또 무릇 정퇴의 법은 경사京司가 구관하는 것이면 흉년에 정퇴를 하지만 순영巡營이나 통영統營이 구관하는 것이면 비록 큰 흉년이 든 해라 하더라도 본래 정퇴가 없다. 대개 감사와 통제사統制使는 한때의 관인으로, 떠난 후에는 정퇴한 것을 추심할 수 없기 때문에 재임 기간 중에 백성들로부터 긁어내어 그 모곡을 사용하는 것이다. 그렇다면 오직 모곡만을 급히 먼저 받아서 사용하고 그

---

13 별창別倉 : 조선 초기에 군자창과 더불어 세워진 것인데 공적인 수납을 받아들이던 창고로 군자창과 더불어 곡식을 봄에 백성에게 대여하고 가을에 거두어들이되 본곡本穀만을 거두었다.

14 여기에서 10분의 1을 채운다는 말의 뜻은 수령이 모곡을 조금도 사용하지 않고 전부 별창에 납부한다는 뜻이다.

15 윤개尹漑, 1494~1566 : 자는 여옥汝沃, 호는 회재晦齋·서파西坡, 본관은 파평坡平이다. 벼슬은 좌의정에 이르렀다.

본곡은 경사의 환곡과 더불어 일체 정퇴하는 것이 또한 좋지 않겠는가. 이는 모두 공평하지 못한 법이며 이해할 수 없는 법이다. ○ 순영이 구관하는 것으로는 오직 나리포羅里舖의 환곡만 정퇴가 있다.

군자곡軍資穀이란 이런 것이다. 우리 조선조 초에는 연분9등年分九等으로 전세田稅를 거두었는데, 그 전세가 많을 경우에는 본 고을에 머물러두게 하고 이름하여 군자軍資라 하였다. 단종 2년에 이 군자곡으로 백성의 기근을 구제하였는데 그 후에 변하여 환자가 된 것이다. ○ 선저치船儲置란 임진왜란 후에 전선과 병선을 많이 대비해두고 이 명목의 쌀을 두어서 선박을 개수하는 자금으로 삼은 것이다. ○ 상진곡常賑穀이란 이런 것이다. 세조 4년에 진휼사 한명회韓明澮[16]가 임금께 아뢰어 상평창을 설치했는데 그 후 변하여 환자가 되었다. 진휼청은 우리 조선조 초부터 있었는데 영조 경인년(1770)에 선혜청 제조提調 정홍순鄭弘淳이 임금께 아뢰어 이들을 합해 상진곡이라 이름하였다. ○ 별검곡別檢穀이란 영조 병인년(1746)에 전주 감영의 별비전別備錢으로 곡식을 사들인 것인데, 전라감사가 일찍이 검찰사檢察使[17]가 되었기 때문에 별검곡이라 이름하였다. ○ 군작미軍作米란 이런 것이다. 정조 초년에 호조와 병조에서 받아들인 면포와 마포를 가지고 삼남에서 쌀을 사들여 기근에 대비했는데 이를 군작미라 이름하였다. ○ 승번대僧番代란 정조 을사년(1785)에 상진조 2만 석

---

16 한명회韓明澮, 1415~1487 : 자는 자준 子濬, 본관은 청주淸州이다. 벼슬은 영의정에 이르렀다. 세조가 단종을 밀어내고 왕위에 오르는 데 크게 공을 세웠다. 그의 별장이 압구정이었는데 지금의 서울 압구정동은 이에 유래한 것이다.

17 검찰사檢察使 : 조선조에서 권설직(權設職 : 임시직)인 제사諸使의 일종. 외침을 막고 도적을 평정하는 등의 일을 맡았다.

을 5년 한정으로 더 분급하여 모곡을 받아서 의승번전義僧番錢[18]의 반을 대충하게 한 것이다【18냥에서 그 반을 감한다】. ○ 휴번곡休番穀이란 정조 갑진년(1784)에 좌수영과 우수영의 휴번전休番錢[19]을 옮겨서 지급해 쌀을 사들여서 장사將士의 봉급을 보조한 것이다. ○ 사비곡私備穀이란 영조 을묘년(1735)에 병사와 수사 및 수령으로 하여금 매년 스스로 곡식을 마련하여 회록하고 감사에게 보고하여 진휼의 자원을 마련한 것이다. ○ 회록곡會錄穀이란 영조 임신년(1752)에 균역청均役廳을 설치하고 팔도에 각기 곡물과 포布를 회록하여 흉년의 지출에 대비토록 한 것이다. 전라도는 벼 500석, 경상도는 벼 4000석, 충청도는 벼 700석을 매년 회록하게 하여 드디어 환자가 되었다. ○ 보환곡補還穀이란 정조 갑진년(1784)에 균역청의 결전結錢과 해세海稅[20] 등으로 곡식을 사들여 진휼에 보충하도록 하고 그 나머지로 환자를 삼은 것이다. ○ 나리포란 이런 것이다. 숙종 경자년(1720)에 공주와 연기의 경계에 창고를 설치하여 배를 마련해두고 곡식

---

18 의승번전義僧番錢: 숙종 37년(1711)에 북한산성을 축조하고 6도의 의승義僧에게 번상番上하여 수비守備하게 하였다. 영조 37년(1761) 호남이정사湖南釐正使 이성중李成中이 번상의 폐단을 시정할 것을 건의하여 병조가 의승들에게 번전番錢 18냥씩을 거두어 성내에 거주하는 승려를 고용해 번상을 대신하게 하였다. 정조 12년(1788)에는 그 번전을 반으로 삭감하고 상진곡에 가분加分하여 그 모곡으로 번전의 반을 대납하게 하였다. 의승방번전義僧防番錢이라고도 한다.

19 휴번전休番錢: 조선 중기 이후 군인들은 번상의 의무를 면제받는 대신 군포를 냈다. 그러나 모든 군인이 번상의 의무가 면제된 것은 아니었는데 후기로 접어들면서 나머지 군인들도 번상의 의무를 면제받는 대신 방번전防番錢을 냈다. 여기의 휴번전은 수군방번전水軍防番錢으로 수군번水軍番이라고도 한다.

20 해세海稅: 어魚·염鹽·선세船稅. 해세는 원래 여러 궁가宮家, 각 아문이 어전(漁箭, 고기 잡는 시설), 소속 선척船隻을 분할하고 받아들여 그 이익을 개인에게 귀속하였다. 숙종조에 일사一司를 따로 설치하여 전담하게 하였으나 이루어지지 못하다가 영조 26년(1750) 5월에 균역청을 설치하고 사문의 어전 및 소속 선척을 파하여 그 수입을 균역청에서 지급하는 밑천으로 삼았다.

을 사들였는데, 경종 임인년(1722)에 나주로 옮겨 설치하고 영조 초년에 다시 임피臨陂로 옮겨 설치하였다. 이는 제주도 백성을 구휼하기 위한 것이다. 탕건·망건·갓의 양·다시마(海帶)·표고·전복 등등 제주도에서 오는 물산들을 나리포에서 내다 판다. ○ 영진곡營賑穀이란 이런 것이다. 인조 병인년(1626)에 진휼청의 곡물을 상평청에 이관시키고 그 이자로 곡물을 사들여 진휼에 보태도록 하고 영진곡이라 이름하였다. ○ 기타 소소한 것들 모두 「창름제도」에 상세하므로 여기서는 생략한다.

앞의 표에 들어 있지 않은 것들을 간략히 한두 개 들어본다.

○ 교제곡交濟穀이란 이런 것이다. 함경도에 있는 것은 원산창元山倉[21]이라 하고 영남에 있는 것은 포항창浦項倉[22]이라 한다. 원산창은 숙종조에 함경도의 내수사 노비의 신공포身貢布[23]로 곡식을 사들여 여러 고을에 저장해두고 매년 수납·방출한 것인데, 영조 정사년(1737)에 원산으로 옮겨 설치하고 감사 서종옥徐宗玉[24]에게 맡겨 운영·관리하도록 하였으며, 포항창은 영조 임자년(1732)에 경상감사 조현명趙顯命[25]이 임금에게 아뢰어 이

---

21 원산창元山倉: 숙종조에 함경도의 내수사 노비의 신공포로 곡식을 사서 각 고을에 두고 매년 수납·방출하였는데, 1737년에 이를 원산으로 옮기고 감사 서종옥으로 하여금 관리하게 하였다. 그 후 영조 18년(1742)에는 안변安邊·문천文川·덕원德源 세 고을의 곡식과 감사가 사사로이 진대했던 곡식은 원산창에 보관하고, 정평定平·함흥咸興 두 고을의 곡식은 함흥에 설치한 운전창雲田倉에 보관했으며, 북청北靑·이원利原·단천端川 세 고을의 곡식은 이원에 설치한 외창外倉에 보관했는데 이들을 통틀어 교제창이라 하였다.
22 포항창浦項倉: 1732년 경상북도 연일延日에 설치한 창고이다. 강원도와 함경도에 흉년이 드는 경우 원거리에서 구휼미를 운송하면서 발생하는 문제들을 해결하기 위해 경상감사 조현명의 건의에 따라 설치한 것이다.
23 신공포身貢布: 몸값으로 바치는 포.
24 서종옥徐宗玉, 1688~1745: 자는 온숙溫叔, 본관은 달성達城이다. 서유구徐有榘의 증조. 황해도와 함경도 감사를 역임하고, 이조판서에 이르렀다.
25 조현명趙顯命, 1690~1752: 자는 치회稚晦, 호는 귀록歸鹿, 본관은 풍양豊壤이다. 벼슬은 영의정에 이르렀다. 박문수朴文秀의 주장으로 호전법戶錢法 실시가 논의되자 균역청 당

를 설치하고 함경도에서 이전하는 데 대비한 것이다. 교제란 남북 간에 상호 구제한다는 의미이다.

○ 제민곡濟民穀이란 영조 계미년(1763)에 좌의정 홍봉한洪鳳漢[26]이 임금에게 아뢰어 설치한 것인데 영남에 창 하나【사천에 있다】, 호남에 창 둘【순천과 나주에 있다】, 호서에 창 하나【비인에 있다】를 두었다. 각 창에 곡물 3만 석【사천은 6만 석】을 저축하여 흉년에 대비한 것이다. ○ 산산창蒜山倉[27]은 영조 갑자년(1744)에 영의정 김재로金在魯[28]가 임금에게 아뢰어 설치한 것인데, 매년 겨울에 염호鹽戶[29]에 쌀을 빌려주었다가 이듬해에 소금으로 갚게 하는 방식이다【쌀 1석에 소금 2석을 징수한다】. ○ 호서원산창湖西元山倉[30]이란 현종 임자년(1672)에 수사水使 박황朴璜이 설치한 창인데, 숙종 병신년(1716)에 수사 원팽조元彭祖[31]가 안면도安眠島[32]의 곡식을 이관하였으며 영

상당上으로서 그 절목節目을 작성하여 양역良役을 합리적으로 개혁했다.

26 홍봉한洪鳳漢, 1713~1778: 자는 익여翼汝, 호는 익익재翼翼齋, 본관은 풍산豊山이다. 정조의 외조. 벼슬은 영의정에 이르렀으며 환곡의 폐단을 시정하고, 은결을 조사한 일에 공이 있었다.

27 산산창蒜山倉: 경상도 낙동강 하류인 김해金海 명지도鳴旨島에 설치했던 창. 소금을 판매할 만하다 하여 창을 설치하였다. 산산창에 곡식을 저장해두고 왼편으로 포항창의 부족함을 돕고 오른편으로 호남과 호서 지방의 흉년을 구제하였다. 처음에는 쌀 1500석으로 판매를 시작하였는데 그 쌀이 점점 불어나게 되자 2만 석으로 한정해 그 창에 남기고, 나머지는 은으로 바꾸어 가산架山에 있는 남창으로 옮겼다.

28 김재로金在魯, 1682~1759: 자는 중례仲禮, 호는 청사淸沙·허주자虛舟子, 본관은 청풍淸風이다. 벼슬은 영의정에 이르렀으며, 1732년에는 양역구관당상良役句管上으로서 양역을 재조정하였다.

29 염호鹽戶: 제염업製鹽業에 종사하는 자로 세안稅案에 등록된 사람을 말한다. 양인의 신분이지만 천한 일에 종사하던 계층이다. 『속대전』의 규정에 의하면 염세鹽稅는 1분盆에 대하여 매년 염 4석을 바치게 되어 있었으나 지방에 따라서 감해주기도 하였다.

30 호서원산창湖西元山倉: 충청도의 원산도元山島에 있었던 창. 원산도는 홍주에 속해 있었는데, 지금은 충청남도 보령시 오천면에 속해 있다.

31 원팽조元彭祖: 미상.

32 안면도安眠島: 지금의 충청남도 태안군 안면읍. 안면도는 본래 태안반도에 이어진 반도

조 신유년(1741)에 수사 정수송鄭壽松[33]의 요청으로 경진미京賑米를 더 보 탠 것이다. ○ 앞에서 기록한 것은 모두 흉년에 대비한 곡식이다. 또 군향 곡軍餉穀[34], 칙수미勅需米[35] 같은 것은 도처에 중첩되어 있어 다 헤아릴 수 없으며, 그 설치 전말은 모두 창름제도에 상세하고 이 책에서는 긴요한 바가 아니므로 여기서는 생략한다.

류운룡柳雲龍[36]이 인동현감仁同縣監으로 있을 때, 정사를 함에 먼저 원칙 과 조목을 세워 전토·호구·세공稅貢·요역으로부터 환자의 출납에 이르 기까지 모두 종이에 금을 그어 양식을 만들고 가로세로로 꼼꼼히 점검 하여 조금도 빠지는 것이 없게 하되 그 부담을 공평하게 하는 데 힘썼다. 이를 처음 공표하여 시행할 때 사람들이 번거롭게 여기고 의심을 하기도 하였으나 몇 년이 지나자 온 고을이 편리하다고 칭송하였다. 감사가 그 방법을 다른 고을에도 시행하고자 그에게 일을 맡겼는데, 일이 거의 이 루어질 무렵에 감사가 교체되고 여러 고을의 수령들이 불편하게 여겨서 마침내 그 일이 중지되고 말았다. 식자들이 그것을 한스럽게 여겼다. 案 이것이 곧 경위표이다.

였으나 태안반도 앞바다가 조운漕運을 하기에는 너무 험하여 조선 중기(구체적으로는 중 종 32년(1537)으로 비정되고 있다)에 이를 극복하기 위해 남굴포(南掘浦, 판목)를 개착함으로 써 섬이 되었다. 이후 안면도는 조선시대 조운의 요충 역할을 하였다.

33 정수송鄭壽松: 조선 영조 때의 무신으로 벼슬은 영변부사寧邊府使에 이르렀다.

34 군향곡軍餉穀: 각 산성山城의 환곡.

35 칙수미勅需米: 평안도·황해도·경기도에 있던 환곡으로 칙사에게 필요한 물품 수급에 대 비하기 위한 것이었다.

36 류운룡柳雲龍, 1539~1601: 자는 응견應見, 호는 겸암謙庵, 본관은 풍산豐山이다. 류성룡柳 成龍의 형. 벼슬은 원주목사에 이르렀다. 저서로『겸암집謙庵集』이 있다.

환곡을 나눠주는 날에 규정에 따라 나눠줘야 할 액수[應分]와 창고에 남겨둬야 할 액수[應留]를 정밀하게 조사해야 한다. 모름지기 경위표를 작성해서 환히 살필 수 있게 할 것이다.

수령이 참으로 조리가 있고 명석하다면 그 분류의 실제 숫자를 감히 속이지 못할 것이요, 고을에는 수령이 계절마다 감사에게 보고하는 문서인 월보月報가 있고 감영에는 답변서[回草]가 있다. 그 분류의 장부가 공안公案으로 되어 있으니 속일 수는 없을 것이다. 그러나 내가 환곡을 나눠줄 때는 마땅히 간편한 법【아래에 나온다】을 써야 하며, 순분巡分[37]할 때마다 감영에 보고한 것을 기준으로 해서는 안 된다. 모름지기 분류표分留表를 작성하여 1년간의 총수를 파악하고 나서야 막힘없이 행할 수 있을 것이다. 이제 시험 삼아서 다음과 같이 표를 만들어본다.

분류표 分留表	갑인년에 구환을 탕감한 나머지 [甲寅舊還蕩減之餘]	기사년에 구환한 것 [己巳舊還]	지난해에 남은 것 [上年仍留]	지난해에 쓴 것 [上年用下]	지난해에 환수한 것 [上年還收]	지난해의 새 모곡 [上年新耗]	합류고 合留庫	금년 봄에 나눠줄 것 [今春應分]	금년에 남길 것 [今年應留]
상진미 常賑米	160석 7두		16석 6두	예목량은 모두를 씀 [曳木糧用盡]	16석 6두	1석 4두 9승 2홉 ○ 5분의 4	17석 10두 9승 2홉	8석 12두 9승 6홉	반을 남김 [半留]

---

37 순분巡分: 환곡을 한번에 지급하지 않고 기간을 정해 주기적으로 나누어주는 방식.

상진조 常賑租	898석 8두	350석	1335석 2두	300석은 제주에 이전함 〔移轉于濟州〕	1535석 2두	122석 12두 2승 4홉	2893석 1두 2승 4홉	1446석 8두 1승 2홉	반을 남김
선저미 船儲米		150석	70석 12두		141석 9두	12석 11두 1승 6홉 ○ 10분의 9	225석 2두 1승 6홉	150석 1두 4승 4홉	75석 7승 2합
수성미 守城米		200석	1석 2두		1석 2두	1두 7승	2석 5두 7승	1석 2두 8승 5홉	반을 남김
수성조 守城租			204석 11두		204석 11두	20석 7두 1승	429석 14두 1승	414석 14두 5승 5홉	반을 남김
별검조 別檢租		58석 9두	450석 14두		225석 7두	22석 8두 2승	698석 14두 2승	232석 14두 7승 3홉	465석 14두 4승 7홉
휴번조 休番租		100석	245석 2두		245석 2두	24석 7두 7승	514석 11두 7승	257석 5두 8승 5홉	반을 남김
대두 大豆			2석 6두		2석 6두	3두 6승	5석 6승	2석 7두 8승	반을 남김
사비조 私備租		1000석	93석 11두		93석 11두	9석 5두 6승	196석 12두 6승	98석 6두 3승	반을 남김
사비대 두 私備 大豆		28석 4두	32석 7두		32석 7두	3석 3두 7승	68석 2두 7승	34석 1두 3승 5홉	반을 남김
군이미 軍移米	57석 2두	615석 2두	300석 4두	230석은 옮겨 저치함 〔移爲儲置〕	300석 4두	30석 4승	400석 8두 4승	200석 4두 2승	반을 남김
보환미 補還米		60석			2석	3두	2석 3두	모두 나눠줌 〔盡分〕	
나포조 羅舖租	317석 5두				20석	2석	22석	모두 나눠줌	

영진미 營賑米	순영곡은 정퇴가 없음 〔凡巡營穀 無停退〕	봄여름에 모두 나눠줌 〔春夏流分盡〕	1석은 굶주린 백성의 죽쌀〔飢民粥米〕	48석 13두	4석 13두 3승	53석 11두 3승	모두 나눠줌	
통회미 統會米	통곡은 정퇴가 없음 〔凡統穀 無停退〕	80석 9두	20석은 제주 노비의 신공대〔濟州奴婢身貢代〕	80석 9두	8석 9승	149석 3두 9승	74석 9두 4승 5홉	반을 남김

이 표의 넷째 칸은 곧 지난해 창고에 남긴 실제 수량이다. 지난해라는 것은 정축년(1817)이니 그해 9월 그믐날에 수령은 창고에 나아가 앉아서 창고 속의 곡식을 모두 끌어내 분류표에 의거하여 점검할 때, 반드시 색대를 사용하여 곡식의 품질을 조사해야만〔그 방법은 앞에 나왔다〕 콩과 보리를 구별할 수 있으며, 사슴인지 말인지 속이지 못할 것이다. 여러 가지 곡물을 각각 한 무더기로 만들고 검열이 끝나면 결손이 난 것은 모두 보충하도록 한다. ○ 이에 창리를 불러 창고 속의 쓰레기를 말끔히 치우게 해서 그 속에 아무것도 남아 있지 못하게 하고 이에 수향首鄕과 수리를 불러 창고에 들어가 구석구석에 과연 아무것도 없는가를 조사하도록 한다〔수령이 몸소 창고에 들어가 보아도 좋을 것이다〕. ○ 만약 섬 수가 부족하다면 그것은 포흠의 결과이다. 근원을 조사하여 즉시 채우도록 할 것이다. ○ 만약 섬 수가 넘친다면 그것은 창리가 농간하고 장사하는 물건이다. 창리를 불러 다음과 같이 타이른다. "공창公倉은 지극히 엄한 곳이요 너의 사고私庫가 아닌데 네가 감히 사사로운 곡식을 넣어둔단 말인가. 그 죄가 포흠하는 것보다 무겁지만 내가 우선 용서해줄 터이니 응당 빨리 꺼내어

창고 문 밖으로 내가도록 하라." ○ 이에 묵은 곡식은 별도로 한 창고에 쌓아두고【그 수가 많지 않기 때문이다】 새 곡식과 서로 섞이지 않도록 하여 자물쇠로 단단히 잠가두고 분급하기를 기다린다.

10월 초에 날짜를 지정하여 창고를 열고 앞의 표를 가지고서 금년에 응당 수납해야 할 수량 중에서 전부터 내려온 정퇴조停退條[38]가 몇 석, 작년에 거두어들이지 못한 것이 몇 석【이두로는 미봉 未捧이라 한다】, 금년 봄에 나누어줄 것이 몇 석, 금년의 모곡이 몇 석인가를 낱낱이 파악하고 나서 또다시 통계 합산하되 단 곡물명으로 분류하여 금년에 마땅히 거두어야 할 수량이 쌀 몇 석, 벼 몇 석, 대두 몇 석, 소두 몇 석, 조 몇 석, 수수 몇 석【이두로 피당皮唐이라 한다】인지를 조사하여 판 위에 써놓고서 그대로 받아들인다. ○ 수납이 끝난 뒤에 창고를 봉한다.

금년 봄에 곡식을 나누어주려고 할 때 앞의 표를 가지고 마땅히 나누어주어야 할 숫자를 조사하되 역시 곡물명에 따라 쌀 몇 석, 벼 몇 석, 콩 몇 석, 팥 몇 석, 조 몇 석, 패자稗子 몇 석으로 분류하고【이두에는 패자가 '직稷'이라고 잘못되어 있다. 직이란 조이니 우리말에 '조稞'라고 발음하는 것이다】[39] 이에 호적의 총수에다 여러 가지 곡식을 배정하되 어느 면은 쌀 몇 석, 어느 면은 벼 몇 석으로 한다. 반드시 경위표를 만들어 그 숫자를 명확히 해야 한다. 시험 삼아서 다음과 같이 표를 만들어본다.

---

38 정퇴조停退條: 무엇을 납부했는데 통과되지 못하고 퇴짜당한 채로 남아 있는 것.
39 패자稗子는 피를 가리키는 말이다. 지금 피는 한낱 잡초에 지나지 않는데 여기서 패자는 곡식의 일종으로 취급되는 것으로 보아 다른 무엇이 아닌가 한다.

반량표 頒糧表	쌀[米]	벼[租]	대두 大豆	소두 小豆	소미 小米	수수〔薥黍〕
나눠줘야 할 액수[應分]	1642석 10두	5450석	2820석	646석	480석	64석
읍내방 邑內坊 720호	268석 12두	890석 13두 2승	461석 4두 2승	105석 9두	78석 10두 8승	19석 10두 2승
동시면 東始面 420호	156석 12두	519석 10두 2승	269석 1두 2승	61석 9두	45석 13두 8승	11석 7두 2승
동종면 東終面 454호	169석 7두 4승	561석 11두 2승 4홉	290석 12두 9승 4홉	66석 8두 8승	49석 9두 5승 6홉	
서시면 西始面 460호	171석 11두	569석 2두 6승	294석 10두 6승	67석 7두	50석 4두 4승	12석 8두 6승
서종면 西終面 382호	142석 9두 2승	472석 9두 9승 2홉	244석 11두 2홉	56석 4승	41석 11두 4승 8홉	
남시면 南始面 421호	157석 2두 6승	520석 13두 7승 6홉	269석 10두 8승 1홉	61석 11두 2승	46석 4승 4홉	11석 7두 6승 1홉
남종면 南終面 402호	150석 1두 2승	497석 6두 1승 2홉	257석 8두 2승 2홉	58석 14두 4승	43석 14두 2승 8홉	
북시면 北始面 318호	118석 10두 8승	393석 7두 8홉	203석 10두 9승 8홉	46석 9두 6승	34석 11두 5승 2홉	8식 10두 3승 8홉
북종면 北終面 211호	78석 11두 6승	261석 1두 1승 6홉	135석 2두 7승 1홉	30석 14두 2승	23석 1두 4홉	
운수면 雲水面 224호	83석 9두 4승	277석 2두 4승 4합	143석 7두 6승 4합	32석 12두 8승	24석 7두 3승 6합	
유천면 柳川面 212호	79석 2두 2승	262석 4두 7승 2홉	135석 12두 3승 2홉	31석 1두 4승	23석 2두 6승 8홉	
송산면 松山面 180호	67석 3두	222석 10두 8승	115석 4두 8승	26석 6두	19석 10두 2승	
○4404호 ○안쪽의 5개 면 2339호. ○바깥쪽 7개 면 2065호.	○매호가 쌀 5두 6승을 받는다. ○나머지 4호는 받을 수 없다.	○매호가 조 1석 3두 5승 6홉을 받는다. ○나머지 11두 7승 6홉은 분급할 수 없다.	○매호가 대두 9두 6승 1홉을 받는다. ○나머지 2호는 받을 수 없다.	○매호가 소두 2두 2승을 받는다. ○나머지 1두 2승은 분급할 수 없다.	○매호가 소미 1두 6승 4홉을 받는다. ○나머지 13호는 받을 수 없다.	○안쪽의 5개 면은 매호가 수수 4승 1홉을 받는다. ○나머지 1두 1홉은

				○나머지 대두 3두 2승 2홉은 분급할 수 없다.	○나머지 소미 1두 4승 4홉은 분급할 수 없다.	분급할 수 없다.

앞의 표는 곡물을 호수에 배당한 것인데 어긋나 서로 꼭 들어맞지 않는 경우가 있다. 만약 나머지 호가 있어서 곡식을 분급받지 못할 경우에는 나머지 호를 읍내에 소속시켜서 관리호官吏戶의 몫으로 대신 충당해 주며 반대로 남은 곡식이 있어서 쪼개어 나누어줄 데가 없는 경우에는 창리에게 소속시켜 제가 먹었다가 가을에 납부하도록 한다. ○ 수수는 양이 적어서 골고루 나누어줄 수가 없으니 다만 읍에 가까운 촌락에만 나누어주는데, 이것은 읍에서 멀리 떨어져 있는 촌락을 번거롭게 하지 않기 위함이다. 무릇 곡식의 총량이 적어서 백성들이 원하지 않는 경우는 응당 이 사례에 따를 것이다.

무릇 환자는 잘 거두어들인 후에야 비로소 잘 나누어줄 수 있는 것이다. 잘 거두어들이지 못하면 다음 해를 어지럽게 하여 구제할 방도가 없게 된다.

추분날에 수령은 여러 창고의 두斗와 곡斛, 색승色升·낙승落升[40]을 모

---

40 두斗·곡斛·색승色升·낙승落升: 두와 곡은 도량형기度量衡器, 색승과 낙승은 간색미와 낙정미를 되는 되 같기도 하나 낙정미와 간색미를 되는 되가 별도로 존재하는 것 같지 않으므로 이는 낙정미는 몇 되로 하고 간색미는 몇 되로 한다는 규정을 가리키는 것이 아닌가 한다.

아들여 크지도 않고 작지도 않은 중간 것을 택하여 견본으로 정한다. 크거나 작은 것들은 모두 관청의 뜰에서 부수어버린다. 그리고 도량형기를 새로 만들어 나누어주어 읍창邑倉[41]·외창外倉[42] 및 여러 공고公庫·관주官廚에서 사용하는 두와 곡이 모두 터럭만큼의 차도 없게 한다[세미稅米를 받을 때 쓰는 두와 곡은 절대 개조해서는 안 된다]. 두와 곡에 압인押印과 낙인烙印을 새기되 아울러 여러 창고의 관지款識[동창東倉·남창南倉·사창社倉 따위]를 박아서 각 창고에 나누어준다. ○ 창고를 여는 날에 외창의 창감倉監[43]과 창리들을 불러 모두 읍창에 모이게 하여 표준을 보게 하는데 첫째는 곡품穀品, 둘째는 곡량斛量, 셋째는 간색미와 낙정미, 넷째는 타섬미, 다섯째는 영자[零尺][44]이다. 한결같이 이날 정한 것으로 준칙을 삼도록 한다. ○ 무릇 곡품은 너무 정결할 것은 없지만 너무 거칠어서도 안 된다. 만약에 쭉성이라든지 잡물이 섞여 있으면 대략 키질을 하도록 한다. 무릇 말질을 함에 있어 평미레는 지극히 평평해야 하지만[정자목丁字木이 가운데가 혹 구부러져 있으면 마땅히 평평하게 해야 한다] 너무 심하게 할 것은 없다. 무릇 간색미는 3승을 넘지 못하며, 낙정미는 5승을 넘지 못한다[혹시 그 고을 관례가 옛날부터 간색미가 5승이요 낙정미가 1두인 경우에는 역시 그것에 따를 뿐이다]. 타섬미는 1승을 넘어서는 안 되는데 이는 창졸倉卒이 먹는 것이다[혹 부정한 물건에 대해서는 그 먹는 양을 정할 수 없다고도 하지만 무릇 아무 제한이 없으면 혼란을 키우는 근

---

41 읍창邑倉: 읍내에 있는 창고. 내창內倉이라고도 한다.
42 외창外倉: 외촌에 있는 창고.
43 창감倉監: 창고를 감독하기 위하여 향청에서 파견된 자.
44 영자[零尺]: 영零은 아주 작은 액수 혹은 나머지, 자[尺]는 자문[尺文]의 자를 가리키는 것이니, 영자란 환곡을 갚으려고 백성들이 가지고 온 곡식 중에서 그것을 바치고도 남는 것을 관청에 납부하고 이에 대하여 발급받는 증명서이다.

본이 된다】. ○ 평미레에 깎이어 마당에 떨어진 곡식은 가지고 온 백성에게 돌려주지 말고, 그 자리에서 되질하여 혹 몇 되가 되거나, 혹 한 말이 되면 창리로 하여금 그 이웃에 있는 앞으로 환곡을 바쳐야 할 사람의 이름을 조사하여 그것으로 대신 바치게 하며, 자문〔尺文〕을 교부하여 줄 것이다. 이를 가리켜 영자라 한다【남은 쌀을 가지고 온 백성에게 돌려주면 창고 문을 나서기가 바쁘게 창노들이 사람을 시켜 빼앗아버린다】.

　○ 수령은 이날 저녁에 여러 창의 창감과 창리를 불러 다음과 같이 타이른다. "오늘의 일은 너희들이 본 바이니, 너희들은 각자의 창으로 돌아가 이것으로 준칙을 삼아라. 만약 곡품을 지나치게 정한 것을 요구하여 백성들의 원망을 사서 나에게까지 들리게 한다면 너희들에게 죄를 줄 것이요, 만약 곡품이 너무 거칠어서 내년 봄에 곡식을 나누어줄 때 너희들이 농간질을 하지 않았나 하는 의심이 난다면 너희들에게 죄를 줄 것이다【쭉정이를 섞어 분석하는 것을 경계하는 것이다】. 간색미·낙정미·타섬미를 조금이라도 더 받으면 너희들에게 죄를 줄 것이며, 영자를 발급하지 않고 떨어진 곡식을 모두 창노의 전대에 들어가게 한다면 너희들에게 죄를 줄 것이다." ○ 수령이 부중府中에 돌아올 때 여러 곡식을 각각 한 섬씩【쌀 1섬, 벼 1섬, 콩 1섬, 조 1섬】 가져다가 정당政堂에 놓아두고 미리 누상고樓上庫【부중에는 반드시 이것이 있다】에 유회油灰[45]를 많이 만들어 쥐구멍을 꼼꼼히 틀어막고 이 곡식 섬을 저장한다. 이에 창리와 창감을 불러 다음과 같이 타이른다. "내가 이 곡식을 저장해두는 것은 줄어든 곡식의 양을 알고자 함이다. 내년 봄 곡식을 나누어주는 날에 먼저 이 곡식을 되어보아서 만약

---

45 유회油灰: 오동나무 기름에 석회를 갠 마감재. 틈을 메우거나 표면을 매끄럽게 하기 위해 사용한 것이다.

5승이 축났으면, 각 창고의 곡식도 역시 5승을 참작하여 줄 것이며, 만약 1두가 축났다면 각 창고의 곡식도 역시 1두를 참작하여 주고, 만약 2두가 축났다면 역시 2두를 참작하여 줄 것이니 너희들은 이것을 알도록 하라. 각 창고의 곡식 중에서 유독 축이 많이 난 것은 내가 참작하여 주지 않을 것이며 비록 1승 1약龠의 차가 있더라도 반드시 추징할 것이니 너희들은 삼가도록 하라." 그러고 나서 백성들이 바친 곡식 섬을 창고 속에 정성껏 저장하게 한다. ○ 그리고 또 다음과 같이 타이른다. "창고 안의 곡식은 쥐가 먹는다고 하더라도 몇 섬에 불과할 것이니, 여러 마을에 고루 배당하여 그 손해를 고루 부담하게 할 것이다(만약 쥐가 먹은 것이 12섬이라면 12개 면에 각각 한 섬씩 배분한다). 그러고도 더 결손이 있으면 너희들이 보충하도록 하라."

○ 지금 군현의 창고 속에서 가끔 옛날의 벽돌을 볼 수 있다. 이것은 옛날 사람들이 실제에 힘써서 창고 안에 벽돌을 많이 깔아서 쥐를 막은 것이다. 요즈음 사람들이 마땅히 본받을 일이다.

외창이 없는 경우 수령은 마땅히 5일에 한 번씩 나와서 몸소 환곡을 받아야 하고, 외창이 있으면 오직 창고를 여는 날에 친히 거두어들이는 법식을 정해야 한다.

목민하는 길은 '고를 균均' 한 자가 있을 뿐이다. 늘 보면 현령은 읍의 창고만 살피고 외창은 불문에 부치는데, 이는 소만 보고 양을 잊은 것이고 닭은 잡고 오리는 놓친 것이니, 그 고르지 못함이 심하다. 만약 혜택을 고루 나눠주지 못하면 차라리 고통도 골고루 받게 할 것이지, 어찌 유독 읍의 창고만 살피는 것인가?

○ 외창이 없는 경우에 수령은 장이 서는 날, 즉 5일에 한 번씩【장이 본래 그러한 것이다】창감이나 창리의 사무소에 나아가서 직접 받아야 한다【그 사이의 4일간은 좌수座首로 하여금 받도록 한다】. 동짓달 열흘이 넘은 후 창고를 봉해야 하는 날짜가 급하면 3일에 한 번씩 나가서 그 수납을 독촉한다.

○ 외창이 있는 경우에는 수령은 내창이나 외창 모두에서 몸소 거두어들이지 말고, 별도로 염탐하여 어느 창고는 곡품을 너무 따지고 곡량이 너무 과도하며, 어느 창고는 간색미와 낙정미가 너무 많고, 어떤 날에 백성들이 항의하다가 창감에게 매를 맞았으며, 어떤 날에 백성들이 창노에게 뺨을 맞았는지 등을 눈으로 본 듯 그려내어 꾸짖고 벌주는 것을 강직하고 명백히 한다면, 비록 직접 수납하지 않더라도 백성들의 칭송이 길에 가득할 것이다.

환자는 직접 받지는 않더라도 반드시 직접 나눠주는 것이 마땅하다. 1승 반 약이라도 향승이 대신 나눠주도록 해서는 안 된다. 순분의 법에 구애될 것 없다.

외창이 있는 경우에는 직접 받으려 해도 불가능하다. 또 내가 나눠주는 것〔分給〕을 살피면 아전의 농간이 이뤄질 수 없지만, 받는 것〔收納〕만 살핀다면 앞서 들인 공력이 허사가 될 수 있으니 나눠주는 것만은 직접 거행해야 할 것이다. 비록 외창 5~6개가 사방에 흩어져 있어도 나눠주는 것은 직접 해야 한다. ○ 10월 창고를 여는 날 미리 '필히 몸소 나눠준다 〔必親頒〕'는 글을 써서 창리에게 거듭 알려 섬을 나누고 겨를 섞는 죄를 범하지 못하도록 해야 할 것이다.

순분은 천하에 폐단이 많은 법이다. 그것을 주장하는 자는 "어리석은 백성들이 계획이 없어서 한번 배불리 먹고는 양식이 떨어져 농사를 지을 때의 식량을 계획조차 못하니, 수령이 백성을 위하여 아껴 쓰도록 하려는 것이다"라고 한다. 아! 이 무슨 억지소리인가. 부모가 자녀들을 분가시켜 각각 살림을 살게 하였다가 다시 "나의 아들은 재산 관리에 부실하며 나의 며느리는 씀씀이가 헤프다" 하고 아침에 아침거리를 주며, 저녁에 저녁거리를 준다고 할 것 같으면 아들이나 며느리가 그것을 편안하게 여기겠는가. 부모가 자녀에게 시행할 수 없는 것을 수령이 백성에게 시행하고자 하니, 너무 후하게 하려는 데에 실책이 있는 것이다. 또 환자법은 백성의 양식을 이어가게 하려는 것인가, 아니면 모곡을 받아서 이것을 재정에 보태려 하는 것인가. 지금 백성들은 환자가 그들의 양식을 이어주기 위함이 아니라고 생각한 지가 벌써 오래되었다. 비록 그들에게 아껴 쓰도록 하기 위한 것이라고 하더라도 백성들이 더 즐거워지겠는가. 백성들이 아끼는 것은 시간이다. 바야흐로 봄과 여름에 힘써 일하면서 촌각을 주옥과 같이 귀하게 여기는데 2석의 곡식을 여덟 번에 걸쳐 나눠준다면 8일의 품을 잃어버리는 것이니 순분이란 백성을 이롭게 하는 것인가, 해롭게 하는 것인가. 배가 고파서 떡과 엿을 사먹고, 목이 말라서 술과 참외를 사먹으면 주머니에는 본래 돈이 없어서 곡식을 덜어주게 되며, 말질을 하노라면 흩어져 나가는 곡식이 많으며, 순분을 할 때마다 타러 가자면 비용이 늘어난다. 그런 탓에 순분을 하면 아전과 창노가 살지고 주막이 덕 보는 것이요 백성들은 더욱 피폐하게 되는 것이다. 백성이 환곡을 받아서 낭비하여 식량이 떨어지든지 절약하여 양식을 이어가든지 그들에게 맡겨둘 뿐이다.

○ 조남성은 「사창의」에서 말했다. "마을의 어떤 아비가 다섯 아들을 두었는데 모두 장성하여 아내를 맞이하매 이들에게 농지를 나누어주어 별거하게 하였다. 아비가 아들들이 사치하여 가난해질까 염려해서 매년 그들의 곡식 약간을 가져와 저장해두었다가 자식들의 양식이 떨어지면 그것을 주었다. 그 이웃의 군자가 '과하구나. 아들들이 사치스러워질까 걱정된다면 어찌 그들에게 검소한 모범을 보여주지 않고 아들의 가재家宰가 되려 하는가'라고 하였고, 그 이웃의 소인은 '졸렬하구나. 저장해둔 곡식은 되면 되뿐이고 말이면 말뿐이다. 어찌 다섯 아들들로 하여금 스스로 남에게 빌려주었다가 이식을 취하게 하지 않는가'라고 하였다. 무릇 아비가 자식을 사랑함이 이와 같이 지극하지만 군자와 소인이 다 같이 그렇게 해서는 안 된다고 말하니 백성의 어른 된 자가 이런 식으로 한다면 이는 백성을 사랑함이 자식을 사랑하는 것보다 더한 것이다. 백성 사랑하기를 자식과 같이 하여도 족한 터인데, 그보다 더 지나치게 하니 이것이 이른바 일이 인정에 가깝지 않다고 하는 것이다."

올해 나누어주어야 할 곡식의 수량이 정해졌으면 한꺼번에 다 나누어주는 것보다 좋은 방법이 없다. 환곡이 적은 고을은 매호가 받아야 할 것이 2석에 불과한데 2석은 30두이다. 한 호의 환곡은 대략 서너 집에서 나누어 먹는데【서너 집이 합하여 1호가 된다】한 집에서 한 사람이 나가면 이 정도의 환곡은 운반해올 수 있다. 늙은이와 아이들과 부녀자는 남겨두어서 집을 보게 하고 나머지 사람들이 모두 힘을 다한다면 어찌 운반하는 어려움을 걱정하겠는가.

무릇 환곡을 나누어주는 방법은 이러하다. 환곡을 받으려는 사람들이 마당에 가득하여 마치 큰 장터에 사람들이 모인 것과 같아서 먼지가 어지러이 일어나고 무리들이 떠들썩한데 수천 포의 곡식이 온 마당에 마구 쏟아져 나오면, 유목劉穆[46]이 앉아서 그 일을 맡는다고 하더라도 농간을 살필 수 없을 것이다. 아전들은 이 틈을 타서 마음대로 재간을 부리는데, 이것이 환곡의 운영이 혼란스러운데도 끝내 무사하게 되는 까닭이다. 대략 하루에 방출하는 것이 800석을 넘지 않게 하는 것이 좋다. 매호에 2석씩 나누어주면 400호가 될 것이요, 한 면에 200호가 있으면 하루에 두 면이면 아마 마땅할 것이다. ○ 3월 상순에 수령이 장차 환곡을 나누어주려 할 때, 먼저 모든 면의 호수를 계산하여 날짜를 배분하되, 1, 2일에는 읍내방이 와서 받고, 3, 4일에는 동시면과 동종면이 와서 받고 5, 6일에는 서시면과 서종면이 와서 받고 7, 8일에는 남시면과 남종면이 와서 받고 9, 10일에는 북시면과 북종면이 와서 받는다. 수령은 11일에는 운수면 창고에 나아가 나누어주고, 12일에는 유천면의 창고에 나아가 나누어주고, 13일에는 송산면 창고에 나아가 나누어주되 기일에 앞서 명령하여 백성을 단속할 것이다.

기일이 되기 수일 전에 수령은 반량표를 가지고 여러 면이 응당 받아야 할 숫자, 즉 쌀이 몇 석이며 벼가 몇 석인가를 알고, 이에 분류표【이 표

---

46 유목劉穆: 유목지(劉穆之, 360~417)와 동일인으로 보임. 유목지는 중국 남송 무제武帝 때 인물로, 벼슬은 상서좌복야尙書左僕射에 이르렀다. 사무 능력이 빼어나 눈으로 사송辭訟을 읽고, 손으로 전서牋書를 쓰고, 귀로 보고를 듣고, 입으로 응수하는데 조금도 헷갈림이 없었다 한다.

는 앞에서 나왔다)를 가지고 또 금년에 응당 나누어주어야 할 것 중에서 묵은 쌀이 몇 석이요 햅쌀은 몇 석이며, 묵은 벼는 몇 석이요 햇벼는 몇 석인가를 조사하여 따로 장부를 만들어서 이것을 가지고 나간다. ○ 창고 속에는 으레 정액 외의 묵거나 썩은 곡식이 있다. 이는 여러 아전들이 매년 농간질하다가 백성들에게 미처 나누어줄 겨를이 없어서 이에 이른 것이다. 작년 겨울 창고를 열기 전에 과연 창고를 청소하고 오직 공곡公穀만을 남겨둘 수 있었다면 더 말할 것이 없지만(지금은 이미 4, 5개월이 지났으니 그간의 변화는 역시 알 수 없다), 이미 그렇게 하지 못했으니 새 곡식과 묵은 곡식의 구분은 이날 마땅히 엄하게 해야 한다. 만약 명백히 구분하지 않으면 간사한 아전들이 썩은 곡식을 가지고 새 곡식을 취하게 될 터이니, 백성의 원성이 길에 가득할 것이다. ○ 묵은 곡식의 수량은 작년 연말의 마감성책을 상고해보아야 하는데 거기에 '잉류 몇 석'이라고 되어 있으면 곧 묵은 곡식의 실제 수량인데 이외에 또 어찌 묵은 곡식이 있겠는가. 이 수량 이외에는 1승 반 약이라도 묵은 곡식이라 이름이 붙은 것은 응당 창고 문 밖으로 내쳐버릴 것이요 섞어서 나누어주어서는 안 된다. ○ 묵은 곡식을 출고할 때에 색대를 쓰고(그 방법은 앞에 나왔다), 새 곡식을 출고할 때에도 역시 색대를 쓴다. 마당에 내놓고는 각각 구분해서 한 무더기로 만든다.

○ 무릇 마당 가운데 곡식을 쌓는 방법은 마땅히 가로로 놓을 것이요 (당상에 앉아 있는 사람이 섬을 헤아릴 수 있다), 세로로 놓아서는 안 된다(당상에 앉아 있는 사람이 섬을 헤아릴 수 없다). 다 쌓아두고는 시노에게 섬을 헤아리게 하되 10섬마다 조그마한 깃발(육적 꼬챙이와 같은 조그마한 기) 한 개를 꽂아두게 한다. 수령은 당상에 앉아서 깃발을 헤아려보면 섬 수를 알 수 있을

것이다. ○ 섬 수의 계산을 마쳤을 때, 환곡을 받을 촌민으로 하여금 파섬 破苫【구멍이 있는 섬】과 뇌섬餒苫【꽉 차지 않은 섬】을 골라내어 다시 되어보게 하는데, 분명히 쥐가 먹은 것은 백성들을 타일러 그냥 받아가게 하고【대략 200석에 쥐가 먹은 것이 혹 1섬 정도는 있어도 괜찮지만 그 이상 있어서는 안 된다】, 아무 이유 없이 푹 꺼진 섬은 아전들에게 명령해서 채워 넣도록 한다【부정은 담당 아전들에게 있다】. ○ 이에 완전한 섬 중에서 임의로 한 섬을 뽑아 말질을 하는데 그 축난 것이 누상고【설명은 앞에 나왔다】에 저장된 것과 서로 같거나 혹 5승이 감소되거나 혹 1두가 감소된 것은 백성들에게 타일러 받아가도록 하고【이치상으로 응당 감소된 것이기 때문이다】, 그 축난 것이 너무 과다한 것은 아전들에게 명령하여 채워 넣도록 하되 누상고에 저장하였던 것과 서로 같도록 할 것이다. ○ 섬마다 불완전하여 명백히 창리의 분석에 속하는 것이나 혹은 곡품이 너무 거칠어 명백히 창리가 겨를 섞은 것에 속하는 것은 수백 섬을 모조리 가져다가 마당 가운데 부어놓고 키로 까불고 말로 보충해 넣어 완전한 섬으로 만들어 이것을 백성들에게 나누어주되, 요컨대 곡품과 두수斗數가 모두 누상고의 것과 서로 같도록 할 것이요 1푼을 더해도 안 되고【아전들이 억울하다】 1푼을 감해도 안 된다【백성들이 억울하다】. 그 모자라는 것은 곧 아전들의 포흠인 것이다. ○ 해당 아전은 뭇사람의 면전에서 한 차례 엄격하게 형벌을 준다.

　○ 무릇 몸소 나누어주는 이 조례는 작년 겨울 창고를 여는 날에 미리 거듭거듭 경계하고 타일러서 혹시라도 함부로 범하지 못하도록 했던 것이다. 만약 미리 경계하지 않고 이때에 이르러 형벌을 준다면 백성을 속이는 짓이 되는 것이다.

　환곡을 다 나눠준 다음 군관 5~6명을 불러 신칙하기를 창고 문으로부터 오리정五里亭⁴⁷ 밖에 이르기까지 잡인을 물리쳐서 도로가 텅 비어 사람이 없게 하고 나서, 이에 백성들로 하여금 섬을 지거나 소에 싣기도 하여 창고 문 밖으로 나가게 한다. ○ 백성들이 나갈 때에 다음과 같이 경계한다. "너희들은 섬을 지고 곧 10리 밖에 나간 다음에 쉬는 것이 좋다. 만약 창고 문으로부터 바로 몰래 저가邸家【면주인面主人】에 가서 술과 밥을 먹고 섬을 풀어서 곡식을 내어 전채前債【풍헌과 약정 등 읍내에 드나드는 자는 묵은 빚이 있게 마련이다】를 갚거나, 전례前例【환곡을 받는 날에 쌀 몇 말을 저가에 예물로 바치는데 이것을 전례라 부른다】를 지급하거나 연가煙價⁴⁸【오늘 먹은 것이다】를 지불하는 경우에 백성들은 태笞 20대에 처하고 군관에게는 곤장을 칠 것이다." ○ 잇따라 군관들로 하여금 이 백성들을 인솔하여 10리 밖으로 나가도록 하고 돌아와서 보고하게 한다. ○ 몰래 시동侍童 중에서 순박하고 정직한 자를 저가【모 면의 주인】에 나가보게 하는데 한 사람의 백성이라도 술과 밥을 사먹는 자가 있어서 달려와 보고하면 곧 교졸을 풀어 잡아들이고 저가, 촌민 및 인솔하는 군관 모두에게 벌을 준다. ○ 무릇 이 조례는 기일에 5~6일 앞서 저가에 포고하여 헛되이 술과 밥을 소비하고 재물을 축내면서 죄를 범하지 않도록 해야 할 것이다.

무릇 한 차례에 다 나누어주려는 경우에는 마땅히
미리 이 뜻을 상사에게 보고해야 한다.

---

47 오리정五里亭: 군아에서 5리 정도 떨어져 있는 곳.『경국대전』의 규정을 보면 향리 중 호장·기관記官·장교로 으뜸이 되는 자 각 1명이 공복公服을 하고 관리를 맞이하던 곳이다. 그 외의 사람들은 대문 밖에서 맞이하고 보내는 예를 취하였으며 장교는 경계에서 사람들을 맞이하고 보냈다. 일반적으로는 손님을 맞고 보내던 곳을 오리정이라 하였다.
48 연가煙價: 음식값을 가리키는 말.

무릇 백성을 편안하게 하는 정사는 반드시 법례에 구속될 것은 아니다. 그러나 세속의 의견은 많이들 법례에 구애되니 사람마다 설득할 수는 없다. 수령이 만약 순분법巡分法을 좇지 않으려고 한다면 모름지기 먼저 감영에 가서 면대해서 이 일을 의논하고, 만약 의논이 서로 합치되면 반드시 즉시 중앙에 보고하도록 한다. 만약 감사가 법례에 구애되어 그것을 허락하지 않으려고 한다면 "이 일은 단지 내가 스스로 편의에 따라 시행하고 감사가 중앙에 올리는 문보文報에서는 종전 관례에 따르는 것으로 하십시오"라고 하면 감사는 이에 반드시 그 일을 허락할 것이다. ○ 중국에서는 모든 주州의 판관判官들도 천자에게 직접 아뢸 수가 있는데, 이것은 백성의 사정이 위에 알려지고 천자의 은택이 백성에게까지 흐르도록 한 것이다. 우리나라의 수령은 독자적으로 국왕에게 의견을 전달할 수 없으니 다스리기가 더욱 어렵다.

왕흠약王欽若[49]이 박주亳州의 판관으로 있을 때, 회정창會亭倉을 감독하였다. 오랫동안 비가 와서 창사倉司가 쌀이 젖었다며 수납하지 않으니, 먼 데로부터 쌀을 싣고 온 백성들이 식량이 다 떨어졌는데도 쌀을 바칠 수가 없었다. 왕흠약이 모두 창고에 수납하도록 명령하고 연차年次에 구애되지 않고 젖은 쌀부터 먼저 지급하여 쌀이 썩는 지경에 이르지 않도록 하자고 건의했더니, 그 건의가 임금에게 이르매 태종이 크게 기뻐하고 손수 조서를 써서 이를 허락하였다. 案 송나라 때에는 모든 주의 판관들 역시 독자적으로 황제에게 건의할 수 있었기 때문에 왕흠약이 아뢸

---

49 왕흠약王欽若, 962~1025 : 중국 북송시대 인물. 자는 정국定國이다. 문하시랑·동평장사 등을 역임하였다. 저서로는 『익성보덕전翊聖保德傳』이 있다.

어 청할 수 있었던 것이다. 대개 수령이란 옛날의 제후인데 무릇 마땅한 일이 있으면 중앙에 건의하는 것이 이치에 합당한 것이요 백성의 고통이 제거되고 혈맥이 통하게 되니 이는 좋은 법이다. 우리나라는 감사로 후원喉院[50]을 삼아 막고 가리어 어느 한 가지 일도 아뢰지 못하게 하고, 오직 삼사시종지신三司侍從之臣[51]으로서 수령이 된 자만이 상소하여 일을 논하게 하고 여러 고을 중에 무신과 음직 자리에 해당하는 고을은 비록 큰일이 있다고 하더라도 스스로 아뢰지 못하게 되어 있으니, 진실로 탄식할 일이다.

환곡을 반 이상 받아들였을 때 갑자기 작전作錢하라는 명령이 있으면 마땅히 이치를 따져 방보防報[52]할 것이요 받들어 행해서는 안 된다.

무릇 환곡의 작전은 백성들을 이롭게 하거나 해롭게 하거나를 막론하고, 마땅히 모든 백성들에게 이익과 손해가 나누어지도록 해야 한다. 만약 환곡을 반 이상 거두었을 때 갑자기 작전하라는 명령이 있으면 환곡을 아직 갚지 못한 빈궁한 자들이 유독 해를 받는다. 또 혹 그 호들의 환곡이 작전의 액수를 충족하기에 부족하면 창고에 수납한 곡식을 환급하고 곡식을 판매한 돈을 요구한다. 이때에 아전들이 이를 틈타서 농간을 부려서 백성들이 실로 이중으로 부담을 질 것이니, 어찌 되돌려 받을 수

---

50 후원喉院: 승정원의 다른 이름.
51 삼사시종지신三司侍從之臣: 홍문관·사간원·사헌부 등 삼사三司 및 승정원의 관원들.
52 방보防報: 상급 관청의 지시에 따를 수 없는 이유를 해명하는 보고.

있겠는가. 감사가 만약 작전하기를 원한다면 왜 일찍 지시하지 않았는 가. 수령은 마땅히 이유를 따져 방보할 것이요, 끝내 벼슬을 그만두는 일 이 있더라도 받들어 시행할 수는 없는 것이다.

흉년이 든 해에 다른 곡식으로 대신 받는 경우에는 별도로 그 장부를 꾸미고 곧 본래 상태대로 복구할 것이요 오래 끌어서는 안 된다.

각종 곡식을 서로 상대相代하는 법은 『대전통편大典通編』【「호전·창고」】에 자세히 보인다. 상대란 것은 혼란의 근본이다. 만부득이한 경우가 아니 면 가볍게 허락할 수 없다. 이듬해 봄에 곡식을 나누어주려고 할 때 마땅 히 그 실제 수를 조사하여 별도로 하나의 장부를 만들고, 곡식을 출고할 때에 따로 색대를 사용한다면 아마 사슴을 가지고 말이라고 하는 속임수 는 면할 수 있을 것이다.

산성의 환곡으로 백성에게 고질적인 병폐가 된 것이 있을 경우에는 다른 요역을 견감해주어 백성의 부담을 고르게 해야 한다.

무릇 산성 소재의 군향곡은 모두 산성 주위의 여러 읍으로 하여금 백 성을 보내어 환곡을 받아다가 나누어주게 하는데 먼 경우는 200리요 가 까운 경우는 100여 리다【곡산부터 대현大峴까지가 거의 200리가 된다】. 백성들은 별도로 한 사람을 파견하되 산성에 가서 환곡을 받아 곧 산성 밑 가까운 촌락에서 팔아 작전하게 하고, 가을에 또 한 사람을 파견하되 돈을 지고 산성 밑에 가서 곡식을 사서 수납하게 한다. 섬을 지고 산에서 내려오고 산으로 올라가는 일에 반드시 인부가 있어야 하는데, 단신으로 멀리서 온 사람은 인부를 고용하기도 어렵다. 드디어 창리【이 산성의 주리主吏이다】와 상의하여 싼값으로 팔고 비싼 값으로 방납하는데 창리는 이것을 받아 반은 성장城將[53]에게 뇌물로 주고 반은 자기의 전대에 넣는다. 그래서 창고의 곡식은 묵어빠져서 모두 흙이 되는데 백성에게는 괴로움이 되고 나라에는 유용한 바가 없으니, 이것은 모두 반드시 혁파해야 할 폐단이다. 대개 옛날 전쟁 끝에 산성의 곡식이 크게 전쟁에 대한 대비가 되는 것을 보고【임진년과 갑자년에 남북으로 침략이 있었다】 드디어 이 법을 세웠는데, 세월이 오래 지나 전화가 이미 가시었는데도 이 법은 아직도 존속하여 그대로 답습하는 병폐가 되었다. 무릇 큰 전쟁이 날 때에는 모두 떠들썩한 조짐이 있는 것이요 일조일석에 별안간 밤중에 습격을 받는 것이 아니다. 임진왜란과 병자호란은 혹 전쟁 전 5~6년 혹은 수십 년 전에 침략하겠다고 위협하였으니 크게 떠들썩한 조짐을 보인 연후에 군대가 우리 땅에 들어온 것이요, 고요하게 있다가 갑자기 공격해온 것이 아니다. 무릇 산성 안에는 단지 쌀 200석을 남겨두고 산성 밑의 여러 촌락으로 하여금 해마다 새 곡식으로 바꾸게 하며, 군향곡은 그 명목 그대로 산성 주위의 여러 읍에 두어 때때로 분급하고 수납하게 한다. 만약 이웃 나라의 시비가 경계할 만하고 침략의 우려가 있으면 그 곡식을 산성에 수송해두었다가 난리가 평정된 뒤에는 또다시 예전과 같이 하면 공사公私가 모두 그

---

53 성장城將 : 산성의 대장인데 으레 그 산성이 있는 고을의 수령이 겸직하였다.

도움을 받을 것이다. 남한산성이 비록 우리나라의 진양晉陽[54]이라 하여도 역시 마땅히 이와 같이 해야 한다. 궁촌【궁촌은 백제의 고도이다】에 창 하나, 경안역慶安驛[55]에 창 하나, 낙생촌樂生村[56]에 창 하나를 두어 평시에는 이곳에 수송해두었다가 전쟁의 조짐이 있을 때 산성에 수송해두면 반드시 때에 미치지 못하는 후회가 없을 것이다. 사방에 아무런 근심이 없는데 백성들로 하여금 섬과 큰 독을 지고 만 길이나 되는 높은 봉우리를 오르내리게 하는 것은 편리한 방법이 아니다.

유정원柳正源이 자인현감慈仁縣監으로 있을 때, 고을 백성들이 대구 남창大丘南倉과 칠곡 산성창漆谷山城倉의 쌀을 받았는데 길이 멀어 운반하기가 심히 고통스러웠다. 그가 보고하여 고통을 면하게 하고자 하였으나 감사가 오래된 관례를 변경하기 어렵다고 주장하면서 허락하지 않았다. 그가 자기 자리를 걸고 굳세게 다투니 감사가 드디어 임금에게 글로 아뢰어 그 고통을 덜어주었다.

한두 사족이 사사로이 창미倉米를 구걸하는 일이 있는데 이것을 별환別還이라 하는바 허락해서는 안 된다.

양식이 떨어진 양반이 재해를 당했다고 거짓말하거나, 도랑을 파거나

---

54 진양晉陽: 중국 춘추시대 조양자趙襄子가 나라를 잃게 된 상황에서 진양을 최후의 보루로 하여 나라를 회복하였는데 남한산성이 이와 같은 보루가 될 수 있다는 뜻.
55 경안역慶安驛: 광주부廣州府에 있었던 역. 지금의 경기도 광주시 중심 지역이다.
56 낙생촌樂生村: 지금의 경기도 성남시 판교에 있던 지명.

제방을 쌓는다고 거짓말하여 사사로이 창고의 곡식을 구걸하여 별도로 수십 석을 받았다가 세월이 오래되어도 납부하지 않고 또 다른 구실로 더욱 많이 받아낸다. 이것을 이름하여 유포儒逋라고 한다. 큰 기근이 들거나 나라에 큰 경사가 있어서 구환을 탕감해주는 경우 수령은 사사로운 정에 이끌려 이 양반이 빌린 것을 탕감해준다. 경기도와 충청도에 이런 폐단이 많다. 수령은 마땅히 자물쇠를 굳게 지켜 만약 여러 백성이 다 같이 받는 경우가 아니라면 창고를 열어서는 안 된다.

이위국李緯國이 강화의 경력經歷[57]으로 있을 때, 서울의 사대부가 많이들 남의 이름을 빌려 환곡을 받고는 해가 지나도 갚지 않았다. 환곡 14만 석에 포흠된 것이 반이나 되었다. 그가 상소하여 사정을 일일이 설명하려고 하니 권세가들이 모두 두려워하였다. 이에 대관臺官[58]이 형벌을 남용하였다는 죄목으로 그를 탄핵하였는데, 대사헌 홍명하洪命夏[59]도 처음에는 역시 탄핵 상소에 자기 이름을 올렸으나 후에 그것이 거짓임을 알고 이에 자기 실책을 스스로 탄핵했다. 이로 말미암아 임금의 특명으로 이위국이 그대로 자리에 있게 되었다.

절도사 이원李源은 제독提督 이여송李如松의 손자이다. 일찍이 군수로 있을 때 왕의 외척이 되는 양반이 있었는데, 환곡 400석의 포흠을 지고 있어서 누차 독촉하였으나 납부하지 않았다. 그가 주패朱牌[60]를 내어 보

---

57 경력經歷: 개성부開城府와 강화부江華府에 두었던 종4품 관직.
58 대관臺官: 사헌부의 관원을 가리키는 말.
59 홍명하洪命夏, 1607~1667: 자는 대이大而, 호는 기천沂川, 본관은 남양南陽이다. 벼슬은 영의정에 이르렀다. 암행어사가 되어 부정한 관리를 적발한 일로 당대에 이름을 떨쳤다. 저서로는 『기천집沂川集』이 있다.
60 주패朱牌: 관인이 찍힌 고지서.

내었는데 그 집에서 심부름꾼을 구타하여 거의 죽을 뻔하였다. 이원이 짐짓 놀라는 척하면서 "그 호주가 누구인가" 하고 물으니 아전이 "아무개입니다"라고 고하였다. 이공이 "내가 잘못했구나. 진작 이 집인 줄 알았다면 어찌 감히 이와 같이 하였겠는가" 하고 곧 예리禮吏[61]와 향승鄕丞을 보내어 사죄하니 양반은 크게 기뻐하였다. 그리고 10여 일 후에 마침 날씨가 차고 눈이 내렸는데, 그는 막하의 군교를 불러 매를 어깨에 얹고 사냥을 나가도록 명령하고, 자신은 협수의夾袖衣 위에다 전복을 입었다. 군관으로 따라오는 자들에게도 모두 군복에 활과 화살을 메고 칼을 차게 했으며, 주리廚吏에게는 술과 고기를 마련하여 오도록 명령하였다. 그 양반의 촌락 앞에 이르러 말에서 내려 장막을 치고 불을 피워 쟁개비를 얹어 놓고 짐짓 좌우에게 "저 산 아래 기와집은 누구의 집인가"라고 물었다. "아무개의 집입니다"라고 대답하자 그는 즉시 수교를 보내어 "오늘 마침 사냥 나와 귀댁의 문 밖에 머물게 되었으니 예의로 보아 마땅히 가서 배알해야 할 것이오나, 마침 군복을 입었기로 감히 성의를 펴지 못하니 바라옵건대 잠시 거동하시어 함께 즐겨주십시오"라는 말을 전하였다. 그 양반이 크게 기뻐하여 곧 나와서 인사를 나누었는데 말을 몇 마디 건네자, 이원이 칼을 뽑아 눈을 부릅뜨고 크게 호령하매 소리가 산악에 진동하였다. 이원이 좌우를 가리키면서 명하였다. "이놈을 꽁꽁 묶어라. 내가 오늘 사냥 나온 것은 이 짐승을 잡기 위함이다." 드디어 그를 결박하여 말 등에 싣고 달리며 군졸들에게 군악을 연주하여 승전곡勝戰曲을 울리게 했다. 그 자신은 큰 말을 타고 거나하게 취하여 포로를 이끌고 부중

---

61 예리禮吏: 지방 관아에서 예전禮典에 관한 사무를 담당하던 아전을 일컫는다.

府中으로 돌아오니 부중에서는 크게 놀랐다. 그 양반을 큰칼을 씌워 가두어둔 지 5~6일 만에 포흠한 환곡이 전부 수납되었다. 이에 그 죄수를 석방하여 의관을 주고 당상에 앉힌 뒤에 술을 권하면서 "공사에는 사사로움이 없으니, 용서하시기 바랍니다" 하고 사과하였다. 이로부터 양반들이 두려워서 복종하고 감히 영을 범하지 못하였다.

숙종 3년 12월, 모든 도道에 다음과 같이 특별히 유시하였다. "견감鐲減하거나 면제하라는 명령이 내리더라도 수령이 그 관문을 숨기고 혹 억지로 징수하는 일이 있으며, 면제하거나 견감할 때 감관과 색리들이 농간하여 유력한 양반들이 면제받는 데 섞여 들어가 잔약한 백성은 그 혜택을 입지 못한다. 백성들에게 농사를 권하며 가난한 자를 구휼하는 일 같은 경우에 있어서도 역시 모두 아무런 실효가 없어서 어리석은 백성들로 하여금 국가에 원한을 품게 하니 이 어찌 유독 수령의 죄뿐이겠는가. 역시 감사가 살피지 못하는 소치이다." 臣謹案 유력한 양반들이 섞여서 탕감을 받는 것은 경기도와 충청도의 일이다. 먼 지방에서는 탕감의 은혜가 대개 아전의 포흠으로 돌아가고 만다.

명절에 환곡을 나눠주는 것은 오직 흉년이 들어 곡식이 귀할 때에만 시행할 일이다.

섣달그믐 전에 환곡을 나눠주는 것을 가리켜 세궤歲饋라고 하고 정월 대보름 전에 환곡을 나눠주는 것을 가리켜 망궤望饋라고 하는데, 모두 번잡하고 도리어 백성을 괴롭히는 일이요 정사의 체모가 아니다. 오직 곡식이 귀한 해에 한해서 세궤만 지급할 것이다.

백성의 호수는 많지 않은데 환곡이 너무 많은
경우에는 청하여 줄여주고 환곡이 너무 적어서
백성을 구휼할 방도가 없는 경우에는 청하여 늘려줄
것이다.

십수 년 전 황주에 환곡이 많아서 한 호가 30~40석까지 받았다. 이는 대개 황주가 대로의 요충이요 병영의 소재지라서 조정에서 군향곡을 많이 두었기 때문에 이 지경에 이른 것이다. 이 때문에 논밭이 황폐하고 백성의 호수는 줄어들어서 환곡의 배당이 더 많아졌다. 병사와 목사는 그 이익을【와환채의 경우이다】노려 다른 곳으로 이송하기를 요구하지 않았다. 아! 관방關防[62]을 수비하는 방도가 백성을 보호하는 데 있는 것인가, 곡식을 쌓아두는 데 있는 것인가. 이 같은 경우에는 마땅히 빨리 이치를 따져 보고하여 환곡을 덜어서 다른 고을로 이송해야 할 것이다. ○ 곡산부는 만가萬家나 되는 고을인데 환곡은 1만여 석에 불과하다. 그중 조 7000석은 경술년(1790)에 평안도로부터 옮겨온 것이니 경술년 이전에는 3000석에 불과하였다. 만약 흉년이 들면 구휼할 방도가 없으니 이 같은 경우에 만약 감사가 다른 고을의 환곡을 옮겨준다면 백성들이 원하지 않는다고 하더라도 수령은 마땅히 받아야 할 것이다. 나라를 생각하는 의리로 보아 사양할 수 없는 일이다.

---

62 관방關防: 관문關門, 즉 방어의 요새.

외창의 환곡은 마땅히 백성의 호수를 헤아려보아
한 호에 대한 분급량이 읍창과 비슷하도록 해야 한다.
아전에게 맡겨두어 저들이 환곡을 이 창에서
저 창으로 마구 옮기게 해서는 안 된다.

　호의 총수를 통틀어 계산하고 환곡의 총수를 통틀어 계산하여 곡식을 가지고 호에 배당하면 매호가 응당 받아야 할 것이 몇 석인가를 알 수 있다. 이를 기준으로 삼아 여러 창에 고르게 분배할 것이다. ○ 가령 호수가 3000인데 환곡의 총수 중 응당 분급해야 할 것이 9000석이라면, 호당 받아야 할 양은 3석이다. 가령 동종면은 동창에 속하는데 그곳 백성이 300호라면 동창에는 응당 분급해야 할 환곡 900석을 두어야 하며, 이보다 적어서도 안 되고 많아서도 안 된다【나눠주어야 할 양이 900석이면 환곡의 총수는 1000석이면 넉넉할 것이다】. ○ 아전이 공창을 자기 창고처럼 여긴 지가 오래되었다. 저들이 환곡을 멋대로 손대어 마구 팔아치우는 방법은 다음과 같다. 읍창에서 곡식을 끌어다가 외창에 들여놓거나 외창에서 끌어다가 읍창에 들여놓거나 하는 식으로 끊임없이 옮김으로써 농간을 적발하지 못하게 한다. 혹 교대할 적에는 파견 온 관원이 창고를 점검하려고 하거나 비변사의 낭관이 갑자기 내려와서 농간을 적발하려 하면, 포흠을 진 자들이 곡식이 모두 외창에 있다 하고는 이어서 뇌물을 바쳐 무사히 넘기기도 한다. 혹은 외창이 강어귀에 바로 임해 있어 팔아치우기에 편리하면 창고에 남아 있는 환곡을 모조리 끌어내어 마음대로 사고팔고 하다가 입본立本하는 날에 이르러서는 다른 면민들로 하여금 먼 데서 수송해오게 한다. 외창이 수백 리 밖에 있는 경우에는 수령이 편의에 따라 정하고 창을 세운 이래로 한 번도 가본 적이 없으니 아전들이 멋대로 환곡에 손대도 수령은 백성들의 비방과 원망을 들을 길이 없다. 온갖 농간과 폐단을 낱낱이 열거할 수 없으니 수령은 마땅히 이것을 살펴야 할 것이요, 해마다 몸소 나눠주는 일을 그만두어서는 안 될 것이다.

아전의 포흠은 적발하지 않을 수 없지만 포흠의
징수가 너무 가혹해서는 안 되며, 법의 집행은 마땅히
엄격하고 준열해야 하지만 죄인을 다룸에 있어서는
마땅히 불쌍히 여겨야 한다.

무릇 포흠을 징수하는 방법은 먼저 범인의 재산을 조사하여 전택·우마·의복·기물 등을 모조리 적수籍收[63]한 연후에야 그 이외의 일을 의논할 것이다. ○ 범인이 창리로 임명될 당시에 수리가 누구건 사람을 잘못 추천한 죄는 면할 수 없다. 이에 수리를 불러 "네가 잘못 추천하였으니, 그 풍채風債[64] 100냥【수리가 차임差任될 때 으레 고풍채古風債를 받는다】은 이치상 응당 도로 납부해야 할 것이다. 네가 납부하기를 원하지 않는다면 저 범인이 재산을 은닉하여 다른 데 둔 것을 네가 탐문하여 보고하도록 하라"라고 한다. ○ 탐지하여 적발한 재산이 많으면 풍채는 대략 감하여 징

---

63 적수籍收: 죄인의 재산을 몰수하는 일. 적몰籍沒과 같은 말.
64 풍채風債: 고풍채古風債. 『정조실록正祖實錄』에 윗사람에게 경사가 있을 때 "무릇 아랫사람들이 윗사람에게 선물 주기를 청하여 윗사람의 즐거운 마음을 더해주는 것을 가리켜 고풍이라 한다"라고 하였다.

수해야 할 것이나 그렇지 않다면 전액 징수한다. ○ 범인이 창청에 들어올 때 으레 청례廳禮가 있는데, 그것이 30냥이든지 50냥이든지 전부 징수한다. ○ 창감으로 범인과 같은 해에 공무를 본 자는 10분의 1을 징수한다. ○ 사고가 발생한 다음 해의 창감이 숨기고 보고하지 않은 경우에는 30분의 1을 징수한다. ○ 범인이 소임을 그만두는 해에 교대하는 아전이 숨겨서 보고하지 않고 사무 인계를 받았으면 죄가 없을 수 없다. 그의 집이 가난하면 10분의 1을 징수하고, 가난하지 않으면 4분의 1을 징수한다. ○ 또 그다음 해에 거짓 기록으로 전해오는 것을 인수한 자 역시 이와 같이 한다. ○ 범인이 포흠을 진 이래 이 모·김 모가 몸소 이방 노릇을 하면서 실정을 보고하지 않았는데 수령이 일찍이 농간을 적발함에 그것이 명백히 이방과 서로 공모한 것에 속한다면, 그의 집이 가난하면 10분의 1을 징수하고, 가난하지 않으면 5분의 1을 징수한다. ○ 범인이 창을 맡은 해에 서원으로 일을 같이 한 자가 분명히 공모하였다면 죄의 경중에 따라 혹 10분의 2를 징수하기도 한다. ○ 그래도 아직 부족한 경우에는 또 청징廳徵의 방법을 쓴다. 이청吏廳 소속의 전체 인원 70~80명을 각기 빈부에 따라 차등을 두어 돈을 내게 한다. ○ 범인이 관기를 첩으로 삼아 음란하고 방탕하게 놀아 포흠을 진 경우에는 관기의 전택과 그릇을 모두 적수하는데 본처와 동일하게 한다. ○ 만약에 범인이 평소에 노름을 하여 판돈을 내었는데 장삼張三이 이 돈의 80냥을 따먹고 이사李四가 이 돈의 60냥을 따먹었으며, 그 노름방의 주인이 음식을 차려주고 값을 속여서 자릿값 50냥을 받아먹었다면 전부 징수한다. ○ 이에 범인의 일족一族 가운데 우두머리가 되는 자를 불러 모든 일가 중 읍내에 사는 자의 이름을 초록하게 하여 가난한 자는 빼고 가난하지 않은 자는 세력을 헤아려 차등을 두어 나누어 징수한다. ○ 가을과 겨울에 발각된 경우에는 곡식으로 징수하고 봄과 여름에 발각된 경우에는 돈으로 징수한다. ○ 돈으로 징수할 때는 범인의 사돈관계 인척으로 외촌에 거주하는 자를 조사하여 한결같이 가을의 곡가에 따라 돈을 고루 분배하였다가 가을이 되면 곡식으로 납입하도록 한다. ○ 또 범인을 불러 "네가 창을 맡은 해에 외촌의 호민豪民으로서 읍내를 출입한 자 중에 너와 상의하여 양호방결養戶防結[65]하고 와환집전臥還執錢[66] 한 자가 무릇 몇 사람이 있는지 다 보고하라" 하고 따져 묻되, 이에 나머지 돈으로 한결같이 가을의 곡가에 따라 이 사람들에게 분배했다가 가을을 기다려 곡식을 바치게 하여【모름지기 주고받는 문자가 있어야 믿을 수 있는 것이다. 그렇지 않으면 혹시 무고로 끌어들인 것일 수 있다】함께 농간질한 죄를 징치한다.

[案] 포흠을 징수하는 이 방법은 동료 아전들에게 먼저 책임을 지우고, 그 후에 그 일족에게 징수해야 한다. 또 읍내에 사는 일족에게는 돈을 징수하고 외촌에 사는 일족에게는 돈을 배분하는 것이니 외촌의 백성에게 편파적으로 후한 듯하지만, 그것은 아전을 미워하고 백성에게 사정私情을 두어서가 아니다. 공변된 이치에 있어서 반드시 마땅히 그렇게 되어야 할 이유가 두 가지가 있으니 하나는 죄통罪通이요, 다른 하나는 재복財復이다. 죄통이란 무엇인가. 관리가 농간질할 때 동료 아전이 알지 못하는 바가 아니며, 작당하여 악한 일을 행할 때 서로 덮어주어서 얽히고

---

65 양호방결養戶防結: 세력 있는 집, 즉 주로 품관이나 향리들이 양민을 자기의 노비처럼 꾸며 요역을 면제시키는 것을 가리켜 양호라고 하며, 남의 결세結稅를 대납함으로써 부정을 저지르는 것을 가리켜 방결이라 한다.
66 와환집전臥還執錢: 와환과 집전하는 사이에 부정을 저지르는 것.

설켜 내통하니 공변된 이치로서 본다면 마땅히 서로 같이 죄를 지은 것이다. 저 외촌에 사는 먼 일족에게 무슨 죄가 있는가. 재복이란 무엇인가. 아전이 재산을 탕진하면 도주공陶朱公과 의돈猗頓[67] 같은 부富를 지녔다 하더라도 하루아침에 남루한 거지가 될 것이나, 구휼할 필요가 없는 것이다. 붓대를 놀리고 사납게 설쳐대면 몇 년 지나지 않아서 옛날처럼 또 세력 있는 아전이 된다. 시골의 백성은 의외의 액운 때문에 송아지 한 마리를 팔면 마침내 큰 병이 되어 일생 동안 소생하지 못한다. 수령은 백성의 부모가 된 셈이니 마땅히 아전과 백성을 자기 자식처럼 한결같이 보아야 할 것이다. 가령 내가 두 아들을 두었는데 하나는 재간이 있어서 능히 세 번이나 천금을 벌어들일 수 있고, 다른 한 아들은 본래 잔약하고 옹졸하여 한 번 실패에 다시 일어날 수 없다면, 무릇 책임 지워 거두어들여야 할 일이 있을 때 저 자식을 먼저 거두어야 할 것인가, 이 자식을 먼저 거두어야 할 것인가. 이것은 한결같이 사랑하는 일에 속하는 것이요, 사정을 두는 것이 아니다.

○ 근년에 아전이 포흠을 지면 모두 절반 값밖에 안 되는 돈을 일반 민호에 억지로 배당하고 이들로 하여금 가을을 기다려서 곡식을 납입하게 하는데 크게 이치에 어긋나는 일이다. 마땅히 이 돈으로 외촌에 사는 먼 일족들에게 나누어주어 이들로 하여금 곡식을 내게 해야 오히려 명분이 설 것이다. 무릇 외촌에 거주하는 자도 만약 지극히 가까운 친척이 아니면 아무리 부자라는 말을 듣더라도 백징白徵해서는 안 된다.

---

67 도주공陶朱公·의돈猗頓: 두 사람 모두 춘추시대에 큰 부를 이룬 인물. 도주공은 1권 176면 주 18번 참조. 의돈은 도주공에게서 부자 되는 비법을 배워 역시 큰 부자가 되었다고 한다.

무릇 포흠을 징수하는 방법에는 피해야 할 것이 두 가지가 있다. 첫째는 외촌에 거주하는 먼 일족을 무고로 끌어넣는 일이다. 무릇 친척이 아닌데 무고로 끌어넣는 경우에는 마땅히 본래의 죄 이외에 먼저 이 죄를 다스려야 하며, 범인의 일족 중 우두머리가 되는 자도 역시 마땅히 벌을 주어야 할 것이다. 무릇 외촌에 거주하는 자는 기공친期功親 및 장인·처남·자형·매부·사위·생질이 아니면 일체 끌어넣어서는 안 된다. ○ 다음으로 범인을 차임差任하여 포흠 징수하는 일을 맡기는 것은 피해야 한다. 아전의 소임이 비록 하찮은 것이라 하더라도 상벌을 시행하는 큰 권한에 속하는 것이다. 저지른 죄가 지극히 무거운데 도리어 차임하면 이는 사람에게 죄악을 저지르도록 권하는 셈이다. 일체 허락해서는 안 된다. 혹시 가까운 일족 중에 직임을 받들어 성실하게 근무하는 자가 있으면 좋은 자리에 차임해주고 수백 냥의 돈으로 이 포흠을 보충하게 하는 것 또한 괜찮은 일이다.

○ 아전의 포흠이 수천 석에 이른 경우는 큰 도둑질이다. 포흠의 징수가 끝난 뒤에도 마땅히 바로 유배를 보낸다(3000리 밖으로 유배시킨다). 그리고 엄중하게 여러 아전의 동의를 받아서 그를 다시 채용하지 말도록 이청에 게시한다.

혹 관재官財를 덜어서 포흠한 환곡을 갚아주며,
혹 감사와 상의하여 포흠한 환곡을 탕감해 주는 것은
이전 사람들의 덕정德政이다. 각박하게 거두어들이는
것은 어진 사람이 즐겨 행할 바는 아니다.

농암聾巖 이현보李賢輔가 영천군수로 있을 때, 그 고을에 묵은 포흠이 많았다. 그가 아주 잘 조치하고 또 비용을 절약하여 1년이 넘자 환곡의 본 수량이 다 채워졌다. 이에 오래되어 징수하기 어려운 것은 해당 문권을 불태워버렸다. ○ 황준량黃俊良[68]이 성주목사로 있을 때, 그 전 수령 때의 포흠을 그가 경비를 절약하여 메꾸어 넣어 다 채워지자 그 문권을 불태워버렸다. ○ 정랑正郞 권목權穆이 함흥판관으로 있을 때, 환곡의 묵은 포흠이 수천 곡이나 되었다. 그가 저축을 해 포흠된 곡식이 다 채워지자 그 문권을 모두 불태워버렸다.

윤형래尹亨來가 회인현감懷仁縣監으로 있을 때, 가난하여 환곡과 군포를 마련할 수 없는 경우에는 모두 편법을 써서 그것들을 채워주기도 하고 탕감해주기도 하였다. 그리고 늙은 부모를 두고 가난해서 부양할 수 없는 경우에도 역시 두루 구휼하니, 온 고을 사람들이 칭송하기를 "이런 원님을 두고 어찌 차마 포흠을 지겠는가"라고 하며, 포흠한 환곡을 상환하되 오히려 남보다 뒤질까 걱정하였다. 관정에서는 매 한 대 때리는 일이 없고 감옥에는 죄수 한 명이 없었으나, 거두어들인 곡식이 옛날보다 더 많았다.

조창원趙昌遠[69]이 직산현감稷山縣監으로 있을 때, 청백한 마음으로 직무를 받들며 사무 처리가 치밀하니 몇 해가 지나지 않아 공명하다는 소문이 이웃 고을에까지 퍼졌다. 송사를 하는 자들이 모두 몰려들어 금시金

---

68 황준량黃俊良, 1517~1563 : 자는 중거仲擧, 호는 금계錦溪, 본관은 평해平海이다. 퇴계의 문인. 벼슬은 성주목사에 이르렀으며, 저서로는 『금계집錦溪集』이 있다.
69 조창원趙昌遠 1583~1646 : 자는 대형大亨, 호는 오은悟隱, 본관은 양주楊州이다. 벼슬은 인천부사에 이르렀으며, 딸이 인조의 계비繼妃로 간택되어 한원부원군漢原府院君에 봉해지고, 영돈녕부사領敦寧府事가 되었다.

矢[70]가 산 같이 쌓였으므로 백성에게 나누어주어 묵은 포흠을 모두 갚게 하니, 조정에서 비단을 하사하고 관품을 높여주었다. 案 옛사람이 치적을 논할 때 매양 금시의 설이 있는데, 대개 옛날에 송사를 처리할 때에는 반드시 입안立案이 있어서 작지作紙[71]를 바치게 했으니, 이른바 금시란 이것이다. 오늘날 이 법도 없어져서 농간과 거짓이 날로 성하게 되었다.

이적李積[72]이 신계현령新溪縣令으로 있을 때 고을에 관향곡管餉穀이 있었는데 누적된 포흠이 아주 많아 민호가 많이 없어져서 물어내게 할 수도 없었다. 전임 수령들이 대개 그 실상을 감추고 구차스럽게 처벌을 면하려고 하였기 때문에 조정에서 비록 포흠을 탕감하라는 명령이 있어도 백성들이 그 혜택을 입지 못하였다. 그가 부임하자 관향사管餉使[73]에게 보고하여 왕명으로 탕감해주도록 요구했으나 구애되어 시행되지 못하다가 기유년 봄에 끝내 이 일 때문에 관직을 박탈당하고 말았다. 민유중閔維重이 뒤를 이어 관향사가 되어 이적이 올렸던 전날의 문보를 보고 즉시 장계를 올리니, 탕감된 것이 1000여 석이 되었다. 신계 사람들이 오늘에 이르기까지 이적의 덕을 칭송하고 있다.

감사 정언황丁彦璜이 안동부사로 있을 때 일이다. 그 고을에 여러 해 쌓인 포흠이 있어서 감사가 해마다 독촉했으나 징수할 곳이 없어서 한 도

---

70 금시金矢: 구금鉤金을 붙인 화살. 옛날에 옥송獄訟을 맡은 관리에게 납입하던 것이다.
71 작지作紙: 조세에 덧붙여 문서에 드는 종잇값으로 받던 돈이나 곡식 또는 그것을 받아들이는 것. 여기서는 소송에 필요한 작지가를 뜻하는 것 같다.
72 이적李積, 1627~1682: 본관은 덕수德水, 원래는 이름이 적積, 자는 중거仲擧였는데 만년에 석祏과 중거重擧로 고쳤다. 1663년에 진사에 합격하여 이후 신계현령新溪縣令, 임피현령臨陂縣令, 성주목사星州牧使 등을 지냈다.
73 관향사管餉使: 인조 원년 국경 방비의 군량을 마련하기 위하여 황해도와 평안도에 관향사를 두고 평안도의 부사·관찰사 등이 겸임하게 하였다.

의 큰 폐막弊瘼이 되고 있었다. 그가 즉시 감사에게 보고하여 조정에 아뢰어지니 임금이 특별히 탕감하도록 허락하였다. 그 밖에 가난하고 잔약한 백성이 납부하기 어려워서 그 친척에게 징수하기에 이른 환곡이 또 수백 석 있었는데, 그가 비용을 절약하여 마련한 것으로 그 수를 채우고 그 문권은 불태워버렸다. ○ 또 회양부사淮陽府使로 있을 때, 전직 수령 때 포흠진 것을 그가 절약하여 모두 채워 넣고 그 수량이 채워지자 문서를 불태워버리니 아전과 백성들이 모두 기뻐하였다. 案 이것은 모두 백성의 포흠이다. 아전의 포흠에 대해 문권을 불살라버렸다는 것은 증거할 기록이 없다.

수찬修撰[74] 이행원李行源[75]이 영암군수로 있을 때, 포흠진 벼가 7000석에 이르렀는데, 그가 힘써 중앙의 해당 관청에 상신하여 모두 감면해주었다. ○ 판서 김세렴金世濂[76]이 영남 관찰사로 있을 때, 북부 지방의 포흠이 오래도록 쌓여 있었다. 그가 군현의 곡식으로 회계에 들어 있지 않은 것을 많이 거두어들이고, 또 감영의 곡식 1만 1600석을 내어 갚아주었으며, 그 나머지는 조정에 보고하여 모두 면제받게 하였다.

---

74 수찬修撰: 홍문관의 정6품 관원. 정원은 2명.

75 이행원李行源, 1603~1667: 자는 백초百初, 본관은 한산韓山이다. 벼슬은 청송부사靑松府使에 이르렀으며, 영암군수 시절에 조세와 환곡의 포탈을 보고했다가 파직된 일이 있다.

76 김세렴金世濂, 1593~1646: 자는 도원道源, 호는 동명東溟, 본관은 선산善山이다. 벼슬은 호조판서에 이르렀으며, 저서로는 『동명집東溟集』『동명해사록東溟海槎錄』이 있다.

제 4 조 호적

戶籍

호적은 모든 부賦와 요徭[1]의 근원이다. 호적이 균평한
후에라야 부역이 균평해질 것이다.

호적에는 두 가지 법이 있으니 하나는 핵법覈法이요, 다른 하나는 관법
寬法이다. 핵법은 1구口도 구부口簿에서 빠뜨리지 않으며 1호戶도 호부戶
簿에서 누락시키지 않아, 호적에 오르지 않은 자는 피살되어도 검험檢驗
하지 않으며 겁탈을 당해도 송사할 수 없게 되어, 호구의 실제 수를 밝히
기에 힘써 엄한 법으로 단속하는 것이다. 관법은 구마다 반드시 다 기록
하지는 않으며 호마다 반드시 다 찾아내지는 않아서, 리里 가운데에 스

---

1 부·요賦徭: 부역賦役·부세賦稅·요부徭賦 등 여러 가지 수취 형태를 범칭하는 용어. 여기
서는 전세·대동 등 전결을 대상으로 부과되는 이른바 국납國納·선급船給·읍징邑徵 따위
와는 달리, 가호家戶를 대상으로 부과되는 여러 형태의 부담을 지칭한다. 이런 형태의 부
과로는 ①원래 전결 단위로 노동력의 직접 수취를 책정한 요역 및 이의 연장으로서의 잡
역과 그 전화 형태, ②대동법 시행 이후로 각 군현에 의무로 남아 있던 특수 공물, ③원래
는 감사의 의무에 속한 것이지만 결국 그 예하 군현의 민호民戶의 부담으로 귀착된 진상
물의 상납上納 ④각 군현마다 잡다한 용도에 충당하던 여타의 잡다한 징수 등 4가지를
들 수 있다. 이것들이 서로 뒤섞여서 사실상 구분하기 애매하게 된 채 혹은 지역에 따라
혹은 경우에 따라 경중이 다르게 징수되었다. 연호잡역煙戶雜役이라든가 민고 따위가 이
에 속한다. 다만 조선 전기에 비해 노동력 자체의 부담보다는 그 전화 형태인 물납의 비
중이 커지고 있었으며, 부과의 기준은 대체로 자산과 가호의 혼합 편성이라고 하는 법제
호法制戶에 두고 있었다.

스로 사사로운 장부를 두고 요역과 부세를 할당하며, 관에서는 그 대강을 잡아서 총수를 파악하되, 균평히 되도록 힘써 너그러운 법으로 이끌어가는 것이다. 『주례』에 사민司民의 직職²은 사람이 태어나는 대로 호적에 올려서 천자에게 바치고 하늘에 아뢰어 하나도 빠뜨리지 않는다 하였으니, 이는 핵법을 쓴 것이다. 조간자趙簡子가 윤탁尹鐸으로 하여금 진양晉陽을 다스리게 하였을 때에, 윤탁이 그곳의 호수戶數를 줄여 보장保障을 든든하게 하기³를 청해서【『진어晉語』에 보인다】 백성이 그로 인하여 힘을 기를 수 있게 되었으니 이는 관법을 쓴 것이다. 지금 만약 정전법이 제도대로 되어 있어 세렴稅斂이 지나치지 않으며 9부九賦⁴가 법대로 행하여져서 요역이 번거롭지 않다면 호와 구를 샅샅이 조사해내더라도 백성이 놀라지 않을 것이니, 핵법을 쓰기가 어렵지 않을 것이다. 온 나라가 그러하지 못한데 한 고을의 수령이 홀로 핵법을 쓴다면, 부역이 날로 많아지고 소란과 원망이 날로 일어날 것이며, 아전이 그에 따라 농간질하고 백성이 뇌물을 가져다 바쳐야 할 것이니, 이는 태평한 세상에 까닭 없이 난리를 일으키는 일이다. 그러니 오늘날 수령 된 자는 호적을 오직 관법에 따를

---

2 사민司民의 직職: 『주례·추관사구秋官司寇』에 있는 호적의 사무를 맡은 사민의 직장職掌.
3 중국 춘추시대 진晉나라의 조간자가 그의 가신 윤탁으로 하여금 진양을 다스리게 하자 윤탁이 물었다. "부세賦稅를 많이 거둘까요, 아니면 보장保障을 삼을까요?" 조씨가 말하였다. "보장을 삼도록 하라." 이에 윤탁이 그곳의 호수를 줄여서 부세를 감하니 백성의 살림이 넉넉하게 되었다. 뒷날 진나라에 내란이 일어나자 조씨가 진양에 의지하여 회복을 도모할 수 있었다(『국어國語·진어晉語』).
4 9부九賦: 『주례·천관총재天官冢宰·태재太宰』에 보이는 주대周代의 세제稅制이다. 방중(邦中, 국도國都)의 부賦, 사교(四郊, 국도로부터 100리)의 부, 방전(邦甸, 국도로부터 200리)의 부, 가삭(家削, 국도로부터 300리)의 부, 방현(邦縣, 국도로부터 400리)의 부, 방도(邦都, 국도로부터 500리)의 부, 관시關市의 부, 산택山澤의 부, 공용으로 쓰고 남은 재부財賦이다.

것이다.

이른바 관법이란 어떠한 것인가. 호마다 반드시 다 찾아내거나 구마다 반드시 다 기록하지는 않으며, 그 원총原總[5]을 보고 그 침기砧基【침기라는 것은 가좌家坐이다. 집을 짓는 자는 반드시 그 집터를 달구질한다】를 헤아려서 원총이 3000인데 가家가 9000이라면 3가마다 1호를 세우도록 하며 원총이 2000인데 가가 8000이라면 4가마다 1호를 세우도록 하여 원총에 맞추고 말 것이요 다시 더 많이 세우지 않는 것이다. 이를 일러서 관법이라한다. 내가 나라의 법전을 논의하면서는 핵법 쓰기를 말하였으니【「호적고戶籍考」에 자세히 나와 있다】 이는 나라를 다스리는 큰 도요, 지금 이 목민서에서는 관법 쓰기를 주장하니, 이는 습속에 순응하는 작은 규정이다.

호적이 문란하게 되어 전혀 기강이 없다. 큰 역량을
갖추지 않고서는 균평하게 하기 어렵다.

수십 년 이래 수령 된 자가 전혀 일을 돌보지 않아 아전의 횡포와 농간이 끝 간 데를 모르게 되었다. 호적은 그중에서도 가장 심하다. 100가가 있는 마을에 초가지붕의 노란빛이 선명하고 굴뚝에서 푸른 연기가 오르면, 이는 부촌이다. 호적을 다시 작성하는 해【인寅·신申·사巳·해亥가 든 해의 여름과 가을】마다 적리(籍吏, 호적 작성의 일을 맡은 아전)가 공문을 띄워 10호를 증가시키겠다고 위협한다. 그러면 이 부촌의 우두머리 호민豪民이 이웃들을 불러 느릅나무 그늘에서 의논하기를 "이 10호는 형편상 면하기

---

5 원총原總: 각 군현 단위로 국가에 등록되어 있는 법제호의 총수.

가 어렵다. 민고와 사창의 요역이 번거로울 것이니, 10호의 1년 부담이 100냥이요, 3년의 부담은 300냥이 될 것이다. 그 3분의 1을 가지고서 이 일을 막아버리는 것이 좋지 않겠는가?"라고 하면, 모두들 "그렇고말고. 우리 마을의 일은 오직 자네만 믿겠네. 우리가 그 돈을 거두어줄 터이니 자네가 가서 성사시키게" 하고, 마을 사람들은 돈 100냥을 모아준다. 그 호민은 그중 20냥은 몰래 제 주머니에 넣고, 80냥은 적리에게 뇌물로 주어 그 일을 그만두게 한다. 그러고는 그 호민이 적리에게 "내가 자네와 잘 지내는 사이인데, 어찌 가구 수를 늘리는 것만 막겠는가? 또한 줄일 수도 있으니, 특별히 5호를 줄여 우리 마을에 혜택을 베풀어주게"라고 말한다. 적리는 "금년에는 이 일이 어렵지만 자네가 말하는데 내 어찌 거절할 수가 있겠는가"라고 대답한다. 그러면 그 호민이 제 마을로 돌아가서는 늙은이 젊은이를 모아놓고 "5호를 줄이는 일은 내가 이미 약속을 받았으니, 속히 50냥을 만들라"라고 하면, 모두들 "거 참 잘되었다. 자네의 변통이 아니었다면 어찌 5호를 줄일 수 있었겠는가"라고 한다. 그리하여 마침내 5호를 줄여서 다른 다섯 마을에 1호씩 배당한다. 다섯 마을은 각기 크게 놀라 "우리 동네가 망하겠네. 예로부터 우리 동네는 3가가 서로 의지하여 1호의 역役을 부담해왔어도 피가 마를 지경이었는데, 여기에 1호가 더 늘어나면 누가 감당하겠는가?"라고 한다. 그러고는 송아지를 팔고 솥을 팔아 모은 돈 7냥을 가지고 바삐 호적청戶籍廳에 가서 "엎드려 청하건대 후한 덕으로 이 슬픈 고충을 살펴주소서. 예로부터 우리 동네는 3가가 서로 의지하며 1호의 역을 지는 것도 피가 마를 지경이었는데, 여기에 1호가 더 늘어난다면 그 누가 감당하겠습니까? 약소한 돈이나마 애오라지 조그마한 정성을 표하는 것입니다"라고 아뢴다. 적리는 하늘을 쳐다보고 허허 웃으며 "1호를 면제하려면 으레 10냥은 바쳐야 하는데, 너희의 잔약함을 불쌍히 여겨 특별히 너희의 청을 들어주겠다"라고 말한다. 그래서 이 1호를 또 다른 마을에 갖다 붙이면, 그 마을에서도 바삐 달려와 아뢰기를 이 방법과 같이 한다. 이렇게 되어 부촌에서는 돈 100~200냥을 바치고, 다음 마을에서는 70~80냥을 바치며, 차례로 내려가서 3가에 불과한 마을까지 7~9냥을 바치지 않는 곳이 없다. 그러면 부촌에서 감해진 호수[부촌은 다만 증호增戶가 되지 않을 뿐 아니라 오히려 감호減戶가 된다]가 모래처럼 쌓이고 쑥대처럼 굴러다니며 구름과 안개처럼 변해서 요역을 지지 않는 곳에 붙게 된다. 첫째는 읍성邑城이요, 둘째는 향교가 있는 마을[校村]이며, 셋째는 군진軍鎭이 있는 마을[鎭村]이요, 넷째는 역이 있는 마을[驛村]이며, 다섯째는 역참이 있는 마을[站村]이요, 여섯째는 절 입구의 마을[寺村]이다.

아버지와 아들 7명이 있으면 7호를 세우고 형제 5명이 있으면 5호를 세우는데, 그래도 부족하면 없는 인명을 꾸며서 집어넣는다. 장삼이니 이사니 하여 몇 통統으로 만들어 원총의 호수를 채우는 방식이다. 요역이 할당됨에 미쳐서는 100가가 있는 마을은 10호에도 미달하는데 3가가 있는 마을이 9호가 되기도 한다. 읍촌·진촌 등은 으레 요역을 지지 않는다. 원총이 5000~6000호가 되는 고을이라도 요역과 환곡을 부담하는 것은 1000호에 지나지 않는다. 6호의 요역이 1호에 중첩되기도 하고 5호에 할당될 양곡[6]이 1호에 부과되니 민고에서 돈을 거둘 때, 1호가 바치는 것이 해마다 수백 전이 넘고 사창에서 환곡을 할당할 때 1호가 받는 것이

---

6 양곡: 환자를 가리킴.

해마다 10섬石을 넘게 된다. 아아, 백성이 잠깐이나마 죽지 않고 나라에 큰 덕을 입고자 한들 그럴 수 있겠는가.

○ 나라 안의 모든 고을이 이방을 제일 좋은 자리로 여기지만, 식년式年 이 되면 호적을 처리하는 아전을 제일로 치니, 호적을 담당하는 아전은 큰 고을에서는 넉넉히 1만 냥을 먹고, 작은 고을이라도 3000냥 넘게 먹기 때문이다. 그 이익이 이와 같으니, 간사하고 교활한 아전은 호적을 다시 작성하기 전해의 겨울부터 가는 베와 좋은 비단, 진귀한 어포와 큰 전복 따위를 구하여 서울로 싣고 가서 선을 대어 단단히 부탁한다. 윗바람이 사나우니 아래의 불길 또한 뜨겁다. 고풍전古風錢[7] 700~800냥을 내아에 바치고, 책방冊房에 바치고, 중방中房【곧 겸인이다】에 바치고, 수령이 좋아하는 기생에게까지 바친다. 그 겨울에 미리 임명장을 얻어내려고 머리가 터지도록 다투어 강한 자가 약한 자를 집어삼킨다. 불행히 수령이 갈리는 날이면 이미 차임된 자는 힘이 달려 스스로 물러나고 뒤에 온 자가 뇌물을 바치고 새로 차임된다. 풍속을 해치고 마음을 놀라게 하며 보기에도 참담하다. 온 고을에 추악한 소문이 들끓는데, 수령은 돈 꾸러미를 어루만지며 진기한 보물로 여기니, 아아, 안타까운 노릇이다. 수령이 적리를 차임하는 당초에 이미 뇌물을 받았으니, 공무를 집행하는 날에 그의 농간을 막을 수 있겠는가. 적리가 마음대로 침학을 하는데 수령이 조금도 힐책하지 않으므로 호적의 문란이 이 지경에 이른 것이다.

---

7 고풍전古風錢: 예로부터의 관행적으로 바치는 돈이라는 뜻. 좋은 일이 있을 때 이를 기리는 뜻에서 아랫사람이 윗사람에게 바치는데 사실상 뇌물이다. 일명 고풍古風.

호적을 정비하려면 먼저 가좌家坐를 살펴야 한다.
허와 실을 두루 알아야 호수戶數를 증감할 수 있으니
가좌부家坐簿를 소홀히 해서는 안 된다.

수령은 취임한 지 10일이 지나거든 노숙한 아전으로 글을 잘하는 자 몇 사람을 불러 그 고을의 지도를 작성하게 하되 주척周尺 1척의 길이를 10리로 한다. 가령 그 고을의 남북이 100리요 동서가 80리라면, 지도의 지면紙面의 길이가 10척이요 너비가 8척이 되어야 쓸 수 있을 것이다. 먼저 읍성을 그리고 다음에 산림·구릉·천택川澤과 개천의 형세를 더듬어 모사하고 그다음 촌리를 그린다. 100가가 있는 마을은 △표 100개를 그리며【삼각형은 지붕을 본뜬 것이다】 10가가 있는 마을은 △표 10개를 그리고 3가가 있는 동네는 △표 3개를 그려 넣는다. 비록 산 아래의 외진 곳에 단지 1가가 있더라도 역시 △표 하나를 그린다. 도로의 구석구석까지도 각기 본래 형태대로 그릴 것이다. 이 지도를 엷은 빛깔로 채색하되 기와집은 푸르게, 초가는 누르게 하며, 산은 초록으로 물은 청색으로 하고 도로는 붉은 색을 입힌다. 이를 정당政堂 벽에 걸어두고 항상 살펴보면 온 고을 백성들의 주거가 바로 눈앞에 있는 듯할 것이요, 공문서를 띄우거나 사람을 보낼 때에도 그 멀고 가까움과 가고 돌아옴을 모두 손바닥 보듯 할 것이니, 이 지도를 만들지 않으면 안 된다. 지도의 지면이 널찍해야만 자세히 기재할 수 있으므로 주척 1척으로 10리를 삼는 것이다.

○ 이 지도를 만들려고 할 때에는 다음과 같이 지시할 것이다. "내가 이 지도를 만드는 것은 민호의 성쇠를 알고자 함이니 기와집이 몇 집이며 초가집이 몇 집인가를 너희는 자세히 탐지하여 한 집이라도 틀리는 일이

없어야만 너희에게 죄가 없는 것이다. 파악하기 어려운 큰 마을의 경우에는 저줄邸卒【면주인이다】에게 묻고 그 마을 사람들에게 묻고 아는 이에게도 물어서 기필코 그 실제를 알아낼 일이요, 감히 함부로 소홀히 해서는 안 된다." ○ 이 지도가 작성되면 가좌책家坐冊을 만들 것이다.

가좌책은 송나라 사람들의 이른바 침기부砧基簿이다. 침기부에는 원래 토지와 자산을 기록하되 아무리 미세한 것일지라도 빠뜨림이 없는 법이니, 이제 가좌책 역시 그와 같이 할 것이다. 호적은 비록 관법을 쓰되, 가좌책은 반드시 핵법을 쓸 일이니, 한 치 한 끝도 어긋나서는 안 될 것이다. ○ 취임한 지 달포가 지나 수령의 정령政令이 신임을 얻게 되고, 은혜롭고 밝아서 백성들이 일컫기를 '우리 사또'라고 칭송하게 되어야 이에 가좌책을 만들 수 있을 것이다. 가좌책을 만들려면 먼저 여러 아전을 살펴보아 그중 민첩하고 너그러우며 노련한 자 3~4명을 뽑아 면전에 불러서 가좌책조례家坐冊條例[8]를 내려주면서 다음과 같이 이른다. "너는 아무 면으로 가서 이 가좌책을 작성하되 일자반구라도 어긋남이 있을 때에는 너에게 죄를 주리라." 또 이른다. "내가 이 가좌책을 작성하는 것은 악착같이 호戶를 찾아내거나 정丁[9]을 찾아내고자 함이 아니며, 부세를 더한다거나 백성을 괴롭히자는 뜻이 아니다. 이미 백성의 수령이 되었으니 직책상 당연히 백성을 잘 다스려야 할 것이다. 백성의 윤택하고 메마름과 그들의 허실을 응당 자세히 알아야 하지 않겠는가. 이 뜻으로써 백성

---

8 가좌책조례家坐冊條例: 가좌책을 작성하는 요목과 사례.
9 정丁: 법제상 국역國役 부과의 대상으로 파악되는 양민. 원래 16세(17세)부터 59세까지의 정남丁男을 의미한다. 그러나 여기서는 일반 잡역에 동원시킬 수 있는 양민이라는 뜻으로 쓰고 있다.

들에게 알리되 혹시 놀라거나 의심이 들게 해서는 안 될 것이다.”

○ 또 이른다. “너희가 생각하기로는, 수령이 깊이 관부에 들어앉아 있으니 심산 벽촌에 참새처럼 모이고 메추리처럼 웅크려 사는 백성들의 가옥과 토지와 자산과 생업이 어떠하고 식구가 몇인지, 설령 차이가 나더라도 수령이 어찌 알 것인가 하고 생각하기 쉽다. 그러나 천하의 모든 일은 ‘정성 성誠’ 한 자뿐이다. 수령이 만약 정성이 없다면 이 문 바깥이 곧 호월胡越[10]이 될 것이요, 정성이 참으로 두텁다면 천 리 바깥이 눈앞에 보일 것이다. 이치가 이러하다. 내가 너희를 보내어 이 장부를 만드는 것은 이를 믿고 근거삼아 백성에 대한 정사를 처리하고자 함이니, 만약 하나라도 잘못되어 그릇 처리하게 된다면 그때에 가서 수령이 무슨 면목이 설 것인가. 그러므로 이 장부가 지극히 정밀하여 반드시 실제와 일치해야만 쓸 수가 있는 것이다. 혹시 산촌에 사는 한 백성이 들어와 송사를 하더라도 내가 너희가 만든 장부를 가지고서 차례차례 물어볼 터인데, 내가 대략은 알고 있는 데다 그 백성이 사실을 갖추어 말해줄 것이다. 이 장부에 조금이라도 어긋남이 있으면 여기서 반드시 탄로가 날 터이니, 너희에게 죄가 돌아갈 것이다. 혹시 어느 궁벽한 마을에서 살옥殺獄이 나더라도 내가 검험차 그곳에 가서 몸소 백성들 가옥의 칸수를 헤아려볼 터이니, 이 장부에 조금이라도 어긋남이 있으면 거기서 필시 탄로 날 것이요, 너희에게 죄가 돌아갈 것이다. 우연히 송아지 한 마리를 두고 다른 사람과 송사가 있을 때에도 내가 이 장부를 살펴보매 너희가 본래 송아

---

10 호월胡越: 중국에서 호는 북방민족, 월은 남방민족을 일컫는다. 호와 월은 서로 멀리 떨어져 있어서 자세한 사정을 알 수가 없다는 뜻이다.

지를 기록하지 않았다든가, 혹은 어느 군보軍保[11]가 다른 사람과 다투었을 때 내가 이 장부를 살펴보매 너희가 군보를 기록하지 않았을 경우에도 이에 이르러 반드시 탄로 날 것이요, 그때는 너희들에게 죄를 주겠다. 내가 따로 심복을 보내어 임의로 살펴보아 너희들의 농간을 적발할 것이요 또 별도로 탐문해볼 것이니, 하나라도 속임이 있다면 너희는 죄를 면치 못하리라. 이와 같이 거듭 당부하는데도 너희가 오히려 조심하지 않는다면 너희의 죄가 극히 중하니, 이치상 가벼이 용서하지 못할 것이다."

○ 또 타이른다. "너희가 본래 안일安逸해서 수고와 힘을 들이지도 않으며 몸소 실정을 답사하지도 않고 어떤 건달을 내보내거나 혹은 촌백성을 믿고 그의 말을 들어서 이 장부를 만든다면 열흘이나 한 달이 못 가서 여기저기 파탄이 날 것이니, 너희는 죄를 면치 못하리라. 이 장부가 만들어져서 오래 두고 사용해도 내내 조금도 착오가 없다면 너희에게 공이 있으니 특별한 차임이 있을 것이다."

○ 또 타이른다. "너희에게 종이와 붓, 돈 몇 냥을 내려줄 터이니, 너희는 백성들의 마을에 이르거든 민가의 닭이나 개를 잡게 하지 말 것이며 잡비를 거두지도 말 것이다. 너희에게 친지가 있어 술을 가지고 와 위로하거든, '이 술이 나에게는 독주와 마찬가지이다'라고 말할 일이다. 너희가 지나가는 곳마다 1전도 거두는 일이 없어야만 너희에게 죄가 없을 것이다. '수령이 깊이 들어앉아 있다'라고 말하지 말라. 내가 장차 탐문해볼 것이다."【이같이 당부한다면 아전으로서 일을 아는 자라면 누구건 마음을 다해 사실대로 조사하여 기록한 바가 반드시 착오가 없을 것이다. 내가 황해도에 있을 때에 이같이 경계

---

11 군보軍保: 병역의 의무가 있는 양민 16세부터 59세까지의 정남으로서 정병正兵이 아닌 보인保人.

하였더니 과연 그들이 작성한 장부가 정밀하게 되었다. 수년 동안 그 장부에 의거해 시행하면서 여러 방면으로 조사하고 징험해보았으나 하나도 착오가 없었다. 이에 그 장부가 사실대로 만들어졌음을 알 수 있었다】

○ 여러 면面의 기록이 다 들어오거든 곧 그 기록을 요약해서 다음과 같이 경위표를 만든다.

이동리 梨峒里	품品	세世	객客	업業	역役	택宅	전田	전錢	정丁	여女	노老	약弱	휼恤	노奴	비婢	종種	축畜	선船	좌錘
이세창 李世昌	향鄕		성천 成川 2년	농農		5	10일		3	2	남1	남1		고雇2			우牛1		
김이득 金以得	양良	3		농	포布2	3	5일		2	2		여1					소小1		
최동이 崔東伊	양	2		고估	포布1	6		백百	1	2	남1 여1	남1					마馬1		
남상문 安尙文	사士	7		과科		7	10일		3	2	남1	여2		1	1	이梨20	우牛1		
정일득 鄭一得	양		이천 伊川 1년	야冶	전錢1	3			1	1	여1								2
박기동 朴起同	양	3			포布1	2					남1	남1	홀아비 鰥						1
조정칠 趙正七	양	4		고估	전錢1	8	7일	백百	3	1	여1				1			중中1	
임여삼 林汝三	사私	2		칭倡		3	2일		2	2		여1							

남당리 南塘里	품品	세世	객客	업業	역役	택宅	답畓	전錢	정丁	여女	노老	약弱	휼恤	노奴	비婢	종種	축畜	선船	좌銼
황세운 黃世云	역驛		수안 遂安 3년	이吏	5	7일			1	1									
윤세문 尹世文	사士	7		과科	속束1	와瓦20	10석石	천千	5	3	남1	남1 여1		4	4	죽대竹大	우2마1		
윤세무 尹世武	사	7		무武		와10	4석	백百	1	1		남1		1	1		우1		
윤업 尹鏷	사	5		과科	속1	10	10두		2	2	여1	여1		1	1	시柿10	우1		
이억동 李億同	양良	3		어漁	미米1	2					남1	여1	홀아비[鰥]						
하소사 河召史	양	2				2					여1		과부[寡]						1
오이재 吳以才	양	2				2			1	1			장님[盲]						1
손희운 孫喜云	양	5		고估	포1미1	5	10두	3백	2	2	남1							대大1	
고창득 高昌得	중中		남평 南平 5년	교校		10	2석	백	2	2	여1	남1			고雇1		우1		
백노미 白老味	사私		광주 光州 1년	야冶	미1	3	2두		1	1									2

앞의 표 두 개는 침기부의 취지를 따른 것이다. 이동리는 황해도의 마을 이름이요, 남당리는 남쪽 변두리 강진의 마을 이름이다.

○ 품品은 씨족氏族의 신분 등급인데, 향鄕은 향승의 씨족이며, 양良은 신분이 낮지만 천하지는 않은 것이요, 사士는 벼슬아치의 씨족이며, 사私는 사가의 노속奴屬을 가리키며, 역驛은 역속驛屬[12]이요, 중中은 양인良人으로 유학游學[13]하는 자를 가리킨다.

○ 세世는 세거世居하고 있는 주호主戶[14]를 가리키고, 객客은 객호客戶를 가리킨다. 3은 3대를 살아오고 있다는 것이요, 7은 7대를 살아오고 있다는 뜻이며, 성천成川 2년은 성천으로부터 옮겨 온 지가 겨우 2년이라는 뜻이다【다른 것도 이에 준한다】.

○ 업業은 『주례』의 이른바 9직九職[15]을 가리킨다. 농農은 농부요, 고估는 장사치요, 과科는 과유科儒요, 야冶는 쇠붙이를 다루는 공장工匠을 가리키며, 창倡은 광대요, 무武는 무예를 닦는 자이며, 어漁는 고기잡이이며, 교校는 교생校生이다.

○ 역役은 군포軍布의 역을 가리킨다. 포布 2라고 한 것은 군포 바치는 역을 진 자가 2명이란 뜻이요, 전錢 1은 보전保錢을 바치는 자가 1명이란

---

12 역속驛屬: 역에 소속된 자들을 가리키는 것으로 역리驛吏·역졸驛卒들을 포괄한다.

13 유학游學: 여기서는 향교에 다니며 공부한다는 말. 조선 후기에 이르러 지역에 따라 양반이 아닌 평민층이 향교에 다니는 경우가 늘어났다. 이들을 교생校生이라고 일컫는데, 대체로 넉넉한 처지의 양민들이 교생이 되었다. 사실상 양민의 역을 면제받는 수단으로 이용된 것이다.

14 주호主戶: 그 고장에 2대 이상 거주하고 있는 호라는 뜻. 객호客戶는 나그네로 새로 들어와 사는 호라는 뜻이다.

15 9직九職: 『주례·천관총재·태재』에 보인다. 곧 삼농三農·원포園圃·우형虞衡·수목藪牧·백공百工·상고商賈·빈부嬪婦·신첩臣妾·한민閒民의 9가지 직업을 가리킨다. 자세한 것은 제6부 제6조 '농사 권장'에 나온다.

뜻이며, 속束 1은 속오군束伍軍이 1명이라는 말이요, 미米 1은 보미保米[16]를 바치는 자가 1명이라는 뜻이다.

○ 택宅은 그 가옥의 칸수를 가리킨다. 5라 한 것은 초가가 5칸이라는 뜻이요, 와瓦 10이라 한 것은 기와집이 10칸이라는 뜻이다.

○ 전田은 밭이요, 답畓은 논이다. 10일日은 10일경日耕이라는 뜻이요, 10석石은 200두락斗落이라는 뜻이다【다른 것도 이에 준한다】.

○ 전錢은 가지고 있는 돈을 말한다. 백이라 천이라 한 것은 여러 사람들의 소문이 그러하다는 말이요 꼭 들어맞는 것은 아니다.

○ 정丁 3이라 한 것은 17세 이상인 남자가 3명이라는 뜻이요, 여女 2라 한 것은 17세 이상의 여자가 2명이라는 뜻이다. 노老는 60세 이상의 남자를 가리키는 것이요, 약弱이라 한 것은 16세 이하의 남자를 말한다.

○ 휼恤은 홀아비·과부·고아·자식 없는 늙은이 및 불구자를 가리킨다.

○ 노비奴婢는 부리는 종이다. 고雇 2라고 한 것은 머슴이 2명이라는 뜻이다.

○ 종種은 먹는 물건으로 팔아서 돈을 장만할 수 있는 것을 말한다. 축畜은 소·말·양·돼지로 돈이 될 수 있는 것을 가리킨다. 이梨 20은 배나무가 20여 그루 있다는 뜻이요, 죽대竹大는 대밭이 넓다는 뜻이다. 우牛 1이라 한 것은 큰 소가 한 마리 있다는 뜻이요, 소小 1이라 한 것은 송아지가 한 마리라는 뜻이다.

○ 선船은 강이나 바다에서 화물을 실어 나르는 것을 가리킨다. 중中 1은 중선中船이 한 척이라는 뜻이요, 대大 1은 대선大船이 한 척이라는 뜻

---

16 보미保米: 보인은 원래 직접 지는 군역 대신 포(布, 보포)를 바치도록 되어 있으나, 조선 후기에는 이를 전(錢, 보전) 혹은 미(米, 보미)로도 바쳤다.

이다.

○ 좌銼는 쇠솥을 가리킨다. 지극히 가난한 자의 경우에 기록할 것이요, 다른 재물을 가진 자의 경우에는 기록하지 말 것이다.

요즈음 가좌책들이 으레 모두 나열해 기록하여 매호의 여러 조목들이 수십 줄씩 되니, 책이 쌓여 방마다 가득 찰 지경이어서 살펴 점검할 수가 없다. 이 때문에 호구를 철저히 조사한다는 수령이 모두 가좌책은 만들지만 마침내 아무 소용이 없게 되는 것이다. 만약 경위표를 만든다면 1호의 기록이 한 줄에 지나지 않으니, 좌우로 견주어보면 가난한 자와 부자가 서로 표가 나고 강자와 약자가 서로 드러나서 빼어 보기에 극히 편하니, 이것이 좋은 방법인 것이다.

○ 이 경위표가 이루어지면 각호의 빈부와 각 리里의 허실과 각 씨족의 강약과 주호와 객호의 형편이 손바닥 들여다보듯 선명하게 되니, 한번 책을 펴보기만 하면 환하게 알 수 있다. 책장 한 장마다 스무 집씩 기록한다면 100장이면 2000집을 기록할 수 있을 것이요, 비록 2만 집이 되는 고을이라도 그 책이 불과 10권이면 될 것이다【100장을 1권으로 한다】. 이것을 책상 위에 놓아두고 항상 열람한다면 호적을 고르게 할 수 있을 것이요, 요역과 부세를 공평히 할 수 있을 것이며, 옥사獄事와 송사訟事를 바로잡을 수 있을 것이요, 차발差發[17]하는 일을 밝게 할 수 있을 것이다. 송사하는 백성이 관정에 이를 때마다 수령이 먼저 이 표를 펴본다면 참고가 될 것이다. 가령 박기동이 군첨軍簽에 들어 있다면, 수령이 풍헌·약정을 앞질러 책하기를 "박기동이는 늙은 홀아비다. 다만 어린 자식 하나가 있어

---

17 차발差發: 공무로 사람을 파견하거나 역사에 인부를 동원하는 일.

의지해 살고 있으니 그의 군포는 마땅히 노제老除[18] 시키고 그 자식에게 물려주어야 할 터인데, 어째서 또 군첨에 들게 했느냐"라고 하면, 풍헌·약정이 갑자기 이 말을 듣고 수령의 귀신같이 밝음에 탄복하지 않는 자가 없을 것이다. 가령 백노미가 윤업에게 고소를 당했다면, 수령이 윤업을 불러다 "백노미는 본래 광주로부터 떠돌아 와서 여기 살게 된 지가 겨우 1년이다. 윤씨는 씨족이 번성하니 이치로 보아 마땅히 돕고 보호해주어야 할 터인데, 농기구를 여러 차례나 벼려 가고서도 그 삯을 주지 않았으니 백노미가 이 때문에 욕하고 원망하거늘 어째서 네가 와서 고소하느냐"라고 하면, 수령의 귀신같이 밝음에 탄복하지 않을 자가 없을 것이다. 여러 가지로 이런 따위 일들이 헤아릴 수 없이 많을 것이다. 침기표라는 것은 백성을 다스리는 긴요한 칼자루이다.

○ 혹자는 "가좌부를 만들었으니 수령이 이런 말을 하더라도 신기할 것이 없다. 수령이 귀신같이 밝다고 모두가 탄복한다지만 그럴 이치가 있겠는가"라고 하겠지만, 나는 다음과 같이 말한다. "그렇지 않다. 가좌부는 내가 처음 만든 것이 아니요 이전 수령들도 만들지 않은 자가 없었다. 특히 그 책이 조잡하고 많은 까닭에 이전 수령은 다만 벽이나 발랐지 민간 물정에는 그대로 몽매했다. 내가 전례를 따라 가좌부를 만들었으되 유독 물정을 자세히 아니 백성이 어찌 수령의 귀신같이 밝음에 탄복치 않겠는가. 좌우에서 부리는 자들도 경위표가 무엇인지를 모르고 있으니 서로 더불어 탄복할 뿐이요, 이 가좌표를 보고서 그러는 거라고 말하지는 못할 것이다."

---

18 노제老除: 국역國役을 진 정남의 나이가 60세가 되면 '노老'라 하여 역에서 면제되는 일.

호적을 작성할 시기가 되거든 이 가좌부를 근거로 더하고 덜고 옮겨서 여러 리里의 호액戶額이 아주 공평하고 확실하여 허위가 없도록 할 것이다.

인寅·신申·사巳·해亥가 든 해의 7월 초하룻날, 향승이 "호적을 작성할 시기가 되었으니 도감都監[19]【수감首監이다】을 차임해야 할 것이며, 여러 면面의 풍헌·약정도 으레 다시 차임해야 할 것입니다"라고 아뢰면 수령이 지시한다. "급하지 아니하다. 우선 내가 말할 때까지 기다리라." 수교가 "호적을 작성할 시기가 되었으니 감관監官과 여러 감고監考를 차임해야 할 것입니다"라고 아뢰면 수령은 말한다. "급하지 아니하다. 내가 말할 때까지 기다리라." 적리가 "호적을 작성할 시기가 되었으니 이제 호적청을 설치해야 할 것입니다"라고 아뢰면 수령은 말한다. "급하지 아니하다. 내가 말할 때까지 기다리라." ○ 이에 지난 식년에 작성된 여러 면 여러 리의 호총대수戶總大數[20]【어느 리는 25호요 어느 촌은 12호라는 따위】를 가지고 별도로 책자를 만들어 참고 열람하기에 편리하도록 하고【불과 5~6장일 것이다】, 이에 이전에 만들어둔 침기표와 비교·대조해보면 빠진 것, 허위인 것, 농간질한 것, 억울한 것 등을 모두 환히 알 수 있게 될 것이다. ○ 이에 침기표를 가지고 조사하여 그 고을의 대호大戶가 총 2000호이며【가령 그렇다는 말이다】 중호中戶가 총 4000호이며【가령 그렇다는 말이다】 소호小戶가 총 8000호【가령 그렇다는 말이다】가 되는데, 경사京司에 마감한 그 고을의

---

19 도감都監: 여기서는 호적을 작성하기 위한 우두머리 감독원이라는 뜻으로 쓰고 있다.
20 호총대수戶總大數: 그 고을 각 지역의 법제호의 총수.

호적 총수【지난 식년의 것】가 본래 4000호에 불과하다면, 침기표에 나타난 호적의 실제 수로 그 마감된 원액을 나누어 배당하도록 할 것이다. ○ 이에 대호 하나와 소호 둘을 가지고서 1호를 삼으며, 또한 중호 둘과 소호 둘을 가지고서 1호를 삼는다면 경사에 마감할 것이 꼭 4000호가 될 것이다. ○ 이에 이 환산율로 비례를 삼고 다시 침기표를 가지고서 여러 리里의 금년 호총戶總[21]을 정할 것이니, 매 소호 2개로써 중호 1에 해당시키며 중호 2개로써 대호 1에 해당시킨다. 총괄하면 소호 6개가 1호가 되고 중호는 3개가 1호가 되며 대호는 1개 반이 1호가 된다. ○ 가령 유천리에는 중호 30개만 있다면 곧 10호로 정할 것이요, 석천리에는 중호 27개와 소호 66개가 있다면 곧 20호로 정할 것이다. 나머지도 이 같은 방법으로 할 것이다.

이에 여러 리里의 호액戶額[22]이 이미 정해진 뒤에 다시 이전의 호총과 비교해보면 기울어진 것이 바로잡히고 빈 것이 채워져서 크게 공평하고 바르며 모든 면으로 타당할 것이니 어찌 아름답지 않겠는가. 그러나 다만 천도天道의 변화는 점차로 되는 것이요 갑작스레 달라지는 것은 아니니, 정사의 개혁 또한 마땅히 그러해야 하는 것이다. 한결같이 비례만 좇아 터럭만큼도 어김이 없다면, 이전에는 10호였던 곳이 늘어나 30호가 되는 경우도 있을 것이요, 전에는 100호였던 곳이 줄어들어 10여 호가 되는 경우도 있을 것이다. 줄어드는 경우는 괜찮겠지만 늘어나는 경우는 폐단이 없을 것인가. 비록 형편이 넉넉한 마을이라 하더라도 갑자기

---

21 호총戶總: 소호·중호·대호 등의 호들의 잡다한 실제호實際戶를 조정하여 국역을 부과할 단위로 배정한 법제호의 총수.
22 호액戶額: 각 리里에서 국역을 담당하는 법제호의 정액이다.

수십 호나 늘어난다면 반드시 그 피해가 많을 것이다. ○ 이에 이전의 호총과 새로 만든 호총을 가지고 사정을 참작하되, 줄어든 경우에는 비례상으로는 비록 조금 미치지 못함이 있을지라도 그 모자라는 것을 다 채우지 말 것이요, 늘어난 경우에는 비례상으로는 비록 남음이 있을지라도 더 많이 배정하지는 말 것이다.[23] 호호豪戶가 숨겨서 싸고도는 자는 완전히 밝혀 적발해낼 것까지는 없으며, 향교나 서원에 속하여 사역되는 자도 모조리 도태시킬 것까지는 없다. 대저 한 고을의 수령이란 그 이름과 지위가 원래 가벼운 것이니, 일을 처리함에 있어서도 너무 준엄하게 해서는 안 되는 것이요, 임금이 법을 세우거나 어사가 법을 집행하는 경우와는 같을 수가 없다. 모름지기 9분의 경지에는 이르도록 하되 그래도 1분의 미흡함은 남겨두어야만 할 것이다. 만약 수령의 위엄이 확립되고 혜택이 베풀어져 아래 백성들이 이미 순종하는 경우에는 비록 10분의 경지에 이르더라도 좋을 것이다.

새 호적부가 작성되거든 곧 수령의 영으로써 여러
리里에 호총을 반포하되, 엄숙히 금령을 세워
번거롭게 이의가 일어나지 못하도록 할 것이다.

유천리는 이제 20호로 책정한다【이전의 호총에는 15호였으나 이제 5호를 더한다】. 석천리는 이제 15호로 책정한다【이전의 호총에는 14호였으나 이제 1호를 더한

---

23 각 촌리별 실제호의 수에 비례하여 호총을 정함이 원칙이지만, 이 원칙을 철저히 시행한다면 종래의 문란했던 관행과 크게 어긋나는 경우가 생겨 시끄러워질 것이므로 이에 다소의 여유를 두고서 실시하라는 의미이다.

다】. 금당리는 이제 12호로 책정한다【이전의 호총에는 30호였으나 이제 18호를 줄인다】. 옥산리는 이제 18호로 책정한다【이전의 호총에는 20호였으나 이제 2호를 줄인다】. 나머지도 이 같은 방법으로 한다.

○ 그 인구수 역시 이전의 호총에 비추어 정할 것이다. 가령 지난 식년의 4000호에서 남구男口가 7800명이요 여구女口가 8200명이었다면 매 40호마다 남구가 78명, 여구가 82명이다. 이 같은 환산율로 계산하면 20호에는 남구 39명, 여구 41명이 되니 모두 각 리里 호총의 끄트머리에다 구수口數를 적어놓는다. ○ 유천리는 20호이니 이제 남구 39명과 여구 41명을 책정한다. 옥산리는 18호이니 이제 남구 35명과 여구 37명을 책정한다. 나머지도 이 같은 방법으로 한다. ○ 다음과 같이 명령한다. "행현령行縣令은 알린다. 본 현의 호적이 오랫동안 문란해왔고 그에 따라 아전의 농간이 있어 백성의 부담이 고르지 못하였다. 형편이 넉넉한 마을은 해마다 여러 호씩 줄어들고 쇠잔한 마을은 해마다 여러 호씩 늘어나 이것을 몰아서 요역이 없는 마을에 집어넣는다.[24] 그래서 허호虛戶가 쌓이고 실역實役을 지는 호는 줄어드니 백성의 실정을 생각하매 지극히 온당치 못하다. 수령이 이제 온 고을의 가좌수家坐數를 가지고서 조절하고 정리하여 매 4, 5, 6가家를 합쳐서 1호씩을 정하니 본 리里는 응당 20호를 세우고【유천리의 경우이다】 아울러 그 남녀의 인구수를 끄트머리에 적

---

24 부촌에서는 뇌물을 바치고서 그 실제호의 총수에 비례하는 법제호의 액수를 줄이는데 빈촌은 그러지 못하니 법제호의 수가 늘어난다는 것이요, 그것도 모자라 제역촌除役村에 집어넣는다는 것은 다만 문서상으로만 제역촌에다 법제호를 책정한다는 말이다. 실제로는 허호虛戶를 가설하는 것이다. 그러나 요역은 허호가 아닌 실제 법제호의 호총에 대하여 부과할 수밖에 없으므로, 결국 빈촌의 부담이 상대적으로 늘어나게 되는 것이다. 본문에 "백성의 부담이 고르지 못하다"는 까닭이 결국 여기에서 기인하는 것이다.

어 보인다. 바라건대 본 리里의 부로와 사족이 한자리에 모여, 풍헌·약정 등은 참가시키지 말고 20호를 의논해 세우되 7월 15일 안으로 단자單子를 거두어 바로 관가에 바치면 곧 도장을 찍어 성첩成帖해줄 것이요, 다시 초단草單·정단正單을 거론하지는 않을 것이니 그렇게 알도록 하라. 이전의 호총에 비하여 비록 5호가 늘어났다고는 하되 크게 균평히 하는 정사에 원망해서는 안 될 것이다. 만약 한 명의 백성이라도 번거로이 와서 이의하는 자가 있다면 마땅히 그자를 징치하여 함부로 망동하지 못하도록 할 것이다. 혹 또한 사사로이 아전과 짜고서 뇌물을 바치고 모면하려는 자가 있다면 일은 되지도 않을 것이요 법률 또한 지엄하니, 아울러 모름지기 조심해야 할 것이다." ○ 반드시 초단을 받아들여 그대로 정단으로 삼는 까닭은, 호적을 담당한 감고가 사사로이 단자를 거두는 경우에는 1호의 단자에 예전禮錢 100전씩 될 터이니【적은 경우에도 40~50전은 될 것이다】 백성에게 해가 크기 때문이다. 초단을 그대로 정단으로 해주는 것이 또한 마땅하지 않겠는가.

여러 리里의 호적단자가 다 들어오거든 곧 도장을 누르고 성첩하여 적리에게 내줄 것이다. ○ 이에 향승을 불러 도감을 차임하게 하고, 수교를 불러 감관·감고를 차임하게 하며, 적리를 불러 호적청을 설치하게 하되 풍헌·약정 등은 바꾸어 차임하지 말도록 할 것이다. ○ 이같이 한다면 적리는 그 이익을 잃게 될 것이요, 도감·감관·감고는 그 이권을 잃게 될 것이다. 술 한 잔, 국수 한 그릇이 호적청으로 몰래 들어오는 일이 없을 터이니, 그들이 근심하며 탄식하는 소리를 듣지 않아도 알 수 있을 것이다. 그러나 이는 한 고을의 큰 정사이니, 여러 부세의 근본이며 뭇 요역의 근원이다. 이 일이 한번 그릇되면 온갖 일의 두서가 모두 뒤집히고 어지러워져서 하나도 바로잡을 수가 없을 것이다. 하찮은 자들의 근심과 탄식만을 돌아보느라고 1만 가家의 번거롭고 억울함을 생각지 않는다면 어찌 현명하다고 할 수가 있겠는가. 다른 일은 비록 엄정히 하더라도 아전이 오히려 예전例錢을 토색할 수 있겠지만 호적의 경우에는 진실로 이 법을 쓴다면 아전의 손이 텅 비고 말 것이다. 배정된 호수가 늘어난 경우는 이미 늘어났기 때문에 반드시 뇌물을 바치지 않을 것이요, 호수가 줄어든 경우는 워낙에 가난하니 무슨 뇌물을 바칠 수 있을 것인가. 인정상으로는 비록 안되었지만 사리가 양쪽을 다 이롭게 할 수는 없는 것이다. 만약에 작게라도 한 가지 길을 열어둔다면 큰 원칙이 드디어 무너지고 말 것이다. 그러므로 호적의 법은 막으면 완전히 막히고 무너지면 완전히 무너지는 것이니 그 둘 사이에 절반은 희고 절반은 검게 되는 방법은 없다. 수령은 이 일에 있어서 마땅히 마음과 뜻을 굳건히 하여 하찮은 몇 사람의 작은 원망을 돌봐주어서는 안 될 것이다. ○ 적리가 마침내 이익을 못 본 듯하거든 그해 끝에 가서 좋은 자리로 옮겨주어 그 원망을 풀어주도록 할 것이다. 내가 곡산부에 있을 때에도 역시 이와 같이 하였다. ○ 이날에 수리를 불러서 타이른다. "네가 차청差廳[25]에 가서 너의 동료들에게 타일러라. 옷이 이미 해어지면 모름지기 새 옷을 입어야 할 것이요, 바둑을 두어 이미 졌다면 모름지기 새 판을 두어야 한다. 너희가 여러 해 동안 호적을 농간하여 이제는 극단의 지경에 이르렀으니, 뇌물을 받고서 호수를 증감하는 것 또한 길이 막힌 것이다. 이번 판은 쓸어버리고 새로 한 판을 차리도록 하라. 내가 돌아간 뒤에 너희가 농간하면 바둑이 살아

---

25 차청差廳: 차임된 청사라는 뜻이니, 이 경우는 적리를 중심으로 도감·감관·감고들이 모여서 호적을 작성하는 곳이다.

날 수도 있을 것이니 그리되면 너희에게도 해롭지는 아니할 것이다. 오직 금년의 적리는 시운을 만남이 불행하였다. 마땅히 좋은 자리로 차임할 터이니 원망하지 말도록 하라."

만약 연호煙戶[26]가 쇠잔하여 호액을 채울 수 없는 경우에는 상사에 보고하고, 큰 흉년이 든 나머지 열 집에 아홉 집이 빌 지경이 되어 호액을 채울 수 없는 경우에도 상사에 보고하여 그 액수를 줄여주도록 청할 것이다.

본 고을의 마감해야 할 호총이 많은데 침기의 호수가 적으면, 혹 소호 4개로써 1호로 정하고 중호 2개로써 1호로 정하며 대호는 독자로 1호가 되게 한다. ○ 만약 마감해야 할 호총이 너무 많고 침기의 호수가 너무 적어 이와 같이 나누어 정할 수가 없거든, 수령이 호의 총수를 헤아림에 있어서 온 고을의 호수를 통산하지 말고 다만 여러 면 가운데에서 가장 쇠잔한 마을을 잡아 그 허호를 조사하여 이치를 따져 감영에 보고함으로써 호총을 줄여 받도록 할 것이요, 두 번 세 번 보고하되 자기의 거취를 걸고서 해야 할 것이다.

○ 다음과 같이 보고한다. "본 현의 호총은 3600호인데 가좌家坐의 연호수煙戶數는 3000에도 차지 않습니다. 송산리松山里·지석리支石里·장양리長楊里·대곡리大谷里·비곡리菲谷里 등 32개 마을의 경우는 가좌수가 도

---

26 연호煙戶: 일반 민호民戶, 즉 자연호를 뜻한다.

합 100여 호에 불과한데 지난 식년의 호총이 600여 호에나 이르렀으며 그 나머지 여러 마을도 역시 모두 쇠잔하니, 많은 곳을 덜어서 적은 곳에 더하며 동쪽을 떼어내어 서쪽을 기우려 하여도 역시 길이 없습니다. 호구의 수를 늘릴 수는 있어도 줄일 수는 없다는 것이 비록 법례에 있으나, 직사職事를 거짓으로 하여 사실과 어긋나게 하는 일 또한 율령에 저촉되는 것입니다. 수령이 이에 있어서 어찌 근심하지 않을 수 있겠습니까. 옛날에 윤탁은 그 호수를 줄여서 보장保障의 근본이 되게 하였고, 위나라 문후文侯는 호에 대한 부세의 증액을 갖옷을 뒤집어 입는 일[27]에 비유하였으니, 옛사람들이 호적을 작성함에 있어서 허위를 버리고 사실을 취함이 이와 같았습니다. 이제 호적을 마감하려 하매 지난번 호총에 비하여 반드시 500호를 감해주어야만 비로소 그 허위를 없앨 수가 있습니다. 엎드려 바라건대 민정을 간곡히 살피어 실정을 따라 호총을 감해주어 백성의 여망에 어긋나지 않도록 해주길 바랍니다."

○ 판관 정술인鄭述仁[28]이 해주판관으로 있을 적에 그 고을에 허호가 많았다. 그가 2000여 호를 감하여 감사의 제사題辭를 받은 다음 다시 그것을 첨부해서 경사에 보고하여 원하는 대로 마감할 수 있게 되니 해주 백성들이 칭송하였다.

흉년이 든 나머지 열 집 가운데 아홉 집이 빌 지경에 이르면 백성을 불

---

27 갖옷을 뒤집어 입는 일[反裘而負薪]: 위나라 문후가 밖에 나갔다가 길에서 털옷[裘]을 뒤집어 입고서 풀짐을 지고 가는 자를 만나 물었다. "어째서 털옷을 뒤집어 입고서 풀짐을 지느냐?" 그가 답하였다. "신이 그 털을 아껴서 그럽니다." 문후가 말하였다. "그 털만 아낄 줄 알고 그 가죽[皮]이 닳아 없어지는 줄은 모르는구나"(『위지魏志·명제기주明帝紀注』). 즉 근본의 마멸磨滅은 모르고 말초만을 아낀다는 뜻이다.
28 정술인鄭述仁: 정조·순조 때의 관인. 해주와 전주의 판관을 지냈다.

러 모아 안집安集시키는 일이 눈앞에 닥친 급무이다. 만약 호총이 옛날과 같아서 요역이 번거롭다면 어찌 와서 안집할 백성이 있겠는가. 이 같은 경우에는 모름지기 감영으로 달려가서 직접 감사를 만나 의논하여 호총을 감해주도록 할 것이니, 많은 경우에는 수천 호, 적은 경우에는 1000여 호라도 구애되어서는 안 될 것이다. ○ 비록 그러나 한갓 호구만 감하고 요역은 감해지지 않아서 그 고을의 요역이 그 고을에서 징수된다면 어떤 리里에는 비록 요행이겠지만 다른 리에는 우환이 될 것이다. 초나라 사람이 잃은 것을 초나라 사람이 얻으니[29] 무슨 도움이 될 것인가. 반드시 감사와 상의하여 무릇 연호의 역役이나 민고의 부賦 같은 이를테면 진상가미進上價米나 순영복정巡營卜定[30] 따위를 크게 감면해야만 이에 호총을 감한 실효가 있을 것이다. 그러지 아니하면 명목으로는 비록 감한다 하더라도 사실인즉 백성의 부담을 더하게 되는 것이다. 이는 위나라 문후가 경계한 바이니 그대로 답습해서야 될 것인가.

인구미人口米라든가 정서조正書租 같은 것은 구례를 따라 백성으로부터 받아들이는 것을 허용할 일이지만 그 밖의 침학은 마땅히 모두 엄금해야 할 것이다.

---

29 원문은 "초인실지楚人失之 초인득지楚人得之"이다. 초왕楚王이 밖에 나갔다가 활을 잃었다. 옆의 신하들이 찾기를 청했으나 임금은 "초왕이 잃은 것을 초인이 얻을 것이니 무엇하러 찾을 것인가[楚王失弓 楚人得之 又何求之]."라고 말하였다(『공자가어孔子家語』).

30 순영복정巡營卜定: 순영巡營은 순찰사 겸 감찰사의 영營이니 곧 감영이다. 복정은 나누어 징수한다는 뜻으로, 감영에서 필요한 물자를 예하의 각 고을에 나누어 징수한다는 의미이다.

남방의 관례로는 인구미가 매 구口에 1승, 인정전人情錢이 매호에 2푼, 정서조〔벼의 찧지 않은 것을 조租라 한다. 서북 지방에서는 속粟으로 대신한다〕가 매 호에 1두가 있으니, 매양 그해의 호구에 비추어 여러 리里에서 거두는데, 쌀은 아전이 먹는 것이요, 돈은 경사에서 호적을 마감할 때 비용으로 쓰는 것이며, 조는 호적대장을 등서할 때에 쓰는 비용이다〔지·필·묵 및 서수書手의 보수로 쓴다〕. 가령 4000호라면 조는 4000두〔260석 남짓 된다〕요 돈은 80냥이며, 1만 6000구라면 쌀이 1600두이니 부족하지 않을 것이다.

○ 호적단자를 거두어들일 때에 호적청에서는 으레 각 리里에서 돈 5~6냥씩을 토색하는데, 적리·적감籍監·적노籍奴·적례籍隷들이 손을 뻗치고 눈을 부라리며 그 아비나 할아비를 들추다가 제 뜻에 차지 않으면 그 아비의 이름을 들먹이며 욕하기도 한다. 포촌이나 점촌에서는 10냥을 내지 않으면 도저히 호적단자를 바칠 수도 없다. 혹 호마다 1냥씩을 거두기도 하는데 비록 사족·향족이라도 5, 6, 7전에서 덜 내지는 못한다. 또 호적이 작성되고 나면 호적청은 별도로 좋은 종이를 써서 1통을 정서하여 성첩하는데〔도장을 찍고 수결을 받는다〕 이를 일러서 정단正單이라 한다. 읍내의 부랑패가 자칭 감고라고 하면서 마을마다 흩어져 나가 또 돈 1~2냥씩을 토색하는데, 제 뜻에 차지 않으면 아비나 할아비를 들추어 욕질을 그치지 않으며, 술을 거르고 생선을 지져 주어도 완악하게 버티고 있다가 욕심을 채우고 나서야 또 다른 데로 찾아간다. 이는 천하의 독이다.

○ 수령이 직접 호적단자를 받아들이고 수령이 직접 호적단자를 내어 준다면 이 두 가지 해악은 금하려 하지 않아도 스스로 없어지고 말 것이다. 적리가 마감의 비용이 부족하다고 호소하거든 마땅히 향승으로 하여금 사사로이 각 면面에 글을 보내어 매호마다 돈 몇 닢씩을 거두어 모두

향청에 바치도록 하여【호적청에 바치지 않도록 할 것이다】 적리에게 내주게 할 것이다.

호적대장을 등서하는 일을 할 때 수령 자신의 궁한 친구나 가난한 친족을 구차하게 서수로 충당시켜 정서조를 먹게 해서는 안 된다. ○ 참판 유의柳誼가 홍주목사洪州牧使로 있을 때에 가난한 빈객으로 일 없이 책방에 와 있는 자가 있었다. 수리가 동정하여 두 면의 호적을 이 빈객에게 맡겨서 등서하게 하고 그에게 정서조를 먹도록 하였다. 등서가 끝났을 때에 유 목사가 이를 알고는 정서조를 환자【환자란 것은 창곡倉穀이다】를 갚지 못하는 고을의 가난한 선비에게 미루어 주고, 빈객에게는 별도로 다른 곡식을 주었다. 이는 내가 목도한 바이다【남쪽 변두리의 관례로는 대장을 등서하는 삯은 1장에 단지 돈 3푼씩을 준다. 또 별도로 중초中草의 삯이 있다】.

나이를 높이는 자, 나이를 낮추는 자, 유학幼學을 모칭冒稱하는 자, 관작을 거짓 꾸며 행세하는 자, 거짓으로 홀아비라 칭하는 자, 거짓으로 과적科籍[31]에 이름을 건 자는 모두 조사하여 금할 것이다.

노직老職[32]을 꾀하는 자는 나이를 높이고, 개첨改簽[33]을 걱정하는 자는

---

31 과적科籍: 호적에 과거 보는 선비로 등재된 자를 가리킴.
32 노직老職: 노인직. 고령자를 예우하기 위해 수여하는 품계. 실직實職이 아니었음. 『경국대전·이전吏典·노인직老人職』에 "나이 80세 이상이면 양민과 천인을 막론하고 한 품계를 수여하고, 원래 품계가 있는 자 또한 한 품계를 올려준다. 당상관은 왕의 특지가 있어야 승품陞品 한다"라고 규정하였다.
33 개첨改簽: 군적을 다시 고쳐 첨정한다는 뜻. 이 경우 아비의 군역 의무를 자식이 물려받는다는 뜻.

나이를 낮춘다【나이 60세가 되면 그 자식으로 개첨한다. 군포를 바치는 것은 마찬가지이나 개첨에는 비용이 들기 때문에 스스로 나이를 낮추는 것이다】. 과거科擧에 향거鄕擧[34]의 법이 없는 까닭에 무람없고 잡스러운 자들이 모두 과장에 출입하며 이로 말미암아 유학을 모칭하는데, 공천公賤·사천私賤까지도 다 모칭을 하는 것이다. 장차 온 나라의 백성이 모두 유학이 될 모양이니 명분이 없어지고 어지러워지는 것이 이보다 심할 수가 없다. 관자管子는 "귀인이 많으면 그 나라가 가난하게 된다"라고 하였는데, 우리나라를 두고 이른 말이다.

○ 군첨은 괴로운 역이므로 온 나라 사람들이 정신을 잃고 아비를 바꾸고 할아비를 고쳐서 관작을 모칭하며 충효忠孝[35]를 가칭하여 군역 면하기를 도모한다. 이렇게 한 것이 수십 년 후에는 드디어 묵은 기록이 된다. 그래서 호적을 거짓 꾸민 자는 자기 자식에게 모칭했다고 이르지 아니하여, 그 자손들은 마침내 모칭해온 것을 정말 관작을 받은 것으로 여기게 된다. 관가에서 혹 이를 들추어내더라도 슬피 부르짖고 억울하다고 호소하니, 그들의 미혹을 풀어주기도 어렵게 된다.

○ 식구가 많으면 바쳐야 할 곡식도 많은 까닭에 호적에는 홀아비라고 칭하는 자가 많으니, 백성의 애통함이 심함을 이에서 알 수 있다. 그러나 식구 역시 지난번 구총口總에 견주어 백성이 임의로 늘리거나 줄이지 못하도록 한다면【방법은 앞에 나와 있다】어찌 반드시 홀아비의 호가 있을 것인가. 홀아비나 과부라는 것은 곤궁한 자의 명칭이요, 직職도 아니고 역役도 아닌데 어찌 스스로 칭할 수 있는가. 호적에 처가 없으면 저절로 홀아

---

34 향거鄕擧: 자기 고을에서의 선발 시험.
35 충효忠孝: 충성·효도로 정려旌閭를 받으면 그 자손까지 군역에서 면제되었다.

비임이 밝혀지는데 하필 머리에다 표방할 것이겠는가. 과부도 역시 그러하니 양녀良女라고 자칭하면서 호적에 지아비가 없다면 저절로 과부임이 밝혀지는 것이다. 과부는 원래 호주가 될 수도 없다.

좌도左道 사람이 우도右道[36]에 호적을 올리거나 서울 사람이 지방에 호적을 올려서 청탁의 길을 넓히는데, 집 한 칸도 그 지역 안에 없으면서 편호編戶에 함부로 올라 있는 것은 도저히 안 되는 짓이다. 그 유래가 오래인 경우에는 갑자기 삭제해버릴 수 없겠지만, 연호잡역煙戶雜役까지 면제해주어서는 안 된다.

7월 초하룻날에 10개 식년의 호적대장과 중초中草【중초는 초본이다. 이것이 대장에 비하여 좀더 사실에 따른 것이다】를 아울러 정당에 가져다가 큰 궤짝 속에 잠가두어 추가로 고치는 농간을 막을 것이다.

○ 호총에 관한 영을 내리는 날에 별도로 공문을 내려 앞에 예로든 여러 가지 농간을 엄금하여 타이른다. "호적단자가 다 들어오면 수령이 마땅히 지난 30년간의 호적을 가지고서 직접 별도로 자세히 조사할 것이니, 새로운 농간질이 어디 숨을 데가 있겠는가. 농간을 범하는 자에게는 반드시 벌금을 징수할 것이니 각자 두려워하며 조심하라." ○ 호적단자가 다 들어오면 향승 5~6명과 향교의 유생 5~6명을 정당에 불러 모아 가장 오래된 호적을 취하여 새 단자와 대조 검토하되 농간이나 거짓이 있는 것은 접어서 표시를 해두고, 호적청에 그 단자를 고쳐 쓰도록 한다. ○ 벌금을 징수할 때는 마땅히 차등을 두어야 한다. 유학을 모칭한 자와 관작을 거짓으로 꾸며 행세하는 자는 벌로 쌀 5두를 징수할 것이요, 나머지는

---

36 좌도左道·우도右道: 당시 행정구역을 전라도는 섬진강을 기준선으로, 경상도는 낙동강을 기준선으로 좌도와 우도로 구분했다.

1두씩 징수하여 모두 적리에게 내주어서 경사에 마감하는 비용으로 보충하게 한다.

○ 내가 유학의 모칭은 엄금해야 한다고 말하였으나, 내가 떠나간 뒤에 유학을 모칭하는 자는 반드시 적리에게 뇌물을 바치고 종전대로 모칭할 것이다. 무너진 기강을 바로잡는 데는 도움이 되지 못하고 한갓 아전만 살찌게 할 것이니 필경 무슨 이로움이 있겠는가. 내가 곡산부에서 벼슬이 갈려 돌아올 때 백성들이 전송하면서 "다른 일은 다 좋았으나 오직 유학 모칭을 조사해낸 것은 너무 가혹하였다"라고 하였다. 대체 기강이 무너진 지가 오래되었으니 한 고을의 수령이 능히 이를 바로잡을 수는 없는 일이요, 간신히 쌓아놓은 모랫둑은 다시 물이 들어오면 도로 무너지고 마는 법이다. 그런 대로 눈을 감아버려도 안 될 것은 없겠다.

제나라 고제高帝는 조서詔書를 내려 말하였다. "황적黃籍[37]은 사람의 큰 벼리요 나라를 다스리는 출발이다. 근자에는 백성들의 속이는 버릇이 오래되어 벼슬자리를 몰래 적어 넣거나 나이를 거짓으로 바꾸기에 이르렀다." ○ 북제北齊의 제도에 장가가지 않은 자는 조세를 절반만 바치도록 했는데, 양적陽翟[38]의 한 고을은 수만 호에 이르렀는데도 호적에는 아내 없는 자가 많아 유사가 이를 탄핵하였다【지금의 홀아비 호이다】. 案 풍속이 나빠지고 법이 어지러우면 백성의 농간질이 그에 따라 일어나는 것은 고금이 마찬가지요 중국과 우리나라가 한가지로 다름이 있는 것이 아니다.

---

37 황적黃籍: 호적. 황黃은 아기를 뜻하니, 인구의 번식이 출산에서 비롯하므로 황적이라 하였다.
38 양적陽翟: 지금의 중국 하남성河南省 우현禹縣에 있는 옛 지명.

무릇 호적사목戶籍事目으로 순영에서 관례적으로
내려오는 관문은 민간에 포고하지 않는 것이 좋다.

호적사목은 법전에 갖추어 실려 있다[39]【『호전』의 제2조에 있다】. 무슨 죄는 장杖 100대, 무슨 죄는 도徒 3년이라 하였으되, 이는 모두 시행되지 않는 법이다. 시행되지 않는 법을 민간에 포고하는 것은 한갓 백성으로 하여금 조정의 명령을 불신하게 하고 나라의 법을 두려워하지 않게 할 뿐이다. 가로막아서 백성에게 알리지 않음이 또한 좋지 않겠는가.

○ 내가 보매 향촌의 어리석은 속습이 모두 총기가 없어 몇 년 전의 일도 잊어버리지 않는 것이 없고 응당 내려지는 통지에도 모두 눈을 휘둥그렇게 뜨게 된다. 매양 호적사목이 새로 촌마을에 내려올라치면 "금년에는 별나게 엄한 법을 쓰는구나"라며 소동이 일어난다. 이에 호적청에 드나들면서 돌아가는 의논을 탐문하기 마련인데 아전들이 촌민의 어리석음을 알고는 제 뜻대로 위협하며 공갈하되 장 100대, 도 3년을 가리켜 법이 아주 무섭다고 말한다. 이에 호적사목을 범한 자는 적리에게 뇌물을 주고 적발당하지 않기를 바라게 된다. 범하는 자가 이미 많으니 뇌물이 드디어 관례가 되고, 범하지 않은 백성 또한 뇌물을 바치게 된다. 이것이 호적단자를 받아들일 때에 으레 돈 5~6냥씩을 토색하게 되는 까닭이다. 호적사목에 관한 관문을 과연 관례에 따라 반포해도 괜찮은 것인가. 백성의 실정이 이와 같기 때문에 유학을 모칭하는 자 또한 조사해 막기가 어려운 것이다.

---

39 『경국대전·호전戶典』의 제2조가 호적이다.

호적은 나라의 큰 정사이다. 지극히 엄정하고 지극히
정밀해야 백성의 부세를 바로잡을 수 있는데, 지금
여기 논하는 바는 시속을 따른 것이다.

만약 나라의 법이 완비되어 있다면 호적은 마땅히 핵법을 써서 집 하
나, 사람 하나도 빠뜨려서는 안 될 것이다. 『주례』 사민司民의 글[40] 및 역
대의 법제는 모두 「호적고」에 자세하니 여기서는 갖추어 말하지 않겠다.

섭춘葉春[41]이 혜안惠安의 수령이 되어 정서政書를 지었는데, 기로耆老를
예우하며 음사淫祠를 헐고 사학社學[42]을 세우며 인보隣保 조직을 세워 부
장과 장을 두어 각 포鋪[43]의 정남丁男을 통솔하며 그들로 하여금 침해를
방어하는 일을 맡도록 한다는 내용이었다. 그는 고을을 다스리는 자는
온 고을의 민정과 물정을 두루 파악하고 있어야만 그 직명에 맞는 것이
라 생각하였다. 그러므로 장정은 관인과 사인의 구별 없이 늙은이 젊은
이를 모두 호적에 올렸던 것이니, 대개 일이 없을 적에는 그 호적을 가지

---

40 『주례·추관사구·사민』의 내용은 다음과 같다. "사민은 만민의 수를 올리는 일을 맡는
데, 생치生齒 이상은 모두 호적에 올리되 국중國中 과 도비都鄙 와 교야郊野 를 나누고 남자
와 여자를 구분하여 해마다 그 사망자와 출생자를 가려서 올리고 제한다. 3년마다의 대
비大比 때에 만민의 수로써 사구司寇 에게 보고하면 사구는 맹동(孟冬, 음력 10월)의 사민
지일司民之日 에 그 수를 왕에게 올리고 왕이 절하고 이를 받아서 천부에 올리는데, 내사
內史 와 사회司會 와 총재冢宰 가 부본을 가지고 왕의 정사를 돕는다."

41 섭춘葉春, 1370~1433 : 중국 명나라의 문신. 자는 경양景陽 이다. 벼슬은 형부우시랑刑部右
侍郎 에 이르렀다.

42 사학社學: 중국 명나라 학제의 하나. 부·주·현의 12세 이상 20세 이하의 민간 자제를 가
르치던 학교이다.

43 포鋪: 중국 원대 이래 운용해온 역참의 일종. 10리마다 1포를 설치하고 정졸丁卒 을 두어
공문을 전달하는 임무를 맡았다.

고서 교화를 행할 수 있고, 유사시에는 군사 조직에 대비하기 위한 것이었다. 백성들이 처음에는 의혹을 가지다가 뒤에는 두려워하게 되고 끝에는 미덥게 여기게 되었다. 세력 있는 집에서 조그만 허물이 있어도 반드시 법으로 다스리니 이 때문에 명령이 시행되고 금령이 지켜지게 되었다【『명사明史』에 나온다】.

> 오가작통五家作統과 십가작패十家作牌는 옛 법을 따르고 새로운 규약을 더하여 시행하면 농간과 도적질의 여지가 없어질 것이다.

왕양명王陽明의 십가작패 방식은 다음과 같다.

○ 모 현縣 모 방坊

○ 모인의 호적【1】, 모인의 호적【2】, 모인의 호적【3】, 모인의 호적【4】, 모인의 호적【5, 위의 갑미甲尾[44]는 모인이다】

○ 모인의 호적【6】, 모인의 호적【7】, 모인의 호적【8】, 모인의 호적【9】, 모인의 호적【10, 위의 갑두甲頭[45]는 모인이다】

○ 같은 패牌의 10가는 번갈아 날마다 맡아 매일 유패(酉牌, 오후 5시~7시) 때쯤 패를 가지고 각 집으로 가서 분패分牌[46]를 대조하여 살핀다. 아무개 집에는 오늘 밤에 누가 집에 없는데 이는 모처에 가서 무슨 일을 하고 어

---

44 갑미甲尾: 5가家 단위의 장.
45 갑두甲頭: 여기서는 10가 단위의 장.
46 분패分牌: 10가가 1패를 이루어 자치적으로 패내牌內의 호구를 총괄하는데, 또한 각 집이 각자 호구를 기록한 패를 가지고 있으니 이것이 곧 분패이다. 본문에 나오는 각 집의 패식이 곧 분패의 양식이다.

느 날에 돌아올 것이요, 아무개 집에는 오늘 밤에 어떤 사람이 하나 더 있는데 성명은 누구이며 어느 곳에서 와서 무슨 일을 보는가를 힘써 정확하게 알아내어 곧 각 집으로 통지해 알려준다. 만약 의심나는 일이 있으면 즉시 관가에 보고할 것이요, 혹시 숨긴 일이 있다가 발각되면 열 집이 같은 죄를 받는다.

각 집의 패식牌式

○ 모 현 모 방 민호 모인.

○ 모 방의 도리장都里長 모 소속.

○ 갑수甲首[47] 군호軍戶는 아무 곳 총기總旗의 소기小旗[48] 모 소속이라 할 것이다.

○ 상호匠戶[49]는 모 이갑里甲[50] 소속 모 색장色匠이라 할 것이다.

○ 객호는 원적 아무 곳의 모 이갑 소속의 무엇을 하는 자로 현재는 무슨 생업에 종사하고 어느 곳의 차역差役에 해당하며, 소작小作하는 전장田庄이 본 현의 어느 곳에 있는데 이는 원래 아무개의 소유이며 직접 거주에 관한 보증인은 누구누구라고 기재할 것이다.

---

47 갑수甲首: 중국 명대 이갑제에 있어서 각 갑各甲의 우두머리. 여기 '갑수甲首 군호軍戶'란 그 갑수가 곧 군호인 경우를 말한다. 명대의 호적제는 직역에 따라 인호를 각기 군호·민호·장호匠戶·조호竈戶의 4가지로 나누고 군호는 위소衛所, 민호는 주현州縣, 장호는 공부工部, 조호는 염과사鹽課司의 각 관할하에 속하도록 하여 통치의 계통을 달리하고 있었다.

48 총기總旗·소기小旗: 총기는 각 지역별 군단. 소기는 총기 예하의 단위 부대.

49 장호匠戶: 공장인호工匠人戶.

50 이갑里甲: 중국 명대에 신설한 제도로, 현 이하의 지방 촌락의 자치적 조직. 촌락 내의 인호人戶를 110호 정도로 나누어 리里라 하고, 리를 다시 10갑으로 나누었다. 리에는 이장里長, 갑에는 갑수甲首를 각기 선출하여 각기의 이와 갑을 지휘 연락하도록 했다.

○ 관호官戶의 경우에는 모 아문 모 관官 소속 사람이라 할 것이다.

○ 만약 객호로서 전장이 패 안에 있는 것을 기록하여 보고하지 않다가 뒷날 그 전장이 있음을 알려오는 경우에는 모두 인준해주지 않는다. 원적의 이갑을 써서 보고하지 않는 경우는 곧 내력 불명에 속하니, 모름지기 조사하여 밝혀내어야 할 것이다.

남정 몇 사람

○ 모【어디 소속한 관원이며, 현임인지 치사致仕인지, 서울에서 임용되기를 기다리는지 혹은 집에 있는지 기록한다】, 모【아무 곳의 생원生員인지 이전吏典[51]인지 기록한다】, 모【무슨 생업에 종사하며 성정成丁인지 미성정未成丁인지 혹은 어디에 가서 무슨 일을 하는지 기록한다】, 모【현재 무슨 역을 지고 있는지 기록한다】, 모【무슨 기술이 있는지 기록한다】, 모 모 모….

○ 인정人丁이 많은 패牌는 더 넓히고 칸 수를 더해 기록해넣도록 한다. 첫째 부녀자가 몇 사람이며, 둘째 가옥이 몇 칸이며【자기 집인지 혹은 누구의 집에 세 들었는지 기록한다】, 셋째 기식하고 있는 객인【아무 데 소속의 어떤 자가 여기 와서 무슨 일을 하고 있는지 이름을 하나하나 적어서 부표浮票[52]를 사용하여 대장을 적어두되 그 객인이 가고 나면 부표를 떼어버리고 객인이 없을 경우에는 없다고 기록한다】을 기록할 것이다.

"본원本院[53]에서 지방에 순무하면서 알아낸 바로는 도적이 들끓는다고

---

51 이전吏典: 이속吏屬의 총칭.
52 부표浮票: 임시로 한쪽만 붙여둔 표인 듯하다.
53 본원本院: 여기서 본원이 무엇을 가리키는지 미상. 중국 명대의 지방행정 조직으로 미루어 지방을 순무하는 본원인 포정사사布政使司를 지칭하는 듯하다.

한다. 외적을 막아낼 방책을 생각하매 반드시 내치를 먼저 힘써야 할 것이다. 그런데 정사에 임한 지가 오래지 아니하여 아직도 지방 실정에 어두우니, 항상 백성을 안집할 방책을 생각해도 막연해서 아직 손을 쓸 수가 없다. 알아본 바로는 소속 군민軍民들의 집에서 많이들 하찮은 이득을 꾀하여 내력이 불명한 떠돌이를 기식시켜 더불어 교활하게 속이고 훔치는 일을 함께하고, 심한 경우에는 지방 만족蠻族의 도적과 밀통하여 정보를 제공해주고 간활한 도적을 집에 숨겨 그들의 거점을 마련해주니, 도적이 그치지 않음이 곧 이로 말미암은 것이다. 마땅히 명령을 내려 소속 부현府縣의 성 안에 거주하는 백성은 집집마다 각기 문패 하나씩을 비치하고 집안의 본적과 인정의 많고 적은 수와 잠시 기식하는 자의 있고 없음을 갖추어 써서 각 집의 출입문 위에 달아두어 관가의 조사에 참고가 되도록 함이 좋을 것이다. 그리고서 10가를 1패牌로 하여 각호의 식구 성명을 열기하고 그 뒷면에는 본원의 지시를 기록하여, 날마다 한 집씩 번갈아 맡아 집집마다 다니면서 문패를 대조하여 동정을 살피도록 할 것이다. 만약 얼굴이 생소한 사람이나 종적이 의심나는 일이 있거든 곧 관가에 보고하여 조사할 것이요, 혹 은닉하는 일이 있으면 10가가 연좌될 것이다. 이와 같이 하면 대체로 주민들이 감히 악행을 따르지 못할 것이요, 간사하고 교활한 짓과 사기를 일삼는 자가 발붙일 곳이 없을 것이다. 각 장인관掌印官[54]을 법식에 따라 거리마다 골목마다 차례대로 두루 배치하여 한 달 안으로 이 일을 끝내도록 힘쓸 것이요, 해당 도道[55] 역시 엄하

---

54 장인관掌印官: 인장印章을 장악한 관리란 뜻이니, 곧 각 현에서 나온 실무 담당관을 가리킨다.
55 도道: 여기서는 포정사사의 하위요, 부·주·현의 상위기관인 분수도分守道를 말한다.

게 감독 관찰하여 착실하게 시행되도록 하여 백성이 거짓으로 응함에 따라 전날과 같은 일이 되풀이되지 못하도록 할 것이다. 그리고 각기 두루 조사한바 호구 성명을 가지고 책으로 엮어 본원에 보내어 조사에 참고가 되도록 하라. 다만 해온 일을 보고서 부지런하고 게으른 것을 구별할 뿐만 아니라 또한 장차 벌을 내려 권장하고 징계하는 뜻을 보이도록 할 것이다."

○ 또 거듭 타이른다. "10가 안에서 다투는 일이 일어나거든 같은 갑甲에서 즉시 권하여 화해시키도록 하라. 만약 권유를 듣지 않고 강함을 믿고서 약한 자를 능멸하거나 타인을 무고하는 자가 있거든 그 갑에서 이끌고 관가에 와서 보고하라. 관가에서는 그때에 가서 적당히 문책해 다스리고 살펴 적발할 것이며, 반드시 잡아 가두어 지체시키지는 아니할 것이다. 무릇 형옥刑獄에 관한 소장이 단지 무고에 속한 경우라면, 그 갑이 권하여 화해시키거나 관가에 와서 보고하지 아니한 죄까지도 조사하여 다스릴 것이다. 또 날마다 각 집에서는 패牌에 따라 서로 권하고 타일러 신뢰와 화목을 강구하여 송사가 그치고 다툼이 없어지도록 날로 선도하기에 힘쓸 것이다. 이같이 되면 백성들이 더욱 다투고 싸움질하는 것이 잘못임을 알게 될 것이요, 송사 또한 줄어들 것이다."

○ "무릇 십가작패의 법은 그 방법이 아주 간단하지만 효과는 아주 크다. 유사有司가 과연 착실히 거행한다면 도적이 없어지고 송사가 줄어들 뿐만 아니라 이를 계속 시행함에 따라 부역이 균평해지며 외적을 막을 수 있고 풍속이 순후해지며 예악이 일어날 수 있을 것이다. 이것이 민정과 토속에 혹 맞지 않는 경우에는 이 법식을 따라 다듬고 수정하여 시행할 일이다."

또 거듭 타이른다. "패두를 세우지 않는 것은 협박하고 침학하는 폐단을 막기 위함이다. 그러나 향촌에서 도적이 침입하는 변이 일어나면 지휘 계통이 없어서는 안 될 것이니, 보장保長[56]을 세워서 감독 명령하게 하면 대체로 뭇사람의 뜻이 한결같이 될 것이다. 이렇게 하기를 바란다. 각 패의 초안抄案이 관가에 들어오면 곧 실시하되 각 도의 행정·감독·군사를 맡은 관원이 그 소속 각 부·주·현으로 고루 다니면서 각 향촌에서 재능과 행실이 뭇사람의 신임을 받는 자 한 명을 뽑아 보장을 삼아 오로지 도적을 막는 일에만 종사하게 한다. 평상시 각 갑의 송사는 모두 패에 따라 처리할 일이요, 보장의 간여로 인하여 향촌에서 무단無斷하는 일이 없도록 할 것이다. 다만 도적의 변란이 있으면 곧 보장으로 하여금 각 갑을 통솔하여 계책을 써서 잡도록 할 것이다."

○ "성읍 안의 동네나 향촌에서는 각 요지에다 북 하나씩을 달아둔다. 만약 향촌 사이의 거리가 조금 먼 경우에는 높은 누를 세워 그 위에다 북을 달아둔다. 무슨 변을 만나면 곧 다락에 올라가 북을 칠 것이요, 한 동네에서 북을 치면 다른 각 동네도 이에 응할 것이다. 북소리를 듣기만 하면 각 갑이 각기 무기를 가지고서 일제히 나아가 응원할 것이요, 보장의 처치를 들어 혹 복병을 두거나 길목을 지키며 혹 함께 협공하도록 한다. 다만 기한을 어기고 나서지 않는 자가 있으면 보장이 그 사람의 갑과 함께 관가에 들어 고발하여 중벌로 다스리도록 할 것이다." ○ "만약 향촌에서 집집마다 북 하나씩을 달아두고 한 집에 변이 있어 북을 칠 때에 여러 집이 이에 호응한다면 더욱 유리할 것이다. 이는 각기 능력에 따라 행할

---

56 보장保長: 인보 조직의 장.

일이요, 일반 패식牌式에 넣을 것은 아니다."

○ 성호星湖 선생은 말하였다. "왕양명의 십가작패는 비록 향약에서 나온 뜻을 본뜬 형태이지만 반드시 폐단이 생길 것이다. 무릇 행정이 까다로우면 어기는 사람이 많을 것이요, 어기는 사람이 많으면 다스리지 않을 수가 없다. 이와 같이 되면 백성이 마구 죄를 입어 원망이 많을 것이니 시행할 수가 없는 것이다. 그러나 그 다투고 송사하는 일은 반드시 10가가 함께 모여 부로에게 먼저 물어서 누가 옳고 누가 그른지 자세히 의논하여 다툼이 일어난 까닭을 대략 듣고 갖추어 글을 만든 뒤에 수령에게 판결을 받게 한다면 또한 도움이 될 듯하지만, 필경 그 효과와 폐단이 어떠할는지는 알지 못하겠다." 金庸案 이는 필시 왕양명이 감남贛南[57]을 순안巡按할 때에 시행한 일일 것이다. 평상시에 반드시 이와 같이 까다롭게 할 것까지는 없다.

---

57 감남贛南: 지금의 중국 강서성江西省 남부 지역에 있는 주 이름. '贛'은 지명으로 쓸 때 '감'으로 읽는다.

平賦

부역을 공평히 하는 것[賦役均][1]은 '수령이 해야 할 일곱 가지 일[守令七事]' 중에 긴요한 일이다. 무릇 공평하지 못한 부賦는 징수해서는 안 되니, 저울 한 눈금만큼이라도 공평하지 않으면 정치라고 할 수 없다.

옛날에 전세는 9분의 1을 거두었고 부는 호산戶産에 근거하였다. 전세는 토지에서 나오고 부는 사람에게서 나오는 것으로, 두 가지가 서로 뒤섞이지 않았던 것이다. 한나라·위나라 때 법을 만들면서 전田과 호戶를 합해서 부를 징수하였는데, 매색梅賾[2]이 이 법에 젖어 있었기 때문에 『상서·우공禹貢』을 잘못 주석해 부를 전세로 혼동하여 둘이 하나처럼 되어

---

1 부역균賦役均: '부역이 공평한가'라는 뜻인데, 수령을 고과하는 기준으로 정한 7개 항목인 수령칠사守令七事 중 제5번에 들어 있는 것이다.
2 매색梅賾: 중국 동진東晉 시대의 학자. 자는 중진仲眞이다. 예장내사豫章內史를 지냈다. 그가 『고문상서전古文尚書傳』을 세상에 내놓아 중국은 물론 우리나라에서도 널리 이용되었는데, 그중 『상서尚書』의 본문 25편(고문古文이라 부르는 것)이 실은 그의 위작僞作인 것으로 고증된 바 있다. 다산도 『매씨서평梅氏書評』에서 이 책이 위작인 점을 낱낱이 밝혀 비판하였다.

버린 것이다.[3] 이로부터 부가 무엇인지 아는 사람이 없게 되었다.『주례』의 9부법九賦法에는 백성들의 빈부를 참작하되 가축이나 수레도 모두 계산해서 빠뜨리지 않는다 하였으며, 노나라 말엽의 잘못된 정사로 토지에서 부를 징수함에 공자가 그르다고 했던 것이다【『춘추春秋』내외전內外傳에 있다】. 이에 지금 사람들은 눈에 익어서 다시는 의심을 두지 않게 되었다.

우리나라에서도 본래 전세가 가벼웠는데 중세 이래 토지에서 부를 징수하여 드디어 관례가 되고 말았다. 대동大同도 토지에 부과하는 것이요, 균역均役【결미結米로 3두를 거두었는데 지금은 결전結錢이 되었다】도 토지에 부과하는 것이요, 삼수미三手米도 토지에 부과하는 것이요, 모량미毛糧米[4]【황해도에서는 별도로 쌀 3두를 거두는데, 본래 모문룡의 군량미 조였다】도 토지에 부과하는 것이요, 치계미雉鷄米【수령의 소용이 되는 잡역미雜役米이다】도 토지에 부과하는 것이니, 이것들은 조정에서도 알고 있다. 경저미京邸米[5]도 토지에 부과하고, 영저미營邸米[6]도 토지에 부과하고, 삭선공가미朔膳工價米[7]【본래 환자

---

3 「우공禹貢」은『상서尙書』의 편명.「우공」은 우왕의 치수治水 사업을 서술한 내용인데, 중국 고대의 지리와 전부田賦 관계가 기록되어 있다. 다산은『상서고훈尙書古訓』에서 종래 토지에 부과되는 전세田稅와 호산戶産에 근거해서 매겨지는 부부賦를 혼동해서 잘못 생각해왔다고 주장한 바 있다. 요컨대 다산의 기본 생각은 모든 수취가 농민을 대상으로 삼아, 농민이 과중한 부담을 지고 있는 실정을 개선하기 위해 가옥·산림·어염·원예·상업 등을 부세의 대상으로 파악, 일반 농민의 부담을 줄이게 하려는 것이다. 그 이론적인 근거를 경전에서 찾아「우공」에 나오는 부를 새롭게 해석하였다.
4 모량미毛糧米: 중국 명나라 장군 모문룡毛文龍이 청에 항거해서 가도椵島로 들어와서 진을 치고 있었다. 이때 우리나라에서 그 군량미를 댔는데 이를 모량미라고 했다. 그가 돌아간 후에도 이 명목의 잡세가 없어지지 않고 황해도 지방에 계속 남아 있었다.
5 경저미京邸米: 지방 관아에서 서울에 파견된 경저京邸의 비용에 충당한다는 명목으로 거둔 쌀. 경주인역가미京主人役價米와 같음.
6 영저미營邸米: 지방 관아에서 감영에 파견된 영저營邸의 비용에 충당한다는 명목으로 거둔 쌀. 영주인역가미營主人役價米와 같음.
7 삭선공가미朔膳貢價米: 매달 초하루에 각 도에서 나는 특산물로 임금이 드는 수라상을 차

미로 회감하는 것이었는데 지금은 세미稅米에서 취해 쓰고 있다】도 토지에 부과하고, 공이각가미公移脚價米【공문을 전달하는 데 드는 쌀】도 토지에 부과하고, 신관쇄마전新官刷馬錢[8]도 토지에 부과하고, 구관쇄마전舊官刷馬錢[9]도 토지에 부과하고 있다. 수령이 깨끗하지 않으니 아전도 따라 움직여, 서원고급조書員考給租도 토지에 부과하고, 저졸근수조邸卒勤受租[10]도 토지에 부과하고 있다. 환자의 폐단이 이미 막다른 데 이르러서 백성들이 곡식은 구경도 못하고 해마다 여러 섬의 곡식을 갖다 바치는데 이 몇 섬의 곡식도 토지에 부과되는 것이며, 외국 배가 표류해 닿으면 수만 전의 돈을 징수하게 되는데 이 수만 전의 돈도 토지에 부과하는 것이다. 그래서 농사짓는 사람들이 날로 곤궁해져서 쓰러져 진구렁을 메울 지경이 되었다.

이는 모두 '부'이지 전세는 아닌데 이와 같이 토지에 부과하고 있으므로 '전정田政'(제6부 제1조)에서 논하였다【앞 장을 보라】. 그러나 부역의 정사는 취할 바가 따로 있는 것이 아니라, 공평함을 취해야 한다. 열 사람이 술추렴을 하더라도 거두는 돈을 고르게 해야 하고, 나그네 열 사람의 밥을 짓더라도 거두는 양식을 고르게 해야 한다. 하물며 만 사람이 같은 고을에 살면서 양곡과 사마絲麻를 내어서 윗사람을 섬길 때 그 심정이 공평하게 되기를 바라겠는가, 공평하게 되지 않기를 바라겠는가? 『시경詩經』에서 "나라 다스리는 것이 공평하니 이에 사방의 질서가 서네"라 하고,

---

리는데, 이를 삭선朔膳이라 부르며, 그 비용 조로 거두는 쌀이 삭선 공가미이다.

8 신관쇄마전新官刷馬錢: 신임 수령이 부임할 때 타는 말의 비용 조로 거두는 것. 신관쇄마가新官刷馬價와 같음.

9 구관쇄마전舊官刷馬錢: 전임 수령이 돌아갈 때 타는 말의 비용 조로 거두는 것.

10 저졸근수조邸卒勤受租: 면주인에게 수고비 조로 주는 것. 방주인근수조坊主人勤受租와 같음.

또 "하늘이 공평치 않으사 이런 절박한 어려움을 내리는가"[11]라 한 것은 불공평함을 풍자한 것이다. 오늘날 부역이 공평하지 않아, 1만 집이 있는 고을에 9000집은 부역을 도피하고, 오직 홀아비와 과부, 병들고 불구가 된 사람들만 부역에 응하고 있다. 백성의 수령 된 자로서 서서 보고만 있을 것인가.

○ '수령이 해야 할 일곱 가지 일'은 누가 정한 것인지는 알 수 없지만, '농업과 잠업을 일으키는 것〔農桑盛〕'과 '가구 수를 늘리는 것〔戶口增〕'은 수령이 갑자기 힘을 써서 될 수 있는 일이 아니요, '학교를 일으키는 것〔學校興〕'과 '군정을 바로 하는 것〔軍政修〕'은 오히려 급한 일이 아니며, '송사를 간략히 하는 것〔詞訟簡〕'과 '간악하고 교활한 짓을 금지하는 것〔奸猾息〕'은 그 실상을 파악하기 어렵다. 오직 '부역을 공평히 하는 것〔賦役均〕'만은 날마다 내 손에 닿는 일이므로 마땅히 마음을 다해야 한다. 부역은 가볍게 해주는 것이 좋으니, 공용公用의 허실을 잘 살펴보면 거두어들이는 것을 가볍게 할 수 있을 것이고, 부역은 공평하게 하는 것이 좋으니, 호적에서 누락된 내용을 조사하면 거두어들이는 것이 고르게 될 것이다.

전부田賦 외에 가장 큰 부담은 민고民庫[12]이다. 혹은

---

11 『시경詩經·소아小雅·절남산節南山』. 원문은 "秉國之均, 四方是維. … 昊天不傭, 降此鞠訩." 이다.
12 민고民庫: 각 지방에 정규의 납세가 아닌 갖가지 잡역 및 기타 비용을 담당하기 위해 설치된 것으로 원래 법으로 규정되어 있는 것은 아니었다. 각 지방마다 관행에 의해 설치되어 그 성립 시기 및 제도의 운영 방식도 일정하지 않았다. 명칭도 대개 민고 또는 보민고補民庫로 불리었으며 지역에 따라서는 대동고大同庫·고마고雇馬庫라고 하기도 했다. 18세기 말까지는 일부 지역에서 부분적으로 시행되었으나 차차 확대되는 추세였으며, 운영 방법은 일정한 기금을 마련해서 이자로 운영하는 예도 있었으나 대체로 민고전民庫

토지에 부과하고, 혹은 가호家戶에 부과하는데 비용이 날로 많아져 백성들은 살 수가 없게 되었다.

　민고의 폐단은 그 근원이 두 가지인데, 아전들은 거기에 관여되어 있지 않다. 하나는 감사가 함부로 위엄을 부리는 것이요, 다른 하나는 수령이 마음대로 탐욕을 부리는 것이다. 이 두 가지 근원이 없어지면 본래 민고도 없어질 것이요, 아전들도 그들의 농간이 용납될 곳이 없어질 것이다. 감사가 가족들을 데리고 부임하게 된 이후로 갑자기 각 도에 제각기 큰 도회都會를 만들어 관청·저택·제반 용구와 좌우의 시중이나 음식·거마·의복 등등 위의威儀의 성대함이 임금에 견줄 만하고, 체모의 존귀함이 대신보다 더하다. 속이 비고 식견이 모자란 사람이 한번 이 감사의 자리에 앉으면 스스로 잘난 척하여 마치 본래 그런 것으로 생각한다. 이 때문에 각 고을에서 쫓아가 떠받들고 대접하는 것이, 염치없이 아첨하는 부류들보다 조금이라도 못한 경우에는 감사가 발끈 성을 내 그 수령을 파출시킨다. 각 고을 수령들은 벌벌 떨며 감히 비용을 아끼지 못하다가 일이 지나고 나서는 쓴 비용을 아깝게 여겨 그 손실을 가난한 백성들에게 돌린다. 이것이 민고가 생겨나게 된 까닭이다. 감사의 복정卜定【무릇 물산을 여러 고을에 책임 지워 납부하도록 하는 것을 복정이라 한다】은 강제 배정이 아닌 것이 없다. 배정한 액수는 본래 적은데 받아들이는 것은 지나치게 많고 매겨진 가격이 본래 싼데 물건 고르기는 지나치게 까다롭게 하니 수령 한 몸으로 혼자 감당할 길이 없다. 이것이 민고가 생겨나게 된 까닭

田을 설치해서 운영하는 경우가 많았다. 원래 취지는 백성의 부담도 줄이고 업무를 간편하게 하자는 것이었으나 결국 수탈의 한 방법이 되었다.

이다. 가령 산간 고을에서 꿀을 징수하는 경우 처음 복정한 것은 백청白淸[13]이 5두에 지나지 않고, 황청黃淸[14]이 1석에 지나지 않는데【우리나라에서는 꿀을 청淸이라고 한다】, 받아들일 때에 이르러서는 백청 5두는 백청 10두가 아니고는 결코 납입할 수가 없고【두량斗量을 훨씬 많이 받는 것이다】 황청 1석은 백청 2석이 아니고는 결코 납입할 수가 없다【물건 고르기도 까다롭게 하면서 두량도 많이 받는 것이다】. 그것의 대가를 지불함에 있어서는 백청 한 말은 쌀 6두에 불과하고, 황청 한 말은 쌀 3두에 불과하며 반드시 환모還耗로 회감하는데【환곡의 모조耗條】 환모는 거친 양곡이다. 그런즉 백청 40두에 대해서 지불하는 대가는 거친 쌀 75두뿐이다. 본 고을에서 꿀을 사들이는 날에는 아전들을 사방으로 내보내 고개를 넘고 골짜기를 헤치고 들어가 왕래하는 데 소모되는 비용이 걸핏하면 천백 푼이 넘는다. 감영에 이르게 되면 영리營吏나 영감營監[15]들이 손을 벌려 뇌물을 구해 인정人情[16]이다 간색看色[17]이다 하여 그 비용이 번다해져서 대략 본전만 해도 500~600냥이 아니면 이것을 마련할 수가 없다. 그런데도 받는 대가는 거친 쌀 5석에 지나지 않으므로 작전作錢을 하면 2관貫도 채 되지 않는데, 봄가을로 두 번 바치면 그 비용은 1000냥이나 된다. 수령이 비록 인자하고 청렴하다 한들 장차 어떻게 할 수 있겠는가. 이것이 민고가 생겨나게 된 까닭이다. 또 가령 바닷가에 있는 고을에서 전복을 징납하는

---

13 백청白淸 : 벌꿀의 일종. 흰빛이 나는 좋은 품종.
14 황청黃淸 : 벌꿀의 일종. 노란색이 나는 보통 품종.
15 영감營監 : 감영 소속의 감관 따위들.
16 인정人情 : 부탁하는 뜻으로 주는 것을 '인정'이라 말했다. 곧 뇌물에 해당하는 것인데, 인정전人情錢이라 해서 하나의 명목이 되기도 했다.
17 간색看色 : 견본·표본이란 뜻인데, 즉 간품看品을 하는 데 봐달라는 의미에서 바치는 것을 말함.

데 처음 복정한 것은 대복人鰒과 중복中鰒 모두 그 지방 토산으로 요구하였으나, 받아들일 때는 제주도의 무혈복無穴鰒【대꼬챙이 구멍이 없는 것이다】이 아니면 대복으로 쳐주지 않고, 울산의 조자복照字鰒【밝고 맑아서 글자가 투시되어 보이는 것이다】이 아니면 중복으로 쳐주지 않는다. 잡비와 아울러 본전 400~500냥이 아니고서는 이것을 마련할 수가 없다. 이에 받는 대가 역시 거친 쌀 몇 섬에 지나지 않는데, 봄가을로 두 번 납부하게 하니 그 비용이 9만 푼이나 된다. 수령이 비록 인자하고 청렴하다 한들 장차 어떻게 할 수 있겠는가. 이것이 민고가 생겨나게 된 까닭이다. 이 두 가지 사례만 들어보아도 나머지 일은 알 수가 있을 것이다.

○ 수령의 희름餼廩[18]을 풍부하게 하는 까닭은, 수령이 관부를 지키고 있으면 자연히 요구해오는 자가 있을 것이매, 먹고 남는 것으로 그런 요구에 응하도록 한 것이다. 사람들이 도리어 슬기롭지 못하여 대개 월름月廩과 일봉日俸을 개인의 것으로 여겨 공적 비용으로 돌리려 하지 않는다. 그리고 공적 비용은 가난한 백성들에게 수취하니 어찌 한심스럽지 않은가. 대개 경사에서 요구하는 것이나 하사賀使[19]가 요구하는 것들을 백성들에게 책임 지우니 이것도 벌써 잘못된 일이다. 옛날 동료로 있던 이가 한번 모여 술 마시기를 청하거나 선현을 모신 서원에서 수리비를 요구하면 공적인 소비가 아닌데도 어찌하여 가난한 백성들에게서 수취한단 말인가. 이것도 벌써 잘못된 일이다. 자기 어머니를 받들고 처자들을 맞아오기 위해 방을 수리한다, 가마를 손질한다 하는 따위는 모두 자기 가정사에 속하는 일임에도 백성들에게 책임 지우니, 이것은 도대체 무슨 뜻

18 희름餼廩: 관인이 받는 요미料米 및 기타 일체 지공支供.
19 하사賀使: 중국에 가는 사절로 축하의 의미를 띤 것.

인가. 월름·일봉으로는 땅을 사고 집을 장만하며 권세에 아부하는 데 쓴다는 말인가. 미혹됨이 크다. ○ 근원이 이미 혼탁하니 하류의 물이 맑기 어려운 것이다. 이속들의 탐욕은 수령의 10배나 더하므로, 민고의 부담률은 해마다 더해가고 달마다 늘어난다. 만일 이같이 계속하여 그치지 않는다면 필연코 백성들이 모두 다 죽게 될 것이다. 내가 다산초당에 있을 적에 과거를 준비하는 유생 몇 사람이 책문을 내달라고 요청하기에 나는 민고로 제목을 내었는데 이제 여기에 옮겨 쓴다.

문問: "지금 각 도의 군현에 소위 민고라는 것이 있다. 이것은 백성들의 수용需用을 돕는 것이라 하여 민고라 부르는가 아니면 백성들의 재물을 저축하기 위한 것이라 하여 민고라 부르는가. 그 창설 당초에 조정의 영슈이 있었던가. 널리 시행되어진 후에 또한 조정의 금령禁令이 없었던가. 토산물의 공납이 비록 폐단이 크다지만 그 법은 본래 국가의 법전에 실려 있고, 양역良役[20]의 폐단이 비록 심하지만 그 일은 본래 조정의 영에 따른 것이다. 민고라는 것은 향리들이 제멋대로 그 준례를 만들었고 수령들이 제멋대로 그 법을 만들었으니, 천지가 생긴 이래로 이런 일이 있었던가. 팔도에 모두 민고가 있으나 그 법식은 도마다 각기 다르고, 고을마다 모두 민고가 있으나 그 규례도 고을마다 각기 다르다. 그 법의 득실은 고사하고 한 임금의 나라에는 마땅히 한 임금의 제도가 있어야 하겠거늘, 그것의 혼란함이 이와 같으니 천지가 생긴 이래로 이런 일이 있었던가. 경사에서 요구하는 것이 만일 공적 용도에 속하는 것이라면 탁지度支[21]에서 응당 조치되어 있어야 할 것이요, 만일 사적 용도에 속하는 것

---

20 양역良役: 양인, 즉 일반 평민에게만 부과되던 역. 군역이 대표적이다.
21 탁지度支: 재정을 맡은 관아란 말인데 호조를 가리킴.

이라면 사헌부에서 마땅히 단속이 있어야 할 것이거늘, 어찌 모두 민고에다 책임을 지우는가. 진상첨가進上添價[22]가 만일 실제 비용에 드는 것이라면 본 가격을 마땅히 시가에 준해서 정했어야 하고, 만약 허문虛文에 속하는 것이라면 그 명목을 마땅히 바로잡았어야 하거늘, 어찌 모두 민고에다 책임을 지우는가. 내각內閣[23]에서 찍는 서책은 응당 회감이 있는데도 종잇값을 민고에서 징수하고, 하사賀使의 치장은 본래 경비가 지출되고 있는데, 피물皮物[24]을 모두 민고에서 징수하니, 사리로 보나 체모로 보나 온당한 일이겠는가. 감사의 전별과 영접에는 본래 주전廚傳[25]이 있는데 민고에서 부담한다는 것은 무엇이며, 수령이 교체할 적에 저미儲米[26]를 쓰도록 되어 있는데 민고에서 거듭 지출한다는 것은 웬일인가. 또 봄가을로 감사가 순력할 적에 치장과 절차를 마땅히 간소하게 해야 하거늘, 놀고 즐기는 비용을 모두 민고에서 내게 하고, 여름과 겨울의 제사 고기는 쓰는 것이 많지도 않은데 그 바치는 값을 매양 민고에서 징수하니, 천하에 이런 일도 있겠는가. 가마로 자기 모친을 모시는 것은 수령이 스스로 마련할 일이요 공무로 행차할 때에는 나라에서 회감해주게 되어 있는데, 그 비용 그 물자를 또 꼭 민고에서 빼내가니 낯부끄럽지 않은가. 산간 고을의 벌꿀이나 바닷가 고을의 전복·조개는 좋기야 좋고 서부 지

---

22 진상첨가進上添價: 진상첨가미進上添價米 (2권 344면 주 36 참조).
23 내각內閣: 규장각奎章閣의 별칭, 교서관校書館을 규장외각奎章外閣이라 지칭하면서부터 규장각을 내각이라 칭하게 되었음.
24 피물皮物: 짐승 가죽을 말하는데, 여기서는 중국에 가는 사신이 가지고 가는 예물로 쓰는 것.
25 주전廚傳: 주방에서 운반해온 음식. 여기서는 감사를 대접하는 데 쓰도록 정해진 소정의 지공이 원래 있다는 뜻.
26 저미儲米: 저치미儲置米의 준말(2권 323면 주 64 참조).

방의 사과·배, 남부 지방의 귤·유자도 좋기야 좋지만, 감사의 녹봉이 충분한데 또 이것들을 어찌 헐값으로 취해서 민고에 해독을 끼치는가. 공삼貢蔘[27]의 대가를 10배나 바치는데 어디에서 모자란단 말이며, 공죽貢竹[28]의 대가를 3배나 바치는데 누가 그것을 훔쳐 먹었기에 또한 모두 민고에 부담시키는가. 옥당玉堂의 계병契屛[29]과 의금부義禁府의 필채筆債[30]는 저 가난한 백성들과 무슨 상관이 있으며, 승정원의 조보朝報[31]와 무청武廳의 벌례罰禮[32]는 저 가난한 백성들과 무슨 상관이 있다고 또 모두 민고에서 추렴시키는가. 군기시軍器寺의 우각牛角[33]은 마땅히 반촌泮村[34]의 백정들에게서 징수할 것이요, 장생전長生殿[35]의 염소 수염은 마땅히 공물에 소속시킬 것이요, 작설차雀舌茶는 마땅히 약포에서 사들여야 할 것이요, 꿩깃은 마땅히 엽호獵戶[36]에서 구입해야 할 것이거늘, 또 모두 민고에 책임을 지우니 어찌 잘못된 일이 아닌가. 혹은 고마雇馬로 이름을 붙이나 고마가 어찌 법전에 실린 것이며, 혹은 양마養馬한다고 비용을 늘리나 양마

---

27 공삼貢蔘: 공물로 바치는 인삼.
28 공죽貢竹: 공물로 바치는 대나무.
29 옥당玉堂의 계병契屛: 홍문관 동료들의 모임을 시나 그림으로 만든 병풍.
30 의금부義禁府의 필채筆債: 의금부에서 소요되는 종이와 붓의 비용.
31 조보朝報: 조보는 승정원에서 발행하는 것으로 조선시대의 관보인데, 인사발령을 중심으로 그때그때의 관변 소식을 알렸다. 별칭 기별지.
32 무청武廳의 벌례罰禮: 무청은 무예청武藝廳, 즉 무예별감 등이 궁중을 숙위宿衛하는 기관. 벌례는 잘못한 일이 있는 경우 잘못을 저지른 자에게 술을 사게 하던 일.
33 군기시軍器寺의 우각牛角: 군기시는 병장기를 제조 관장하던 관아. 우각은 활 등을 만드는 재료로 쓰였다.
34 반촌泮村: 성균관을 일명 반궁泮宮이라 불렀고 그 앞의 마을을 반촌이라 했다. 반촌에는 푸줏간을 해서 성균관에 세를 바치는 백정들이 살고 있었다.
35 장생전長生殿: 왕실용 및 대신들에게 하사하는 관재를 비치해두던 곳.
36 엽호獵戶: 사냥꾼과 같은 뜻.

가 어찌 창오倉廒[37]에서 맡아야 할 것인가. 칙사를 접대하기 위해 이미 부민富民에게서 거두었는데, 민고에서 부조하게 하는 것은 명분이 없는 일이요, 표선漂船을 처리하기 위해 본래 섬사람들에게서 훑어냈는데, 민고에서 거듭 빼내가는 것은 사리가 아니다. 이조吏曹의 당참가堂參價[38]는 백성들이 알 바 없는 것이요, 이속과 향임들의 추론채推論債[39]는 저 백성들에게 무슨 죄가 있는가. 이런 따위들은 모두 바로잡을 수 없을 것인가. 족보의 발간은 한 가문의 사적인 일이요, 서원의 중수 또한 여러 유생들이 사적으로 추모해서 하는 일인데, 한번 와서 구걸하면 반드시 민고에서 징수하니 무슨 일인가. 경주인과 영주인의 역가役價는 이제 100배로 불어났는데, 역가를 늘리지 않았을 적에는 명령이 어떻게 시행되었으며 봄가을 석전釋奠[40]에 마련한 제수는 삼단三壇[41]에 쓸 것까지 들어 있는데 회감한 물자는 필경 어느 곳에서 녹아버린 것인가. 소위 민고에서 쓰는 것이 모두 이런 따위라는 말인가. 혹은 세미와 함께 섞어 징수하기도 하며, 혹은 환곡과 한 장부로 처리하기도 하며, 혹은 봄가을로 나누어 징수하고 연말에 가서는 또 가하(加下, 추가 지출)된 것을 징수하기도 하며, 혹은 일이 있을 때마다 조금씩 징수하다가 연말 회계에서 가입(加入, 추가 징수)을 면치 못하기도 한다. 그 법의 문란한 것이 어찌 온통 이 지경에 이르렀는가. 혹은 양반들에게도 함께 거두며, 혹은 하호下戶에만 치우쳐서

---

37 창오倉廒: 창고. 여기서는 민고를 말한다.

38 당참가堂參價: 수령들이 신임·전임할 때 단골서리(지방 관원이 늘 일을 부탁하던 이조나 병조의 아전)에게 지급하던 돈. 당참채堂參債·당참전堂參錢.

39 추론채推論債: 이속·향임 따위들이 추궁을 받자 자신들이 갚아야 할 빚을 백성에게 부과시킨 것인 듯하다.

40 석전釋奠: 문묘(文廟, 공자를 받드는 사당)에 봄가을에 지내는 큰 제사. 석채釋采.

41 삼단三壇: 사직단社稷壇·여단厲壇·성황단城隍壇 등. 제7부 제1조 '제사' 참조.

괴롭히며, 혹은 관에서 본전을 지급했는데 헛된 장부를 꾸며 이자를 요구하고, 혹은 동리에 계전契錢이 있는데 유력한 자의 손에서 녹아 없어지기도 한다. 모두 그대로 내버려두어 조사하고 다스릴 필요는 없을 것인가. 대저 민고는 부역 중에서 가장 큰 것이다. 예로부터 비록 세상이 어지러울 때에도 백성들에게 거두는 여러 가지 부렴은 반드시 대신들이 조정에서 의논하고, 임금은 대궐의 자리에 앉아서 생각하여, 성명成命이 내려지고 조례가 갖추어진 후에 재상은 그 법을 각 도에 반포하고, 감사들은 그 정령을 각 고을에 포고하여 백성들은 이에 따라 가져다 바치게 되고 관에서는 이에 따라 받아들이게 되는 것이니, 천하의 보편적인 원칙이다. 구口마다 돈을 내게 하는 것은 실로 좋은 법이 아니지만 시행하는 데 있어서는 이와 같은 절차를 밟았으며, 호戶마다 비단을 내게 하는 것은 가혹한 수탈에 가깝지만 시행하는 데 있어서는 이와 같은 절차를 밟았다. 차茶의 전매와 소금의 전매는 장사치의 일이요, 청묘법青苗法·면역법免役法[42]을 제정한 것은 취렴지신聚斂之臣[43]의 일이었다. 그러나 이들 제도를 시행할 때에도 이 절차를 밟았다. 유독 소위 민고의 법은 임금에게 품의하지도 않았고 재상에게 보고하지도 않았으며, 감사는 흐릿하게 무슨 일인지조차 알려 하지 않았으며, 어사도 일찍이 이것을 제결題決한 바가 없었다. 한두 간활한 아전배들이 밑에서 제멋대로 거둬들이고 한두 어두운 수령이 사사로이 그 절목節目을 만들었는데, 차츰차츰 쌓이고 해

---

42 면역법免役法: 중국 송나라 치평治平 2년(1065)에 제정된 제도로, 백성들에게 돈을 바치게 하고 해당 역을 면제해주던 법.

43 취렴지신聚斂之臣: 과세를 중하게 하는 것을 위주로 하는 신하. 『대학大學』에 "차라리 임금의 재물을 훔치는 신하를 둘지언정 백성에게서 긁어모으는 신하는 두지 않는다[與其有聚斂之臣, 寧有盜臣]"라는 말이 있다.

마다 달마다 늘어나 그 폐단이 이 지경에 다다른 것이다. 우리 선대왕^{先大}
王⁴⁴께서 민고의 폐단을 깊이 살피어, 민고의 법을 고치고자 생각하고 전
후에 내린 윤음^{綸音}이 엄숙하고 간곡해서, 충분히 두려움과 감동을 받을
것임에도 미련해서 두려워할 줄 모르고 태연스레 고칠 줄 모르고 있다.
근래에 이르러서는 물처럼 더욱 깊어만 가서, 옛날에 말과 되로 되던 것
을 지금은 불어서 동이〔缶〕나 섬에 담게 되었고, 옛날에 저울눈 한 눈 두
눈으로 달던 것을 지금은 늘어서 큰 저울로 달게 되었으며, 옛날에 불과
3~4조목밖에 안되던 것이 지금은 쇠털같이 많아졌고, 옛날에 불과 한두
차례 거두던 것이 지금은 범의 아가리처럼 탐욕을 부려 살을 깎고 골수
를 파헤쳐서 백성들이 살아나갈 수 없게 되었다. 그런데도 사람의 머릿
수를 세어서 곡식 거두어가듯 마음 내키는 대로 하고 있으매, 전야는 이
로 인해서 황폐해가고, 호구는 이로 인해서 자꾸 줄어드니, 나라의 큰 병
폐가 이보다 더한 것이 일찍이 없었다. 혁파하고자 하면 여러 가지로 견
제를 받고 개선하고자 하면 우물쭈물 예전으로 돌아가고 만다. 이제 하
루아침에 맑은 바람이 구름을 쓸어버리듯 폐단을 깨끗이 없애고자 하면
그 방도가 어디에 있을까. 그대 제생들은 우리 백성들 가운데 빼어난 사
람들이다. 백성들이 몹쓸 병이 들어 있는 것을 어찌 홀로 근심 없이 방관
하겠는가. 무릇 평소에 온축한 바가 있거든 각기 모두 글로 개진해보라.”

　　정만석^{鄭晩錫45}이 연일현감^{延日縣監}으로 있을 때 다음과 같이 응지상소

44　선대왕^{先大王}: 여기서는 정조를 가리킨다.
45　정만석^{鄭晩錫}, 1758~1834 : 자는 성보^{成甫}, 호는 과재^{過齋}·죽간^{竹磵}이다. 정조 때 문과에
　　급제, 홍경래의 난 때 평안도 관찰사의 특명을 받아 난을 수습한 공을 세웠다. 벼슬은 우
　　의정에 이르렀다.

應旨上疏[46] 하였다. "각 고을의 민고에서 거두어들이는 것에는 소위 시탄가 柴炭價[47]·빙정가氷丁價[48]·과실가果實價·면주가綿紬價·전관각가傳關脚價[49]·조 보가朝報價 등 각항各項 가미價米와 첨가添價, 각 영문 복정잡물 첨가各營門 卜定雜物添價,[50] 각 영문 정채各營門情債,[51] 경상납 정채京上納情債,[52] 각 주인 역 가各主人役價,[53] 각사 구청가各司求請價,[54] 전선 개조 첨가戰船改造添價, 화세 부 족 첨가火稅不足添價[55] 등이 있으며, 이 외에도 자질구레한 명목들이 허다 하게 많은데 경상도 71개 고을이 각각 같지 않습니다. 혹은 결結에 부과 하고 혹은 호戶에 부과하며, 혹은 곡식으로 하고 혹은 돈으로 하며, 혹은 많이 내고 혹은 적게 내며, 혹은 어떤 명목이 있기도 하고 없기도 하는 등 본래 일정한 규례가 없습니다. 그러므로 탐욕이 많은 수령들은 여기 에 빙자해서 마구 거두어들이고, 고식적인 수령들은 그렁저렁 잘못된 전 철을 밟으며, 나약한 수령들은 간활한 아전배들에게 속임을 당하여 거두 어들인 것이 옆으로 빠져나가는 폐단이 있게 되는 것입니다. 이 때문에 가렴이 더욱 심하여 백성들이 점점 막다른 데 이르고 말았습니다. 이제 만약 각 고을의 민고절목民庫節目을 전부 파악하여 거둬들이는 바를 계산

---

46 응지상소應旨上疏: 왕의 자문에 응하여 올린 상소.

47 시탄가柴炭價: 치계시탄가미雉鷄柴炭價米. 생활용품의 명목으로 걷는 세(2권 343면 주 28 참조).

48 빙정가氷丁價: 얼음을 채취하는 역군들의 삯전.

49 전관각가傳關脚價: 공문서를 수발하는 데 드는 비용.

50 각 영문 복정잡물 첨가各營門卜定雜物添價: 감영·병수영兵水營에서 배정한 잡물의 첨가.

51 각 영문 정채各營門情債: 감영·병수영에 인정으로 바치는 것.

52 경상납 정채京上納情債: 중앙에 상납할 때 인정으로 바치는 것.

53 각 주인 역가各主人役價: 경주인·감영주인·병영주인 등에 대한 역가.

54 각사 구청가各司求請價: 중앙 각 관아의 요구나 청탁에 응하는 것.

55 화세 부족 첨가火稅不足添價: 화전세火田稅에서 생긴 결손을 메꾸기 위한 것.

하고 그 소요되는 바를 헤아려서, 그대로 둘 만한 것은 그대로 두고 줄일 것은 줄이고, 혁파할 것은 혁파하며, 결에 매기든지 호에 매기든지 구분하여 그 수량을 책정하고, 돈으로 받든지 곡식으로 받든지 편의대로 마련하고, 또 각 항목의 지출 규례를 만들어 책자로 간행하여 각 고을에 비치시키기를 『양역실총良役實摠』[56]의 경우처럼 해야 합니다. 이를 준수해서 감히 어기는 일이 없게 한다면, 함부로 거둬들이고 간교하게 착취하는 폐단을 아마 없앨 수 있을 것입니다.'【무오년(1798) 8월 28일】

이종섭李宗燮[57]이 능주목사綾州牧使로 있을 때 올린 응지상소에 대하여 임금은 다음과 같이 비답批答하였다. "'호남 지방의 민고 문제는 결렴結斂으로 부족하여 호렴戶斂[58]까지 해야만 그만두니 그 폐단을 생각하면 통곡하지 않을 수 없다'고 한 너의 말이 대단히 절실하다. 조정에서도 모르는 바이고 대사농大司農[59]에서도 관장하지 않는 바이며, 중간에서 농간하는 폐단으로 백성들이 장차 온통 병들어 쓰러지게 되었구나. 몰랐다면 그만이지만 이왕 소장에 여러 번 올랐으니 참으로 괄목할 만한 실효를 거두지 못한다면 무엇으로 호남 백성들을 위로할 수 있겠느냐. 전에

---

56 『양역실총良役實摠』: 영조 19년(1743) 우의정 조현명趙顯命의 양역사정안良役査定案으로 마련되어 영조 24년(1748)에 부과될 각관各官·영營·진鎭의 역명役名과 차출된 인원수를 기록하였으며, 그 뒤에 각 고을별로 배정된 역명과 인원수를 수록한 책. 모두 10책.

57 이종섭李宗燮, 1748~?: 정조 때 인물로 홍문관 응교應敎 및 여러 고을의 수령을 지냈다.

58 결렴結斂·호렴戶斂: 모든 부과를 전결을 대상으로 하느냐 가호를 대상으로 하느냐에 따라 구분된 용어. 이 경우는 전결에 부과하여 징수하고도 부족해서 다시 가호에까지 징수했다는 뜻.

59 대사농大司農: 중국 한나라 때의 관직명. 일명 대농大農, 사농司農이라고도 한다. 전곡錢穀 등을 관장했다. 청대에는 호부상서를 가리키기도 했는데, 우리나라에서는 호조판서에 해당한다.

고故 재상 이종성李宗城[60]이 평안도의 민고절목을 엄하게 세워서 여러 고을에서 공사를 빙자하여 사복을 채우고 절목을 준행할 생각을 하지 않는 경우, 그 수향을 먼저 처형하고 나중에 보고하는[先斬後啓]것으로 법식을 삼았었다. 평안도 지방도 이렇거늘, 하물며 남쪽 지방에서야 말할 것 있겠는가. 우선 옳지 않다는 뜻으로 몇 해 전에 먼저 묘당廟堂[61]으로 하여금 각 도의 감사들에게 엄중히 타일러 각기 시정하도록 한 바 있었다. 그 사이에 일이 이미 바로잡혀졌는데도 유독 능주 한 고을만은 백성이 구원의 혜택을 입지 못했는지, 아니면 호남과 영남의 감사들이 그것을 상투적인 일로 간주해서 애초에 마음을 기울여 손쓰지도 않고, 수령들 또한 두려워하고 걱정하는 마음이 없이 그냥 잘못된 관례를 따르기만 했는지 알 수 없다. 평안도의 한 감사가 능히 위엄을 세워 법을 지키게 한 일을 묘당에서 어찌 금지시키기 어려울 것인가. 묘당이 비록 그렁저렁 시일을 넘기더라도 조정에 기강이 있다. 그러니 명령을 따르지 않은 감사나 수령들을 왕부王府[62]로 붙잡아다가 합당한 처벌을 내리지 않고 백성의 질고疾苦를 바라만 보며 그저 백성의 살과 뼈를 발라내도록 하는 수령들을 바로 장오율贓汚律[63]로써 옥에 엄히 가두어놓고, 매월 세 차례 엄형을 가하여 실정을 토해내도록 하게 하지 않는다면 조정을 어찌 조정이라 할 수 있겠는가. 그 사이에 어떻게 거행했는가의 여부를 묘당에 앉아

---

60 이종성李宗城, 1692~1759 : 자는 자고子固, 호는 오천梧川, 본관은 경주慶州이다. 영조 때 문과에 급제, 영의정에 이르렀다. 영조 21~22년 평안감사로 재임할 때 민고절목을 마련했다.

61 묘당廟堂 : 비변사와 의정부를 지칭하는 말. 조정을 뜻하기도 한다.

62 왕부王府 : 의금부를 가리킴. 국사범을 다루기 때문에 왕부라고 한 것이다.

63 장오율贓汚律 : 뇌물 받은 관인들에게 적용시킨 죄목.

있는 사람으로서 어찌 조사하여 알아낼 도리가 없겠는가. 평안도 지방도 또한 고 재상 이종성의 절목에 다시 수정을 가하여, 혹시라도 죄를 범하는 일이 없도록 하라는 조정의 뜻을 현 감사는 의당 알도록 하라." [案] 임금의 말씀이 이같이 준엄함에도 각 도의 민고의 폐단이 털끝만큼도 달라지지 않고 그대로 예나 마찬가지이니, 천하에 가장 간이 큰 것은 각 고을의 수령인가 한다.

민고의 규례는 고을마다 각기 다르거니와, 절제가 없이 소용에 따라 마구 거둬들이는 것은 백성을 더욱 심하게 괴롭히는 처사이다.

맹자가 선왕先王의 법을 논하면서 "백성들에게 수취함에 있어 법도가 있었다"라고 했으니, 무릇 수취에 절제가 없으면 그 법도가 오래갈 수 없는 것이다. 이른바 절목이란 모두 한때 구차히 행해진 법규였으니, 농간의 구멍이 막히지 않은 채 폐단의 덩굴이 서로 얽혀서 시작도 되기 전에 파탄이 극도에 달했다. 그것을 제정한 당초부터 벌써 폐단이 생겼는데, 하물며 세월이 오래되고 물정이 달라졌으니, 예전 사람이 만든 것을 지금 어떻게 시행할 수 있겠는가. 비록 준행한 지 오래된 것이라도 수정하지 않을 수 없을 것인데, 하물며 본래 정해진 법이 없었고 소용이 있을 때마다 마구 거둬들인 것으로 법을 삼았으니 장차 그 폐단을 누가 이어받을 것인가. 절목의 수정은 그만둘 수 없는 일이다.

그 법례를 수정하고 그 조리를 밝혀, 백성들과 함께
준수하기를 국법처럼 해야 비로소 법도가 설 것이다.

절목을 작성하는 방법은 앞의 '법도를 지킴'(제3부 제2조)을 보라.

○ 매년 마땅히 지출해야 할 물자에 대해서는 식례式例만 밝히고 하기
下記는 없앨 것이며, 정해진 것 외에 수시로 지출하는 물자에 대해서는
식례도 밝히고 하기도 보존해둘 것이다(이미 앞에 나왔다). 서북 지방은 토
지가 척박한 까닭에 민고를 흔히 호렴으로 하고, 남부 지방은 토지가 비
옥한 까닭에 민고를 흔히 결렴으로 한다. 그런데 지금 남부 지방은 전부
田賦가 10배나 증가되었으니 농가만 편파적으로 괴롭혀서는 안 되고, 마
땅히 호렴으로 해서 백성의 부담을 나누어야 할 것이다. 그러나 결렴은
아전들의 방결防結에 이로움이 많기 때문에 으레 근거 없는 말을 퍼뜨려
서 호렴을 못하게 막으려 할 것이다. 이 점은 수령이 반드시 알아야 할
일이다. 또한 호적이 명확하지 못하여 허실이 서로 섞갈려 있으면 호렴
을 할 수도 없을 것이요, 계방契房을 혁파하지 않아서 누락된 호가 예전
과 같이 많다면 호렴을 할 수 없을 것이다.

계방은 모든 폐단의 근원이요 뭇 농간의 구멍이다.
계방을 혁파하지 않으면 아무 일도 되지 않을 것이다.

계방에는 두 가지가 있다. 하나는 이계里契요 다른 하나는 호계戶契이
다. 이계란 온 마을을 계방으로 삼아 해마다 돈 수백 냥을 거두는 것이
요, 호계란 특정한 호를 뽑아서 계방으로 삼아 해마다 돈 100여 냥을 거

두는 것이다【나주·장성에 호계가 많다】. 향청鄕廳·이청吏廳·군관청軍官廳[64]·장관청將官廳[65]·관노청官奴廳[66]·조례청皁隸廳【즉 사령】·통인청通引廳【즉 시동】에 각기 계방이 있다. 이들 중에 유독 이청이 많이 가져서 큰 마을 10여 곳을 뽑아 모두 어울러 계방을 삼았고, 그 나머지는 두 마을 혹은 세 마을을 삼는 등 정해진 수가 없다. 무릇 계방촌이 된 곳은 곧 환자의 배당도 면제되고, 군첨의 침탈에서 면제되고, 민고에 바치는 일체의 요역을 부담하지 않고, 한번 돈 수백 냥만 가져다 바치면 그해가 다 갈 때까지 편안히 지낼 수 있다. 이 때문에 백성들이 즐겨 그들과 더불어 계방이 되려고 하는 것이다. 그러나 반드시 마을의 재력이 본래 풍부하고 그 마을 호민이 힘이 있어야 계방이 될 수 있다. 황폐하고 쇠잔한 촌락의 가난하고 어리석은 백성들과 홀아비·과부와 병약자들 따위가 모여 있는 곳에 어찌 계방을 삼으려 할 자가 있겠는가. 계호契戶 또한 마찬가지이다. 반드시 한 면에서 유력한 자로 농토는 10결이 넘고 100가를 거느리는 정도라야만 한 호로서 계방이 될 수 있는 것이다. 그러니 대개 부촌과 부호에서 내게 될 요부는 모두 아전들이 먹는 것이 되고, 오직 영락하고 고단한 백성들만 공부公賦를 내고 관요官徭를 바친다. 그리하여 1만 호의 부담이 1000호에 돌아가고, 1000호의 부담이 100호에 돌아가서 옛날에는 한 호의 부담이 매해 100전錢에 불과했는데, 지금은 수천 전으로도 오히려 부족하다. 백성들이 울부짖고 쓰러져 물고기가 썩어 문드러지듯 강둑이 터지듯 하는 지경에 이르렀으니 지금 이때에 구제하지 않으면 이 불쌍한

---

64 군관청軍官廳: 지방 관아의 군관, 즉 병방兵房·장무掌務 등이 직무를 보는 곳.
65 장관청將官廳: 지방 관아에 있는 천총千總·파총把總 등이 직무를 보는 곳.
66 관노청官奴廳: 지방 관아 소속 관노들이 직무를 보는 곳.

백성들이 장차 씨도 없어질 것이다. 계방을 혁파하는 것은 오늘의 급선무가 아니겠는가.

수령이 아전을 불러 계방촌을 사실대로 보고하도록 하여, 가령 아홉 마을이 있을 경우, 수령은 "30년 이전부터 있어온 계방은 우선 그대로 두고 30년 이내에 생긴 것들을 전부 사실대로 말하여라. 내가 장차 그것을 혁파하겠다"라고 하면, 이내 관아의 문이 물 끓듯이 분주해지고 아전 80~90명이 기러기와 따오기처럼 몸을 구부리고 관정으로 몰려와서 호소하며 말할 것이다. "계방에 든 아홉 마을 가운데 여덟 마을은 다 30년 안쪽에 된 것입니다. 그렇지만 유천촌은 봄가을로 감사가 순력하는 날에 중청中廳【영리營吏를 중청이라 한다】을 대접하는 비용을 내는 곳인데 지금 졸지에 혁파해버리면 순력이 있을 때 어찌하겠습니까. 지석촌은 봄가을 순력하는 날에 수행원에 대한 인정과 잡비를 내는 곳인데 지금 졸지에 혁파해버리면 순력이 있을 때 어찌하겠습니까. 송우촌은 봄가을 순력하는 날에 역인驛人[67]과 역마驛馬의 접대에 쓸 것을 내는 곳인데 지금 졸지에 혁파해버리면 순력이 있을 때 어찌하겠습니까. 상곡촌은 봄가을 순력하는 날에 포진鋪陳·사초롱[紗燭籠][68]·방장房帳·호자虎子[69] 등속의 첨가添價를 내는 곳인데 지금 졸지에 혁파해버리면 순력이 있을 때 어찌하겠습니까. 이 마을은 곧 영리청營吏廳의 세찬歲饌 예물을 내는 곳이요, 저 마을은 곧 환자를 마감하는 날에 영리에게 관례로 바치는 비용이 나오는 곳이요, 또 이 마을은 곧 병영의 이교청吏校廳에 관례로 바치는 비용이 나오는

---

67 역인驛人: 역리·역졸 등의 총칭. 일명 역속驛屬.
68 사초롱[紗燭籠]: 비단으로 가린 등. 사등롱.
69 호자虎子: 변기.

곳이요, 다른 마을은 곧 수영水營의 이교청에 관례로 바치는 비용을 내는 곳입니다." 그리고 그 완문完文을 바친다, 그 소첩訴牒을 보인다 하는데, 모두 이치에 맞고 말이 틀리지 않아 대답할 말을 잃게 될 것이다. 수령이 아무리 군세고 명석하더라도 어리둥절하여 입을 벌린 채 늘어져버리지 않을 자가 없을 것이다. 군관이 아뢰는 바도 이와 같고 관노·조례 따위가 아뢰는 바도 이와 같을 것이니 수령은 장차 어떻게 할 것인가.

대저 감사가 순력하는 법은 전혀 무의미한 것이다. 감사가 많은 수행원을 거느리고 양식을 소비하는 탓에, 지방의 백성들은 굶주린 자는 먹지를 못하고 피로한 자는 쉬지를 못한다. 그런데도 감사는 마시고 먹는 것이 물 흐르듯 하고, 행락을 탐하여 여러 고을에 우환을 끼치니 백성들의 큰 고통이 되고 있다. 오늘날 큰 병폐와 심각한 민막民瘼이 이것보다 더한 것이 없다. 감사의 역마 이용에 대해 법전에 규정이 있으니 2, 3품品 봉명사신奉命使臣[70]은 모두 대마大馬 1필, 태마駄馬[71] 1~2필뿐이다. 그럼에도 말을 점고한다는 명목을 내세워 여러 역의 말을 모두 징발해서 안장한 말이나 안장하지 않은 말이 앞서거니 뒤서거니 갈기와 꼬리를 잇대어 수백 리에 뻗친다. 대략 한 역참驛站을 지나갈 적에 말이 수백 필이요, 상중하 세 등급의 주객과 한잡인閑雜人들이 1000여 명이나 된다. 매양 군현에 들어가면 감사는 큰 향응을 받고 드디어 나른해져서 드러눕고 만다. 그러면 영리營吏들이 밖에서 백성들의 소장을 받아 판결문을 마음대

---

70 봉명사신奉命使臣: 왕명을 받고 나온 사신이라는 뜻. 외국에 가는 사신뿐 아니라 지방에 파견되는 안핵사按覈使·체찰사體察使·암행어사 등이 여기에 해당된다. 여기서는 후자에 속함.
71 대마大馬·태마駄馬: 대마는 사람이 타는 말, 태마는 짐 싣는 말.

로 쓰되, 묘지의 송사에는 "사실을 조사해서 판결하라〔査實決給〕", 백성들이 폐막을 호소한 데 대해서는 "사실을 조사해서 조처하라〔査實措處〕" 하며 모두 그 고을 수령에게 일임해버린다. 밤에는 기생을 끼고 자며 해가 한 낮이 되어서야 일어난다. 행차할 때에는 곧 횃불을 밝히고 행인들의 등짝을 두들기고 꽁무니를 차서 울부짖고 넘어지게 한다. 절간에서 꽃놀이를 즐기고 강가에서 달 아래 배를 띄우며 수령들을 불러서 행락을 일삼는다. 그리고 일체의 전조田租와 부역과 옥송과 군무와 간활한 향임과 이속들, 지방의 패악한 부류들에 대해서는 전혀 아랑곳하지도 않는다. 감사의 행차가 지나가는 곳에는 오직 먼지가 치솟고 꽹과리와 피리 소리가 야단스럽게 울리는 것을 볼 뿐이다. 이것이 과연 무슨 일이며, 무슨 뜻이 있으며, 무슨 명분이 있으며, 무슨 이익이 있기에 사방의 뭇사람들을 동원하고 만민의 힘을 짜내서 분주하고 허둥지둥하게 만드는 것인가. 아전의 수를 줄이지 못하는 것도 감사의 순력 때문이요, 계방을 혁파하지 못하는 것도 감사의 순력 때문이요, 전부가 날로 증가하는 것도 감사의 순력 때문이요, 연호잡역이 달로 늘어나는 것도 감사의 순력 때문이요, 점촌店村이 피폐해가는 것도 감사의 순력 때문이요, 사찰이 황폐해가는 것도 감사의 순력 때문이다. 감사가 순력하는 법을 고치지 않고는 목민의 정사는 논의할 여지가 없는 것이다.

○ 비록 그러하나 계방은 혁파할 수 있다. 아전들이 앞에서와 같이 하소연하면 수령은 다음과 같이 따질 것이다. "수리에게 밥상을 올릴 적에 포노庖奴가 소 염통을 굽고 소 천엽을 끓여서 왜노구〔倭爐〕와 왜쟁개비〔倭銚〕에 받쳐서 처마 밑에 서서 올리니 이것은 어디서 나오는 것인가. 늦봄이나 한여름에 건어물 두름과 젓 단지, 가을밤이나 세밑에 생선과 황육

을 선배들의 집으로 선사하고 있으니 이는 어디서 나오는 것인가. 화조월석花鳥月夕에 기생들을 불러서 풍악을 잡히고 호수에서 배를 타고 절간에서 놀며 이름하여 존청회尊廳會라 하니 이는 어디서 나오는 것인가. 혼사에 돕고 상사에 부의를 하고 생신에 잔치를 벌이고 곤장을 맞게 되면 위로를 하고 있으니【공형公兄이 곤장을 맞게 되면 본청에서 크게 대접을 하는데 이름하여 장위례杖慰禮라 한다】 이는 어디에서 나오는 것인가. 너희들이 죄를 지어서 상사로부터 벌을 받게 되면 뇌물과 기타 비용을 모두 너희들 청廳에서 마련해 내니 이는 어디서 나오는 것인가. 계방이 된 어느 마을은 원래 국가의 판적版籍에 들어 있으며, 계방이 된 어느 호는 원래 국가에서 파악하고 있는 민호이거늘 너희들이 사사로이 계방에다 집어넣어서 그 조租와 부賦를 훔쳐서 사치하고 놀아나는 비용으로 충당시키고, 오로지 울타리가 헐어지고 사립문도 제대로 달지 못한 가난한 집과 허리 굽은 늙은이와 팔다리가 성치 못한 아이들만 남겨두어서 이들로 하여금 공부公賦를 내고 관요官徭에 동원되도록 하고 있으니 백성들이 견뎌낼 수 있겠느냐. 계방을 설치한 것은 30년 이래의 일이다. 30년 이전에는 감사의 순력이 없었으며, 병영의 군첨이 없었으며, 수영의 송금松禁[72]이 없었단 말이냐. 그리고 30년 이전에는 아전들은 아전 노릇을 할 수 없었으며, 관노와 조례는 모두 길거리에서 걸식하고 다녔단 말이냐. 잔말은 들을 필요도 없고 한마디로 잘라 말하건대 계방은 혁파해야 할 것이다."

계방에서 거둬들이는 돈은 본래 이청의 잡용을 지탱하는 것이다. 그들이 감사의 순력에다 핑계하는 것을 모두 다 믿을 수는 없다. 비록 그 가

---

72 송금松禁: 소나무 벌채를 금하는 것. 소나무는 주로 배를 만드는 용도로 사용되어 지역에 따라 소나무를 기르는 산을 정해 벌목을 금지하였다.

운데 실제로 그러한 경우도 없지 않지만, 수리·도리·창리·군리는 자기들이 착복하는 것이 모두 수천 냥이나 되니, 서로 추렴을 하여 그 비용을 충당할 수도 있을 것이다. 어찌 꼭 계방을 설치해야만 하겠는가. 부드러운 말로 다음과 같이 타이를 것이다. "백성이란 나라의 근본이다. 근본이 이미 넘어지면 아전들은 장차 어디에 의탁할 것인가. 백성을 보전해야 아전 또한 의뢰할 곳이 있는 것이다. 만약 백성들의 정기와 골수가 다 말라서 목숨이 모두 끊어질 지경이 되면 고을도 없어지게 될 터인데 너희들인들 의지할 곳이 있겠느냐. 너희들의 할아버지나 너희들의 아버지들이 대대로 이 고을에 거주하여 이 고장 백성들과 함께 살아왔는데 이 고을이 망하는 것을 너희들은 어찌 걱정 없이 바라만 보겠는가. 속히 계방을 혁파해서 백성들을 보전하도록 하여라. 너희들은 모여 의논하여 따로 각자 거출을 해서 필요한 용도에 충당하도록 하고, 사치스럽고 지나친 갖가지 관례들을 모두 폐지해서 너희들 자신의 복을 기르고 백성들의 부담을 고르게 하여라. 나의 뜻이 아주 정해졌으니 다시 다른 말을 꺼내지 마라."

궁방전宮房田을 조사하고 둔전屯田을 조사하고 교촌校村을 조사하고 원촌院村을 조사하여, 무릇 그 비호 아래 숨겨져온, 원래 정액보다 초과된 토지와 민호는 모두 적발해서 공부公賦를 공평히 하도록 해야 할 것이다.

대체로 1결의 농지는 실호實戶 두 집을 시켜 전작佃作하게 하면 충분할 것이다. 궁방전 10결이면 스무 집을 제해주어서 전작을 하도록 하고 나머지는 일괄해서 요역에 응하도록 해도 안 될 것이 없다. 또 둔전이 6결이면 열두 집을 제해주어 전작을 하도록 하고 나머지는 일괄해서 요역에 응하도록 해도 또한 안 될 것이 없다. 교노校奴·교비校婢는 향교에서 가까이 부리고 있으니 요역을 면제해주어도 좋지만 호호豪戶에 투탁된 것은 밝혀내고 허호虛戶로 누적되어온 것은 가려내서 실제에 맞도록 조처하는 것이 또한 옳지 않겠는가.

사액서원賜額書院[73]은 면세전免稅田이 3결에 불과하고 딸린 노속에 대한 규정은 법전에 실려 있지 않으나, 사당지기나 고지기는 열 집 정도면 충분할 것이다. 개인의 사당이나 영당影堂[74]은 대여섯 집이면 충분하다. 그런데 요즘은 객호를 많이 흡수해서 밑에 부리는 무리로 삼아 일반 양민으로 인정될 수 없게 하고 있으니 이것 또한 무단이 아닌가. 마땅히 따뜻한 말로 공정한 이치를 설득시켜 객기를 부리지 않고 국법을 경시하지 않음으로써 수령이 백성의 부담을 공평하게 하려는 뜻을 방해함이 없도록 해야 한다.

역촌驛村을 조사하고 참촌站村을 조사하고
점촌店村을 조사하고 창촌倉村을 조사하여, 무릇 그
비호 아래 숨겨져 법과 사리에 맞지 않는 것은 모두
적발 공개하여 공부를 공평히 해야 할 것이다.

---

73 사액서원賜額書院 : 나라에서 액호額號를 내려준 서원. 서원은 원래 지방 인사들에 의해 자치적으로 설립되는데, 청원에 의해 사액하는 것은 나라의 인정을 얻은 셈이다.
74 영당影堂 : 훌륭한 사람의 영정을 모신 집. 이런 영당은 매년 제향을 지냈다.

역노驛奴·역비驛婢·역리驛吏·역녀驛女[75]는 고을의 요역에서 면제되는 것이 법이지만, 객호가 투탁하여 기피하는 소굴이 되고 있는 경우 어찌 그것을 적발하지 않을 것인가. 역노나 역리가 양민 여자와 결혼하여 사는 경우는 역호驛戶로 논하는 것이 마땅하지만, 양민이 역비나 역녀와 결혼하여 사는 경우는 객호로 논하는 것이 옳다. 벌판의 외딴 원촌이 퇴락하여 쓸쓸한 경우에는 면제해주어도 좋겠지만 술을 팔고 돼지를 기르며 즐비하게 취락을 이룬 경우에는 모두 참호站戶로 요역을 면제시킬 수 없을 것이다. 참호로는 오직 두어 집【원직院直 등】만 면제해주고 나머지는 모두 요역 장부에 올리는 것이 옳다.

○ 점촌을 비호해주는 것은 수령의 탐욕 때문이다. 유기鍮器·철기·자기·와기瓦器·죽기竹器·유기柳器 등속을 수취해다 쓰기를 함부로 하여 그들의 힘을 고갈하게 만들고 대신 그들의 요역을 경솔히 감해주어 구멍을 막으니 이는 백성의 요역을 훔치는 일이 아닌가. 기물들을 지나치게 수취하지 않게 하여 그들의 힘을 펴게 해주고 그들의 요역 부담을 감하지 말아서 백성의 부담을 공평하게 하는 것이 또한 옳은 일이다. 창촌을 비호하는 것은 아전들의 사욕 때문이다. 낙정미의 남은 곡식에서 이미 그 일부를 얻어먹고 술을 거르고 돼지를 삶아 팔아서 이문을 남기니 그들은 다른 가난한 마을에 비해 여력이 있다. 그중에 혹 형편없이 쇠잔하여 창을 지킬 수 없는 경우는 요역을 감해서 사람을 모집할 것이고, 점차 더욱 번성해서 이득이 많이 생기는 경우는 거기에 따라 요역을 부과시키는 것

---

75 역녀驛女 : 역촌에 속한 여자들. 역비驛婢보다는 위의 신분이었던 것 같다.

이 또한 옳다. 나머지들도 모두 이와 같은데 한가지로 논할 수는 없다.

방숭龐嵩[76]이 응천부應天府[77]의 통판으로 있을 때 그곳 백성들이 무거운 부역에 괴로워하고 있으므로 힘써 조정하여 무릇 우면호優免戶[78] 및 기거하는 객호나 사칭한 관호官戶[79]나 기장호寄莊戶[80]·여호女戶[81]·신백당 장호神帛堂匠戶[82] 등도 모두 나와서 역을 지게 하니 곤궁한 백성들이 크게 소생하였다.

결렴은 호렴만 같지 못하다. 결렴을 실시하면 농민이 궁핍해지며, 호렴을 실시하면 공상인이 괴로움을 당하고 놀고먹는 자들이 괴로움을 당하니 이는 농민을 보호하는 방법인 것이다.

사람은 누구나 농토가 없는 자는 있으되 집이 없는 자는 없다. 호에 부과하는 것이 또한 옳지 않겠는가. 그러나 호적이 오래전부터 난잡하게 되어 있으므로 호렴을 실시하려면 먼저 호적을 바로잡아야 할 것이다. 호적을 어지러운 상태로 두고 마구 호렴을 실시하는 것은 불가하다.

○ 아전들이 호렴을 적극적으로 막으려는 이유에는 삼고三顧가 있다. 첫째는 방고防顧요, 둘째는 적고籍顧요, 셋째는 계고契顧이다. 방고란 무

---

76 방숭龐嵩: 중국 명나라 사람. 자는 진경振卿이다. 왕양명의 문인으로 8년간 응천부의 통판을 역임하면서 선정으로 이름을 얻었다.
77 응천부應天府: 지금의 중국 남경南京. 명나라 초기의 수도로 매우 중요한 곳이었다.
78 우면호優免戶: 창우倡優로 잡역에서 면제된 호를 가리키는 듯하나 확실치 않음.
79 관호官戶: 관의 잡역에 동원되는 호.
80 기장호寄莊戶: 장원에 기탁한 호.
81 여호女戶: 남정이 없고 여자가 호주로 되어 있는 가호. 이 경우 역을 면해주었다.
82 신백당 장호神帛堂匠戶: 어떤 신당神堂에 속한 장호匠戶인 듯하나 확실치 않다.

엇인가. 결역結役이 무거우면 방납의 가격이 높아지며, 결역이 감소되면 방납의 가격도 깎일 것이다. 이것이 아전들이 결렴에 연연하여 돌아보는 까닭이다. 적고란 무엇인가. 호렴을 실시하면 허호虛戶가 드러날 것이요, 호적의 정사가 분명해지면 촌락에서 바치는 뇌물이 근절될 것이다. 이것이 아전들이 결렴에 연연하여 돌아보는 까닭이다. 계고란 무엇인가. 호렴을 실시하면 계방이 허물어지며, 계방이 허물어지면 추결抽結하기가 어려울 것이다. 이것이 아전들이 결렴에 연연하여 돌아보는 까닭이다. 수령이 일에 밝지 못하면 아전들이 서로 근거 없는 말을 지어내어 어리석은 백성들을 현혹시키고, 백성들은 실제로 어리석어 손익을 따지지 못하니 아전들이 연연하는 바에 따라 백성들도 호렴이 괴롭다고 말한다. 수령은 백성들로부터 나온 말이라고 해서 그것을 곧 백성들의 진정이라고 생각하게 된다. 그런 탓에 백성들은 항상 아전들의 술수에 빠지고 수령도 함께 넘어가는 것이다.

○ 아전들이 선동하고 미혹시킬 때 내세우는 몇 가지 이유가 있다. 하나는 각호의 재산이 균등하지 않다는 것이요, 또 하나는 전주田主가 다른 곳에 있다는 것이다. 각호의 빈부가 비록 고르지 않다지만 10가의 촌락은 2호를 넘지 못할 것이다. 2호가 부담하는 역은 10가에 공평히 배정될 것이므로, 대호大戶·중호中戶·소호小戶·잔호殘戶 등의 등급으로 나뉘어서 한 집이 1호의 역을 맡는 일은 없을 것이다. 재산의 불균등이 문제될 것이 있겠는가. 경기 지방의 관례는 전주가 세를 부담하며 남방의 관례는 전호佃戶가 세를 부담한다. 전주가 부담하는 경우는 비록 다른 곳에 있더라도 요역을 기피하는 것이 아니요, 전호가 부담하는 경우는 전주가 비록 그곳에 있더라도 요역을 부담하지 않으니, 어느 쪽이건 토지에는 세

가 있는 것이다. 그러나 토지에다 요역을 부과하는 것에 대해서는 공자도 경계하였으니 전주가 다른 곳에 있다고 문제될 것이 있겠는가.

> 쌀로 징수하는 것이 돈으로 징수하는 것만 못하다.
> 본래 쌀로 징수하던 것도 마땅히 돈으로 징수하도록
> 고쳐야 할 것이다.

곡식은 백성의 농사에서 나오고 돈은 관가의 주조에서 나온다. 그래서 옛사람들은 흔히 곡식으로 부과하는 것이 편하고 돈으로 부과하는 것은 불편하다고 말했다【육선공陸宣公이나 소장공蘇長公[83]이 모두 이런 말을 한 바 있다】. 그러나 돈은 액수를 속이기 어려우므로 일단 일정한 금액만 채워놓으면 트집을 잡을 도리가 없다. 쌀은 말질을 마구 하는 데다 품질의 등급이 많으므로 좋은 품질을 요구함이 한도가 없으며, 말질을 하다가 떨어뜨린 곡식이 뜰에 가득해도 주울 도리가 없고 옥처럼 정하게 깎도록 강요해도 하소연할 데가 없다. 그런데도 돈으로 바치는 것을 편하지 않다고 하겠는가.

○ 무릇 쌀로 징수하는 고을은 그 법을 개정해야 한다. 쌀 4두에 돈 1냥을 바치게 하면 뒷말이 없을 것이다【국법에는 쌀 3두에 돈 1냥을 책정하였다】. 풍년에는 시가가 혹 1냥이 쌀 6두가 되기도 하며, 흉년 중에 큰 흉년에는 1냥이 쌀 1두밖에 안되기도 한다. 대체로 풍년에는 백성의 힘이 여유

---

83 육선공陸宣公·소장공蘇長公: 육선공은 중국 당나라의 명신인 육지陸贄. 선宣은 그의 시호이다(1권 380면 주 42 참조). 소장공은 북송시대 유명한 문학가인 소식蘇軾. 동생 소철蘇轍에 대해서 형인 소식을 장공이라고 일컬은 것이다(1권 128면 주 14 참조).

가 생기기 때문에 부담이 다소 무겁게 되더라도 백성에게 해는 없을 것이며, 흉년에는 백성의 사정이 절박하기 때문에 부담이 약간 가벼워져서 유리할 것이니, 돈으로 징수하는 편이 또한 좋지 않겠는가. 곡식으로 징수하면 풍년에 손해가 없다지만 손해가 없는 쪽은 아전들이며, 흉년에도 유리하다지만 유리한 쪽은 아전들이다. 아전들을 억제해서 백성들을 비호하고 위쪽을 깎아서 아래쪽을 보태주는 것은 천하에 통용되는 원칙이다. 돈으로 부과하는 편이 또한 좋지 않겠는가. 돈으로 부과하게 되면 방결의 값이 오르지 않을 것이요, 돈으로 부과하게 되면 수송의 노력도 덜 들 것이다. 그리고 일단 구리로 주조된 돈은 조잡하다느니 하는 말이 있을 수 없고, 일단 일정량이 채워진 돈꿰미는 부족하다느니 하는 말이 있을 수 없다. 돈을 마련하기가 곡식을 마련하기보다 힘들기는 하지만 백성의 이해로 보면 현격히 다른 것이다.

교묘하게 명목을 세워 수령의 주머니로 들어가는 것은 모두 없애야 한다. 여러 조목 중에서 과도하거나 허위로 만들어진 것은 다 삭제하여 백성의 부담을 가볍게 해주어야 할 것이다.

내가 우연히 몇 고을의 절목을 얻어서 보니, 그중에 과도하거나 허위로 만들어진 명목이 셀 수 없이 많았다. 포진가鋪陳價[84] 300냥은 필시 다 소용되지 않을 것이요, 쌍교가雙轎價[85] 200냥도 필시 다 소용되지 않을 것

---

84 포진가鋪陳價: 연회 시에 쓰는 포장·자리 등속의 비용.
85 쌍교가雙轎價: 높은 관인의 행차 시 타는 쌍마교에 소요되는 비용.

이요, 분양마가分養馬價[86] 150냥도 필시 다 소용되지 않을 것이요, 전관가傳關價[87] 1200냥도 필시 다 소용되지 않을 것이다. 이런 따위들을 어찌 모두 손꼽을 수 있겠는가? 이전에 탐관이 있어 한번 함부로 징수하면, 이후의 수령들은 이를 구례로 핑계 대고 다시 삭제하지 않아서 이 지경에 이른 것이다. 그중에 아전의 주머니로 들어가는 것은 아전이 탐관을 만나 은밀히 뇌물로 꾀어서 역가役價를 늘려 영구한 이익으로 삼은 것이니, 가령 전관가가 1200냥이나 되는 따위가 그것이다. 감영에 올리는 문보가 아무리 자주 있다 하더라도 한 달에 사람을 보내는 횟수가 불과 5~6번뿐이다. 어떻게 매달 꼭 100냥씩이 들어간단 말인가? 애초에 각가를 증액시킬 때 뇌물을 바쳤음이 분명하다.

정적丁積[88]이 신회현新會縣을 맡아 다스릴 때의 일이다. 앞서 백성들이 돈을 내어 관에 바쳐 요역을 충당하게 하고 이를 균평전均平錢이라고 불렀는데, 그 후 아전들이 탐욕을 부려 다시 갑수甲首로 하여금 돈을 더 내서 비용에 충당하게 하고 이를 당월전當月錢이라 불렀다. 그 때문에 가난한 사람들은 자식까지 팔 지경에 이르렀다. 정적이 이를 일체 근절하였다『명사』. 案 이는 우리나라의 민고에 해당하는 것이다.

김홍진金弘振[89]이 신계新溪[90] 현령으로 있을 때의 일이다. 그 고을은 궁벽한 산중에 있어 본래 명목에 없는 부과가 많았는데 전임자와 후임자가

---

86 분양마가分養馬價: 관 소유의 말을 민간에 분양시키고 그 사육비 조로 지출하는 것.
87 전관가傳關價: 전관각가傳關脚價. 문서를 수발하는 자에게 지급하는 비용.
88 정적丁積, 1446~1486: 중국 명나라 사람. 자는 언성彦誠이다. 성화成化 연간에 진사가 되었고, 광동성의 신회현을 다스릴 때 선정이 있었다.
89 김홍진金弘振: 현종 때 지방 수령을 지냈던 인물.
90 신계新溪: 황해도에 있는 고을 이름.

서로 이어받아서 아무렇지도 않게 당연한 관례로 여겨왔다. 김홍진이 부임하여 이런 것들을 일소해버리니 백성들이 비로소 관가의 수취에 법도가 있음을 알게 되었다.

청련靑蓮 이후백李後白[91]이 영북嶺北[92]의 감사로 있을 때 묵은 폐단을 모두 없애고 각 군현에서 부과 징수하던 것을 거의 다 삭감해버리니 크고 부유한 고을의 관부도 드디어 쇠잔하게 되었다. 그 후 수령들이 혹 근거없이 다른 명목의 세를 뜯어내어[93] 결국 백성들이 괴롭게 여기게 되었다.

임제林悌[94]가 시를 지어 애석하게 여겼다. "혜초蕙草가 시들고 옥이 흙에 묻히니 한때의 맑은 덕망이 사부士夫들을 감동시켰도다. 슬프다! 맥도貊道[95]는 계속하기 어려우니 이상국이 백성의 병을 고치려다 병을 주었구나." 案 이청련李靑蓮의 정사는 천리의 공정에서 나온 것인데, 임백호林白湖가 시를 지어서 기롱한 것은 본래 오활한 선비의 소견일 뿐이다. 그런데 온 세상이 이 시를 전하여 명언으로 삼고 있는 것은 모두 세속의 의논들이라 언급할 필요도 없다. 대저 관부의 융성과 쇠잔은 백성들이 내는 부담의 많고 적음에 달린 것이 아니다. 높은 성곽과 굽이진 해자垓子

---

91 이후백李後白, 1520~1578: 자는 계진季眞, 호는 청련靑蓮, 본관은 연안延安이다. 명종 때 문과에 급제, 이조판서, 대제학大提學을 지냈다.
92 영북嶺北: 함경도를 가리킴.
93 원문이 "착공지세鑿空地稅"로 되어 있는데 『대동야승大東野乘』과 『시화총림詩話叢林』 등에 수록된 차천로車天輅의 「오산설림五山說林」에는 "착공타세鑿空他稅"로 나와 있어, 이에 따라 번역했다.
94 임제林悌, 1549~1587: 자는 자순子順, 호는 백호白湖, 본관은 나주羅州이다. 선조 때 문과에 급제, 예조정랑禮曹正郎에 이르렀다. 성격이 자유분방했던 시인이었고, 그가 지은 「수성지愁城誌」와 「화사花史」 등은 소설사에서 중요한 작품이다.
95 맥도貊道: 백성에게 세를 지나치게 적게 받는 경우를 지칭하는 말. 이것도 옳은 법이 아니라고 맹자가 지적한 바 있다.

에 단청한 누각이 날아갈 듯이 늘어서 있으면 웅장한 관부가 아니겠는가. 관부를 창건할 당초에는 민력이 많이 들었지만 관부가 이루어진 다음부터는 민부民賦로 들어오는 것이 모두 수령 개인의 주머니로 돌아가서 자기 집을 윤택하게 하는 데 쓰이니 관부에 무슨 이익이 있겠는가. 나는 관부의 깃발과 북 등속이 낡고 헐었어도 수령이 수리를 하지 않고, 가마나 평상 등 기물이 파손되었어도 수령이 고치지 않으며, 성의 문루가 무너지고 패전牌殿[96]이 기울어져 있어도 수령이 보수를 하지 않고, 관노들이 초췌하고 문졸들이 남루해도 수령이 구휼하지 않는 사례를 허다히 보았다. 민부가 많고 적은 것이 관부의 융성과 쇠잔에 무슨 관계가 있겠는가. 제반 공용公用의 물자를 거의 모두 삭감해버린다면 관부의 폐해가 될 것이지만, 수령의 몫인 관름官廩의 수입은 사정이 이와 전혀 다르다. 청렴한 사람이 수령으로 있으면 비록 조금 받더라도 부족하지 않을 것이요, 탐학한 사람이 수령으로 있으면 아무리 많이 받더라도 부족하다고 증가시킬 것이다. 다른 명목의 세[97]가 늘어나는 것은 수령이 탐학한 때문이다. 어찌 이청련에게 허물을 돌릴 것인가. 매양 보매 청렴한 사람이 수령으로 있으면서 백성의 부담을 줄여놓으면 뒤에 온 수령들이 비방하기를, "아무가 수령으로 있으면서 무슨 명목을 감해서 이후로 관부가 꼴이 아니고 백성들이 그 해를 입는다"라고 한다. 이는 모두 비루한 속셈에서 수령 자리를 장사로 여긴 말이니 족히 따질 것도 못 된다.

무릇 민고의 법은 비록 모두 지출을 헤아려서 수입을 정한다고 하지만, 그 절목의 양식은 반드시 먼저 수입을 기록하고 뒤에 지출을 기록하

---

96 패전牌殿: 지방 관아의 객사를 가리킴. 임금의 전패殿牌를 모신 전각이 객사에 있었다.
97 원문은 "지세地稅"로 되어 있는데, "타세他稅"의 오기로 보았다.

는 것이 마땅하다. 미곡으로 결렴하거나 돈으로 호렴하거나 마땅히 여러 종류를 조목별로 나열하여 그 총수량을 기록한 연후에 응하(應下, 당연히 지급하는 것)와 별하(別下, 별도 지급)의 여러 명목을 나열해서 각기 지출할 액수를 정해두어야 할 것이다. 몇 고을의 절목을 보니 그 수입과 지출이 뒤섞이고 어지럽게 되어 있어서 세입에 이미 일정한 기준이 없고 일용에 또한 일정한 법식이 없어, 비록 예수隸首를 시켜 계산을 맡기더라도 그 농간을 살필 수 없게 되어 있다. 이제 절목의 초안을 만들어 그 법식을 다음과 같이 제시한다.

금산현琴山縣[98] 민고절목

1년 응입應入 전미錢米의 액수

쌀〔米〕 200석【즉 3000두】 이 고을의 전총田總 6000결에서 받아들이는 것. ○ 매 결당 쌀 5승을 징수하되 흉년에 재감災減으로 6000결이 되지 못하면 은결隱結을 조사하여 몇 석씩 추가 징수해서 200석의 세입은 매년 줄어들지 않도록 한다【무토궁방전에서 거둔 세 중에 남는 것이 있으면 그것으로 충당시키고 은결을 조사할 필요는 없다】.

돈〔錢〕 1200냥. 이 고을의 6000결에서 받아들이는 것. ○ 매 결당 돈 2전錢을 징수하되, 흉년의 추가 징수는 앞과 같은 방법으로 할 것이다.

돈 1000냥. 이 고을 호총 4000호에서 받아들이는 것. ○ 매호당 돈 2전 5푼씩을 징수한다. 그러나 호는 늘어나기도 하고 줄어들기도 해서 일정하지 않다. 먼저 호적을 바로잡아 허약한 호와 형편이 넉넉한 호를 조정

---

98 금산현琴山縣: 강진현의 인근 고을인 해남의 옛 지명이 새금塞琴이었으므로, 해남을 지칭한 것으로 추정됨.

해서 각 동리洞里의 호가 몇 호이건 모두 실호實戶가 되게 한 뒤에 그 호수를 계산해서 이전里錢[99]을 배정한다. 비록 후일에 호수의 증감이 있더라도 이 돈의 액수는 증감이 없어야 한다【가령 유천리가 지금 10호라면 그 이전은 2냥 5전으로 책정하고 후일에 혹 줄어서 9호가 되거나 혹 늘어서 12호가 되더라도 2냥 5전만은 증감이 없게 한다】.

○ 이상의 세입歲入은 매년 감소되는 일이 없게 한다【쌀은 모두 3월 안에 차하〔上下〕하고, 돈은 결에서 받아들이는 경우는 봄에 징수하되 3월 안에 차하고 이전里錢으로 받아들이는 경우는 가을에 징수하되 9월 안에 차하한다】.

매년 응하질應下秩

쌀 80석. 순영주인巡營主人 역가미役價米.

쌀 20석. 병영주인兵營主人 역가미.

쌀 4석. 춘추 석전대제釋奠大祭 양성羊腥·시성豕腥[100] 첨가조添價條【봄가을에 각 2석】

쌀 60석, 현사縣司 시탄가 첨급添給.

쌀 30석. 진상 절선節扇[101] 물종가物種價

쌀 2석. 본고本庫[102] 감관監官 1년 요미料米.

쌀 4석. 본고 색리色吏 고자庫子[103] 1년 요미【고리庫吏는 민고의 돈을 취해서 여러 방도로 요리를 하여 스스로 큰 장사꾼이 되기 때문에 급료는 본래 박하게 준다】

---

99 이전里錢: 동리 단위로 배정한 돈.
100 양성羊腥·시성豕腥: 제사에 올리는 양과 돼지.
101 절선節扇: 여름 부채.
102 본고本庫: 여기서는 민고를 가리킨다.
103 고자庫子: 지방 각 관아의 창고를 관리하는 사람. 대개 관노들이 맡음.

이상은 쌀 200석의 용도이다.

돈 100냥. 경주인 역가.

돈 400냥. 순영주인 진상첨가進上添價.

돈 240냥. 전관색傳關色[104] 각가脚價【매월 20냥씩】

돈 30냥. 전관색 하삼삭농형장夏三朔農形狀[105] 각가 첨급【매월 10냥씩 더 준다】

돈 240냥. 관용[106] 치계시탄가雉鷄柴炭價【매월 20냥씩】

돈 6냥 6전. 진상 자하거가紫河車價[107]【이 조목은 마땅히 상소해서 삭제해야 할 것이다】

돈 60냥. 진상 절선가節扇價 첨급.

돈 75냥. 분양마分養馬 거래부비去來浮費[108] 및 외양가喂養價[109]【이 조목도 마땅히 상급 관청에서 위에 아뢰어 법을 고쳐야 할 것이다】

돈 70냥. 통영統營 전죽가箭竹價.

돈 60냥. 병영 전죽가.

돈 60냥. 수영 궁소죽가弓巢竹價.

돈 60냥. 수영 기한죽가旗桿竹價.

돈 40냥. 경사에 바치는 죽물竹物·목물木物의 인정.

---

104 전관색傳關色 : 문서 수발을 맡은 아전.
105 하삼삭 농형장夏三朔農形狀 : 각 고을이 여름 농사철(4~6월)에 농사의 작황을 주기적으로 감영에 보고하는 문서(1권 374~75면 참조).
106 관용官用 : 수령의 용도라는 뜻.
107 자하거가紫河車價 : 태胎를 자하거紫河車라 하는데, 약재로 진상했던 것 같다.
108 거래부비去來浮費 : 오고가는 데 드는 잡비.
109 외양가喂養價 : 말을 먹이는 데 드는 비용.

돈 50냥. 규장각奎章閣 책지벽지가冊紙壁紙價【이 조목은 마땅히 상소해서 삭제해야 할 것이다】

돈 45냥 4전. 동지사 구청求請 피물철물가皮物鐵物價.

돈 12냥. 본고 소용 지필묵가紙筆墨價【매월 각 1냥씩】

돈 1냥. 본고 등유가

이상 도합 매년 응하전 1550냥은 절목에 의거 일괄 지출하고 하기下記는 없다.

돈 150냥. 진상 청대죽가靑大竹價【차례에 해당되는 해에 차하한다. 이 법은 마땅히 고쳐야 할 것이다】

돈 50냥. 제주인 희료餼料 및 소안도蘇安島[110] 고자급庫子給【오직 도회관都會官[111]의 차례에 해당되는 해에만 차하한다. ○이하 2조도 마찬가지이다】

돈 8냥. 제주의 월해越海 군관 노비路費.

돈 8냥. 제주의 진상 물종을 영거하는 군관 상경 노비.

돈 50냥. 표류선이 닿았을 때 지공하는 기명가器皿價.

돈 20냥. 순력 시 남례원南禮院[112] 수리가修理價【오직 순력하다가 원院에 들르는 경우에만 차하를 할 것이니, 봄가을로 모두 들르면 가을에는 10냥을 지급한다. 무릇 1년이 못 되어서 다시 들르는 경우는 모두 절반만 지급한다】

돈 40냥. 순력 시 원참院站의 지공가 첨급.

돈 120냥. 순력 시 포진장악가鋪陳帳幄價【봄가을 모두 들르는 경우에 가을에는

---

110 소안도蘇安島 : 지금의 전라남도 완도군에 속해 있는 섬.
111 도회관都會官 : 어떤 특별한 공사에 동원되는 관원.
112 남례원南禮院 : 전라남도 해남군에 남리원南利院이 있는데 이곳이 아닌가 한다.

60냥만 지급한다】

돈 30냥. 별사別使[113]의 구청求請 피물등가皮物等價.

돈 50냥. 이조吏曹 당참가堂參價【수령이 갈리어 돌아갈 때만 차하한다. ○이 조목
은 마땅히 수령 자신이 부담해야 할 것이다】

돈 60냥. 아사衙舍 수리가【새로 수령이 도임한 때만 차하한다】

돈 20냥. 윤달의 치계시탄가.

돈 60냥. 선생先生[114] 치부조致賻條.

돈 20냥. 순영巡營 별복정別卜定 향심香蕈[115] 20두 값.

돈 1냥. 윤달의 본 민고의 지필묵가.

이상 나열한 여러 조목들은 용도에 따라서 기록하고, 회계가 있어야
한다.

○ 1년 동안 배정해 쓰고 남는 돈이 있으면 고을 안에서 가장 부유한
백성을 골라 맡겼다가 가하加下가 있게 될 해를 만나면 찾다가 쓰며, 혹
재감災減이 있는 해를 당해 민결民結이 축소되면 전곡 전부를 추가 징수
하지 말고 이 돈을 찾다가 쓸 것이다. ○ 그것의 이자 조는 100냥마다 1년
이자는 20냥으로 계산해서 5년 후에 100냥을 거두게 되며【금년의 이자를 다
음 해 본전으로 계산하지 말고 다만 첫해의 본전에다 그해 그해의 이자를 계산한다】 그것
을 나누어 다른 사람에게 맡길 것이다【무릇 백성들에게 이자를 주는 경우 한 사
람이 100냥을 초과하지 않도록 할 것이다】.

---

113 별사別使: 중국에 가는 비정기 사신.
114 선생先生: 이 경우에는 전임관을 가리킴.
115 향심香蕈: 버섯.

조관朝官의 호戸에 대해 요역을 면제하는 규정은
법전에 실려 있지 않은데, 서울 가까운 문명한
땅에서는 면제해주지 말 것이며, 먼 지방은 적당히
면제해주도록 할 것이다.

경기도는 조관의 호에 대해서 요역을 면제하는 법규가 없었는데, 남방
에 와보니 이러한 관례가 있었다. 또한 좋은 풍속이다. 경기도와 충청도
는 조관의 호가 많기 때문에 모두 면제시킬 수 없지만, 먼 시골의 적막한
곳은 조관이 가다가 한둘 있을 뿐이니, 관례에 의해서 요역을 면제해주
는 것도 좋을 것이다.

당나라 개원령開元令[116]의 호령戸令에 "모든 호주戸主는 가장이 하게 하
되, 호 내에 과구課口[117]가 있으면 과호課戸로 되고, 과구가 없으면 불과호
不課戸로 된다. 모든 유내구품관流內九品官[118] 및 60세 이상의 남자[119]에 대
해서는 모두 불과호가 된다"라고 하였다. 案 당나라 법의 유내구품관은
호역戸役을 면제하였다. 이 법은 좋은 것 같으나, 한나라 초의 천경踐更[120]

---

116 개원령開元令: 중국 당나라 현종 개원開元 연간에 반포된 율령.
117 과구課口: 마땅히 납세해야 할 인정人丁.
118 유내구품관流內九品官: 중국 수·당시대 관제는 1품에서 9품까지 품계가 있고 각각 정
     과 종으로 나뉘었는데 이를 유내구품관이라 칭한다. 이밖에 따로 훈품勳品에서 9품에 이
     르는 유외流外가 있었다.
119 이 대목이『통전通典』의 원문에는 '남년이십이상男年二十以上'으로 되어 있는데, 인용
     하면서 이 대목이 사리에 타당하지 않다고 판단하여 '남년육십이상男年六十以上'으로 바
     꾼 것으로 보인다.『통전』의 교감에서도 이 대목의 '년이십이상年二十以上'을 '년이십이
     하年二十以下'의 오자로 보기도 했다(『통전·식화食貨·정중丁中』).
120 천경踐更: 중국 고대에 교대해서 국경 수비를 나가는 법.

의 법에는 비록 승상의 자제라도 변방의 국경 수비에 나갈 의무가 있었고, 진晉나라·송나라에 이르기까지도 법이 그러했다[「호적고」에 상세히 제시했다]. 당나라의 제도는 그때 그 나름의 한 법이요, 역대로 다 그러했던 것은 아니다.

당나라 위오韋澳[121]가 경조윤京兆尹으로 있을 때의 일이다. 국구國舅 정광鄭光의 농장에서 조세를 납부하지 않으매 위오는 그 관리자를 구속하고 5일을 기한하여 완납하지 않으면 반드시 법을 적용시키겠다고 하였다. 임금이 위오에게 물으니, 그는 "오늘 조세를 바치면 당장 방면하겠거니와 내일 기한이 넘어가면 어쩔 수 없다"라고 했다. 임금이 들어가서 태후에게 "위오는 억지로 누를 수 없다"라고 말해서, 곧 그 조세가 완납되었다. ○ 당나라 이고李翶[122]가 여주廬州를 맡았을 때의 일이다. 그 지방에 가뭄이 들자 권세가의 유력자들이 토지와 가옥을 마음대로 사들여서 모리를 하고 가난한 민호들이 그대로 부세를 부담하고 있었다. 그는 토지를 기준으로 부세를 거두어서 권세가에서 받아들인 것이 1만 2000꿰미[緡]나 되었다. 이에 가난한 백성들이 안정할 수 있었다.

유창劉敞[123]이 장안長安을 다스릴 때의 일이다. 그 지방의 대성大姓인 범위范偉가 무공을 빙자해서 요역을 지지 않은 것이 50년이나 되었다. 유창

---

121 위오韋澳: 중국 당나라 때 인물. 자는 자배子裵이다. 당나라 무종武宗 때 급제하여 하남윤河南尹에 이르렀고 성격이 강직해서 유력자들이 두려워하는 존재였다고 한다. 원문은 "위환韋渙"으로 되어 있는데『신당서新唐書·위오열전韋澳列傳』에 본문에 나오는 사실이 실려 있어 바로잡았다.

122 이고李翶, 772~841: 중국 당나라의 문학가. 자는 습지習之이다. 한유韓愈를 추종해서 고문古文으로 이름이 높았다.

123 유창劉敞, 1019~1068: 중국 송나라 사람. 경력慶曆 연간에 진사, 지제고知制誥를 지냈다. 학문이 깊고 넓었으며 특히『춘추春秋』에 밝았다.

이 이를 적발해서 다스리니 범위가 자복하였다. 사람들이 모두 환호하며 유창을 신명하다고 칭송하였다. ○ 왕거정 王居正 [124]이 무주婺州를 맡아 다스릴 때의 일이다. 대장 장준張俊은 자기 토지가 그 고을에 있어 요역을 면제해달라고 청하였다. 왕거정이 "전쟁이 일어난 이래로 사대부도 일반 민호와 더불어 균등하게 부담을 지는 것은 상하 모두 힘을 같이해서 함께 우리나라를 건지기 위함이다. 하물며 장상가將相家에서야 말할 것이 있겠는가" 하고 끝내 그 부담을 면제해주지 않았다.

대저 민고의 폐단은 혁파하지 않으면 안 된다. 마땅히 그 고을에 하나의 좋은 계책을 생각하여 공전公田 [125]을 설정해서 민고의 역을 충당해야 할 것이다.

범성대范成大 [126]가 처주處州를 맡아 다스릴 때의 일이다. 송양松陽 [127]의 백성들이 역役 때문에 말썽이 있었다. 그가 타이르기를, "내가 듣기로 동양현東陽縣은 돈을 가지고 가서 남의 역을 도와주는 자가 있다고 하니, 너희들은 그 이웃에 있는 있으면서 부끄럽지 않느냐" 하고 그 제도를 확대하여, 고을 사람들을 설득해 빈부에 따라 자금을 내어 토지를 마련하고

---

124 왕거정 王居正, 1087~1151 : 중국 송나라 사람. 자는 강중剛中이다. 집권자인 진회秦檜의 세력에 밀려나 무주婺州로 좌천되었다. 저서에 『죽서집竹西集』 등이 있다.
125 공전公田 : 공전이란 용어는 여러 가지 의미로 쓰이는데 이 경우는 지방 관아의 수입을 삼을 수 있는 토지를 말한다.
126 범성대范成大, 1126~1193 : 중국 송나라 오현吳縣 사람. 자는 치능致能, 호는 석호거사石湖居士, 시호는 문목文穆이다. 참지정사를 역임했으며 숭국공崇國公에 봉해졌다. 저서는 『석호집石湖集』『오선록吳船錄』 등 다수가 있다.
127 송양松陽 : 중국 절강성浙江省 여수현麗水縣 서쪽에 있던 지명.

충의지가忠義之家를 택하여 그 일을 맡게 하였다. 그리고 해마다 들어오는 것을 저축해서 역에 동원된 자들을 도와주고, 그것을 이름하여 의역義役이라 불렀다. 백성들 스스로 역의 순번을 정하게 하고 유사有司가 간여하지 못하게 하였다. 그랬더니 몇 달 사이에 백성들이 모두 기꺼이 좇아서 1현 25도都[128]가 모두 의역을 설치했다고 아뢰었으며, 20년 사이에 여러 고을이 다투어서 그 제도를 모방하였다.

주침周忱[129]이 남직南直[130]을 순무巡撫할 때의 일이다. 무릇 관부의 직조織造와 부담하는 군수軍需 및 마초馬草·하세夏稅[131]·염초鹽草[132]·역마·포진 등을 해마다 마련하기 위해 징수하는 것은 모두 비축하고 남은 양곡에서 내게 하였다. 대개 백성의 부담은 한 해에 1석 5두를 바치는 것 외에 다른 부담은 전혀 미치지 않았다. 그 후에 오는 순무사들이 이 법을 지키면 잘 다스려지고 이 법을 무너뜨리면 어지러워졌다.

고려 이보림李寶林[133]이 남원부南原府를 맡아 다스릴 때의 일이다. 새로 제용재濟用財를 설치해서 제반 비용을 지급하여 비용을 함부로 징수하는 일이 없도록 하니, 이색李穡이 이에 대해 다음과 같이 기문記文을 지었

---

128 도都: 중국의 지방 행정구역 명칭.
129 주침周忱, 1381~1453: 중국 명나라 사람. 자는 순여恂如이다. 영락永樂 연간에 진사에 급제하여, 공부상서工部尙書에 이르렀다. 강남순무사로 22년간이나 있으면서 은혜로운 정사가 크게 드러났다.
130 남직南直: 중국 강남 지방을 가리킴.
131 하세夏稅: 중국 명·청시대에 밀을 조세로 받아들인 것인데 5월 15일에 개창開倉해서 7월 말일에 제족(齊足, 전납하게 한다는 뜻)하였다. 추곡秋穀 수납의 경우는 추량秋糧이라 했다.
132 염초鹽草: 소금을 굽는 데 쓰이는 풀인 듯하다.
133 이보림李寶林, ?~1385: 고려 말기 사람. 이제현李齊賢의 손자. 지방 수령으로 선정을 베풀었으며, 벼슬은 정당문학政堂文學에 이르렀다.

다.[134] "매양 사자使者가 부세를 독촉하는 것이 급하여 고을에서 미처 마련하지 못하면 빌려다가 충당을 하니, 백성들이 더러 파산 지경에 이르렀다. 이보림은 이를 우려하였는데, 마침 포탈한 세를 징수해서 포布 약간을 얻고 또 노비의 송사를 판결해서 포 약간을 얻어 도합 포 650필이 되었다. 그리고 전에 둔전이 있어 아전들의 농간에 맡겨져 있었는데 그가 몸소 그 둔전을 관리하니 아전들이 감히 속이지 못하여 도합 쌀 200석과 콩 150석을 얻었다. 이에 72석을 거두는 신간전新墾田을 비축하는 데 바치도록 하고, 제반 집기 도구를 완전히 마련한 다음에 아울러 이름하기를 제용재라 하였다. 이로부터 백성들이 함부로 징수당하는 괴로움이 없어지게 되었다." 案 이것은 지금의 민고이다.

고려 한강韓康[135]이 금주金州[136] 방어사防禦使로 수령을 겸하고 있었다. 종전에는 항상 전부田賦의 정액을 채우지 못하여 그곳 수령들이 많이 파직당했다. 그가 처음 부임하여 황폐된 둔전을 운영해서 양곡 2000여 석을 얻으니 아전들의 버릇이 잡히고 백성들이 안정하였으며, 그는 고과에서 '최最'에 올라 예부낭중禮部郎中으로 뽑혀갔다.

고려 이모지李慕之[137]가 청주목사淸州牧使로 있을 때 은혜로운 정사를 베풀고 재용財用을 절약해서 백미 20석과 조미糙米[138] 70석과 좁쌀 80석과 메밀 30석과 포 1000필을 얻어서, 이것들을 밑천으로 삼아 이자를 취하

---

134 『목은집牧隱集·남원부신치제용재기南原府新置濟用財記』에 있다.
135 한강韓康, ?~1303 : 고려 고종 때 문과에 급제, 공부시랑工部侍郎·한림학사翰林學士 등을 역임했다.
136 금주金州 : 경상남도 김해金海의 옛 이름.
137 이모지李慕之 : 고려 말기 사람. 청주목사를 지낼 때 선정을 베푼 것으로 유명하다.
138 조미糙米 : 애벌 찧은 쌀. 현미.

여 그 고을의 의재義財[139]를 만들었다. 이에 이색이 지은 기문이 있다.[140]

최유해崔有海[141]가 길주목사吉州牧使로 있을 때, 당시 길주는 기근과 전염병으로 죽은 사람이 무릇 1700명이나 되었다. 그는 창고를 열어 약재를 마련해 구호하고 둔전을 널리 개간해서 양곡 300곡을 얻었으며, 또 병장기를 따로 예비해서 왕으로부터 말을 하사받는 은전을 입었다. 전에 그 고을 백성들은 포를 바치는 것이 한 호에 10필도 넘었는데 그는 토산土産으로 교역을 해서 그 태반을 공제시켜 주었다.

이적이 영덕현령盈德縣令으로 있을 때 일이다. 이 고을은 산을 등지고 바다에 면해 있어 토지가 척박하고 백성들이 빈궁하였다. 그가 어염과 화전에서 세를 거두어 백성의 요역을 도와주고, 전세·대동·세폐歲幣[142] 및 기타를 모두 관에서 마련해주니, 몇 년 사이에 백성들은 휴식을 얻게 되었다.

남쪽 지방의 여러 고을들은 대개 제방을 쌓고 수로를 내면 공전으로 만들 수 있는 곳이 매우 많으며, 연해의 고을은 섬에서 나오는 이익을 거두면 1년 동안의 민고 비용을 지탱할 수 있을 것이다. 수령이 진실로 마음을 다 써서 해결하고자 한다면 어찌 방법이 없다고 걱정할 것인가.

○ 나주에는 12개의 섬이 있는데 부속 도서까지 합하면 수십 개가 넘어서 매년 벼와 보리 6000여 석을 거둔다. 이것을 다만 관부의 목물木物을 공납하는 일을 맡은 일개 군교가 먹고 있으니 이것이 무슨 법인가. 이러

---

139 의재義財: 공적인 사용을 위한 기금이라는 뜻.
140 『목은집牧隱集·청주목제용재기淸州牧濟用財記』에 있다.
141 최유해崔有海, 1588~1641: 자는 대용大容, 호는 묵수당默守堂이다. 광해군 때 문과에 급제, 동부승지同副承旨에 이르렀다.
142 세폐歲幣: 연말에 중국에 가는 사신, 즉 동지사冬至使가 예물로 가져가는 특산물.

한 종류는 민고에 소속시켜서 백성들의 어려움을 덜어주어 유민들을 다시 안집시키고, 진전陳田을 다시 개간하도록 하는 것이 또한 좋지 않겠는가. 대저 공교한 공인들을 모으고 기이한 재목을 구해다가 톱질을 한다, 자귀질을 한다 해서 상자·궤안几案·경대 등속을 만들어서 부녀들의 마음이나 기쁘게 하고 권세 있는 귀족들에게 아첨이나 하니, 감사가 들으면 이 일을 치적으로 삼지 않을 것이며, 자손들이 보면 이 일을 행장行狀에 올리지도 못할 것이다. 눈 한 번 굴릴 사이에 소리와 자취가 모두 사라진다. 어찌 괴롭게도 저런 좋은 일을 버리고 이런 나쁜 일을 하는가. 슬프고 애석하도다!

민고의 하기를 향유鄕儒들을 불러들여 검사하도록 하는 것은 예가 아니다.

매양 연말에 이르면 민고의 가하전加下錢이 혹 1000냥 가까이 된다. 이에 곧 향유들을 불러들여 향회鄕會를 열게 하고 하기를 가져다 세밀히 조사해서 지나치거나 거짓된 것을 살피도록 하고는 돼지를 잡고 생선을 끓여서 모인 사람들을 대접한다. 그러면 향유들은 장부를 뒤적이다가 이윽고 모두들 "거짓이 없다"라고 한다. 이때에 의논이 정해져서 민고에서 초과 지출된 돈을 백성들에게 풀어서 징수하는 것이다. 군자는 "이것은 예가 아니다"라고 말한다. 민고의 하기는 수령이 서명한 것이다. 이미 서명을 하고 이미 도장을 찍었으니 수령이 마감한 일이다. 그런데도 수령이 백성에게 내가 도둑질을 했는지 내가 청렴한지를 너희들이 판결하여라, 나의 장부가 여기 있으니 너희들이 감사해보아라 하는 것이 천하에 있을 수 있는 일인가. 체모를 손상시키는 것이 이보다 더할 수 있겠는가. 게다가 향유란 어떤 부류인가? 그중 낫다고 하는 자들은 과시科詩와 과부科賦를 읊으매 항우와 패공의 구절 따위로 머리가 희어지고, 그보다도 못한 자들은 모심기·보리타작에 종사하고, 전세·창곡의 장부에는 모두 까막눈이다. 하물며 귀신의 요술이 붙은 듯 변화불측한 민고의 장부에서 그들이 어떻게 허위를 적발해낸다는 말인가. 또 설사 가슴속에 의심이 연기와 안개처럼 일어난다 하더라도 승냥이와 호랑이가 머리를 대고 있으니 담이 이미 떨어질 것이요, 돼지고기와 생선이 입으로 들어갔으니 간이 이미 녹아버렸을 것이다. 그런데 검다 희다 한마디 말할 사람이 있겠는가. 대체로 향회란 모두 이러한 것이니 수령이 만약 백성을 사랑하는 마음이 있다면 향회를 해서는 안 될 것이다.

平賦

제 5 조 부역 공평 하

고마법雇馬法[1]은 국전國典에 없으므로 이를 부과하는 것은 명분이 없다. 폐단이 없는 것은 그대로 두되, 폐단이 있는 것은 없애야 한다.

수령이 임지에 내려갈 때에 마필 사용료[刷馬價] 300냥을 이미 국고에서 받았고, 수령의 행차 때의 저치미[儲置米] 4~5석도 모두 회감하는 것이 있다. 그런데 또 고마雇馬라니 무슨 명목인가. 수령이 서울에 있을 적에는 집안에 사흘 먹을 양식이 없어도 말 한 필을 길러서 출입할 때 이용하고 있었는데, 이제 콩과 보리가 관가의 곳집에 쌓여 있고, 꼴과 짚이 관가의 헛간에 가득하다. 그리고 노복 한둘이 관가의 안채에 딸려 있어 대낮에 한가로이 졸고 있거늘, 수령은 어찌하여 스스로 말 두어 필쯤 사서 기르지 않고 꼭 백성들의 고혈을 파내고 짜내야만 마음이 유쾌하단 말인가. 수령이 벼슬하지 않고 집에 있을 적에는 말 한 필에 종 하나로 산과 바다를 두루 돌아다니더니 이제는 잠깐 이웃 고을에 나갈 때에도 반드시 가마와 말 외에 또 안장을 얹은 말을 세우고 의복과 금침, 대자리와 음

---

1 고마법雇馬法: 관에서 역마 이외에 민간의 말을 필요에 따라 관행적으로 사용하는 것.

식·대야 등속을 운반하기 위해 말 세 필을 더 동원하다니 지나친 사치가 아닌가.

○ 수령이 행차할 적에는 마땅히 교마 한 필[수령이 타는 것이다], 치마輜馬 한 필[의복과 금침, 대자리와 음식, 대야 등속을 합해서 싣는다]은 내양마[內養馬[2]를 사용하고, 배리마陪吏馬 한 필[형방刑房이 탄다], 배동마陪童馬 한 필[통인이 탄다]은 혹 본청本廳[3]에서 고마 비용을 지급하고 혹은 민고에서 고마 비용을 지급해주기도 하는데, 모두 구례舊例를 따라 시행할 것이다.

○ 민고에서 고마 비용을 지급할 경우, 매 10리마다 1전 5푼이며, 100리 이상인 경우에는 100리마다 2냥을 지급한다[300리면 6냥, 800리면 16냥]. ○ 이를 본청에서 지급하는 것은 본청에 사재私財가 있기 때문이다. 혹 이속이 좋은 자리를 맡아 있거나 혹 외촌外村에 보솔保率을 가지고 있는 경우에는 마땅히 구례에 따를 것이고, 혹 계방촌이 있어서 고마 비용을 뒷받침하고 있는 경우에는 계방은 혁파하고 민고에서 지급하도록 할 것이다. ○ 공무로 행차할 때에는 저치미에서 회감하는 것이 있으니 이미 그 쌀을 받았거든 절반은 관가의 곳집으로 넘겨 내양마의 먹이에 보태주도록 하고[내양마는 2필이다] 절반은 민고에 속하게 하여 외급마外給馬의 비용에 보충하게 할 것이다[외급마는 2필[4]이다]. ○ 수령이 행차할 때에 안장마가 없을 수 없으므로, 수령의 안장을 외마外馬에 매달아놓고 그 말의 배동이 타도록 했다가 수령이 안장마를 타고자 하면 그 안장을 옮겨 놓을 것이다.

말은 이와 같이 하면 충분하다. 그런데 요즘 고마고雇馬庫를 설치하여

---

2 내양마內養馬: 내아에서 기르는 말.
3 본청本廳: 이청과 통인청 등 각기 해당 관청을 가리킴.
4 외급마 2필外給馬二匹: 배리陪吏·배동陪童이 타는 말을 뜻하는 듯하다.

해마다 백성들에게 1000여 냥씩을 부과하여 말 8~9필을 비치해둔다. 한 필당 본전 50~60냥을 지급하는 조건으로 사람을 모집하여 말을 관리하는 일을 맡긴다. 말이 죽으면 반액을 징수하고 말이 병들면 말을 바꿔 비치한다. 말을 바꿔 비치할 때에는 그 값을 보태준다. 수령이 가까운 곳에 행차할 때는 대가를 주지 않고 먼 데로 행차하는 경우에만 고마 값의 절반을 주고 있다. ○ 더러 읍례邑例에 따라서는 관에 말을 비치하지 않고 읍중에서 마부를 뽑아 그로 하여금 말을 기르도록 하고 수령의 행차가 있을 때에 그 고마비를 후히 주는데 고마고에서 지급한다. ○ 무릇 고마고를 두고 있는 경우 말이 땅속에서 솟아나는 듯이 여겨서 말을 사용하는 데 절제가 없다. 수령이 매양 한 번 행차할 때면 교마 2필, 안장마 1필, 치마 2필, 배마【통인이 2필을 끌게 된다】3필이나 된다. 자제들이 상경하거나 부녀자들이 집으로 돌아가거나 친척들이 왕래할 때나 모두 고마를 사용한다. 그리고 이름하여 웅부雄府라고 칭하며, 갖춤새를 자랑한다. 지나간 곳에는 먼지가 자욱하고 말방울 소리가 요란하게 울려 태수의 행차가 자못 초초草草하지 않다고 자부하지만, 고마전을 배당 징수하는 날에는 이리와 호랑이가 대낮에 횡행하며, 닭과 개들이 밤중에 놀라고, 곳간을 헐고 솥을 떼어가고 짜던 베를 끊어가고, 시렁을 잘라 가서 홀아비와 과부들의 곡성이 하늘에 사무치는 줄을 모르고 있다. 슬프다, 어찌 그렇게 어두운가. ○ 고마고는 반드시 없애야 할 것임은 의심할 여지가 없다. 다만 배마 2필은 고려하지 않을 수 없다【앞의 법과 같다】.

살인 사건은 한 달에 세 번씩 추고推考를 하게 되어 있는데 그 추관推官이 100리 밖에 있을 때에는 매번 가지 못하고 한낱 문서로 꾸며서 상사에게 속여 보고한다. 실상 문 밖으로 한 발짝도 나가지 않았는데 저 치미를 내서 그 비용을 회감하고 있다.

공비 지급이 규정대로 되었다면 수령이 공비를 받아 고마고에 회부할 것이다. 고마고에서 별도로 60여 냥【한 번 행차마다 돈 20냥을 뜯어낸다】을 토색하여 수령의 사사로운 주머니 속으로 넣어버린다. 1년을 통계하면 그 돈이 720냥이나 되는데 이를 가하加下라고 하여 가난한 백성들에게 풀어 징수한다. 나는 이런 일을 많이 보아왔다. 이런 일을 그냥 넘긴다면 어떻게 될 것인가.

범희정范希正이 조현曹縣을 맡아 선정을 하여 그 현이 주州로 승격되었다. 그때 고을 백성들이 관마를 축내고 능히 갚을 수 없어 도망하는 자가 많았다. 범희정이 공비를 절약하여 90여 필을 대신 보상해주니 도망갔던 자들이 모두 각기 생업에 복귀하였다. 案 축난 것이 90필이라면 남아 있는 말은 수백 필이 될 것이다. 중국은 작은 주나 작은 현에도 말 수백 필이 있는데, 우리나라는 고마가를 민고에 책임지게 해서 말 10필이 차지 않는데도 온 고을이 시들고 병드니, 아아! 이 일을 장차 어찌할 것인가.

균역법을 시행한 이후로 어魚·염鹽·선세船稅[5]가 일정한 비율로 매겨졌는데, 법이 오래되면 폐단이 생기게 마련이라 아전이 농간을 부리고 있다.

---

5 어·염·선세魚鹽船稅: 종래 궁방·감영 및 군현에서 받고 있던 어전漁箭·염분鹽盆·선박세船舶稅를 영조 26년(1750) 이래 주로 균역청에서 일괄 수납하였다. 균역법 실시로 군포 2필 중 1필을 감함에 따라 그 부족액을 보충하고자 각 도의 어전·염분·선박세의 등급을 나누고 대장을 만들어 호조와 각 도 및 각 읍에 비치하여 징수하였다.

물고기·소금·배에 대한 세금은 이치상 마땅히 있어야 한다. 『주례』에 천택川澤에는 막아서 금하는 것이 있었고, 수레와 가마는 모두 계산에 들게 되었으며, 제나라에는 주교수舟鮫守[6]가 있었고, 한나라에는 염철관鹽鐵官[7]을 두었으니, 물고기·소금·배에 대한 세금을 거둬들이는 것은 조금도 부끄러워할 것이 없다. 그런데 옛날에 정사를 의논하던 신하들의 역량이 넓지 못하고 의논이 맞지 않아서, 만들어놓은 것이 본래 각 도와 군읍에 있던 사사로운 관례들을 늘어놓은 것에 불과하여 일관성이 없고, 결국 모든 세율이 도마다 다르고 읍마다 다르게 되었던 것이다. 높고 낮고 오르고 내림이 본래 획일된 법이 없었던 것이다. 그 후 변하고 변해서 아랫 사람을 통솔할 만한 방도가 없고 세월이 오래되어서 다시 조사하지도 못해 허실虛實이 서로 엇갈리고 농간과 속임수가 날로 심해진다. 무릇 바닷가 고을의 수령으로 나온 사람은 삼정三政 외에 이 한 가지 큰 정사가 따로 있으니 반드시 유의해야 한다【자세한 것은 「공부고貢賦考」를 보라】.

배〔船〕에는 등급이 많은데 도마다 각각 다르니 배를 점검할 때에는 오로지 예전부터의 관례를 따를 것이며, 세금을 거둬들일 때에는 다만 중복된 징수를 살피도록 할 것이다.

---

6 주교수舟鮫守: 큰 늪과 천택川澤을 관장하는 중국 제나라의 관리.
7 염철관鹽鐵官: 중국 한나라 때 염철의 전매를 관장하던 관리. 찬반양론이 매우 시끄러웠는데, 그 논란을 모아둔 책이 전한 선제宣帝 때의 학자 환관桓寬이 편찬한 『염철론鹽鐵論』(10권 60편)이다.

배가 물건을 싣는 것은 배의 힘에 달려 있다. 높이나 너비가 다르면 싣는 용적이 같지 않을 텐데, 지금은 다만 배의 길이가 길고 짧은 것만을 가지고 기준을 내어 세율을 정하니 본래 엉성한 법이다. 만약 그때 쌀 몇 섬을 실을 수 있는가를 차등을 두어 정하였더라면 그 세율이 실정에 맞았을 것이다【자세한 것은 「균역추의均役追議」[8]에 나와 있다】. 애석하게도 지금은 어찌할 도리가 없다. 그러나 수령이 배를 점검하는 날에 마땅히 이 뜻을 살려야 할 것이다.

○ 경기도와 황해도에서는 배를 4등급으로 나누는데, 모름지기 4등급의 배가 각각 몇 섬씩을 싣는가를 알아서 반드시 그 싣는 수량이 같아야 같은 등급에 넣을 것이다. 한갓 길이가 몇 파把[9]인가만 가지고 등급을 대충 정하지 말아야 타당하다. ○ 충청도에서는 배를 10등급으로 나누고, 전라도에서는 배를 9등급으로 나누며, 경상도에서는 3종으로만 나누고, 강원도와 함경도에서는 대동소이하다【역시 3종이다】. 비록 그 법을 세움이 고르게 정돈되어 있지 않으나 한 고을의 책임자는 오직 삼가 전례를 따를 따름이다. 대략 적재하는 양의 많고 적음으로 그 실정을 참작하여 위로 붙이거나 아래로 붙이거나 공평하다는 말을 듣도록 하는 것이 옳다【자세한 것은 모두 「균역추의」에 있으니 여기서는 더 부연하지 않는다】.

선세를 중복해서 거두는 폐단은 내가 직접 본 바가 있다. 모도茅島[10]에 황가 성을 가진 자가 있었는데 전에 요선소船【아주 작은 배】한 척을 사

---

8 『경세유표·균역사목추의均役事目追議·선세船稅』.
9 파把 : 일반적으로 전답 면적의 한 단위로 사용되고 있으나, 여기에서는 양선녹안量船錄案과 관련하여 양선척量船尺의 한 단위로 영조척(營造尺, 주척의 1척 9분 9리에 해당)의 반을 기준으로 10척을 1파로 하였다.
10 모도茅島 : 지금의 전라남도 진도군 의신면 모도리에 딸린 섬이다.

서 왕래하면서 행상을 하다가 이윽고 이익이 없어서 장삼에게 팔았다. 장삼은 배를 부린 지 1년 만에 죽고 그 처가 배를 이사에게 팔았다. 이사는 완도 사람이다. 이에 균역리均役吏가 이들 세 사람을 모두 선안(船案, 선박 대장)에다 올려놓고 해마다 선세를 징수하였다. 황가가 서면으로 소장訴狀을 내니 수령이 제사題辭하기를 "사실을 조사하여 탈급頉給할 것이다"라고 하였다. 이후 해당 아전에게 회부하니 그 아전이 손을 내밀어 뇌물 1관貫【돈 10냥】을 요구하였다. 황가는 돌아와서 향승과 결탁하려고 전복 50개와 미역 한 짐을 가지고 가서 선물했다. 향승이 "너의 억울함을 내가 응당 바로잡아 주겠다"라고 하였다. 그리고 며칠이 지나 아전의 독촉이 날로 급하니 향승이 "안됐지만 금년의 선세는 네가 물어라. 명년 선세는 내가 봐주겠다"라고 하였다. 이듬해가 되어 아전의 독촉이 다시 급해지자 황가가 찾아가 보니 향승이 이미 바뀌어 있었다. 황가가 다시 소장을 제출함에 수령이 "사실을 조사하겠다" 하고 담당 아전에게 회부하였다. 그 아전이 황가에게 말했다. "네놈은 도무지 틀렸다. 향승에게는 뇌물을 바치고 본청은 돌아다보지도 않았으니 모름지기 돈 2관【20냥】이라야 네 이름을 없애줄 것이다." 황가가 혼자 생각하기를 "요선의 세가 불과 3냥인데 내가 이 일 때문에 전후로 육지로 나다니느라고 소모한 것만 해도 1관 가까이 된다. 또 2관을 바치면 이는 10년의 선세를 하루아침에 다 바치는 셈이다. 인생은 실로 아침 이슬과 같은 것인데 어찌 멀리 10년을 기약할 수 있겠는가" 하고 3냥을 물고 나왔다고 한다. 돌아가는 길에 다산에 들러 나에게 이와 같이 이야기했다. 내가 만나본 사람은 황가이지만 장삼과 이사도 모두 그러하였을 것이다. 이렇게 볼 때 요선 한 척을 가지고 납세하는 자가 여러 사람이다. 소선 한 척의 납세자가 여러 사람이 되니 대선·중선의 세율은 훨씬 높은데 혹시 이런 폐단은 없을까.

○ 무릇 선세의 징수에는 마땅히 선안을 상고하여 그 실제 수를 알아서 균역리로 하여금 배 한 척마다 각각 일패一牌씩 내게 하되 현재의 선주를 살펴서 중복으로 제출된 것이 아님을 확인한 후 도장을 찍어야 할 것이다. ○ 배의 수와 패의 수가 서로 합치된다고 해서 농간이 없다고 볼 수 없다. 아전들은 현재의 선주에게는 사사로이 백패白牌【도장이 찍히지 아니한 것】로 거두고 옛 선주에게는 주패朱牌【관인이 찍힌 것】로 거두게 되면 현재의 선주는 이미 억울함이 없으니 비록 백패라도 또한 납부할 것이요, 옛 선주는 주패를 받았으니 비록 억울하더라도 또한 바치지 않을 수 없다. 이러한 폐단 또한 마땅히 알아야 할 것이다.

진서산眞西山이 천주泉州를 맡았을 때 외국 선박이 가혹한 징세를 두려워하여 1년에 3~4척밖에 들어오지 않았는데 그가 모두 관대하게 조처해주니 들어오는 배가 부쩍 늘어나 36척에 이르렀다.

어세魚稅의 바탕은 모두 바다에 있으니 세밀히 살펴볼 길이 없다. 오직 비총比總에 맞도록 힘쓸 것이며, 함부로 징수하는가를 때때로 살펴야 할 것이다.

어세의 바탕에는 넷이 있다. 첫째는 어장이니, 넓은 바다 가운데 그물질하는 배가 모여드는 곳을 장場이라 한다. 둘째는 어수漁隧이니, 고기떼가 다니는 데는 길이 있어 그 길목에 배를 세워두는 것을 수隧라 한다【균역사목均役事目에서는 본디 어조漁條라 하였다】. 셋째는 어종魚艭인데, 종선宗船, 즉 주력선의 좌우에 여러 배가 날개처럼 벌려 서는데 이를 종艭이라 한다[본디 어기漁基라 하였다]. 넷째는 어홍漁簇이니, 대로 발을 엮어 마주 세워 오므라들게 하여 끝나는 곳에 함정을 만든 것을 홍簇이라 한다[본디 어전漁箭이라 하였다].

○ 충청도 지방의 어세는 어홍을 10등급으로 나누고 어장과 어수와 어종에는 4등급이 있다. 전라도의 어세는 어홍을 9등급으로 나누고 어수는 3등급으로 나누는데 그 어장과 어종의 세율이 가장 높다[법성·군산·위도 등]. 경상도의 어세는 5분의 1세稅로 각 도 중에서 세법이 가장 잘못되었다. 나머지 여러 도의 세법은 명확하지 않다. 비록 각 도의 조례에 우열이 있다 하더라도 이제는 오직 매년 비총에 따라 원액을 채워 넣도록 할 것이다. 혹 남고 모자라는 것이 고르지 않거나 이해가 서로 엇갈린다 하더라도, 수령이 일일이 살펴 따질 것은 없다. 이른바 깊은 물속의 고기를 모조리 다 살필 것은 없다는 의미이다. 그러나 유력하고 교활한 감리監吏들이 공세公稅를 빙자하고 함부로 약탈을 일삼는 짓은 불가불 별도로 염탐하여 때때로 한 번 엄중히 벌을 줄 것이다. 그래서 어선들이 모여들게 하여 이익을 잃지 않도록 해야 한다.

○ 포구나 만에 있는 어홍은 정해진 세액 외에 아전·군교·관노·관례官隸들이 언제나 평계를 대고 뜯어간다. 감사의 순력이 이르면 이것을 평계대고, 수령 어머니의 생일잔치에도 평계대고, 백일장 등 시장試場을 열 때에도 평계대고, 수령이 호수에 배를 띄우고 손님을 맞아 뱃놀이할 때에도 평계를 댄다. 썰물 때 잡은 물고기건 밀물 때 잡은 물고기건 모조리 빼앗아가고도 엽전 한 닢도 값을 치른 적이 없다. 수령이 언제 그 생선 한 마리라도 회쳐 먹었기에 이러한 원망과 저주를 듣는다는 말인가. 내가 바닷가에 있을 때 늘 이런 일들을 보아왔다. 수령은 마땅히 알아두어

야 할 일이다[앞의 '율기 6조'(제2부)에 나와 있다].

정만석이 연일현감으로 있을 때 응지상소로 아뢰었다. "균역법이 시행된 이래 어물 생산이 점차 줄어들어 어홍은 이미 없어졌는데도 세액은 그대로 남아 있으며, 배는 부서졌는데도 이웃과 친척에게까지도 침해하고 있습니다. 본 고을처럼 지극히 작은 데에도 없어진 어홍에 대해서 과세하는 곳이 3~4곳이나 있으며, 부서진 배에 대해서 이웃과 친족에게 세를 물리는 배가 19척이나 됩니다. 지난날에 100명이 바치던 것을 전년에는 10명에게 책임지우고 전년에 10명이 바치던 것을 금년에는 1명에게 요구하니 백성들이 어찌 견뎌낼 수 있겠습니까. 대저 어홍이 없어지고 배가 부서졌는데도 면세를 받지 못한 이유의 하나는 균역청에서 대신 징수하기 때문이며 다른 하나는 감영 이속들의 정례적인 토색 때문입니다. 신이 엎드려 생각하건대, 사물은 성쇠가 있고 기물은 만들어졌다가 부서지기도 하는데, 어찌하여 대신 책임 지우고 부족분 채우기를 마음대로 한단 말인지요. 「균역청절목」에 '진실로 장표章標[11]가 없으면 바다에 나타날 수 없으니, 저절로 요행히 탈세하는 폐단이 없을 것이다'라고 했으니, 이는 사리를 분명히 한 말입니다. 이미 파선된 줄을 알면서 오히려 부서지지 않았다고 우기는 것은 옳지 못하고, 이미 파선된 줄을 알면서도 오히려 면세를 허락하는 데 인색한 것은 옳지 못한 처사입니다. 하물며 한 해씩 걸러서 성안成案을 고쳐도 감영의 이속들이 법금法禁을 무시하고 함부로 인정채를 토색하는 것이 끝이 없습니다[「균역청절목」에 "무릇 파손되거나 건조 중인 배의 경우에도 마감하도록 하지 말고 오직 표시만 하게 해서 인정채

---

11 장표章標: 『만기요람·재용』에는 "장표掌標로" 되어 있다. 선박에 발급하는 면장免狀, 즉 영업 허가증. 오늘날의 영업 감찰.

를 토색하는 것을 막아야 한다"라고 나와 있다]. 그래서 삭선어물朔膳魚物을 진상할 때, 그곳 감영과 고을에 인정채가 800~900냥에【감영의 인정채는 전복 1첩貼, 문어 1마리가 각각 돈 5냥, 광어 1마리, 분곽(粉藿, 품질 좋은 미역) 1근이 각각 돈 1냥, 다른 것도 이와 비슷하다. 본 읍의 인정채는 그 액수가 다소 적은 것이다】 이르는데, 이것을 해호海戶에 풀어 징수하고 그것이 전결田結에까지 미치고 있습니다. 동해 연안 여러 고을도 관례가 모두 같습니다. 백성이 어찌 곤궁하지 않을 수 있으리까."

무릇 강에 인접한 여러 고을로 녹수淥水【압록강】·살수薩水【청천강】·패수浿 水【대동강】·저수瀦水【예성강】·대수帶水【임진강】·열수洌水【한강】·사비수泗沘水【백 마강】·안수鴈水[12]【양정포良定浦】·영수濚水【영산강】·잔수潺水[13]【두치강豆耻江】·남 수灆水【청천강[14]】·황수潢水【낙동강】 등의 강가에 있는 여러 군현들의 어세는 각각의 법이 만 가지로 달라서, 혹 홍세篊稅로 거두면서 물고기로 징수하 지 않는 것은 폐단이 그리 심하지 않으나, 혹 별도로 본전을 지급하여 지 방 유력자로 하여금 이익을 불리게 하고 매달 물고기 수십 마리를 토색 하여 관아의 주방에 바치게 하는 것은 폐단이 매우 크다. 수령이 물고기 1마리를 토색하면 아전들은 물고기 10마리를 토색질하게 된다. 이런 것 들은 마땅히 법을 고치고 주노廚奴로 하여금 물고기를 사서 바치게 해야 할 것이다.

곽세藿稅【곽이란 미역이다】나 태세苔稅는 세율이 본래 가벼우니 오직 관례

---

12 안수鴈水: 전라북도 전주에서 완주군 삼례參禮 지역으로 흐르는 물. 『대동여지도大東輿 地圖』에는 안천雁川·양정포良正浦로 되어 있다.
13 잔수潺水: 전라남도 구례 쪽에 흐르는 섬진강.
14 청천강菁川江: 전라남도 진주 남강의 옛 이름.

를 생각해서 그 원액을 충당하도록 함이 옳을 것이요, 만약 송사가 있을 때에는 마땅히 외롭고 약한 자를 도와주어야 할 것이다. 대개 미역밭이나 김밭은 모두 토호들의 차지가 된 지 오래되었기 때문이다.

염세 鹽稅는 본래 가벼워서 백성에게 고통이 되지는 않는다. 오직 비총을 기준으로 하여 때때로 무리한 징수가 있는가를 살피면 된다.

경기도의 염분鹽盆[15] 세稅는 그 세율이 가장 가벼워, 높은 것은 4냥이고 낮은 것은 1냥이며, 4등급이 있다. 황해도의 염분은 비록 4등급으로 나누었지만 세율이 조금 높다[상등급이 16냥이다]. 충청도의 염분세는 8등급, 전라도의 염분세는 9등급으로 나누어졌고, 경상도는 그 이득이 가장 많고 세율은 가벼워 대소를 막론하고 6냥이다. 강원도 또한 그러하다. 함경도의 염분은 토분土盆에서는 두루 10냥을 징수하고 철분鐵盆[16]에서는 6냥을 징수한다. 평안도의 염분세는 5등급으로 나누어져 있다[높은 것은 세가 10냥, 낮은 것은 2~3냥이다]. 비록 그 조례가 자세한 것과 소략한 것이 있고, 염장鹽場이 번성한 곳과 쇠퇴한 곳이 있으나, 이제부터는 오직 매년 비총의 원액을 채우도록 할 뿐이다. 그중에서 남고 모자라는 것이 고르지 않아서 이해가 서로 엇갈린다 하더라도 수령이 일일이 살펴 따질 것은 없다. 이

---

15 염분鹽盆: 일반적으로 소금 굽는 가마를 일컬으나 소금을 만드는 시설 전체를 가리키기도 한다.
16 토분土盆·철분鐵盆: 토분은 흙으로 만든 소금 굽는 가마, 철분은 쇠로 만든 소금 굽는 가마.

른바 깊은 물속의 고기를 모조리 다 살필 것까지는 없는 것이다. 그러나 소금이란 매일 쓰는 일용 양식과 같은 물건이다. 염리鹽吏와 염감鹽監[17]이 사사로이 뜯어내 절제 없이 소비하면서 값을 치르지 아니하고 혹 세미로 갚겠다고 약속해놓고 끝에 가서 약속을 어기고, 혹은 관에 소요되는 장醬을 핑계대어 그 값을 경감시키기도 한다. 이로 인해 염호 중에 망하는 자가 허다하다. 별도로 염찰하는 일을 어찌 그만둘 것인가.

윤노동尹魯東이 양산군수로 있을 때 올린 응지상소에 대한 임금의 비답이 다음과 같다. "명지도鳴旨島[18]의 소금 굽는 일은 문정文靖[19]이 건안建安에 염창鹽倉을 설치한 방식을 본뜬 것인데, 근자에 도리어 관에서 그 징수를 함부로 하여 백성들이 생업을 빼앗기는 형편이로다. 50여 개소의 소금가마가 거의 절반으로 줄어들고, 섬 백성들이 양식을 잃은 것은 말할 것도 없고, 도내 좌우 연변의 백성들 또한 장차 밥상에 소금이 없고, 살갗에 털이 날 지경에 이르렀다 하니, 근년에 와서 그 값을 올려준다는 것이 한갓 유명무실로 돌아갔구나. 내가 아침저녁 식탁에서 이염飴鹽[20]을 찾지 않는다고 하여 이것이 어찌 조금이나마 민생의 일용에 도움이 될 수 있으랴! 네가 말한 사선私船의 길이 막히면 아마도 나머지 소금가마도 점차로 비게 될 것이라고 한 대목은 그림을 그린 듯이 표현하여, 그 진상

---

17 염리鹽吏·염감鹽監: 소금 굽는 일을 감독하고 염세를 징수하는 일을 맡은 아전과 감독관.
18 명지도鳴旨島: 경상남도 김해 지역의 낙동강 하구에 있는 섬.
19 문정文靖: 중국 송나라 진종 때의 정승 이항(李沆, 947~1004). 자는 태초太初, 문정文靖은 그의 시호이다. 왕안석의 신법에 반대하였다. 이때 이항은 진주眞州의 발운사發運使가 되었는데, 조운선이 쌀을 다 내리고 돌아갈 때 건안군建安軍의 염창에서 소금을 실어 다른 지역에 조달하게 했다(『문헌통고』).
20 이염飴鹽: 임금이 먹는 소금을 지칭하는 말. 암염을 지칭하기도 함.

을 꿰뚫어본 것 같다."【『정조어제正祖御製』】

　중국의 법에 소금은 모두 관영으로 제조하고 민영을 금지하고 있는데, 그것은 돈의 사사로운 주조를 법으로 규제하는 것과 같다. 유안劉晏의 상평염常平鹽을 당시에는 좋은 법이라 일컬었는데, 이제 경상도 감사가 스스로 염창을 설치하여 그 이익을 거두고 있다. 소금은 관에서 판매하는 물품이다. 대저 슬기로운 자는 천재天災의 유행을 미리 생각할 수 있고 물자의 귀천은 모두 징조가 있는 법이다. 무릇 오래 가물면 소금이 흔하게 되는 것이 마치 흙과 같아서 염호가 아무리 힘을 다 써도 수고만 많이 들고 이익은 적다. 수령은 이때에 소금 수천 석을 사서 부민에게 주고 약속하기를, "소금이 귀하게 되거든 시가보다 헐하게 팔더라도 너에게 이득이 있을 것이다. 이 소금을 잘 보관하도록 하라"고 한다. 적당한 때에 이르러 팔면 그 이익이 적지 않을 터이니 만약 흉년을 만나면 마땅히 진휼에 보탤 것이요, 만약 연이어 풍년이 들면 이 돈으로 성곽도 수리하고 관아도 수선하며 깃발도 고치고 병기도 수선할 것이다. 무엇이건 직무 수행에 도움이 안 될 것이 없다. 한 푼의 돈이라도 사복을 채우면 장사꾼이란 이름을 피할 수 없을 것이다.

　장윤張綸이 강회江淮 발운부사發運副使로 있을 때 소금의 과세 수입이 크게 축이 났다. 이에 위에 아뢰어 통주通州·태주泰州·초주楚州 세 고을 염호의 묵은 부채를 면제해주고 관에서 그 기구를 보조해 소금이 들어오면 값을 후하게 주었다. 이로 인하여 해마다 들어오는 염세가 증가해 수십만 석이 되었고, 다시 염장鹽場을 항주杭州·수주秀州·해주海州 세 지역에 설치하니 해마다 들어오는 염세가 또 150만 석이나 되었다.

　감사 정언황이 인천부사로 있을 때 인천부의 염세가 본래 과중하였다.

그는 염호가 날로 쇠퇴함을 알고는 그 염세의 3분의 2를 감해주고 또 관리들을 단속하여 어물의 수탈을 근절시켰다. 이에 다른 고장의 염호들까지 소문을 듣고 다투어 모여들었다. 염호가 많아지자 염세 수입도 저절로 갑절이나 되었다.

토선土船[21]이나 관선官船을 이용하는 물고기 장수,
소금 장수, 김·미역 장수들이 깊은 원한이 있어도
고소할 곳조차 없는 것이 바로 저세邸稅이다.

저세란 무엇인가. 정현鄭玄이 말한 저점세邸店稅이다. 저점이란 무엇인가. 오늘날의 이른바 선주인船主人이 그것이다. 포구에 배가 닿는 곳에는 어디나 호민이 점포를 차려놓고 무릇 상선이 도착하여 정박하게 되면 그 화물을 주관하면서 감히 이동을 못하게 하고 자신이 거간꾼이 되어 임의로 조종해서 값을 올렸다 내렸다 하면서 혹은 은밀히 상인을 도와 생색을 내며 자기의 묵은 빚을 탕감하게 하고【벗어난다는 의미】혹은 은밀히 뭍의 상인을 도와서 억지로 값을 싸게 매겨 거기서 생기는 이익을 나누어 먹기도 한다. 그리고 일부러 술과 고기를 차려 극진히 대접하는 체하면서 저세를 높이 받기도 한다. 배가 떠나는 날 장부를 놓고 타산해보면 상인이 얻은 이익의 절반이 저점으로 돌아가고 그 나머지 절반은 셋으로 나눠지고 다섯으로 찢어진다. 게다가 아전·군교·관노들이 한번 배가 들어왔다는 말을 듣기가 바쁘게 벌떼처럼 모여들어 화물을 빼앗아가거나

---

21 토선土船: 지방 민간 소유의 선박 또는 부근의 일정한 곳에서만 항행하는 조그만 배. 일명 지토선地土船.

반값만 내고 차지하거나 대금을 후일로 미루는 것이다. 조금이라도 거절하면 난폭하게 치고 머리채를 움켜잡아 유혈이 옷소매를 적시고 울음소리가 하늘에 닿는다. 이때에 갯마을의 불량배들이 그 기세를 도와 주먹질과 발길질을 함부로 하니 이 때문에 상선商船이 모여들지 않으며, 물화의 값은 뛰어오르니 포구 또한 날로 쇠퇴해간다. 평시에도 응당 제재해야 옳겠거늘, 더구나 흉년을 만나서 어떤 조처가 없을 수 있겠는가. 주자의 구황救荒에 관한 정사에 맨 먼저 이러한 폐단을 금지시키기 위해서 거듭거듭 명령을 하고 신칙하였으니【자세한 것은 황정조荒政條[22]를 보라】선현도이 문제점을 터득하고 있었던 것이다. 무릇 연해의 수령들은 마땅히 부임 초에 포구마다 방을 붙여 타이르되, 엄격히 금지 사항을 정하여 그들이 먹는 밥값 외에는 털끝도 함부로 뜯어가지 못하게 하되, 별도로 염탐하여 금령을 어긴 자를 다스린다면 아마도 상인들이 모두 즐거이 그 지역으로 드나들기를 원할 것이다.

○ 창원의 마산포馬山浦, 진주의 가산포駕山浦[23] 등지에 있는 저점의 이익은 수천 수만 냥이 된다. 포구의 호민들이 다투어 점거하고 서로 작당하여 상대편과 알력을 일으킨다. 뇌물을 싣고 서울에 올라가서는 재상들에게 결탁함으로써 감사에게 청을 드려 차첩(差帖, 임명장)을 얻어내며 그 권세를 믿고 횡포를 자행하여도 수령이 규제할 수 없으니, 그들이 행상들을 벗겨 먹는 일에 어찌 한정이 있겠는가. 연해의 여러 포구들에서도 모두 수령에게 뇌물을 바쳐 차첩을 얻는다. 이미 수령이 뇌물을 먹었으니 어찌 그들의 횡포를 금할 수 있겠는가. 드디어 저자邸者를 끌어다가

---

22 황정조荒政條: 『목민심서』의 제11부 '진황 6조'를 가리키는 듯하다.
23 가산포駕山浦: 경상도 우조창右漕倉인 진주의 가산창駕山倉이 있는 곳.

자기 사람으로 삼아서 진귀한 어포나 큰 전복 따위를 얻어먹으니 저자의 행패는 날로 심해간다. 이 일을 장차 어찌할 것인가.

류공작柳公綽[24]이 간성군수杆城郡守가 되었는데, 이 군에는 해산물이 많았다. 전임 군수들은 대체로 교묘하게 명색을 붙여서 어호漁戶를 침탈하고 일반 백성들을 가혹하게 착취하며 객선客船이 당도하면 또 하정세下碇稅[25]를 과중하게 요구하여 일반 백성들이 흩어지고 객선이 오지 않게 되었다. 그가 부임하고서는 오직 정규 공납만 남겨놓고 나머지는 모조리 없애버리고 "백성들에게 해악을 끼치면서 윗사람들을 기쁘게 하는 것을 나는 실로 부끄럽게 여긴다"라고 하였다. 이에 백성들이 모두 자기 생업으로 다시 돌아오게 되었다.

장세場稅·관세關稅·진세津稅·점세店稅와 승혜僧鞋 및 무녀포巫女布를 지나치게 징수하는가를 살펴야 할 것이다.

장세는 저자의 세이다. 『주례』에 관시關市[26]의 부賦는 9부九賦 중의 하나로서 임금의 음식과 의복에 이바지하는 것이라고 하였다. 한나라 법에서 저자의 세는 천자의 사용에 속하는 것이 되었고, 관세와 진세도 점차

---

24 류공작柳公綽, 1481~1559: 조선 중기의 인물인 유작柳綽. 자는 유재裕哉, 본관은 풍산이다. 간성杆城(지금의 강원도 고성 지역)의 군수를 지냈다. 서애 류성룡의 조부이다.
25 하정세下碇稅: 정박세. 화물을 싣고 오는 타 지역의 배에 대해서 징수하는 것.
26 관시關市: 관關은 국경 및 기타의 요소에 설치된 관문이며, 시市는 시전으로 도읍에 설치되었다. 관은 행상行商이 통과하는 곳이며, 시는 물화를 판매하는 장소. 『주례·천관총재·태재』의 9부賦 중에 일곱 번째에 관시의 부賦가 있다.

로 조례를 갖추어 후세에 이르렀고, 그 후로 송나라·명나라에 이르러서는 그 법이 더욱 상세하게 되었으니, 저자의 세는 또한 이치에 합당한 것이다. 다만 저자의 세를 관장하는 것을 패악한 군교들에게 맡겨 돈과 쌀을 갈취하고 공공연히 도적질을 하게 하며 고을의 호상豪商들이 이 군교들을 비호하면 시골의 가난한 백성들은 돈과 곡식을 잃게 된다. 수령은 마땅히 거듭 명령하고 타일러 구습을 엄단할 것이며, 별도로 염탐하여 금령을 어긴 자를 다스리면 가난한 민가의 자투리 베〔布〕와 곡식 한두 말이라도 저절로 장터에서 제대로 팔릴 수 있게 될 것이다. ○또 일종의 간활한 자들이 맨손으로 장터에 들어와서 스스로 거간꾼이 되어 장터의 거래를 마음대로 휘어잡고 있다. 곡식을 거래할 때 되질·말질하는 권한, 포백布帛을 거래할 때 그 길이를 재는 권한, 면화를 거래할 때 무게를 저울질하는 권한부터 이물·젓갈, 대추·밤·배·감 등속의 과일, 옹기·사기 등 그릇, 소·말·꿩·닭의 거래에 이르기까지 모두 이들이 와야 거래가 이루어지며, 좌우가 눈을 깜박이면서 멋대로 값을 조종하니, 수령은 마땅히 염탐하고 규찰하여 그중에서도 가장 불량한 한두 사람을 잡아 엄중히 죄를 주어 용서하지 않으면, 아마도 모든 사람이 조심할 바를 알게 될 것이다.

『주례·사시司市』에서 "흉년이 들면 저자의 과세는 없다"라고 하였는데, 지금은 비록 다 그럴 수 없겠으나 곡식 가게만이라도 흉년에는 세를 면제해주어서 한 줌의 곡식이라도 허비되지 않게 한다면 곡식을 파는 사람과 사는 사람이 모두 혜택을 입을 것이요, 오직 한두 거간꾼만 이익을 잃어버릴 뿐이다. 대저 정사란 한 사람의 원망을 사더라도 만 사람의 칭송을 받는 것보다 더 좋은 것이 없으니 무엇을 꺼려서 시행하지 않겠는가.

관關이란 고갯길〔嶺路〕의 좁은 곳에 설치한 통행문이다. 이를테면 동선령洞仙嶺[27]·청석동靑石洞[28]·철령鐵嶺[29]·대관령·조령·추풍령과 같이 상인들이 통행하는 곳이다. 진津이란 강과 바다를 건너는 나루터이다. 중국에서는 관과 진에 대한 과세가 옛날부터 지금까지 줄곧 있어 왔지만, 우리나라에서는 본래 관에는 세가 없었고 진에는 세가 있었으나 진부津夫[30]가 차지하는 것이므로 여기서는 논하지 않는다.

점세란 것은 여점旅店[31]에 부과하는 세이다. 서관대로西關大路[32] 및 양남대로兩南大路[33]는 서울에서 500리 길인데 이런 곳에는 모든 여점이 크므로 세를 부과하여 혹 관의 쓰임에 보태기도 한다. 마땅히 부당하게 징수하는가를 살펴 원성이 길에 깔리지 않도록 해야 할 것이다. 무릇 관이나 여점은 행인들이 지나다니는 곳이므로, 한 번 너그러운 정사가 있어도 소문이 멀리 퍼질 것이요, 한 번 각박한 정사가 있어도 소문이 멀리 퍼질 것이다. 수령의 조심할 바가 여기에 있다 하겠다.

절간의 중들에게 짚신을 바치게 하는 것은 본시 명목이 없는 것이다. 옛날에는 시주하는 사람이 많고, 중들은 모두 놀고먹으면서 요역을 지지 않았다. 그래서 중들에게 짚신이나 삼노끈을 달마다 바치게 하였다는데, 근래에는 시주하는 사람도 끊어져서 절이 모두 쇠락해 열에 여덟은 텅 비게 되었으며, 여러 절간의 부담이 한 절에 떠맡겨졌음에도 수령

---

27 동선령洞仙嶺: 황해도 봉산에 있다. 『대동여지도』에는 동선관으로 나와 있다.
28 청석동靑石洞: 황해도 재령에 있다. 『대동여지도』에는 청석령으로 나와 있다.
29 철령鐵嶺: 강원도 동북부에 위치한 회양. 함경도 가까이에 있다.
30 진부津夫: 관에서 설정한 나루터의 뱃사공.
31 여점旅店: 길손이 음식과 술을 사먹기도 하고 쉬기도 하는 곳. 객점.
32 서관대로西關大路: 서울로부터 황주·안주·의주로 이어지는 간선도로.
33 양남대로兩南大路: 전라도와 경상도로 통하는 대로.

이 흐리멍덩하여 아전과 관노들이 함부로 거두어들인다. 사객使客[34]이 한 번 지나가면 그것을 빙자하여 토색을 하는데, 실제 접대에 필요한 돈이 다섯 냥이라면 수십 냥을 징수한다. 혹은 이웃 고을 수령들과 어울려 놀 때에 데려가는 기생·악공이며 따라가는 아전·관노가 100여 명이 되더라도 사람마다 신 한 켤레씩을 토색하니 수령은 마땅히 이를 알아야 한다. 사객의 경우에는 실제 대접하는 것을 조사하고 이웃 고을 수령들과 놀이를 할 경우에는 수행하는 무리들을 줄여야만 그 폐해가 심하지 않을 것이다. 불법佛法은 정도가 아니므로 금지하는 것이 삼대三代의 정치이겠으나 이미 그렇게 못할 바에는 또한 마땅히 보살펴야 할 대상이다. 옛날 사람들이 절을 비전悲田이나 양제원養濟院[35]에 비유했으니, 홀아비·과부·고아, 늙어 자식 없는 사람이나 거지들이 많이 이곳으로 귀의하기 때문이라고 한다. 이 말은 일리가 있다. ○ 서산대사西山大師 휴정休靜이 축원문을 만들어 중들로 하여금 아침저녁으로 외우게 하였다. 만덕사의 중 근은謹恩은 병약자였는데, 그가 "서산대사의 축원문 가운데 삼전三殿을 위한 축원과 제궁諸宮이나 백관을 위한 축원이 괜찮거니와, 방백의 벼슬이 더욱 높아지라고 하는 것은 산승山僧이 알 바가 아니요, 성주합하(城主閣下, 수령)가 선정을 하라고 하는 것도 산승의 축원으로 되는 바가 아니다. 소승小僧은 이를 고쳐 '도내 방백은 절에 들어오지 말 것이며 성주합하는 짚신을 감해주소서'라고 하겠다"라고 말하여 사람들이 모두 웃었다. 이 말이

---

34 사객使客: 지방 수령이 그 지역을 거쳐 가는 봉명사신을 가리키는 말.

35 비전悲田·양제원養濟院: 비전은 불교에서 이르는 삼복三福의 하나. 부모의 공양을 위한 것을 은전恩田, 불공을 드리기 위한 것을 불전佛田, 빈궁한 사람들을 구제하기 위한 것을 비전이라 한다. 비전을 위한 곳을 양제원이라고 일컫기도 했다. 절이 비전의 일을 맡기도 했으므로 "비전이나 양제원에 비유했다"라고 한 것이다.

비록 우스갯소리지만 백성들의 실정을 가히 알 만하다.

무녀포란, 형조에서 잡신에게 제사 지내는 것을 금하는 바이므로 다른 요역은 모두 줄이는 것이 좋지만 무녀포만은 늘리는 것이 마땅하다. 왜 냐하면 세 집만 사는 마을에도 무당이 하나 있어서 요사한 일을 만들고 현혹한 짓을 부채질하여 멋대로 화복을 점쳐 남의 옷상자를 비게 하고 남의 쌀독을 비게 하면서 그 자신은 비단옷을 입고 생선과 젓갈을 먹으 니 이들은 당연히 억제해야 한다. 마땅히 무녀포의 원액原額[36] 외에 액수 를 증가하되, 큰 고을은 200필疋로 한정하고 중간 고을은 100필 정도로 한정할 것이다. 그중에 헛된 명단을 없애고【옛날에는 있었으나 지금은 없어진 자를 아직도 당해 마을에서 징수하고 있는 실정이다】실제 무당 노릇 하는 자를 뽑 아서【굿이나 푸닥거리하는 자를 보거든 마땅히 잡아서 등록시킬 것이다】해마다 무녀 포를 징수하여 악습을 벌준다면 아마도 무당의 풍습이 다소 줄어들 것이 다. ○ 다만 이런 불결한 재물을 수령이 증액하여 자기 전대 속으로 넣는 짓은 크게 잘못이다. 마땅히 넷으로 나누어 한 몫은 형방에게 주고, 그다 음의 두 몫은 문례門隸【사령이다】에게 주고, 나머지 한 몫은 수급비水汲婢에 게 준다. 형방과 문례들에게는 배행陪行 때의 말 삯과 노자 등의 비용에 충당하게 하는 것이며, 수급비에게는 의복을 마련하는 데 보태주는 뜻이 다. 경사에서 받아들이는 무녀들의 속전贖錢 역시 형리刑吏·조례皁隸 등 이 받아먹는다【무녀수포법巫女收布法은 『경국대전·잡세雜稅』에 자세하다. 당사자는

---

36 무녀포의 원액原額: 무녀에 대한 신포身布로서 경기·삼남(충청도, 전라도, 경상도)·강원도 무녀의 경우, 세를 징수하되 한 사람당 면포綿布 1필로 하고 돈으로 대납하면 3냥 5전이 었다. 함경도의 남관南關은 영조 17년 이후 1냥을 줄여 2냥 5전을 징수하였다. 북관北關 은 주창州倉에 회록하고 황해도와 평안도는 관향管餉에 회록하였다.

마땅히 이를 상고해야 할 것이다】.

노동력을 부담지우는 것〔力役〕은 신중히 하되 되도록 줄여야 한다. 백성들에게 이로운 일이 아니면 해서는 안 된다.

역역力役의 부과는 1)둑을 쌓는 일【바다의 밀물을 막는 것】, 2)도랑 파는 일【속칭 보막이라 한다】, 3)저수지를 준설하는 일【못이 메워져 있을 경우 파내는 것】, 4)상여 메는 일【객지에서 죽은 벼슬아치를 운상運喪하는 경우】, 5)배를 끄는 일【강선江船으로 운상하는 경우】, 6)목재를 운반하는 일【황장목³⁷이나 관에서 쓰는 재목 및 배 만드는 재목 등】, 7)공물을 수송하는 일【제주의 토산물】, 8)말 모는 일【제주의 공마貢馬】, 9)얼음을 저장하는 일【수령이 쓰는 것】, 10)장사葬事를 돕는 일【묘상각墓上閣³⁸과 삼물막三物幕³⁹ 등】, 11)가마를 메는 일【고개〔嶺〕를 넘는 곳】, 12) 노임路任【우리말로는 길짐이라 한다】이며, 그 밖의 자질구레한 고통스러운 일은 낱낱이 들 수 없고, 성을 수축하거나 관청을 수리하는 따위는 이 안에 들어 있지도 않다.

둑을 쌓는 부역은 백성들이 원망하는 일이다. 만약 둑을 쌓을 만한 곳이 있어 수령이 민정民丁을 동원하여 큰 둑을 쌓아 해마다 곡식 600~ 700석을 얻게 되면 공전公田으로 만들어서 민고에 소속시켜 민역民役에

---

37 황장목黃腸木: 임금이나 귀인들의 관을 만들 때 사용하는 질이 좋은 소나무. 속이 황색을 띠어서 붙여진 이름.
38 묘상각墓上閣: 장사葬事 때 비와 햇빛을 가리기 위해 임시로 묘의 굿 위에 설치하는 뜸 집. 옹가饔家.
39 삼물막三物幕: 관을 메울 때 쓸 석회와 모래 및 백토를 섞기 위하여 세운 뜸집.

충당하게 할 것이다. 비록 가난한 백성들을 3일 동안 부역하게 하더라도 백성들이 왜 원망하겠는가. 지금은 그렇지 않고 간사한 무리와 토호들이 서울에 출입하면서 여러 궁방과 여러 권문들과 결탁하여 그 가신家臣을 파견하여 둑 쌓는 역사를 관장하게 하거나, 혹 오군문五軍門·사복시司僕寺·내수사內需司 등 여러 아문에서 도장導掌을 파견하여 둑 쌓는 역사를 맡게 하되 제언사堤堰司[40]가 행회行會[41]하고, 감사가 공문을 띄워 사방에서 동원하되 매호당 장정 한 명을 내보내도록 하니, 만약 30리 밖에 사는 자라면 하루 부역을 나가는 데 사흘의 품을 버리게 되고 게다가 왕래할 때 소비되는 술과 밥값만 해도 그 폐해가 적지 않다. 이에 먼 곳에 사는 사람은 돈으로 부역을 갈음하는데 장정 한 명의 품이 25전錢이다. 부역을 면제받는 가호가 많아서 부역 배당이 고르지 않고, 9호戶의 부역이 3호에 겹쳐 쌓인다. 그런즉 한 호의 품이 75전이 된다. 머리채를 움켜잡거나 뺨을 후려치거나 하면서, 베틀에 걸린 베를 끊어가기도 하고 솥단지를 떼어가기도 해서, 생사람의 돈 700~800냥을 거두어서 둑 쌓는 곳으로 실어가니 사방에서 모이는 돈꿰미가 수천 냥이나 된다. 그 돈을 절제 없이 쓰고 둑을 날림으로 쌓아서 몇 년도 못 가서 무너져 또다시 보수한다고 백성들의 힘을 동원하는 일이 해마다 그치지 않는다. 둑이 완공되면 간악한 무리들을 모아 한 취락을 형성하게 한 후 그들의 요역을 덜

---

40 제언사堤堰司: 제언은 곧 둑[堤]·보막이[洑]·동막이[垌] 등 수리관계를 관리하는 관청. 우리나라에서는 일찍이 제언사를 설치하여 각 도의 제언을 관리하게 하였으나 중도에 그 관제를 파하였다가 현종 3년(1662)에 다시 설치하여 삼공三公과 호조판서·진휼청 당상이 제거(提擧, 제조)를 겸직하게 되면서 전국의 둑·보막이·동막이 등 관개시설을 관장하였다. 영조 6년(1730)에 비변사에 예속되었다.
41 행회行會: 조정의 지시나 명령을 알리고 실행 방법을 정하기 위해 관사官司의 장이 소집하는 모임.

어주고 소작하게 하여, 요역을 부담하는 호구는 날로 줄어들며 백성들의 부담은 날로 무거워진다. 거기서 소출되는 곡식은 왕세王稅도 면제되는데 소작료로 받아들인 것 중에서 겨우 10분의 1만을 경사京司로 보내고, 10분의 9는 이들 도장들을 살찌게 하니, 위로는 국가에 보탬이 되지도 않고 아래로는 고을 백성들에게 폐해만 끼치게 되는 것이다. 일이 마땅치 못한 것이 이보다 더 심한 것이 없으며, 백성들은 그런 줄 알고 서로 원망하고 비방하니 그것은 고가(雇價, 품삯)를 뜯어내는 것으로 눈앞의 우환이 되는 것만은 아니다. 수령은 마땅히 이 점을 알아서 무릇 이러한 행회가 있을 때에는 완강히 받아들이지 말고 이치를 따져 보고할 것이다. 비록 이웃 고을에서 모두 순종하더라도 나 혼자만이라도 휩쓸리지 말아야 한다. 본심이 이미 애민의 뜻에서 나왔다면 상사로서도 문책할 말이 없을 것이다. 당장에는 상사가 비록 엄중히 신칙하더라도 후일에 이해될 수도 있을 것이요, 가령 이 일로 인해서 벼슬이 떨어지고 그 자리를 보존하지 못하는 한이 있더라도, 내가 떠난 후에 백성들이 나를 생각하는 마음은 여러 대에 걸쳐 영광이 될 것이다. 무엇을 꺼려서 하지 않겠는가. 둑을 쌓는 역사는 받아들여서는 안 될 것이다.

도랑을 파는 일과 저수지를 준설하는 일도 그 사정이 역시 마찬가지이다. 한때의 민력民力을 들여서 만민에 이로움을 열어줄 수 있는 것은 수령으로서 마땅히 성의를 다해야겠지만, 만약 권세 있는 집이나 재물이 넉넉한 중앙 관서에서 간사한 소인배의 말을 듣고 부당한 재물을 탐내어 백성들을 착취하는 정사를 한다면【방고전防雇錢을 함부로 거두어들인다】, 위로는 나라에 보탬이 안 되고 아래로는 백성들에게 도움을 주지 않을 것이니 결코 받아들여서는 안 된다. ○ 저수지가 만들어진 지 이미 오래되어 제언사의 옛 대장에 실려 있는 것은 한 개인의 소유라 하더라도 수령의 처지에서 감히 방보防報하지 못할 것이다. 마땅히 그 본 농장의 소작인들에게 열흘 동안 일을 시키고 이에 저수지 주위의 3리 안에 사는 백성들도 하루 정도 역사를 돕게 한다. 그래도 다 하지 못하면 내년에 계속 일을 하도록 허락하고, 내년이 되면 또 전과 같이 한다. 그래도 또 미진하면 다시 다음 해를 기다리게 할 것이요, 끝내 한 고을 백성들을 모두 동원하고 모든 호의 재물을 끌어모아 이 같은 유해무익한 일을 돕도록 해서는 안 될 것이다.

서영徐盈[42]이 가흥태수嘉興太守로 있을 때 상숙常熟 지방에서 백모항白茅港을 준설하는데 당사자들이 통첩을 내어 수만 명의 인부를 징발하였다. 서영은 "백모항의 수재가 우리 고을에서는 그다지 심하지 않은데 우리 백성들을 몰다가 먼 곳에서 부역을 하게 하는 일을 어찌 차마 할 수 있겠는가" 하고 공문을 보내어 비용을 도울 뿐 징발에는 응하지 않았다.

석자중石子重[43]이 상주常州의 무진현武進縣을 맡았을 때, 군수가 우거寓居하는 어떤 사람의 저택을 짓기 위해 무진현에 그 역사를 맡기고자 하였는데 그 비용만도 수십만 석이었다. 석자중은 불가하다고 반대하며 "나는 천자를 위하여 백성을 다스리고 있는데 어찌 저 사람의 저택을 지어주는 일을 위해 존재하는 자이겠는가. 또한 우리 백성들의 고혈을 짜서 남에게 아첨하는 일을 나는 차마 할 수 없다"라고 말하였다.

---

42 서영徐盈: 중국 명나라 사람. 자는 자겸子謙이다. 회안태수淮安太守·가흥태수嘉興太守를 지냈다.

43 석자중石子重, 1128~1182: 중국 송나라 사람인 석돈石㪫. 자중子重은 자이다. 호는 극재克齋인데 주자朱子와 친교하는 사이여서 극재선생克齋先生이라 일컬어졌다. 남송시대 교육가로 이름을 얻었다.

주광제朱光霽가 면주綿州를 맡았을 때, 그 주에는 권세가가 많아서 사사로이 그 고을 백성들을 부리고 있었다. 주광제가 그것을 모조리 금지시켰다. 하루는 어떤 상서尙書 댁에서 온 사람이라고 하면서 고을 백성들을 징발하여 밭일을 시키려고 하자, 주광제가 공전公田인지 사전私田인지를 물었다. 그 사람이 비록 사전이지만 예로부터 이어진 관례라고 하자, 이에 주광제는 율령律令을 게시하면서 그것을 거절하였다.

○ 내가 곡산부사로 있을 적에 하루는 감사가 급히 관문을 띄워 연군煙軍 200명을 징발하여【연군은 은광을 굴착하는 사람】재령군載寧郡으로 가서 장용영壯勇營[44]에서 둑 쌓는 일을 돕도록 독촉하였다. 내가 글을 올려 이를 듣지 않았더니, 다시 내려온 관문은 더욱 엄중하였고, 또 편지로 말하기를 "근일에 이르러 자기 의견만을 고집하는 것은 좋지 않다. 더구나 장용영은 다른 아문과는 다르니 어찌 감히 이와 같이 하는가"라고 하기에 나는 대답하기를 "근일이란 성왕聖王이 다스리는 세상이다. 어찌 자기 의견을 주장하는 것이 좋지 않다고 하는가. 다른 아문의 일이라면 그래도 따를 수 있지만, 이 장용영의 일은 만약 백성을 동원해서 원망을 산다면 성상의 덕에 누를 끼침이 적은 일이 아니다"라고 하고 또 전과 같이 방보하였다. 감사는 일이 생길까 두려워하여 드디어 곡산을 덮어두고 오직 다른 고을에만 부역을 시켰다.

『속대전』에서는 다음과 같이 규정하였다. "무릇 보나 둑의 신축은 백성들이 와서 진정하는 것을 허락하되 수령이 친히 조사하여 과연 여러 백성들이 혜택을 입을 곳이라면 제언사에 보고한 후에 해당 고을 수령이

---

44 장용영壯勇營: 군영의 하나. 정조 15년(1791)에 수원부에 설치되었다가 순조 2년(1802)에 총리영總理營으로 바뀌었다.

재력과 인력을 동원하여 역사를 도울 것이다."

○『대전통편』에서는 다음과 같이 규정하였다. "여러 궁방과 각 아문에서 둑을 쌓고 홈통을 수리한다고 하면서 연군의 동원을 청할 때에는 일체 엄중히 방지하고 이를 범한 자는 중벌에 처한다."

둑을 쌓는 일, 도랑을 파는 일, 저수지를 준설하는 일 등의 부역은 여러 궁방과 여러 관서에서 법을 어기면서 백성들을 사역하는 따위를 말함이다. 백성들에게 이익이 없는 것은 마땅히 저지해야 할 것이며, 거기에서 혹시 백성들에게 이익이 있는 것이라면 수령은 마땅히 거행할 것이다. 아울러 '수리사업'(제10부 제2조)에 상세하니 여기서는 생략한다.

○ 상여 메는 부역의 경우, 대로 연변의 고을에는 모두 백성들의 계契가 있어 관리를 법도 있게 하고 달마다 운상을 하여 거행에 익숙하며 본래 간활한 폐단이 없으므로, 수령은 오직 성의 있게 상사喪事를 돕는 뜻으로 마땅히 해당 아전들을 신칙하면 되는 것이다. 저 멀리 궁벽한 고을에서 10년에 한 번씩 생기는 일로 역사가 있을 때에는 백성들이 익숙하지 못하고 아전들은 그것을 기회로 삼아 농간을 부려 함부로 놀고 있는 인부들을 마구 징발하여 뇌물을 받아먹고 조종하며 매로 등을 치고 발길로 정강이를 차니 마치 난리를 만난 것 같다. 이러한 경우에 어느 마을에서는 몇 명이 어느 여점旅店까지 운반하고 어느 마을에서는 또 몇 명이 어느 역驛에 운반하게 하되, 그중에서 노약자는 빼고 장정들만 골라서 미리 성책成冊을 만들어 그런 일이 있을 날에 대비한다. 아전과 군교들의 농간은 마땅히 명백히 살펴야 할 것이다.

방극근方克勤이 제령부濟寧府를 맡아 다스릴 때, 주량조朱亮祖[45]가 수군水軍을 거느리고 북평北平으로 가는데 물이 말라버리니 일꾼 5000명으로 강을 준설하기로 하였다. 방극근이 그 일을 말릴 수가 없어서 하늘을 우러러 눈물로써 기도하니 홀연히 큰비가 내려 물 깊이가 몇 자나 되고 배도 드디어 통하게 되었다. 백성들은 그를 신명한 사람으로 여겼다.

이신규李信圭[46]가 청하현淸河縣을 맡았을 때 상소하였다. "본 고을은 땅이 넓고 사람은 적으나 지역이 요충에 해당하므로 사절이 줄을 지어 지나가 날마다 백성들을 징발하여 배를 끌게 하며, 장정들이 모자라면 부역이 노인과 어린아이에까지 미치고 농상農桑의 일이 지장을 받아 황폐할 지경에 이르렀습니다. 전년에 병부兵部에서 영을 내려 공사로 급할 경우 배 한 척에 5명을 배정하고, 급하지 않을 때에는 배정하지 못하게 하였는데, 요즘은 그 영이 실행되지 않고 동원되는 일꾼은 제한이 없어 배 한 척에 40~50명씩에 이르고 있습니다. 그 위에 흉포한 위협이 가해지는데 누가 감히 따져 물을 수 있겠습니까. 혹 빠른 바람을 만나 걸음으로 배를 따라가지 못하면 관선官船에 동원된 일꾼들 모두 의복과 식량을 잃어버리게 됩니다. 바라건대 전번에 내린 영을 거듭 밝혀 주옵소서." 이에 황제가 이 상소를 따랐다.

목재 운반은 커다란 폐단이 되고 있다. 무거운 것을 끌거나 들어올리는 데 본래 편리한 방법이 있음에도, 비록 옛날의 방법대로 다 할 수는 없더라도 먼저 도로를 닦아놓고 유형거游衡車 몇 량輛을 제작하여【정조 때 만든 바 있다】 운반하도록 하면 아름드리나무라도 불과 몇 사람의 힘으로

---

45 주량조朱亮祖, ?~1380 : 중국 명나라 초기의 인물. 자는 종량從亮이다. 주원장朱元章을 도와 광동, 광서 지역을 평정하는 등 명나라 개국에 공헌하였고, 영가후永嘉侯에 봉해졌다. 개국 후에는 주원장에 의해 제거되었다.
46 이신규李信圭 : 중국 명나라 사람. 자는 군신君信이다. 벼슬은 청하현령淸河縣令에 이르렀다.

가능한 일이다. 내가 곡산부사로 있을 때 이미 시험해본 바 있다. 유형거 한 량을 만드는 비용이 수십 문文에 불과한데, 이처럼 적은 비용을 아끼느라 저처럼 많은 백성을 동원하다니 백성들에게 무슨 잘못이 있겠는가. 부끄러워할 사람은 수령이다. 매번 황장목을 운반하는 날에는 도로 연변의 많은 백성들이 매질에 시달리고 몇 명의 아전만 뇌물로 살이 찌니 이 것은 비록 작은 일이지만 소홀히 해서는 안 된다. ○ 또 무릇 목재를 운반하는 일은 마땅히 추운 계절에 하는 것이 좋다. 권한이 나에게 있을 경우 이 적기를 어기지 말아야 할 것이다. ○ 또 목재를 운반하는 데 있어서 그 것이 집짓는 재목일 때에는 목수들로 하여금 그 척도를 잘 살펴 산 밑에서 바로 일정한 길이로 자르도록 한다면 운반하기가 극히 용이할 것이다. 그런데 아전들이 그 나무의 윗동과 밑동을 탐내어 반드시 통째로 운반해서 민력을 곱절이나 소모되게 하니 불가불 살펴야 할 일이다.

공물을 수송하는 일은 큰 폐단이 되고 있다. 당·송시대의 제도에 있어서 차역差役과 면역免役을 천하의 큰 논란거리로 삼아 공물 수송을 가장 중요한 일로 다루었다. 사마광司馬光과 왕안석의 주장에는 각기 장단점이 있지만 백성들의 괴로움을 살피는 데 있어서는 마찬가지였다. 우리나라는 공물을 수송하는 일에 모두 역로驛路를 이용하고 있어 백성들의 괴로움이 되지 않는다. 오직 제주도의 공물만은 백성들로 하여금 짐을 나르게 하여 도로 연변의 여러 마을이 차례로 전달하여 보내는데 산과 골짜기 누비기를 베틀의 북처럼 왔다 갔다 한다. 혹은 돈을 내어 역을 면하기도 하고, 혹은 공물 상자를 내던지며 서로 미루기도 하니, 이미 백성들의 고통이 되고 또한 나라의 체모를 손상하여 심히 온당치 못하다. 무릇 공물이 경내에 이르면 수령은 마땅히 몇 짐인가를 헤아려서 그 짐 수를 파악하고, 다음으로 길의 거리를 계산해서 그 이수里數를 확인하고【그 수령 관할의 남쪽 경계로부터 북쪽 경계에 이르기까지】, 그 품을 계산해서 몇 냥이 되는 가를 정할 것이다. 짐 하나를 10리 운반하는 데 그 삯이 10전이라면, 백 성들에게 고르게 부과하여 짐꾼을 세우면 반드시 힘을 덜게 될 것이다. ○ 가령 공물이 본래 30짐이 되고 우리 경내는 처음과 끝이 불과 100리 라면 그 품삯은 겨우 30냥이다. 30냥을 100리 사이의 연로에 고르게 부 과시키면 매호가 내는 돈은 몇 닢에 불과하다【연로 좌우 2리 안에 사는 주민에 게 부과한다】. 이 짐꾼으로 나온 자들 또한 먼저 자기가 부담해야 할 돈을 내고 또 운반 품삯을 받으면 공물 운반이 지체되지 않을 것이며, 동리에 서 소란스러운 일도 없을 것이다. 그리고 공물이 땅에 버려져 나라의 체 모를 손상하게 되는 일도 없을 것이요, 농사일하는 백성들이 호미를 던 지고 길에 나와야 하는 일도 없을 것이다. 마땅히 이런 뜻으로 절목을 작 성하여 수십 벌을 깨끗이 베껴서 연로의 여러 마을에 나누어 비치해두고 이를 지키게 하면 백성들도 필시 편리하다고 여길 것임은 물론이다. 신 분이 높은 호구나 낮은 호구나 할 것 없이 이치상 고르게 부과할 일이요, 신분이 낮은 백성들만 치우치게 괴롭혀서는 옳지 않다. 案 이 공물 속에 제주목사의 사적인 짐이 끼어 있을 수 있다. 이런 짐을 운반하는 데 백성 들을 동원하는 것은 나에게도 이미 옳은 일이 아니요, 사물私物을 관물官 物이라 칭하는 일은 저쪽에서도 죄가 된다. 이런 사실은 분명히 밝히지 않을 수 없다.

○ 두 마을 사이의 거리가 멀 경우 노고가 전부터 많이 들 수밖에 없 고, 두 마을 사이의 거리가 가까울 경우 노고가 적게 들 수밖에 없다. 지 금 만일 고르게 배정하면 서로 가까운 마을은 으레 싫어할 터이다. 그런

데 거리가 멀었던 사람들은 본래 죄가 있어서가 아니요 가까웠던 사람들도 본래 공이 있어서가 아니었다. 하필 먼 곳에는 부담을 무겁게 하고 가까운 곳에는 부담을 가볍게 한단 말인가. 다 같이 연로에 사는 백성들이니 부담도 마땅히 고르게 해야 하며 차등이 있어서는 옳지 않다. ○ 만약 대로상에 큰 여점이 있으면 오로지 관례에 따라 여점의 점원들로 하여금 공물을 수송하게 하며, 사람을 사서 할 것까지는 없다.

정명도程明道가 진성령晉城令으로 있을 때 전부터 백성들이 차역을 꺼려하고 부역이 나오면 서로 미루고 다투어 한 고장의 이웃끼리 드디어 원수가 되었다. 정명도가 민심을 잘 파악해서 선후 차례를 정하고 장부에 따라 동원하도록 하니 회피하는 사람이 아무도 없었다.

구마조驅馬租[47]는 이런 것이다. 제주에서 말을 공납할 때 옛 관례는 공마가 육지에 닿아 배에서 내리면 제주 사람은 바로 돌아가고 육지 사람이 말을 모는데, 육지 사람은 대게 말을 몰 줄 모르기 때문에 말이 흩어져 놓치기도 하고 사람이 다쳐 뼈가 부러지는 일이 허다했다. 이에 돈과 곡식을 거두어서 제주 사람에게 주고 그들로 하여금 서울까지 말을 몰고 가도록 하되, 여러 고을에서 돈을 거두는데 각기 거리에 따라 많고 적음이 있다. 오직 실제 이수里數를 따져서 함부로 징수하지 못하도록 해야 할 것이다. ○ 돈이 마음에 차지 않을 때에는 제주 사람들이 말을 일부

---

47 구마조驅馬租: 제주의 말을 서울로 몰고 가는데 드는 비용으로 받는 것. 고려시대 이래 제주도에서 말을 길러 궁중 및 중앙의 각 관서의 수요에 충당했다. 공납하는 말[貢馬]을 제주에서 중앙으로 올리는 방식은 관례가 배편으로 육지까지만 운반하고 육지에서는 지역별로 분장해서 말을 몰게 되어 있었다. 그런데 사실상 육지 사람들은 말을 잘 몰 줄 몰랐던 탓에 제주 사람이 그 대가를 받고 서울까지 말을 몰고 가는 것이 일반화되었다. 그래서 노정에 따라 구마조를 분담, 납부했던 것이다.

러 흩어지게 하거나, 벼와 보리를 짓밟게 하면서 며칠을 두고도 나아가지 않는다. 좌랑佐郞 심규沈逵가 진산현감珍山縣監으로 있을 때 공마가 오자 관복을 갖추고 자신이 직접 말을 모니, 제주 사람들이 감히 일부러 말을 흩어지게 하지 못하였다. 드디어 고을 경계까지 가서 말을 모아 다음 고을로 보냈다. 진산 백성들이 지금도 그를 칭송하고 있다.

얼음을 저장하는 비용은 큰 고을의 경우 더러 돈 300~400냥을 소비하여 해마다 백성들의 괴로움이 되고 있다. 재목을 베고 짚을 나르고 얼음을 뜨고 빙고로 운반하는 일에 아전들이 이를 기회로 삼아 농간을 부려서 백성들이 몹시 괴로움을 겪고 있다. 내가 곡산부사로 있을 때 얼음을 저장하지 말도록 지시했더니, 아전이 "만일 불행히 교대하게 되어서 신관 사또가 얼음을 찾으면 장차 어떻게 하겠습니까?"라고 하기에 나는 "걱정하지 말라" 하고 일렀다. 그리고 나서 음지에다 구덩이를 파서 큰 집 두어 칸 크기의 굴을 만들고 삼화토三和土【석회·모래·흙】를 만들어 광실壙室처럼 발라놓았다. 날씨가 아주 추워지자 수급비에게 후하게 대가를 주고 우물물을 길어다가 붓도록 했더니 물을 붓는 대로 얼어붙었다. 그 구덩이에 가득찬 물이 큰 얼음덩이로 철석같이 굳어짐에 곧 거적으로 덮어두었다. 그 이듬해 여름에 거적을 걷어보니 여전히 얼음이 깨뜨릴 수 없을 정도로 단단하여 도끼로 겨우 깨뜨릴 수 있었다. 이것이 천하의 좋은 방법이다. 다른 빙고는 얼음덩이를 하나하나 쌓아놓았기 때문에 그 틈으로 바람이 새어들어 여름이 되기 전에 녹아버리는데, 이 구덩이의 얼음은 틈이 없어 바람이 들어가지 않는 까닭에 삼복더위를 지나서도 그 견고함이 맨 처음과 같았다. 남쪽 지방은 겨울이 따뜻하므로 쉽게 할 수 없을 것이다.

○ 서울의 내빙고內氷庫와 외빙고外氷庫[48]에서 한 해에 소비하는 비용만 해도 수십만 냥이나 드는데, 이 방법을 사용하면 크게 경비를 줄일 수 있을 것이다. 나는 이 방법을 임금에게 아뢰어 실행하고자 하였으나 못하고 말았다. ○ 만약 우물이 다소 멀면 대롱을 이어 홈통을 만들어서 물을 끌어댄다. 그 물이 한두 푼쯤 괴면 물줄기를 잠시 끊었다가 그것이 얼기를 기다려 다시 물을 대주면 큰 얼음덩이가 만들어질 수 있다.

감사 정언황이 일찍이 인천부를 맡았을 때의 일이다. 관내에 있는 3개의 면이 관아에서 약간 멀다고 하여 해마다 얼음을 뜰 때 빙역氷役을 면제하고 그 대가로 쌀을 징수하여, 백성들이 이를 몹시 괴롭게 여겼다. 그는 관내를 통틀어 윤번제로 하되 10년에 한 번씩 돌게 하였으며, 걷는 쌀의 수량도 감해주니 백성들이 이를 편리하게 여겼다.

장례를 돕는 것은 순후한 풍속이다. 묘상각과 삼물막을 요청하면 거절할 수 없을 것이다. 그러나 먼 시골에서는 이러한 법이 드물어 수령이 장례를 돕도록 지시하면 상가喪家에서 백성들에게 돈을 함부로 거두거나 백성의 재목을 남벌하는 일이 있으니, 파견하는 아전들을 미리 단속하여 폐단이 없도록 할 것이다.

가마를 메는 견여촌肩輿村[49]에는 다른 요역이 면제된다. 그런데 만약 수령의 몸이 비대하면 가마를 멘 사람들이 땀을 흘리고 숨을 헐떡이게 되

---

48 내빙고內氷庫·외빙고外氷庫: 조선 초기부터 서울에 양빙고兩氷庫를 설치하여 두모포豆 毛浦(지금의 서울시 옥수동)에 동빙고東氷庫를, 둔지산록屯智山麓(지금의 서울시 서빙고동)에 는 서빙고西氷庫를 설치하였다. 동빙고는 각종 제향에 쓰는 얼음을 공급하였고, 서빙고의 얼음은 수라간에 공상供上하고 일부는 백관들에게 각각 나누어주었다. 이 동서의 양빙고 가 외빙고임에 대해서 내빙고는 궁중에서 임금에게 공급하는 얼음만을 저장하였다.
49 견여촌肩輿村: 고개 밑에 있는 마을로 관인 행차 때 가마나 짐을 메는 마을을 일컫는 말. 이런 마을은 부역에 자주 동원되므로 다른 요역을 면제시켰다.

므로 반드시 뒷말이 있을 것이다. 또한 편치 않은 일이니 응당 술값이나 주어서 그들의 마음을 달래는 편이 좋다. ○ 혹시 고개의 형세가 그리 험준하지 않아서 말을 타고 넘어갈 수 있는 경우에도 대개 말을 아끼고 사람을 천하게 여겨서 굳이 가마를 떠메게 한다. 이는 매우 어질지 못한 처사이다. 이런 곳은 마땅히 그 관례를 혁파해야 할 것이다. ○ 부녀들의 왕래에 부득불 가마를 메어야 할 경우에는 반드시 술값을 줄 것이요, 자제들이 왕래할 때에는 엄히 명령하여 걸어 다니고 가마를 타지 못하게 할 것이다. ○ 길짐을 지게 하는 것은 지나가는 길손의 횡포이지만, 수령으로서는 금할 수 없는 일이다. 때에 따라 방을 걸어 지나친 횡포를 금할 따름이다.

명목도 없는 일이 한때의 잘못된 전례로 정해진 경우 마땅히 급히 혁파할 것이요, 그대로 따라서는 안 된다.

오대五代 때 조재례趙在禮[50]가 송주宋州를 맡아 있으면서 탐욕과 포악이 지나쳐 백성들이 괴롭게 여겼다. 후에 영흥永興으로 전임되어 가니 백성들이 크게 기뻐하며 "눈에 박힌 못을 뺀 것 같다"라고 하였다. 조재례가 이 말을 듣고 자청하여 다시 송주로 부임해왔다. 주호主戶와 객호客戶를 막론하고 해마다 호구당 1000전을 징수하고 이름하여 '발정전拔釘錢'이라 하였다.

---

50 조재례趙在禮, 882~947 : 중국 당말 오대 때 사람. 자는 간신幹臣이다. 벼슬은 지휘사指揮使·북면행영마보도우후北面行營馬步都虞候에 이르렀다.

○ 남당南唐의 장숭張崇[51]이 여주廬州를 다스릴 때 하는 일들이 모두 법도에 어긋났다. 한번은 임금을 뵈러 가자 여주 사람들이 "그 사람[渠伊]은 아마도 다시 돌아오지 못할 것이다"라고 하였는데 장숭은 다시 돌아와서 이에 호구를 계산하여 '거이전渠伊錢'이라는 명목으로 토색질하였다. 그 이듬해에 또다시 임금을 뵈러 가자 백성들은 길가에서 서로 만나 모두 수염을 만지면서[捋鬚] 기뻐하였다. 장숭이 돌아와서 이에 '날수전捋鬚錢'을 징수하였다.

○ 우리나라의 어떤 수령이 탐학을 부리므로 백성이 밤중에 산에 올라가서 소리쳐 수령을 욕했다. 그 이튿날 수령이 향승을 불러놓고 "산에서 소리가 나는 것은 귀신이 노했기 때문이다. 마땅히 제사를 지내서 풀이해야 할 것이다" 하고 매호당 10전씩을 거두어 돼지 한 마리를 사서 제사 지내고 남는 돈은 몽땅 착복하였다. 백성들이 또다시 산에서 외치자 수령이 또 "제사를 박하게 지냈기 때문이다" 하고 다시 매호당 100전을 거두어 제사 지내니, 백성들은 다시는 욕을 하지 못했다. 이 또한 비슷한 일이다.

이윤칙李允則[52]이 담주潭州를 맡게 되었는데, 전임자인 마씨馬氏가 포악하게 수탈을 일삼았다. 그 고을 사람들로부터 매년 비단을 받아들이되 지세地稅라 일렀고, 가옥의 칸수를 계산하여 매 칸마다 비단 1장 3척을 받고서 옥세屋稅라 일렀고, 농사짓는 호구에는 소를 지급하되 매년 쌀

---

51 장숭張崇 : 중국 오대 때의 남당南唐 사람. 벼슬은 여주관찰사廬州觀察使·덕승군절도사德勝軍節度使에 이르렀다.

52 이윤칙李允則, 953~1028 : 중국 송나라 사람. 자는 수범垂範이다. 벼슬은 강주방어사康州防禦使에 이르렀다.

4곡을 바치게 하고 소가 죽더라도 쌀을 바치게 하니 백성들이 이를 고골세枯骨稅라 일렀다. 이윤칙은 이 모든 항목을 없애버렸다.

> 혹시 조요곡助徭穀이나 보역전補役錢[53]이 민간에 퍼져
> 있는 것은 매양 호호豪戶가 먹어 삼키는 바가 되니
> 조사해서 찾아낼 수 있는 것은 징수하고
> 추징할 수 없는 것은 탕감해주고 별도로
> 보충해주어야 할 것이다.

옛사람이 수령으로 있을 때 보역전이란 것이 민간에 산재해 있었고, 또 감사가 수만 전을 내어 소를 사서 백성들에게 빌려주는 일이 있었다. 당초에는 백성들이 모두 계를 만들어 돈을 늘리더니【돈을 모아 이자를 취하는 것을 계라고 한다】 세월이 흐름에 따라 호호와 간교한 무리들이 그 본전을 먹어버리고 나니 드디어 허록虛錄이 되었다. 이런 것들은 응당 조사하여 뿌리를 뽑아내고 규약을 개정하여 그대로 준수하게 해야 한다. 그러나 혹 큰 흉년을 당하여 민호가 흩어져 없어져서 결손이 생긴 것은 추징하지 말아야 할 것이며, 아울러 탕감해주고 잔여분을 가져다가 새로 돈을 보충하여 백성의 요역을 도와주어야 할 것이다.

소식蘇軾이 「논적흠장論積欠狀」[54]에서 말하였다. "조종祖宗 이래로 매양

---

53 조요곡助徭穀·보역전補役錢: 백성들의 요역을 도와주기 위하여 계를 모아 설정해놓은 기금. 민고와 유사한 성격을 가지고 있으며, 민고의 전신 내지 그 일종으로 보인다.
54 「논적흠장論積欠狀」: 원제는 「논적흠육사걸검회응조사사일처행하장論積欠六事乞檢會應詔四事一處行下狀」으로 『동파선생전집東坡先生全集』 권34에 수록되어 있다.

사면령이 있을 적마다 무릇 관물을 포흠한 자까지 함께 면제 석방해왔습니다. 조종이 공물의 손실과 간교한 무리들이 요행히 면제되는 폐단이 있음을 모르는 바 아니지만, 특히 일반 백성들이 이미 궁핍하여 살아갈 길이 없으니 비록 매질을 한다 해도 끝내 받아내지 못할 것이요, 이를 완화해주면 간교한 아전들이 잠식하는 바가 되고 급히 재촉하면 도적들이 이용하는 바가 됩니다. 따라서 이를 모조리 탕감해주면 천하가 기쁜 마음으로 감복할 것이니, 비록 홍수와 가뭄이 들고 도적이 설친다 하더라도 백성들은 반란에 가담할 생각을 하지 않을 것입니다. 이야말로 허록을 버림으로써 실리를 거두게 되는 것이 아니겠습니까. 대체로 고을에서 1000호나 100호의 민호를 감독하고 재촉하면 고을 중의 아전 무리들이 모두 날마다 소득이 있음을 기뻐하는데 만약 하루아침에 탕감해버리면 이 무리들은 모두 소득이 없어져 허전하게 됩니다. 추징을 확대하여 갑으로부터 을에 미치고, 을에서부터 병에 미쳐서 끝나는 데가 없습니다. 매 기한에 다 빈손으로 관아에 도착하고 혹은 세 번 다섯 번 연장한 기한에 100~200전을 거두어서 그것을 파한破限이라고 이르니, 관의 소득은 지극히 작고 아전들이 착복하는 것은 빈 날이 없습니다. 세속에서는 이를 현서식읍호縣胥食邑戶[55]라고 부릅니다. 슬프게도 성인이 위에 있음에도 백성들로 하여금 폐하의 적자赤子가 되지 못하고 모두 간교한 아전들의 식읍호가 되고 말다니 이는 무슨 도리입니까. 신臣이 영주潁州에서 양주揚州로 옮길 때, 배로 호주濠州·수주壽州·초주楚州·사주泗州 등지를 지났는데 이르는 곳마다 삼과 보리가 구름처럼 무성했습니다. 신이 데리고

---

55 현서식읍호縣胥食邑戶: 지방 이속들이 마치 정식으로 받은 식읍食邑처럼 민호民戶로부터 수취해 먹고 있다는 뜻.

가던 이졸吏卒들을 물리치고 몸소 촌락으로 들어가서 부로들을 방문하였더니 모두 걱정하는 빛으로 '풍년은 도리어 흉년만도 못하다. 천재天災가 유행하면 백성들이 비록 양식이 부족하더라도 입는 것을 줄이고 먹는 것을 아껴 그런 대로 살아갈 수는 있는데, 만약 풍년이 들어 오래 쌓인 포흠의 재촉으로 아전들이 문에 늘어섰고 형틀이 몸에 가해지면 백성들은 죽으려야 죽을 수조차 없다'라고 호소하며 말이 끝나자 눈물을 흘렸습니다. 신 또한 알지 못하는 사이에 눈물이 흘렀습니다. 신이 듣건대 공자 말씀에 '가혹한 정치는 범보다 더 사납다'라고 하였습니다. 신이 가만히 헤아려본즉 고을마다 포흠을 재촉하는 이졸들이 500명을 밑돌지 않을 것이니 전국적으로 말한다면 항시 20여 만 마리의 호랑이와 이리가 민간에 흩어져 있는 셈이 됩니다."

부세와 요역을 크게 고르게 하고자 한다면 반드시
호포법戶布法과 구전법口錢法을 강구하여 시행해야만
민생이 안정될 수 있을 것이다.

『균역사실均役事實』[56]에 이렇게 나와 있다. "양역변통良役變通에 관한 논

---

56 『균역사실均役事實』: 균역법 제정을 주관하였던 홍계희洪啓禧가 엮은 것. 『영조실록·영조 28년 1월 을해乙亥』에 실려 있다. 조선 후기로 오면서 양역이 민생을 괴롭히고 국가재정을 위협하는 가장 큰 문제가 되었다. 홍계희는 그 이유를 당시 사회가 지닌 신분적·경제적인 제반 모순과 연결하여 역役 부과의 불균형과 응역자應役者의 경제적 빈곤에 있다고 전제하였다. 세부적으로는 첫째 신분적 모순이 원인이 되어 50만 호戶가 져야 할 양역을 10여만 호의 빈한한 농민이 부담하게 되는 현실에서 이에 늘어난 양역 수요를 채우다보니 양역의 폐단이 격화되었다. 둘째 인정人丁 단위의 출역出役을 위해서는 응역자에 대한 토지 지급이 선행되어야 하는데, 실제로 응역을 하는 힘없고 가난한 농민들은 병작並作에 의해 겨우 생계를 이어가는 어려운 생활 속에서도 출포出布를 강요당하고 있다.

의로 네 가지가 있으니 호포戶布[57]·결포結布[58]·구전口錢[59]·유포游布[60]【문과

文科에도 무과武科에도 종사하지 않고, 놀고먹는 자에게 징수하는 포】가 그것이다. 각

기 자기의 주견을 내세우므로 하나로 귀결시킬 수 없다." ○ 우공禹貢의

평부법平賦法은 지금으로서는 자세하게 알 수 없고 오직 그것이 9등분으

로 되어 있었다는 것만 알 뿐이다. 『주례』의 9부법은 9직九職에서 나온

것이다. 이름하여 9공九貢이라 하는바, 구별하여 9부九賦라 하여 9등급으

로 나누었다. 이 법이 자세하므로 가히 참고하여 시행할 만하다. 한나라·

위나라·당나라·송나라는 부역법賦役法이 혼란했으되 또한 백성들의 재

산에 차등을 두었다. 이런 문제는 한 고을의 수령이 창설하여 시행할 수

있는 일이 못 되므로 지금 여기서는 생략한다.

그리하여 인조·효종 이래 계속되어온 양역변동논의良役變動論議 과정에서 대두한 호포·
결포·구전·유포론의 내용과 함께 균역법의 성립 배경과 군포 반감에 따른 군포 부족을
보충하는 재원 마련을 뜻하는 급대재정給代財政 및 급대처給代處 등 균역법의 골간이 자
세히 기록되어 있다.
57 호포론戶布論: 군포 징수를 인정人丁을 단위로 하지 않고 가호家戶를 단위로 하여 양반
에게도 군포를 거두자는 논의. 숙종 때에 성행하였다.
58 결포론結布論: 군포의 징수 방법을 고쳐 인정과 가호를 대상으로 하지 않고 전결田結에
부과하자는 논의. 이것이 결전結錢·결미론結米論으로 이어진다.
59 구전론口錢論: 군포 대신 매 인당 전대錢貸로 징수하자는 논의. 후에 전화錢貨는 유통이
불편하다 하여 포로 대체하자는 구포口布 내지 정포론丁布論으로 옮겨진다.
60 유포론游布論: 한가하게 놀고먹는 양정良丁을 찾아내고 양반 자제 및 유생에게도 군포
를 거두자는 논의. 주 대상이 유생이었기 때문에 일명 유포론儒布論이라 일컫는다.

제5조 · 부역 공평〔平賦〕 하   **233**

제 6 조 농사 권장

勸農

농사는 백성들에게 이로운 것이다. 백성들 스스로
힘쓸 일이지만, 백성들보다 더 어리석은 자가 없기
때문에 선왕들은 농사를 권장하였다.

『주례』에는 이렇게 되어 있다. 대사도大司徒는 12가지 토양에서 나는 작물을 분별해놓았는데 각각의 종류를 알아서 농사와 원예를 가르쳤다.

○ 수인遂人[1]은 토양에 알맞은 곡물로 백성들에게 농사를 가르쳤는데 서로 돕는 기풍을 일으켜 백성들을 이롭게 했고【백성들로 하여금 서로 돕게 했다】, 시기時器[2] 만드는 것을 백성들에게 권장했고【쟁기·보습·가래·호미 등속을 만들었다】, 백성들에게 토지를 주어 맡겼고【백성이 여력이 있으면 그들에게 토지를 더 주는 것을 말한다】, 토지를 균등하게 함으로써 정치를 공평하게 하였다 【그 세를 균등하게 했다】.

○ 수사遂師[3]는 농사일을 돌보고 백성들을 옮겨서 때를 잃지 않도록 조

---

1 수인遂人:『주례』에 나오는 관직명. 지관地官에 속하며 육수六遂를 관장했다. 수遂는 주대周代의 행정구역으로 왕성王城으로부터 100리에서 300리 사이의 땅을 가리킨다.
2 시기時器: 농사지을 때 필요한 도구를 가리킴.
3 수사遂師: 수인을 보좌하여 수의 정령政令을 관장하는 벼슬.

처했다【정현은 이렇게 말했다. "백성들을 옮겨 서로 돕게 함으로써 그때그때의 급한 일을 구원하게 한다. 밭 갈고 김매고 곡식을 베어 들이는 적절한 시기가 같지 않으며, 또한 계절과 토질과 풍우의 급변이 있다."】.

○ 수대부遂大夫[4]는 전야田野에서 농사일을 할 수 있는 자【세를 낼 수 있는 자】와 구휼을 받아야 할 자【세금을 면제해줄 자】를 분별하여 그들에게 농사일을 가르치고 일을 계획했는데, 정초에 농기구를 선택하는 등 농정을 닦도록 하여 3년마다 돌아오는 대비大比에는 관리를 거느리고 백성들을 흥기시키며 그중에 공이 있는 자를 밝혀 그 땅을 다스리게 한다. ○ 현정縣正은 농사일을 독촉하여 상과 벌을 준다. ○ 찬장鄼長은 밭 갈고 김매는 일을 독촉하며 길쌈을 권장한다. ○ 이재里宰는 농사철에 일꾼을 짝지어 김매게 하여 지도하고, 밭 갈고 김매는 일을 독촉하고 공로와 능력에 따라 평가를 하여 촌락의 기강을 바로잡는다. ○ 사가司稼[5]는 들판을 순찰하여 늦벼와 올벼의 종자를 분별하고 품종의 이름 그리고 땅에 적합한가 여부를 두루 알아서 지침을 만들어 읍邑의 성문에 걸어놓는다. 鏞案 선왕의 권농은 권할 뿐만 아니라 상벌이 따랐다. 대개 권함에는 반드시 상이 있었으니 상이 없으면 권장이 되지 않기 때문이다. 징계함에는 반드시 벌이 있었으니 벌이 없으면 징계가 되지 않기 때문이다. 한나라에는 역전力田의 천거[6]가 있었으니 이 또한 옛 뜻이다. 요즈음 항우와 패공을 읊은 글귀를 가지고 잘 지었다느니 못 지었다느니 하여 이것으로 합격 불

---

4 수대부遂大夫: 수遂의 지방자치를 맡은 관리. 다음에 나오는 현정縣正·찬장鄼長·이재里宰도 마찬가지이다.
5 사가司稼: 『주례』에 나오는 관직명. 지관에 속하며 농사를 관장한다.
6 역전力田의 천거: 중국 한나라 때 농사를 권장하기 위하여 농사에 힘쓴 자를 천거하여 역역力役을 면제해주고 관리로 임용한 제도.

합격을 결정하는 것은 나라에 도움이 되지 못하고 백성들에게 이익이 되지 못한다. 만일 농사에 부지런하고 게으른 것으로 그 사람의 공과 죄를 따져서 우수한 자를 뽑아 그에게 관록을 주고 게으른 자를 벌해서 향리에서 행세하지 못하게 한다면 백성들의 습속이 날로 순박해지고 국력이 날로 부강해질 수 있을 것이다.

『주례』에는 이렇게 되어 있다. 초인草人[7]은 작물과 토질이 서로 적합한가를 살펴서 심었는데 무릇 분종糞種할 때 적색의 견고한 땅에는 소를 사용했고 주황색의 땅에는 양을 사용했다{분종이란 소와 양의 뼈를 삶아 그 즙으로 종자를 적시는 것을 말한다}. ○ 도인稻人[8]은 벼농사를 관장하는데 못을 만들어 물을 저장하고, 제방을 쌓아 물을 막고, 도랑으로 물을 빼고, 수遂[9]로 물이 흐르게 하여 논배미[10]에 물을 고르게 댄 연후에 돌아다니면서 잡초를 제거하여 논을 제대로 만든다. 鏞案 지극히 어리석은 자는 백성들이고 지극히 정밀한 것은 농사의 이치이다. 반드시 사리에 밝고 물정에 통달한 군자가 있어서 백성을 위하여 농사農師[11]가 되어 그들을 가르치고 훈도하여 토양에 알맞은 곡물을 분별하고 농기구의 사용을 편리하게 함으로써 그들이 미치지 못한 점을 도와준 후에야 백성들이 농사를 짓는 것이 농법에 맞게 된다. 그런데 우리나라 백성들은 옛날부터 지금까지 그

---

7 초인草人: 『주례』에 나오는 관직명. 지관에 속하며 메마른 땅을 가꾸어 비옥하게 하는 일을 맡았다.
8 도인稻人: 『주례』에 나오는 관직명. 지관에 속하며 전지田地를 다스리고 볍씨를 뿌리는 일을 관장한다.
9 수遂: 논에 물을 대기 위한 작은 수로.
10 원문은 "열列"인데, 원주에 "열은 밭두둑과 제방이다"라고 밝혀져 있다. 여기서는 알기 쉽게 논배미라고 풀이하였다.
11 농사農師: 농업 기술자·농사 지도자를 가리킨다.

들 제멋대로 농사를 지었지 군자의 가르침을 들어본 적이 없었다. 그렇기 때문에 종자를 선택함에 정밀하지 못하고 종자를 보관함에 조심이 없으며 파종을 하는 데에도 일정한 법도가 없어서 혹 먼저 파종을 한 뒤에 갈기도 하고 혹 갈지도 않고 씨를 묻기도 한다. 이 기기괴괴한 짓이 곳곳마다 습속이 되었으니 작은 걱정이 아니다. 중국의 농사짓는 법은 우리와 아주 다르다. 생각건대 그 법은 수인燧人[12]의 본래의 가르침이 지금까지 전래되어온 것이다. 수령 된 자는 성심껏 가르쳐 미개한 습속을 버리고 정밀한 이치를 해득시켜 한 현縣이 성과를 누리고 여러 군郡이 서로 권하여 익히게 되면, 힘쓴 것이 적어도 소출이 많아져서 백성들의 재산이 늘어나고 국력이 부유해질 것이니 어찌 도움됨이 적겠는가.

고윤高允[13]은「권농의勸農議」에서 이렇게 말했다. "사방 10리는 토지로 3만 7000경頃인데 만일 농사를 권장하면 1묘畝에서 3되가 더 날 것이고, 권장하지 않으면 1묘에 3되가 덜 날 것이다. 100리에서의 손익 차이가 곡식 320만 곡斛이 될 것이니 하물며 이보다 더 넓은 땅에 있어서랴."【사방 1리가 900묘이니 사방 10리는 9만 묘이다. 9만 묘는 지금 법으로 치면 3만 7000경이다】

鏞案 농사를 권장함에는 마땅히 종자를 선택하고 고르게 파종할 것을 권장해야 한다. 우리나라 습속에는 종자 1두를 뿌리면 싹이 난 것은 7승에 지나지 않으며, 7승의 모에서 솎아낸 것이 3승분이 되는 셈이니 없애버린 곡식은 많고 얻은 곡식은 적다. 사방 10리 3만 7000경에 고르게 파종

---

12 수인燧人: 중국 신화에 나오는 수인씨燧人氏. 부싯돌로 불을 일으켜 백성에게 화식火食하는 법을 가르쳐주었다고 한다.
13 고윤高允, 390~488: 중국 후위後魏 때 사람. 자는 백공伯恭이다. 경사經史·천문天文·술수術數 등 온갖 것을 두루 통하여 알았다고 한다.

하면 한 묘에 3승씩 얻게 되고 함부로 파종하면 한 묘에 3승씩 잃게 되니 100리에서의 손익 차이가 곡식 320만 곡이 된다. 권농하는 관리는 이 점을 생각지 않아서는 안 된다.

호태초胡太初는 말하였다. "조정에서 권농을 법령화하였으니 농사에 대한 관심이 지극하지 않은 것은 아니다. 그런데 수령은 해마다 2월 보름날이 되면 글 몇 줄을 써가지고 소속 인원들을 거느리고 근교에 나가 부로들을 모아놓고 그것을 읽는다. 음식이 사치스럽고[14] 심지어는 돈을 들여 술·안주·기생들을 이끌고 밤늦도록 연회를 벌이니 참뜻은 어디로 가버렸는가? 부임했을 때 군이 내년 봄까지 기다릴 것도 없이 바로 농상農桑이 의식의 근본이 됨을 자상하게 일러주고 방해하거나 소란을 피우는 자는 반드시 징계하면 백성들이 자기의 생업에 안주하게 될 것이다."

옛날의 현명한 수령은 부지런히 농사를 권장하는 일을 자기의 명성과 공적으로 삼았다. 농사를 권장하는 것은 수령의 으뜸가는 책무이다.

소신신邵信臣[15]이 하남태수河南太守로 있을 때 몸소 농상을 권장하며 논밭을 드나들고 향정鄉亭에서 유숙하며 수로를 개척하여 매년 3만 경의 농지를 넓혔다. 관속과 백성들이 그를 좋아하여 소부邵父라 불렀다[소邵는 소召라고도 쓴다].

---

14 원문은 "선소鮮少"로 되어 있는데 문맥을 고려해 '사치스럽다'라고 번역했다.
15 소신신召信臣, ?~B.C. 31: 중국 전한시대의 인물. 자는 옹경翁卿이다. 벼슬은 구경九卿에 이르렀으며 특히 지방관으로서 명망이 높았다.

후한後漢의 유우劉虞가 유주목幽州牧으로 있을 때 해어진 옷에 미투리를 신고 식사에 두 가지 고기를 먹지 않았으며 너그러운 정사에 힘쓰는 한편 농상을 부지런히 독려하니 백성들이 기뻐했다. 해마다 풍년이 들어 곡식이 30석이 되니 청주靑州와 서주徐州에서 난을 피해서 유우에게 의탁해온 사족과 서민들이 100만 명을 넘었는데 모두들 자기가 고향을 떠나와 있다는 사실을 잊고 지낼 지경이었다.

진팽秦彭[16]이 산양태수山陽太守로 있을 때 논 수십 경을 개간하고 해마다 농사철이 되면 몸소 농지의 면적을 조사하고 토질의 비옥도를 분별하여 3등급으로 나누어 각각 문서에 올린 다음 관하 각 고을에 보관하게 하니 간사한 아전들이 기를 못 펴고 사기를 칠 여지가 없게 되었다. 이에 글을 올려 천하가 모두 이 제도를 받아들일 것을 건의했던바 황제의 조서에서 그가 마련한 조목과 양식으로 삼부三府[17]에 반포하고 아울러 여러 주현에 하달하였다.

임연任延이 구진태수九眞太守로 있을 때 쟁기로 경작하는 법을 처음 가르쳐서 교토交土[18]의 습속을 동화시키니 풍기가 상림象林[19]에까지 미쳤다. 그 지역 사람들이 농경할 줄을 알게 된 지 600여 년 만에 화누경예火耨耕藝[20]의 방법이 중국과 같아졌다. 백전白田이란 곳은 백곡白穀을 심어

---

16 진팽秦彭, ?~88: 중국 후위 때 사람. 자는 백평伯平이다. 산양태수山陽太守·영천태수潁川太守 등을 지냈다.

17 삼부三府: 중국 한나라 때 삼공(三公, 태위太尉·사도司徒·사공司空)의 관부.

18 교토交土: 지금의 베트남 지역을 일컫는 말.

19 상림象林: 지금의 베트남 남부 지역으로 추정됨.

20 화누경예火耨耕藝: 중국 광동 지방 요족猺族의 농사법으로 숲을 태워 그 재를 흙에 섞어 땅을 뜨겁게 함으로써 해충을 죽이고 땅도 기름지게 하여 경작하는 방법.

7월에 경작하여 10월에 곡식이 익고, 적전赤田이란 곳은 적곡赤穀[21]을 심어 12월에 경작하여 이듬해 4월에 곡식이 익는다. 이른바 벼농사를 1년에 두 차례 짓는 것이다.

도간陶侃이 형주자사荊州刺史로 있을 때 어떤 사람이 익지 않은 벼 한 줌을 가지고 있는 것을 보고 무엇을 하려는가 물었더니 그 사람이 대답하기를 "길을 가다가 보이기에 그저 뽑아왔을 뿐입니다"라고 했다. 도간은 노하여 "너는 농사일도 하지 않으면서 장난으로 남의 벼를 해쳤구나" 하고 잡아서 매질을 했다. 이 때문에 백성들이 농사에 부지런하게 되어 집집마다 넉넉하고 사람마다 풍족해졌다.

수나라 공손경무公孫景茂[22]가 개황開皇 연간(581~660)에 도주자사道州刺史가 되어 자기의 녹봉을 전부 털어 송아지·닭·돼지를 사서 고단하고 빈약하여 생계를 꾸려나기 어려운 자들에게 나누어주었다. 그리고 혼자 말을 타고 순찰하기를 좋아해서 집집마다 방문하여 백성의 살림살이를 두루 살펴보고 잘 꾸려가는 자가 있으면 사람들이 모일 때 표창을 하여 알리고, 잘하지 못하는 자가 있으면 그때마다 훈계하여 가르쳤다. 이 때문에 남자들은 서로 농사일을 돕고 여자들은 서로 길쌈을 도와서 수백 가구나 되는 큰 마을이 한집안처럼 협조했다.

주자가 남강군南康軍[23]에 있을 때 「권농문勸農文」[24]을 지어 알렸다. "본

---

21 백곡白穀·적곡赤穀: 벼의 종류로 추정됨.

22 공손경무公孫景茂, 518~605: 중국 수나라 때 사람. 자는 원울元蔚이다. 치주자사淄州刺史·도주자사道州刺史 등을 지냈다.

23 남강군南康軍: 중국 강서성에 있는 지명으로 군軍은 송대에 지방행정의 단위.

24 「권농문勸農文」: 주자의 「권농문」은 우리나라에도 많은 영향을 끼쳐, 『농가집성農家集成』에도 수록되어 있으며 500년 동안 권농 정책의 이념으로 원용되었다. 「권농문」은 총 3종種으로, 남강南康에 있을 때 지은 것 2종, 장주漳州에 있을 때 지은 것 1종이 있다.

고을은 전지가 척박해서 흙의 살이 두꺼운 곳이라야 3치[寸] 내지 5치도 되지 않는다. 설사 농민들이 때맞춰 힘을 다하여 농사를 짓더라도 그 수확이 다른 곳에 미치지 못할까 두려운데, 이 고장 풍습이 대체로 모두 게을러서 땅을 갈고 곡식 심는 일은 때를 놓친 데다가, 김을 매고 거름 주는 일에도 힘을 쓰지 않으니 생활을 영위하고 식량을 넉넉히 하겠다는 계획이 대체로 소략하다." ○ 또 주자는 권농방勸農榜에서 일렀다. "비가 알맞게 오고 곡식의 모가 무성해지니 바라건대 농군들은 때맞춰 김매고 잡초를 뽑고 거름을 많이 주어 법대로 북돋을 것이다. 지좌知佐[25]에게 첩을 내리고 나서 달 반쯤 지난 후에 예고 없이 향촌에 나가 점검하여 논밭에 풀이 많고 거름이 없는 자가 있으면 잡아다가 적절히 처벌할 것이다. 결코 가벼이 용서하지 않을 것이다."[6월 6일]

송나라 유창이 양주揚州를 맡았을 때의 일이다. 뇌당雷塘[26]에 예전부터 백성들이 농사를 짓고 있었는데 지난해에 관가에서 저수하여 조운漕運에 대비하는 바람에 백성들이 전토와 생업을 잃었다. 그가 부府에 힘껏 변론하고 조정에 아뢰어 다시 백성들에게 돌려주었다. 두연杜衍이 이 사실을 듣고 기뻐하며 "참으로 훌륭한 태수다"라고 하였다.

이윤칙이 재차 장사태수長沙太守로 부임했는데 호상湖湘[27] 지방은 낮은 지대에는 벼를 심지만 고지대의 땅은 황폐해 있는 것을 보고 백성들에게 조[기장 따위의 밭곡식]를 심게 했다. 이후 지금까지 호남 지방에는 묵은 밭

---

25 지좌知佐: 보좌관을 가리키는 듯하다.
26 뇌당雷塘: 중국 양주성의 북쪽에 있는 지명. 풍광이 좋기로 이름났으며 이곳에 수나라 양제의 능이 있다.
27 호상湖湘: 중국 호남성湖南省의 상수湘水 지역을 가리킴.

이 없게 되었다.

증천曾泉[28]이 어사로 있다가 수현水縣의 전사典史[29]로 좌천되었다. 그는 공무를 처리함에 부지런하고 재간이 있었으며, 학문을 권장하고 예를 일으키고 농사를 독려하며 길쌈을 장려했다. 때때로 향촌을 다니면서 사람들이 근면한지 태만한지를 살피는 한편, 백성들을 인솔하여 황무지를 개간해서 각종 곡물을 경작하고 나무를 심어 건축과 토목에 대비했다. 그리고 장삿길을 터주어 포탈한 세를 납부하게 하니 관가에는 비축이 있고 백성들은 수탈의 괴로움이 없었다. 또한 남는 힘으로 배를 만들어 조운에 대비하고 관곽棺槨을 만들어두었다가 백성들의 장례를 도왔다. 3년을 재임하고 나니 집집마다 넉넉하고 사람마다 풍족하게 되었다. 그가 백성을 다스렸던 방법을 따져보면 백성의 힘을 잘 안배하고 지리를 이용하며 재물을 축적해서 후생에 힘쓰는 일에 지나지 않았다.

농사를 권장하는 요체는 세를 덜어주고 가볍게
함으로써 그 근본을 배양하는 데 있다. 이렇게 하면
토지가 개간되고 넓혀진다.

송나라 진정陳靖[30]이 권농사勸農使가 되었다【송나라 태종 때】. 이에 앞서

---

28 증천曾泉, ?~1436 : 중국 명나라 때 사람. 벼슬은 감찰어사에 이르렀다. 본문의 기사는 그가 사수현泗水縣의 전사典史로 좌천되었을 때의 치적을 기록한 것이다. 사수현은 지금의 중국 하남성 형양현滎陽縣 서북쪽에 있던 지명.

29 전사典史 : 중국 원나라 이후로 두었던 관직명. 지현知縣을 보좌하는 직책. 주부主簿가 겸하기도 했다.

30 진정陳靖, 948~1025 : 중국 북송 때 사람. 자는 도경道卿이다. 벼슬은 비서감秘書監에 이르렀다.

그가 임금에게 다음과 같이 건의하였다. "신이 평소에 사방으로 명을 받고 나가 백성들의 실정을 깊이 살펴본바, 보이느니 황폐한 땅이고 기름진 땅도 그대로 묵어 있었습니다. 이런 지역에 여러 차례 조서를 내려 백성들이 자기의 생업에 복귀하도록 허용하고, 부세를 경감해주며 납입 기한도 여유를 주었습니다. 그럼에도 지방 말단에서는 백성들을 괴롭힘이 더욱 심했습니다. 한 집이 농사에 복귀하면 고발 때문에 아침에 땅 한 자를 갈면 저녁에 요역을 차출하는 장부에 올라 추서追胥[31]가 붙잡아 끌어가려 합니다. 그래서 비록 정상적인 조세를 감해 받는다 하더라도 실지로는 아무 보탬이 되지 않습니다. 더구나 백성들이 떠도는 이유는 가난에 있으니, 사채에 쪼들리거나 공곡公穀을 갚지 못해 도피한 것입니다. 도망치고 나면 향리에서 재산을 조사하는데, 가옥·집기·뽕나무·대추나무·재목 등에 이르기까지 모두 그 값을 계산해 향관鄕官[32]이 세금으로 가져가거나, 혹은 채권자가 떼인 돈을 받는다고 가져가버리니 살아갈 길이 막연하여 돌아가도 안주할 곳이 없습니다. 이 때문에 백성들은 떠돌아다니며 귀농할 뜻이 전혀 없습니다. 만일 신에게 이 임무를 맡기신다면 하릴없이 노니는 무리들을 널리 모집하여 비어 있는 전답을 경작하고 개간하도록 타이르겠습니다. 이들에게는 조세를 부과할 생각은 말고, 따로 호적과 도면을 마련하여 재량껏 일을 처리할 수 있도록 해주시기를 바랍니다. 그러면 농사짓고 누에치는 일 이외에도 잡목·채소·과일나무를 심게 하고, 양·개·닭·돼지를 기르게 하겠습니다. 뽕나무밭과 농토를 나눠

---

31 추서追胥 : 도둑을 잡는 일을 맡은 사람.
32 향관鄕官 : 지방 관리와 같은 말.

주되, 정전井田을 모방하여 거처할 집을 짓고 마을의 자치조직[保伍]³³을 세우도록 하겠습니다. 살아 있는 사람을 잘 봉양하고 죽은 사람을 후히 장사 지낼 수 있는 기구와 경조사에 서로 부조하는 일에 이르기까지 그 재원을 별도로 마련하여 운용하게 하겠습니다. 아울러 조사條司³⁴로 하여 금 3년이나 5년간 생계의 바탕이 성립되고 집과 땅에 애착을 가지기를 기다렸다가, 호구를 헤아려서 공물을 내게 하고 토지를 헤아려서 전세를 바치게 하며, 사농司農에 새로 첨부된 명부를 부府의 종래 수세대장에 합치도록 하겠습니다. 이것이 근본을 돈독히 하고 사람을 순화시키는 큰 도량입니다. 백성들이 돈이 부족하면 관에서 돈을 빌려주어 양식을 사거나 농기구를 마련하도록 하고, 가을 추수가 끝나면 상환하도록 하며 이를 창고에 납입하여 최종 숫자를 호부에 보고하도록 하겠습니다." 이에 드디어 진정을 권농사로 임명했다. ○ 진전陳田의 개간을 권장하는 방법은 세를 경감하는 데 있다. '전정'(제6부 제1조)의 끝에 자세하니 마땅히 참고해야 할 것이다.

경귤耿橘³⁵이 상숙현常熟縣을 맡아 다스릴 때 법을 만들어 황무지를 개간할 것을 요청하며 다음과 같이 진술했다. "본 현의 조세는 너무 무겁고 징수하는 것이 아주 급박합니다. 그러다가 자기 농지가 한번 황전荒田으로 편입되면 징수 대상에서 벗어나기 때문에 자기 농지를 자기 것이 아닌 것처럼 여겨서 해마다 잡초가 우거져도 돌보지 않습니다. 그러고는

---

33 보오保伍: 중국 송나라 때 서너 집이 한 조가 되어서 만든 촌락 자치 조직.
34 조사條司: 조례사條例司를 가리키는 듯함. 조례사는 중국 송대의 관직명으로 국가 정책을 계획하고, 법률 개정을 심의하고, 재리를 유통시키는 일을 관장했다.
35 경귤耿橘: 중국 명나라 때 사람. 자는 정회庭懷이다. 벼슬은 감찰어사監察御史에 이르렀다.

초야와 천택의 산물에서 몰래 이득을 취하여 남이 알까 두려워합니다. 봄갈이와 가을걷이의 농사일이 들판에서 볼 수 없게 되어갑니다. 해마다 사람마다 그렇게 되니 일이 장차 어느 지경에 다다를지 모르겠습니다. 저희 현의 수리水利 관계를 살피기 위해 관내 각 지역을 두루 다니며 방략을 세워 백성들을 불러 모아 다음과 같이 개간 사업을 시행하려고 합니다. 1)유랑하는 자들을 불러들여 호적에 편입시킴, 2)쌓인 포흠을 모두 탕감해줌, 3)사정을 참작하여 소와 종자를 지급, 4)되도록 잡역을 면제시킴, 5)부호들의 토지 겸병을 엄금함, 6)갈대밭과 초지 등 조그마한 이익도 독점하는 것을 금함, 7)납세 기간을 분명히 정함, 8)각 구역에 부담을 공정하게 함, 9)타항악소打行惡少[36]들을 몰아 귀농시킴, 10)도박하며 놀고먹는 자들을 몰아 귀농시킴, 11)염호鹽戶에 등록이 안 된 소금 장수들을 몰아 귀농시킴, 12)송사강곤訟師扛棍[37]을 귀농시킴."

고승간高承簡이 채蔡 땅이 평정되매 자사가 되어 제방과 성을 수축하고 둔전을 개설하여 200리나 되는 넓은 땅이 비옥한 농토로 바뀌니 장병과 이속들이 비를 세워 그의 공덕을 칭송하였다.

최동식崔東式[38]이 영변부사가 되었는데 그 지방의 구습은 물고기와 소금을 판매하며, 조와 기장이 넉넉해서 벼농사는 힘쓰지 않았다. 그가 부임하여 제방을 쌓고 도랑을 파서 관개 사업을 일으켰다.

---

36 타항악소打行惡少: 불량배 집단. 민간에 사건이 일어났을 때 개입하여 돈을 뜯어내는 부류이다.
37 송사강곤訟師扛棍: 남을 교사하여 소송을 일으켜 이득을 취하는 부류.
38 최동식崔東式, 1562~1614: 자는 정칙正則, 호는 율정栗亭, 본관은 삭녕朔寧이다. 안변부사 시절에 관개 사업을 크게 일으킨 것으로 유명하다.

동암東巖 이영도李詠道[39]가 연원찰방連原察訪으로 있을 때 마침 충주목사가 결원이어서 그를 겸임시키니 지방민들이 그가 임시로 목사가 된 것을 크게 기뻐하였다. 때는 바야흐로 전쟁과 기근 속에 있었는데 재력을 다하여 기민을 구휼하고 사람들을 모집하여 수천 경의 밭을 경작하니 가을에 크게 풍년이 들어 곡식 만곡萬斛을 거두어들였다. 당시 전란으로 황폐된 이 고을에 비축이 있게 된 것은 여기서 비롯되었다.

권농의 정사는 농사만 권장할 것이 아니라
원예·목축·양잠·길쌈 등의 일도 권장하지 않으면
안 된다.

『주례·지관사도·여사閭師[40]』에 이렇게 나와 있다. "무릇 서민으로 목축을 하지 않는 자는 제사에 희생犧牲을 쓰지 못하고, 경작하지 않는 자는 제사에 메를 올리지 못하고, 나무를 심지 않는 자는 죽어서 관을 쓰지 못하고, 누에를 치지 않는 자는 명주옷을 입지 못하고, 길쌈을 하지 않는 자는 상주가 되어서도 삼베옷을 입지 못한다."

황패가 영천태수潁川太守로 있을 때 우정郵亭의 향관들로 하여금 모두 닭과 돼지를 기르게 하여 그것으로 홀아비·과부·빈궁자들을 구휼했다.

---

39 이영도李詠道, 1559-1637 : 자는 성여聖與, 호는 동암東巖, 본관은 진보眞寶이다. 퇴계 이황의 손자로 임진왜란 때 의병을 모집하여 적군과 싸웠고 재난을 당한 백성들을 구호하고 군량미를 조달하여 명관의 이름을 얻었다. 호조정랑戶曹正郎·군기감정軍器監正 등을 역임하였다.
40 여사閭師:『주례』에 나오는 관직명. 지관에 속하며 국중國中 사교四郊의 정사를 관장한다.

그리고 부로 중에서 사장師長[41]을 뽑아 선한 일을 하도록 권장하고 농사와 양잠에 힘쓰도록 하는 한편, 절약해서 재산을 늘리며 나무를 심고 가축을 기르게 하되 곡마穀馬[42]는 기르지 않게 하였다.

공수가 발해渤海[43] 태수太守로 있을 때 도적을 평정하고 백성들에게 농사와 양잠을 권장하며, 1인당 느릅나무 1그루, 염교 100본, 파 50본, 부추한 뙈기를 심게 하고 집집마다 암퇘지 2마리, 암탉 5마리를 기르게 했다. 어떤 백성이 칼을 차고 다니자 큰 칼은 팔아서 소를 사게 하고 작은 칼은 팔아서 송아지를 사게 하면서 "무엇 때문에 소와 송아지를 차고 다니는가?"라고 했다. 봄여름에는 백성들이 논밭으로 나가지 않을 수 없게 하고 가을 겨울에는 수확에 힘써 과실과 마름 등을 더 비축하게 했다. 두루 다니며 잘 보살피니 온 고을이 모두 축적이 있어 관리와 백성들이 다 부유해지고 송사도 그치게 되었다.

구람仇覽[44]이 포蒲의 정장亭長으로 있을 때 사람들에게 생업을 권장하기 위해 법령을 제정하고 과일과 채소 재배에도 일정한 한도를 두고 닭과 돼지도 일정한 수를 채우게까지 했다. 매년 농사가 끝나면 젊은이들을 함께 모아 공부를 시키고, 사납고 경박한 건달패들은 농사나 양잠 일을 시키되 벌칙을 엄격히 정했으며 몸소 상사喪事를 돕고 가난한 자들을 진휼하니 1년 만에 크게 교화되었다고 한다.

---

41 사장師長 : 농사와 목축을 지도하는 사람.
42 곡마穀馬 : 사나운 전마戰馬를 가리키는 말.
43 발해渤海 : 발해는 중국 하북성河北省에 두었던 한나라 때 군郡의 이름. 당시 군은 행정단위로 후일의 성省에 해당함.
44 구람仇覽 : 중국 후한 때 사람. 자는 계지季智이다.

동회 童恢가 불기 不其⁴⁵ 령 令으로 있을 때 모든 백성들에게 돼지 1마리와 암탉 4마리씩을 기르게 하여 제사에 쓰기도 하고 관목도 마련했다.

장수 張需가 패주 霸州를 맡아 다스릴 때 그곳 백성들 중에 놀고먹는 자들이 많음을 보고, 마을마다 장부 하나씩을 비치하여 호수 戶數를 열거하고 남녀노소의 숫자를 보고하도록 하여 조·보리·뽕나무·대추나무를 함께 심는 일에 배정했으며, 방적 紡績 도구와 닭, 돼지의 수도 두루 알렸다. 여가가 있으면 향촌으로 나가 각호의 장부를 조사하여 숫자에 부족한 자가 있으면 벌을 주었다. 이에 백성들은 모두 부지런히 힘써, 놀고 게으름 피우는 자가 없었다.

위나라 정혼 鄭渾이 산양 山陽의 위군태수 魏郡太守로 있을 때 재목이 부족해 백성들이 괴로움을 겪고 있었다. 이에 느릅나무를 심어서 울타리를 삼고 다섯 종의 과일을 심도록 했다. ○ 위나라 두기 杜畿⁴⁶가 하동태수로 있을 때 백성들에게 암소와 암말을 기르도록 권장하며, 닭·돼지·개 등에 이르기까지도 모두 규정이 있었다. 案 후위의 균전제 均田制⁴⁷에 처음 농지를 지급할 때 남정 男丁에게는 땅 20묘를 주어 농사짓게 하고 따로 뽕나무 50그루, 대추나무 5그루, 느릅나무 3그루를 심게 했다. 뽕나무를 심지 못하는 땅의 경우 남정에게 별도로 1묘씩을 지급하여 법에 따라 과일나무를 심게 했다. 뽕나무와 느릅나무를 많이 심은 자는 금지하지 않되 환

---

45 불기 不其: 중국 산동성 山東省 즉묵현 卽墨縣의 서남방에 있는 옛 고을 이름.

46 두기 杜畿, 163~224: 중국 삼국시대 위나라 사람. 자는 백후 伯侯이다. 벼슬은 상서복야 尙書僕射에 이르렀다.

47 후위의 균전제 後魏均田制: 농민에게 토지를 균등하게 분배하는 제도. 역역 力役 중심의 수취 체제를 이룬 토지제도로 중국 균전제의 시초이다. 후위의 효문제 때(485)에 실시된 것으로 수나라를 거쳐 당나라에 와서 그 완성을 보았다.

퇴還退[48]해야 할 전지에는 뽕나무·느릅나무·대추나무·밤나무를 심지 못하게 하고 심은 자는 법령을 어긴 죄로 다스렸다[『위서魏書』[49]에 보인다]. 옛날에는 수령들의 권농함이 이와 같았다.

장전의張全義[50]가 동도東都[51]를 다스릴 때 백골이 땅을 덮고 보이느니 가시덤불뿐이고 주민은 100호도 못 되었다. 그는 휘하의 18명에게 각각 깃발 하나와 방문 하나를 지급하여 18개의 현으로 보내 황폐한 마을에 깃발을 꽂고 방문을 내붙여서 유랑민들을 불러 모았다. 나무 심기와 농사를 권장하니 여러 현의 백성들이 모두 돌아와 뽕나무와 삼이 무성하고 들판에는 빈 땅이 없어졌다. 순행하다가 농사가 잘되어 보기 좋은 논밭을 만나면 문득 말에서 내려 요속들과 함께 살펴보고 전주田主를 불러 술과 음식으로 위로했다. 누에와 보리농사에 수확을 많이 올린 자가 있으면 친히 그 집에 가서 늙은이 젊은이 할 것 없이 모두 불러 차와 비단옷 등을 주어 포상했다. 그는 노래와 여색을 좋아하지 않아 그런 것을 보아도 웃는 적이 없었는데 잘 자란 보리와 잘 키운 누에를 보면 그때마다 웃었다. 그리고 밭을 황폐하게 만든 자가 있으면 사람들이 보는 앞에서 곤장을 쳤다. 案 술과 음식으로 위로하고 차와 비단을 상으로 주는 것은 이른바 작은 은혜를 베풀 줄은 아나 행정을 할 줄 모르는 처사이다. 요즈음 수령들이 혹 모내기하는 날에 친히 들에 나가 담배와 술을 주는데 모두

---

48 환퇴還退: 농민이 죽거나 농사지을 힘이 없을 때 그의 농지를 국가에 돌려주는 것 .

49 『위서魏書』: 중국 정사正史의 하나. 『후위서後魏書』라고도 한다. 북제北齊의 위수魏收가 편찬하였다.

50 장전의張全義, 852~926 : 중국 당나라 말에서 오대 때의 인물. 벼슬은 중서령中書令, 하남윤에 이르렀고, 제왕齊王에 봉해졌다.

51 동도東都: 중국 하남성 낙양洛陽. 동주東周 이래로 낙양을 수도로 삼은 일이 여러 차례 있어서 동도로 일컬어졌다. 오대 시기에 난세를 겪어 이 지역이 황폐화되었다.

자기를 칭송해주기를 바라는 얕은 술책이다. 논밭이 황폐해진 것은 질병이나 힘이 모자라기 때문이기도 하니, 어찌 함부로 곤장을 칠 일인가.

장괴애張乖崖가 숭양령崧陽令으로 있을 때 하루는 성문 밖에 앉아 있다가 채소를 지고 돌아가는 자를 보고 "어디서 이것을 구했는가?" 물으니 "시장에서 샀습니다" 하고 대답했다. 이에 그는 노해서 "네가 농촌에 살면서 스스로 심어서 먹지 않다니 어찌 그리 게으른가"라고 하고 매를 때려 돌려보냈다.

진유학陳幼學이 확산현碓山縣을 맡아 다스릴 때 백성에게 혜택을 베푸는 정사에 힘써서 곡식 1만 2000석을 비축하여 흉년에 대비했다. 채소밭 800여 경을 개간했고 빈민들에게 소 500여 마리를 지급했다. 황하의 퇴지退地⁵² 130여 경을 밝혀내어 백성들에게 과세하고 동리 부녀자 중에 베를 못 짜고 있는 자에게 방거紡車 800여 량을 주었다. 가옥 1200여 칸을 마련해서 빈민들에게 나누어주고 관청 건물 80칸을 지어 육조의 이속들이 거처하면서 그 안에서 숙식을 하게 했다. 공비 600여 냥을 절약하여 정부正賦⁵³ 중 징수할 곳이 없는 것을 대신 충당하게 했고 뽕나무·느릅나무 등 3만 8000여 그루를 심었으며 황하의 물을 끌어들이는 관개로灌溉路 198개를 열었다. [案] 수령의 치적은 마땅히 이와 같아야 할 것이다. 우리나라 고공考功의 조목 중에 가장 잘한다고 여기는 것은 '조용하고 무리 없는 정사로 온 고을이 평온하다〔恬雅之治 一境晏如〕'이다. 이러고도 어찌 나라꼴이 되겠는가?

---

52 퇴지退地: 황하는 홍수가 나면 유역의 땅이 유실되는 사례가 허다했는데 물이 빠져 농지로 이용할 수 있는 땅을 가리킴.
53 정부正賦: 토지 또는 사람에 대하여 부과하는 정세正稅.

『송사宋史·식화지食貨志』에서 일렀다. "안숙군安肅軍·광신군廣信軍·순안군順安軍과 보주保州에는 백성들로 하여금 그 땅에 뽕나무와 느릅나무를 심게 하고 숫자를 채우지 못한 자는 벌을 주며, 다시 책임을 지워서 심도록 했다." ○ 또 조서를 내려 강동江東·강서江西·호남湖南·호북湖北·회동淮東·회서淮西 등 여러 지방의 수사帥司[54]와 조사漕司[55]에게 모두 나무를 심게 하고 이어서 지방 호족들에게 유시하여 농민들에게 자금을 빌려주어 두루 나무를 심게 하되 진제격례賑濟格例[56]에 의하여 포상하였다.

『원사元史·식화지』에서 일렀다. "농지에 물이 없는 곳은 우물을 파고 우물을 깊이 파도 물이 안 나오는 곳에는 구전區田의 방법으로 작물을 심고 기르는 것을 허용한다. 구전법區田法[57]에 의해 농민들에게 나누어주는데 남정 1인당 매년 뽕나무와 대추나무 20그루를 심게 하고 토질이 적합하지 않은 곳에는 느릅나무와 버드나무를 심도록 하며, 기타 과일나무를 심는 경우에는 남정 한 명이 10그루씩 심게 한다."

농사는 식생활의 근본이고 양잠은 의생활의
근본이다. 그러므로 백성들에게 뽕나무 심기를

---

54 수사帥司: 중국 송대의 경략안무사經略安撫司의 다른 이름으로 한 로路의 병민兵民의 일을 관장했다.
55 조사漕司: 중국 송대의 전운사轉運使의 다른 이름으로 부세 징수를 독촉하고, 전곡錢穀 출납 등을 맡은 관원.
56 진제격례賑濟格例: 진휼 구제에 관한 격식과 조례. 그 구체적인 내용은 미상이다.
57 구전법區田法: 중국 전한시대의 농법·농업 기술의 하나로 구종법區種法이라고도 한다. 이 구전법은 화북의 한지旱地 농업 지대의 소농민을 대상으로 한 것으로 가뭄에 견디고 거친 땅에도 적용할 수 있도록 하기 위함이었다. 그런데 소요되는 노동 투입량이 커서 실효가 의문시되었다.

권장하는 것은 수령의 중요한 임무이다.

장감張堪[58]이 어양태수漁陽太守로 있을 때 농사를 권장하여 백성들의 생활을 넉넉하게 하니 백성들이 노래하기를 "뽕나무에는 곁가지 없고 보리이삭 두 갈래네. 우리 사또가 정사를 함에 즐거움이 그지없네"라고 하였다. 案 주자가 뽕나무 심기를 권장함에 있어서 매양 잔가지를 제거하게 했다고 하니 앞에서 뽕나무에 곁가지가 없다는 것 또한 이런 뜻이다.

범극范克이【어떤 본本에는 극克이 충充으로 되어 있다】계양현령桂陽縣令으로 있을 때 그곳 풍속이 뽕나무를 심지 않아서 누에치고 길쌈하는 이득이 없었으며, 대체로 삼이나 모시의 껍질을 옷에 넣어 입었다. 백성들이 게을러서 신을 삼아 신는 자가 드물어 발이 찢어지고 터져 피가 흐르면 한겨울에는 저마다 불을 피워 지졌다. 그가 백성들에게 더욱더 뽕나무를 심어 누에를 치고 신을 삼게 했다. 또 모시와 삼을 심게 하니 수년 사이에 크게 그 혜택을 입어 옷과 신발이 따뜻하게 되었다. 오늘날 강남 지방이 뽕나무를 심고 누에를 치고 짚신 삼는 법을 알게 된 것 또한 범극이 가르친 바였다.

『북사北史』에 의하면 원부元孚[59]가 기주자사冀州刺史로 있으면서 농사와 양잠을 권장하니 사람들이 그를 인자한 아버지라고 일컬었다. ○ 원숙元淑[60]이 하동河東을 맡아 다스릴 때 이 고장 습속은 장사꾼이 많고 농사와 양잠을 일삼는 자가 드물었다. 그가 몸소 농사와 양잠을 권장하여 가르

---

58 장감張堪: 중국 후한 때 사람. 자는 군유君游이다.
59 원부元孚: 중국 후위 때 사람. 자는 수화秀和이다. 상서우승尚書右丞을 지냈다.
60 원숙元淑: 중국 후위 때 사람. 자는 매인買仁이다. 하동태수河東太守를 지냈다.

친 지 2년 만에 집집마다 넉넉하고 사람마다 풍족해졌다.

　장영張詠이 숭양현崇陽縣을 맡아 다스릴 때 백성들이 차 재배로 생업을 삼고 있었다. 그가 "차의 이익이 크기 때문에 관의 방침이 장차 이를 전매할 것이다"라고 말하고 백성들에게 명하여 차나무를 뽑고 뽕나무를 심도록 했다. 백성들이 처음에는 불평을 하였으나 후에 차를 전매하게 되자 다른 현은 모두 생업을 잃었는데 숭양현의 뽕나무는 해마다 비단 100만 필을 생산하게 되었다.

　범충선范忠宣[61]이 양성현襄城縣을 맡아 다스릴 때 이곳의 백성들이 양잠과 길쌈을 일삼지 않아서 뽕나무 심는 자가 드물었다. 그가 이를 걱정하여 백성 가운데 죄를 지은 자들 중 죄질이 가벼운 자들에게 각자의 집에 뽕나무를 심게 하되 뽕나무의 숫자는 죄의 경중에 따르게 했다. 후에 심은 나무가 무성한가를 살펴서 죄를 면제해주었다. 이로부터 사람들이 그 혜택을 입게 되었다. 그가 떠나고도 백성들이 그를 잊지 못하여 지금까지 뽕나무밭을 저작림著作林이라 부르고 있다(저작은 그가 현을 다스릴 때의 벼슬이다).

　주자가 장주漳州에 있을 때 지은 「권농문」에서 말하였다. "이 지방은 옛날부터 뽕나무에 적합하지 않다고 하나 대개 민간에서 심는 방법을 제대로 알지 못한 데 원인이 있다. 이제 바라건대 겨울철에 백성들이 늘 다른 지방으로 많이 다니는데 그 기회에 뽕나무 묘목을 구해두었다가 적합한 땅을 골라 나무와 나무의 거리를 1~2장丈으로 하고 구덩이를 깊이 파서 똥거름을 많이 사용하여 묘목을 심어놓고 묘목이 자라는 것을 기다려

61　범충선范忠宣: 범순인范純仁. 충선은 그의 시호(1권 138면 주 46 참조).

잔가지와 구부러진 가지들을 쳐주면 몇 년 후에는 반드시 그 혜택을 입을 것이다. 만일 이렇게 할 수 없는 경우에 목화나 삼, 모시를 더 심으면 또한 옷가지를 마련하여 추위를 면할 수 있을 것이다." 案 이때의 목화는 단지 솜으로만 쓰이고 베를 짜기 위한 것은 아니었다.

주자가 뽕나무 기르는 법을 거듭 깨우쳐 이르기를 "성자星子[62] 현령 왕문림王文林의 종상법種桑法에 관한 글을 세 현에 내려 보내니 세 현에서는 이 법에 의거하여 급히 심고 가꾸도록 할 것이다"라고 하였다. ○ 주자가 남강에 있을 때 지은 「권농문」에서 말하였다. "뽕나무와 삼의 이로움은 의복의 바탕이 되는 데 있다. 필히 뽕나무·삼·모시를 많이 심고 부녀자들은 양잠과 길쌈을 부지런히 힘써 베와 명주를 짜야 한다. 뽕나무는 매년 가을과 겨울이 되거든 곁가지 중 굽어지고 잔다란 것들은 모두 잘라서 큰 가지의 기맥이 온전하도록 해주면 자연히 잎이 두껍고 커져서 누에를 먹이는 데 도움이 될 것이다." ○ 내가 서울의 명례방明禮坊[63]에서 살 때 집에 뽕나무 20여 그루가 있었다. 공무를 마치고 집으로 돌아와 몸소 잔가지를 잘라주니 수년 내에 무성하게 커져서 비록 서울 안에 있었지만 집사람이 해마다 명주를 짤 수 있었다.

원나라 강욱姜彧[64]이 빈주濱州를 맡아 다스릴 때 백성들에게 뽕나무 심기를 권장하여 1년 남짓에 뽕나무가 온통 들판을 덮었다. 사람들이 이를

---

62 성자星子: 중국 남강군에 소속된 고을 이름.

63 명례방明禮坊: 지금의 서울 명동과 충무로 일대. 다산이 서울에서 관직 생활을 시작할 때 이곳에 집이 있었다.

64 강욱姜彧, 1218~1293: 중국 원나라 때 사람. 자는 문경文卿이다. 하남도제형안찰사河南道提刑按察使, 참의관參議官을 역임했다.

태수상太守桑이라고 불렀다. ○ 왕응진汪應軫[65]이 사주泗州를 다스릴 때 백성들이 게을러서 농사와 양잠을 몰랐다. 그는 먼저 농사를 권장하고 관비를 지급하여 뽕나무를 사주고 가꾸는 법을 가르쳤으며, 양잠할 부녀들을 모집하여 누에치기를 가르쳤다. ○ 심우沈瑀[66]가 건덕현령建德縣令으로 있을 때 남정 1명당 뽕나무 15그루, 감나무 4그루 및 배나무·밤나무를 심게 하고 여자들에게는 그 반을 심게 하였다.

정승 이원익李元翼이 안주목사安州牧使로 있을 때 평안도 지방에 양잠이 성했으나 안주는 유독 뽕나무가 없었는데 토질이 적합하지 않기 때문이라고들 했다. 그가 각 방坊[67]에 지시하여 집집마다 뽕나무 씨를 심게 하니 몇 해 지나지 않아서 뽕나무가 줄을 지어 숲을 이루었다. 지금까지 이를 이공상李公桑이라고 일컫는다.

『경국대전』에는 이렇게 되어 있다. "잠실도회처蠶室都會處[68]에는 뽕나무를 심어 기르고 민호에도 함께 뽕나무를 심게 하되 대호는 300그루, 중호는 200그루, 소호는 100그루를 심도록 할 것이다. 수령은 뽕나무 기르는 것을 감독하고 들판의 주인 없는 뽕나무도 함부로 베는 것을 금해야 한다."【나머지는 '산림'(제10부 제1조)에 나온다】

『다산록茶山錄』에서 일렀다. "뽕밭과 모시밭은 별도로 관유지로 설치, 민고에 속하게 하여 백성의 요역에 보탤 것이다. ○ 진전陳田으로 개간되

---

65 왕응진汪應軫: 중국 명나라 때 사람. 자는 자숙子宿이다. 벼슬은 강서제학첨사江西提學僉事에 이르렀다.
66 심우沈瑀: 중국 양나라 때 사람. 자는 백유伯瑜이다.
67 방坊: 평안도에서는 면面을 뜻한다.
68 잠실도회처蠶室都會處: 도회잠실都會蠶室과 같은 말. 각 도에 양잠에 알맞은 곳을 골라 도회잠실을 설치하여 잠업을 권장하는 곳(『경국대전·호전·잠실蠶室』). 일종의 잠업 시험장이다.

지 못한 넓은 벌판은 마땅히 수령이 헐값으로 사들여서 지상地桑과 지저
地苧를 심어 뽕밭과 모시밭이 이루어지면 민고에 소속시켜 해마다 세를
거두어 백성들의 요역에 보탬이 되게 하는 것 또한 좋다. ○ 지상이란 오
디 몇 석을 따서 물에 걸러 그 살을 제거하여 말려두고 땅을 두세 번 갈
아엎은 다음 똥이나 재를 넣고 그 위에 뽕나무 씨를 심는다. 2년이 되어
무성하게 자라나서 봄 잎이 처음 피어나면 모두 따서 누에를 먹이고 다
시 여름에 새 가지가 자라나는 것은 그다음 해 봄에 또 모두 베어서 잎은
누에를 먹이고 껍질로 종이를 만들며【미투리를 삼을 수도 있다】속대로는 발
〔箔〕을 만들 수 있으니 버릴 것이 없다. 줄기를 자르면 한 뿌리에 서너 가
지가 돋아나 더욱 무성하게 된다. ○ 무릇 뽕나무에 적합한 땅에는 지상
을 재배할 필요가 없다. 뽕나무가 싹이 나서 얼마 지나지 않아 굼벵이가
파먹어 나무가 마르는 경우에만 이 법을 시행할 것이다. ○ 지상이 제대
로 되거든 새끼줄을 사용하여 1묘씩 측량하여 세금 몇 푼씩을 받고 백성
들에게 베어가도록 허락함이 옳을 것이다. 내가 보니 뽕이 귀한 해에는
큰 나무 한 그루에 혹 돈 300푼을 받기도 하지만 마땅히 물정을 살펴서
세는 극히 가볍게 내도록 해야 할 것이다. ○ 모시는 본래 모두 지종地種
인데 해마다 베어 내고 불을 놓는 것이 지상과 같다.”

농기구와 베 짜는 기구들을 만들어 백성들이 용구를
편리하게 쓸 수 있게 하고 백성들의 생활을 넉넉하게
하는 것이 수령의 힘쓸 일이다.

조과趙過[69]가 백성들에게 경작하는 법을 가르치되 그 방법은 소 한 마리가 쟁기 셋을 끌고 한 사람이 그것을 모는데 씨를 뿌리고 누耬[70]를 당기는 것이 다 갖추어져 있어 하루에 1경의 밭에 씨를 뿌릴 수 있다. 누는 누거耬車로 모양이 세발쟁기와 같다. 그 안에 있는 누두耬斗에 씨앗을 담고 소에 매어 한 사람이 누거를 잡고 가면서 흔들면 씨가 따라서 뿌려진다. ○ 서광계徐光啓[71]는 "현재 요동遼東 지방의 밭가는 쟁기는 멍에 길이가 4척이나 되어 회전할 때 서로 방해가 된다. 소 두 마리를 사용하면 두 사람은 끌고 한 사람은 붙잡고 밭을 갈며 한 사람은 씨를 뿌리고 두 사람은 누거를 흔드니 소 두 마리와 사람 여섯 명이 하루에 겨우 25묘를 갈고 심는 정도다"라고 하였다. 조과의 방법과 비교하면 크게 차이가 있다.

황보융皇甫隆[72]이 돈황령燉煌令으로 있을 때 일이다. 그곳 사람들이 누거와 쟁기 만드는 법을 알지 못하여 파종할 때 사람과 소의 공력이 많이 들면서도 수확은 적었다. 이에 그가 누거와 쟁기 만드는 법을 가르치니 공력은 반으로 줄고 곡식 수확은 5할이나 늘었다〔10분의 5가 더해진 것을 말한다〕.

조과가 수속도위搜粟都尉[73]로 부임하자 재능 있는 관노와 종사從事[74]를

---

69 조과趙過, B.C. 140~B.C. 87 : 중국 한나라 때 사람. 수속도위搜粟都尉를 역임했다.
70 누耬 : 누거耬車. 농기구의 일종으로 파종하는 기구.
71 서광계徐光啓, 1562~1633 : 중국 명나라 말엽의 학자. 자는 자선子先이다. 예수회 신부로 들어온 마테오 리치 등과 친교하여 서양의 학술을 받아들이고 이용후생의 학문에 힘썼다. 대표작으로 『농정전서農政全書』가 있다.
72 황보융皇甫隆 : 중국 삼국시대 위나라 인물. 돈황군 태수로 있을 때 관개 수로 건설 및 농기구 개발로 농업 생산을 크게 증대시킨 공적이 있었다.
73 수속도위搜粟都尉 : 중국 한나라 때의 관직으로 농사를 독촉하는 일을 맡았다. 상설직이 아니며 수속도위騇粟都尉라고도 한다.
74 종사從事 : 종사는 속관屬官·좌리佐吏를 말하는데 중국 한나라 때는 자사의 속관이었다.

두어 농기를 만들게 하고 이천석二千石으로 하여금 영장슈長[75]·삼로三老[76]
·역전力田 및 향리의 부로 중에서 농사 잘 짓는 자를 파견하여 농기를 받
아 땅을 갈고 파종하고 모종을 기르는 법을 배우게 하였다. 백성들이 간
혹 소가 적어 택지澤地【논[水田]을 가리킴】를 갈기 어려움을 괴롭게 여기기
에 평도령平都令 광光이 조과에게 사람이 쟁기 끄는 법을 가르쳐주었다.
조과는 임금에게 아뢰어 광을 승丞[77]으로 삼아 백성들에게 쟁기 끄는 법
을 가르치게 했다. 그래서 인력이 많으면 하루에 30묘, 인력이 적으면 하
루에 13묘 정도를 갈 수 있었다. 이 때문에 농지가 많이 개간되었다. 案
오늘날의 대경법代耕法[78]은 바로 이것의 유법遺法이다. 「대경도설代耕圖
說」[79]에 "먼저 두 개의 녹로가轆轤架를 만들고, 두 개의 녹로轆轤[80]는 긴 끈
두 개에 매어 쟁기를 그 가운데 달아두고 두 사람이 교대로 녹로의 끈을
굴리고 한 사람은 쟁기를 잡고 왔다 갔다 하면 저절로 땅이 갈리게 된다"
라고 하였다. 소의 전염병이 유행하는 해에는 마땅히 이 법을 익혀 시행
할 것이다

---

75 영장슈長: 현의 장관. 1만 호 이상을 영슈, 1만 호 이하를 장長이라 한다.
76 삼로三老: 향에서 나이가 많고 존경 받는 어른. 중국 한나라 때에 지역의 교화敎化를 맡
   아보던 사람으로 지방의 유력자 중에서 임명하였다. 진秦나라 이전에도 존재했으며, 한
   대에는 때에 따라 현삼로縣三老·군삼로郡三老·국삼로國三老 등을 두었다.
77 승丞: 장관의 보좌관.
78 대경법代耕法: 대경기代耕器를 쓰는 농법. 대경기는 소를 대신하여 사람이 끌도록 만든
   쟁기. 이것은 소가 드물 때에만 쓰였던 것으로 태평천국의 난 이후에 소가 부족하여 약간
   성과를 올렸다고 한다.
79 「대경도설代耕圖說」: 중국 명대에 예수회 선교사 등옥함(鄧玉函, 요하네스 테렌츠 슈렉
   Joannes Terrenz Schreck)이 구술한 것을 왕징王徵이 기록한 『원서기기도설록최遠西奇器圖
   說錄最』권3에 실려 있는 것으로 대경기를 설명한 것.
80 녹로轆轤: 회전 반경의 차이를 이용해서 물건을 쉽게 들어올리거나 이동시켜주는 기구.

후한의 최식崔寔[81]이 오원태수五原太守로 있을 때, 그 지방의 토질이 삼과 모시에 적합한데도 백성들이 길쌈할 줄을 모르고, 가는 풀을 쌓아두고 그 속에 누워 있다가 관리를 보면 풀을 걸치고 나오곤 했다. 최식이 부임하여 저축미를 처분하여 실 뽑고 베 짜는 기구를 만들어 가르치니, 백성들이 추위의 고통을 면할 수 있게 되었다.

안순암安順菴은 말했다. "수리를 일으키려면 수거水車[82]의 제도보다 더 좋은 것이 없고 서양의 수거보다 더 좋은 것이 없다. 그 법은 간편하고도 시행하기 쉬우니 마땅히 재간 있는 자로 하여금 강구하도록 하여 시행할 것이다. 만일 물길이 낮고 논이 높으면 수거를 수구水口에 설치하고 민호民戶를 배정하여 그들로 하여금 물을 끌어올리도록 해야 할 것이다."

『유산필담酉山筆談』[83]에서 말했다. "서현호徐玄扈[84]의 「농기도보農器圖譜」[85]에 열거된 농기구들은 모두 질박하여 만들기 쉽고, 별도로 톱니바퀴나 새기고 다듬는 기구가 없어도 되는데, 우리나라 사람들은 배워 시행하려 하지 않는다. '사람 인人' 자 모양의 써레, 육독磟碡[86]·역역礰礋,[87] 호종瓠種,[88] 누거와 둔거砘車,[89] 앙마秧馬,[90] 장참長鑱,[91] 예도劃刀,[92] 풍구 같은 것들은 모두 만들기가 쉬우면서 용도는 지극히 요긴하다. 수령은 마땅히

---

81 최식崔寔, 103?~170?: 중국 후한 때 사람. 자는 자진子眞이다.
82 수거水車: 논에 물을 대는 양수기. 이 대목은 순암 안정복의 『임관정요臨官政要·속편續編·농상農桑』에 나와 있다.
83 『유산필담酉山筆談』:『다산록茶山錄』『다산필담茶山筆談』『유산일초酉山日鈔』등과 함께 다산의 저서인 듯하나 확실치 않다.
84 서현호徐玄扈: 중국 명나라의 정치가이자 학자인 서광계. 현호玄扈는 그의 호이다.
85 「농기도보農器圖譜」:『농정전서』권21에서 권24에 수록된 것으로 여러 가지 농기구의 용도와 제작법이 그림과 함께 설명되어 있다.
86 육독磟碡: 써레질하고 난 후에 흙덩이를 잘게 부수는 농기구.
87 역역礰礋: 육독과 용도가 비슷하나 바깥쪽에 톱니바퀴가 있고 논에만 사용한다.

「농기도보」를 살펴 기구를 만들어 백성들에게 주어 쓰도록 해야 한다. 또 가래·호미·낫 등의 모양이 우리 것과 아주 다른데 편리한가의 여부를 시험한 후에 좋으면 옛날 것을 버리고 새 기술을 받아들이도록 하는 것이 마땅하다. ○ 서현호의 「직기도보織器圖譜」[93]에 열거된 교거攪車[94]·방거紡車·발거撥車[95]·광상軖牀[96]선가線架[97]·반거䊀車[98]·부거紵車[99]·승거繩車[100]·인거紉車[101] 등의 구조는 간단해서 알기 쉬운데도 우리나라 사람들이 이를 본뜨려 하지 않는다. 수령은 마땅히 이런 기구들을 새로 만들어 백성들에게 나누어주어 백성들이 기구를 능률적으로 사용할 수 있게 할 것이다.」○「농기도설」과 「직기도설」은『농정전서農政全書』[102]에 모두 실려 있기 때문에 여기서는 자세히 논하지 않는다.

---

88 호종瓠種 : 박에 구멍을 내어 씨앗을 저장해두는 기구.
89 둔거砘車 : 누거로 씨를 뿌린 뒤에 땅을 다지는 데 쓰이는 농기구.
90 앙마秧馬 : 모내기할 때 쓰는 기구.
91 장참長鑱 : 긴 삽. 쟁기와 용도가 비슷하다.
92 예도劚刀 : 황무지를 개간하는 데 쓰이는 농기구.
93 「직기도보織器圖譜」:『농정전서』권35에서 권36에 실려 있으며 각종 베를 짜는 도구의 용도와 제작법이 그림과 함께 설명되어 있다.
94 교거攪車 : 목화씨를 발라내는 기구.
95 발거撥車 : 실을 감아두는 기구.
96 광상軖牀 : 방거(紡車, 물레)의 일종으로 고치에서 실을 뽑는 기구.
97 선가線架 : 방거의 일종.
98 반거䊀車 : 발거와 용도가 비슷하다.
99 부거紵車 : 실을 잣는 기구.
100 승거繩車 : 여러 가닥의 실을 꼬아서 노끈을 만드는 기구.
101 인거紉車 : 삼신·발 등을 만들기 위하여 노끈을 엮는 기구.
102 『농정전서農政全書』: 중국의 농학서를 집대성한 서광계의 저서. 전 60권. 농본·전제田制·농사·수리·농기農器·수예樹藝·잠상蠶桑·잠상광류蠶桑廣類·종식種植·목양牧養·제조製造·황정荒政 의 12부문으로 구성되었다. 당시의 상업 작물에 대한 언급과 서양 기술을 도입한 점이 특색이다. 저자의 사후에 진자룡陣子龍이 1639년에 처음으로 간행하였다.

농사는 소로 짓는 것이니 관에서 소를 제공하기도 하고 백성들에게 소를 서로 빌려주도록 권장할 것이다. 이 또한 권농으로 항상 힘쓸 일이다.

위나라 안비顔斐[103]가 경조태수京兆太守로 있을 때 관하 여러 고을에 수레와 소가 없는 백성들이 많았다. 그가 백성들에게 농한기에 수레를 만들 재목을 구하게 하고 장인들을 동원하여 돌아가면서 수레를 만들어주게 했다. 또한 소가 없는 백성에게는 돼지와 개를 길러 그것을 팔아서 소를 사게 했다. 백성들이 처음에는 번거롭게 여겼으나, 한두 해 사이에 집집마다 수레 하나와 큰 소를 가지게 되었다[『위략魏略』].

당나라 장전의가 동도東都를 다스릴 때 소가 모자란다고 호소하는 자가 있으면 그 고장 사람들을 불러 서로 돕도록 하였다. ○ 증천이 수현의 전사로 있을 때 가난한 자를 더욱 보살펴 소와 농구가 없는 자에게는 소와 농구를 빌려주어 작물을 심어 기르게 하고 면화가 없는 자에게는 면화를 대여하여 베를 짜도록 했다.

당나라 서건徐巾이 소주韶州를 맡아 다스릴 때 공전公田으로 황폐한 땅을 조사하여 소를 빌려주어서 경작하게 하고 거기서 거두어들인 쌀로 소빌린 값을 갚게 했다. 이에 세수가 넉넉하게 되었다. 백성들이 그를 위해 생사당生祠堂[104]을 세웠다.

---

103 안비顔斐: 중국 삼국시대 위나라 사람. 자는 문림文林이다. 경조태수京兆太守·평원태수平原太守 등을 역임하면서 선정을 베풀었다.
104 생사당生祠堂: 감사·수령 등의 선정을 기리고자 그들이 살아 있을 때부터 제사를 지내기 위해 지은 사당을 가리킴.

유정원이 자인현감으로 있을 때 그 고을의 소가 모두 병들어 죽었다. 그가 관전官錢을 지출하여 백성들에게 나누어주되 열 집에 소 한 마리씩을 사서 경작에 대비하게 했다.

서광계의 『농정전서』에 소를 기르는 법이 있고, 소의 병을 다스리는 방문도 자세히 실려 있다. 소의 전염병이 도는 해에는 마땅히 그 방문을 민간에 널리 알려줄 것이다.

소의 역병을 치료하는 데에는 진다眞茶 가루 두 냥에 물 다섯 되를 타서 먹인다. 소가 갑자기 병이 나서 머리를 흔들고 겨드랑이를 치거든 급히 파두巴豆 일곱 개를 구하여 껍질을 벗기고 잘게 찧어 기름을 짜내 물에 타서 먹이면 곧 낫는다고도 한다【또 창출蒼朮을 태워서 소의 코로 그 냄새를 들이마시게 하면 증세가 그친다】. ○ 소의 역병을 치료하는 데에는 소 쓸개 하나를 소의 입에 넣어주면 낫는다. 또 어떤 처방에는 진안식향眞安息香[105]을 외양간 안에서 향을 태우듯이 태운다고 한다. 처음에 한 마리가 앓고 연달아 두 마리가 앓는 것을 보면 그것이 곧 역병이니 즉시 끌어내어 코로 그것을 들이마시게 하면 당장에 낫는다【또 어떤 처방에는 12월에 토끼 대가리를 태워 재를 만들어두었다가 물 다섯 되를 타서 먹이면 좋아진다고 한다】. ○ 소의 기창氣脹[106]을 치료하는 데에는 깨끗한 물로 땀에 젖은 버선을 씻어 즙을

---

105 진안식향眞安息香: 안식향의 일종인 듯하다. 안식향은 향료·방부제·소독제 등의 용도로 쓰이는 약재.
106 기창氣脹: 배 안에 가스가 차서 몸이 붓고 팔다리가 여위는 병.

한 되 받고 거기에 좋은 초 반 되가량을 타서 먹이면 낫는다. ○ 소가 복창腹脹[107]으로 거의 죽게 된 것을 치료하는 데에는 삼씨를 갈아 즙을 내어 약간 뜨겁게 데워 입을 벌려 대여섯 되쯤 먹이면 낫는다. 이것은 날콩을 먹고 복창에 걸려 거의 죽어가는 소를 치료하는 데에도 좋다[또 어떤 처방에는 제비 똥 한 홉을 조제해서 먹인다고 한다]. ○ 소의 기열氣噎[108]을 치료하는 데에는 쥐엄나무 가루를 코로 들이마시게 하고 다시 신발의 바닥으로 꼬리의 정골停骨 밑을 때리면 효과가 있다. ○ 소의 꼬리가 타고 풀을 먹지 않는 병을 치료하는 데에는 대황大黃·황련黃連·백지白芷 각 닷 돈씩을 가루로 만들어 계란과 청주를 섞어 조제하여 먹인다. ○ 소의 뇨혈병尿血病[109]을 치료하는 데에는 당귀當歸·홍화紅花를 잘게 가루로 만들어 술 두 되 반을 넣고 달여서 두 되를 만들어 식혀 먹인다[또 어떤 처방에는 콩자반 즙을 소금에 조제하여 먹인다고 한다]. ○ 소의 비창鼻脹[110]을 치료하는 데에는 초를 입속에 부어 주면 당장에 낫는다. ○ 소의 사개沙疥[111]를 치료하는 데에는 메밀 상당량을 태워 재로 만들어 즙을 내어 녹반綠礬 한 홉에 타서 바르면 낫는다[또 소의 옴을 치료하는 데에는 부자附子를 달여 즙을 낸 후 뜨겁게 하여 다섯 번 정도 씻어 주면 낫는다]. ○ 소의 배가 뒤틀리는 것과 기침을 치료하는 데에는 유백피楡白皮를 물에 끓여 아주 뜨겁고 미끄럽게 하여 다섯 되를 먹이면 금방 낫는다. ○ 그 밖에도 소의 어깨가 헐고, 발굽이 빠지고, 눈곱이 많이 끼고, 사람을 떠받고, 더위 먹고, 이가 많은 것과, 물소의 기창과

---

107 복창腹脹: 배가 더부룩해지는 병.
108 기열氣噎: 인후咽喉가 아픈 병.
109 뇨혈병尿血痛: 오줌에 피가 섞여 나오는 병.
110 비창鼻脹: 코가 허는 병.
111 사개沙疥: 피부에 좁쌀 같은 것이 돋아서 가렵고 아픈 병. 옴의 일종.

설사하고 더위 먹는 데 대한 치료법이 있으나 모두 급히 필요한 것이 아니므로 여기서는 우선 생략한다.

『유산일초西山日鈔』에서 "파초가 능히 소의 역병을 치료할 수 있는데 줄기와 잎을 찧어 즙을 내 먹이면 당장 효과가 있다"라고 하였고 또 "소 외양간 옆에 파초 서너 뿌리를 심어, 소를 항상 녹천암綠天菴[112] 가운데 있게 하면 역병이 사방에 만연하더라도 이 소는 별 탈이 없을 것이다"라고 하였다. 농가에서 의당 힘써야 할 일이다.

농사는 소로 짓는 것이니 실로 농사를 권장하려면 마땅히 도살을 경계하고 목축을 장려할 일이다.

박제가朴齊家[113]의 『북학의北學議』에 다음과 같이 쓰여 있다. "중국의 풍속에 소는 코뚜레를 하지 않고, 다만 성질이 사나운 남방의 물소만 코뚜레를 한다. 더러 회령이나 경원, 중강, 의주 같은 서북개시西北開市[114]를 통해 들어온 소가 있는데, 우리나라 토종 소는 콧마루가 낮아서 쉽게 구별할 수 있다. 처음 들어왔을 때에는 소의 뿔이 울퉁불퉁하여 고르지 않으나 휘어서 바르게 할 수 있다. 털빛이 온통 푸른 소가 있다는데, 나는 아

---

112 녹천암綠天菴: 파초의 잎사귀가 그늘을 드리운 정경을 시적으로 표현한 말.

113 박제가朴齊家, 1750~1805: 자는 차수次修·재선在先, 호는 초정楚亭·정유貞蕤, 본관은 밀양密陽이다. 규장각 검서관檢書官을 지냈다. 이덕무李德懋·유득공柳得恭·이서구李書九와 동인적 성격의 시집을 편찬, 발간하여 사가四家로 일컬어졌다. 실학자로서 그가 쓴 『북학의北學議』는 이용후생학파의 이론적 수준을 대표하는 저술이다.

114 서북개시西北開市: 조선 후기에 서쪽 변경의 중강진中江鎭·의주義州, 북쪽 변경의 회령會寧·경원慶源에서 시행된 대외무역을 지칭하는 말. 남쪽으로는 동래에서 일본과 행해진 왜관개시倭館開市가 있었다.

직 보지 못했다. 중국의 소들은 자주 씻겨주고 손질해주는데 우리나라 소들은 죽을 때까지 씻기지 않아 똥 찌꺼기가 말라붙어 있어 아주 다르다. 당시唐詩에 '유벽거油碧車[115] 가볍고 금송아지 살쪘네'라고 한 것은 소의 털빛이 윤택함을 표현한 것이다. 또한 중국에서도 소 잡는 것을 단속하고 있다. 북경은 돼지 푸줏간이 72개소, 염소 푸줏간이 70개소가 있어서 푸줏간마다 하루에 돼지 300마리가 팔리고 염소도 마찬가지로 팔린다. 고기를 이같이 먹는데도 소 푸줏간은 2개소뿐이다. 길에서 푸줏간 사람을 만나서 자세히 알아보았다. 우리나라는 하루에 잡는 소를 계산해보면 500마리가 된다. 나라의 제향祭享 때와 군사들을 위무하기 위해 잡는 것, 그리고 반촌과 서울 5부 안의 24개소의 푸줏간에서 잡는 것에, 전국 300여 고을에 고을마다 관의 푸줏간에서 으레 소를 잡는다. 작은 고을에서는 날마다 소를 잡지는 않지만 큰 고을에서 여러 마리를 한꺼번에 잡는 것으로 상쇄되고, 또 서울과 지방에서 혼례와 기타 잔치·상사喪事·향사鄕射[116] 때 그리고 법을 어기고 밀도살하는 것을 대강 따져보니 그 수가 500마리 정도가 되는 것이다. 소는 10달 만에 나서 3년은 지나야 새끼를 가질 수 있으니, 몇 년 만에 한 마리 낳는 것으로 하루 500마리씩 죽는 것을 당해내지 못함은 명백하다. 소가 날로 귀해지는 것이 당연하지 않은가? 그러므로 소가 있는 농부가 극히 적어 항상 이웃에서 빌려 쓰는데, 하루하루씩 빌려다 쓰기 때문에 논갈이가 항상 늦다. 마땅히 소의 도살을 일절 금하면 수년 안에 농사가 때를 놓치는 일이 없을 것이다. 어떤 사

---

115 유벽거油碧車 : 유칠油漆로 벽을 장식한 부인의 수레. 여기 인용된 시는 중국 당나라 온정균溫庭筠의 「춘효곡春曉曲」의 일부분이다.
116 향사鄕射 : 봄가을에 고을 백성들을 모아서 활쏘기를 시험하던 행사.

람은 '우리나라에는 다른 가축이 없기 때문에 소의 도살을 금하면 고기가 없어질 것이다'라고 말하지만, 그렇지 않다. 소의 도살을 금한 후에라야 백성이 비로소 다른 가축 기르기에 힘을 써 돼지와 염소가 번식할 것이다. 지금 돼지를 파는 것은 두 마리를 지고 가다가 서로 눌려서 죽으면 파는 정도인데도 오히려 밤을 넘긴 고기가 있으니, 이는 사람들이 돼지고기를 좋아하지 않는 것이 아니라 쇠고기가 특히 많기 때문이다. 또 어떤 사람은 '돼지고기나 염소고기는 사람들에게 익숙하지 못하기 때문에 탈이 날까 염려스럽다'라고 말하지만, 이 또한 그렇지 않다. 음식은 습성에 따라 맞추어지는 것이다. 중국 사람들이 어디 모두 탈이 났던가? 율곡栗谷은 평생 쇠고기를 먹지 않으면서 '소의 힘으로 지은 곡식을 먹으면서, 쇠고기를 먹는 것이 옳겠는가?'라고 했으니, 참으로 당연한 이치이다."

『다산필담茶山筆談』에서 말했다. "옛날에는 우리나라에 양이 없었다고 하는데 이는 풍토가 달라서가 아니고 습속 때문에 그런 것이다. 현재 전생서典牲署[117]에서 기르는 양과 율주栗洲[118]에서 기르는 양이 모두 번성하고 있다. 생각해보면 내가 어렸을 때 각 고을에서 기르던 양이 50~60마리 이하로 내려가지 않았다[각 고을에서 기르던 것은 모두 고羖였는데 고羖는 검은색 양[夏羊]이다. 속칭 염소라고도 하고 고羔라고 잘못 부르기도 한다. 고羔는 양의 새끼이다]. 그런데 지금 양 종자가 끊어진 것은, 기르는 데 필요한 사료를 관에서 지급하지 않고 억지로 창노를 차출하여 목동으로 삼아서 기르게 하기 때문이니, 해마다 달마다 수가 줄어드는 것은 당연한 형세이다. 내가

---

117 전생서典牲署: 호조 소속 아문의 하나. 종묘의 제례 등에 쓰이는 희생을 관장하는 기관.
118 율주栗洲: 한강(서울 서강과 여의도 사이)에 있었던 섬. 밤섬으로 일컬어졌는데 1970년대에 여의도를 개발하는 과정에서 없어졌다.

상고해보니 양을 기르는 방법에는 경계해야 할 조항이 여러 가지이다. 물을 자주 먹이면 물에 상해서 코가 헐고, 빨리 몰면 먼지를 마셔서 병이 난다【한곳에 너무 세워두는 것도 경계할 일이다】. 한낮에 더위를 먹으면 반드시 옴이 생기고 가을에 서리 맞은 풀을 먹으면 반드시 복창이 생긴다. 성질이 추위를 견디지 못하니 일찍 우리를 만들어주어야 하며 막히고 답답한 것을 싫어하기 때문에 막힌 옥사를 만들어주어서도 안 된다. 물에 세워두면 굽이 구부러지고 습한 곳에서 두면 복창이 생긴다【우리 안에 약간 높은 자리를 반드시 만들어주어야 좋다】. 마른풀을 반드시 우리 주위에 쌓아두어야 하며【양이 우리를 돌면서 우리 안에 있는 마른풀을 집어 먹도록 한다】 콩을 심어 콩대를 먹게 한다. 겨울에 새끼를 낳으면 밤에 반드시 불을 피워주어야 하고 여름에 털갈이할 때에는 미리 깨끗이 가위질해주어야 한다【가위질을 하지 않으면 양은 여윈다】. 이슬 맞은 풀과 녹충綠蟲【작은 거미】을 먹으면 반드시 죽으며 초에 적신 여로藜蘆[119]로 씻어주면 옴을 낫게 할 수 있다. 이런 등의 말이 너무 많아서 다 기술할 수가 없다. 총괄해서 보건대 먹이가 풍족하지 못하고 옴이 옮으면 떼죽음을 당하거나 종자가 끊어지는 것은 어느 곳에서나 흔히 보는 일이니 우리나라의 염소만 유독 재액이 많은 것은 아니다. 고을 경내에 혹 양을 기를 만한 곳이 있으면 관에서는 마땅히 별도로 목장을 설치하고 백성들에게 주어 양을 기르게 하고 차츰 보급을 시킴으로써 습속이 되게 할 것이다."【병을 치료하는 처방은 『농정전서』에 보이니 여기서는 다 적지 않는다】

---

119 여로藜蘆: 백합과에 속하는 다년생 풀로 뿌리에는 독이 있어 농사용 살충제로 쓰인다.

총괄해서 보건대 농사를 권면하는 정사는 마땅히
먼저 각기 직분을 정해주어야 한다. 직책을 나누어
맡기지 않고 이일 저일 분별없이 시키는 것은
선왕先王의 법이 아니다.

한나라·위나라 이래 이른바 어진 수령들의 권농의 정사가 역사에 끊임없이 기록되어 왔지만 그 정령이 복잡하고 어지러워 선왕의 법과 전혀 같지 않다. 선왕의 법에 농사짓는 자는 원예를 하지 않고 원예를 하는 자는 농사를 짓지 않으며, 우虞·형衡·빈嬪·목牧이 각각 자기 담당의 산물을 바치도록 했다. 그런데 한나라·위나라의 법은 농사짓는 자로 하여금 구곡九穀[120]을 바치게 하고 온갖 채소와 온갖 과일을 심게 했다. 그리고 육수六獸[121]를 기르고 팔재八材[122]를 가공하며, 기물을 만들게 하는가 하면 실을 뽑고 모시를 삼아 포백布帛을 짜게 했다. 그러니 어떻게 명령이 시행될 수 있겠으며 법이 세워질 수 있겠는가. 내가 오랫동안 민간에 있으면서 보니 농가에서는 채소를 전혀 심지 않아 파 한 뿌리 부추 한 단도 사지 않으면 얻을 수 없었다. 처음에는 시골 습속이 고루해서 채소를 심을 줄 모르는 것으로 생각했으나 오랫동안 살펴보니 대체로 농가에는 채소 심을 땅도 없고 여가도 없어서 농사와 겸해서 할 수가 없었다. 마당과 남새밭이 겹쳐져서 빈 땅이 없고 동시에 여러 가지 일을 해야 하므로 사람이 한가한 날이 없는 것이다. '농農·상桑' 두 자는 예부터 같이 일컬

---

120 구곡九穀 : 메기장(黍)·찰기장(稷)·차조(秫)·벼·깨·콩·팥·보리·밀.
121 육수六獸 : 말·소·양·돼지·개·닭. 육축六畜이라고도 함.
122 팔재八材 : 기물을 만드는 여덟 가지 재료. 주珠·상象·옥玉·석石·목木·금金·혁革·우羽.

어져 왔으나 그 실상을 살펴보면 농사짓는 자는 양잠을 하지 않고 양잠하는 자는 농사를 짓지 않는다. 진실로 수령 된 자가 농민에게 양잠을 권장할 것 같으면 농민은 필시 이를 괴롭게 여길 것이며, 실효도 거두지 못할 것이다. 하물며 목화가 이미 보급되고 비단옷이 급한 것도 아닌데 뽕나무를 심는 것이 어찌 농민이 원하는 바이겠는가? 닭과 돼지란 곡식과 채소를 해치는 것이요, 염소와 돼지를 기르자면 지게미와 겨가 필요한데 농가에서 밭 갈고 김매는 일에 힘을 다 쏟으니 어느 겨를에 남새밭 울타리를 칠 수 있으며 소를 치는 것도 힘에 겨운데 어느 겨를에 돼지를 기를 수 있겠는가? 백성의 수령 된 자가 한나라·위나라의 법을 본떠서 백성에게 목축을 권장한다면 백성들이 필시 괴로워하고 근심하며 수령의 오활함을 원망하지 않는 자가 없을 것이다. 그러면 온갖 채소, 온갖 과일, 육축, 팔재 등 농가에 보탬이 되는 것들을 생각조차 할 수 없단 말인가? 아! 한나라·위나라 이후의 정령은 거칠고 소루하며, 주나라·은나라 이전의 법제는 정밀함에도 선왕의 법전을 상고하지 않고 가벼이 법령을 내놓는 경우에는 가는 곳마다 밟히고 움직일 때마다 걸릴 것이다. 만일 선왕의 법에 비추어 과히 어긋나지 않으면 오늘날 시행해도 좋을 것이다.

유자후柳子厚의 『종수곽탁타전種樹郭橐駝傳』에 이렇게 쓰여 있다. "내가 시골에 살면서 보니 수령들은 법령을 번거롭게 하기를 좋아하여 백성을 심히 사랑하는 것 같지만 마침내는 화를 끼친다. 아침저녁으로 아전들이 와서 '관의 명령이니 너희들은 밭갈이를 서둘러하고 나무 심기를 힘쓰고 수확을 바삐하라, 일찍 일어나 실을 뽑고 일찍 일어나 베를 짜라, 너희들의 아이를 잘 보살피고 닭과 돼지를 잘 길러라' 하며 북을 울려 모이게 하고 목탁을 쳐서 부른다. 우리 소인들은 저녁밥 아침밥을 먹고 있다가 수저를 놓고 아전을 맞이하기에 틈이 없거늘 어느 겨를에 우리의 삶을 번성하게 하며 우리의 마음을 편안히 할 수 있겠소?"〔案〕유자후의 말은 오활한 수령의 병통에 적중한 것이다.

『주례』에는 이렇게 되어 있다. 천관총재天官家宰는 9가지 직분을 만민에게 맡기었으니, 1)삼농三農[123]은 구곡九穀을 생산하고, 2)원포園圃는 과일나무와 소채를 기르고, 3)우형虞衡은 산림천택의 자원을 길러내고, 4)수목藪牧은 새와 짐승을 길러 번식시키고, 5)백공百工은 팔재를 가공하여 부지런히 기물을 만들고, 6)상인은 금옥과 포백 등 물화를 원활히 유통시키고, 7)빈부嬪婦는 실 뽑고 모시 삼아 베를 짜고, 8)신첩臣妾은 여러 가지 초목의 뿌리와 열매를 채취해 모으고, 9)일정한 직분이 없는 한민閒民은 돌아다니며 남의 일을 돌보아준다.

○ 대사도는 12가지 직사職事를 온 천하에 반포하여 만민을 지도했으니, 1)농업, 2)원예, 3)벌채, 4)축산, 5)공예, 6)재화의 유통, 7)길쌈하기, 8)야생의 열매와 나물 채취, 9)하릴없는 자에게 생업을 시키는 것, 10)학술 문예, 11)세습적인 방술, 12)공직에 종사하는 것 등이다.

○여사閭師는 삼농에게 경작하는 일을 맡겨 구곡을 공납하게 하고, 원포에게는 원예의 일을 맡겨 과일과 소채를 공납하게 하고, 백공에게는 팔재의 일을 맡겨 기물을 공납하게 하고, 상인에게는 물화 유통의 일을 맡겨 금옥과 포백 등 물화를 공납하게 하고, 수목에게는 목축의 일을 맡겨 새와 짐승을 공납하게 하고, 빈부에게는 길쌈 일을 맡겨 포백을 공납하게 하고, 형인衡人에게는 산의 일을 맡겨 거기서 나는 산물을 공납하게 하고,

---

123 삼농三農: 정현의 주석에 의하면 평지농平地農·산농山農·택농澤農을 가리킨다.

우인虞人에게는 소택의 일을 맡겨 거기서 나는 산물을 공납하게 했다.

[鏞案] 이 내용에서, 농포農圃·축목畜牧·잠적蠶績·우형虞衡은 각기 별개의 직분이어서 서로 겸할 수 없는 것이다.『주례·지관사도』에서 재사載師[124]가 토지의 용도를 구분함에 장포場圃[125]와 교전郊田[126]으로 그 땅이 각각 구별되어 있다. 번지樊遲가 배움을 청함에 노농老農과 노포老圃는 각기 사람이 분명히 달랐다.[127] 곡식 농사를 짓는 사람에게 원예를 맡기고 원예하는 사람에게 곡식 농사를 맡기는 것은 모두 후세의 법이다. 공수가 발해를 다스릴 때의 제도나 후위의 균전제는 모두 원예의 일을 곡식 농사를 하는 집에 맡겼으니 당시에는 잠시 시행되었을지라도 후일에 반드시 무너져서 오랫동안 시행될 도리가 없었다.

무릇 권농의 정사는 마땅히 육과六科로 나누어 각기 그 직무를 주고 그 성적을 고과하여 공적이 좋은 자를 등용하여 백성의 생업을 권장할 것이다.

이는 오늘날의 수령에게 당장 시행하기를 요구하는 것은 아니다. 전정田政이 크게 바로잡히고 온갖 법도가 모두 옳게 되고 직분에 따르는 공납

---

124 재사載師:『주례』에 나오는 관직명. 토지의 적합도에 따라 조세를 정하고 납입하는 일을 관장했다.
125 장포場圃: 과일·채소 등 원예를 하는 곳.
126 교전郊田: 일반 곡식 농사를 하는 곳.
127 『논어論語·자로子路』에 있는 말로, 관련된 부분은 다음과 같다. "번지가 농사일 배우기를 청하자, 공자께서 말씀하셨다. '나는 오래 농사지은 이만 못하다.' 원예 가꾸는 일 배우기를 청하자, 말씀하셨다. '나는 오래 원예 가꾼 이만 못하다.'[樊遲請學稼, 子曰, '吾不如老農' 請學爲圃, 曰, '吾不如老圃']"

이 법대로 되며 만민이 각기 직업을 가지게 되어 나의「전제고田制考」에서 논한 것처럼 된 뒤에라야 가히 논의해볼 수 있다. 애오라지 이 항목을 덧붙여 『경세유표·전제고』에서 빠진 부분을 보충하는 것일 뿐이요 지금의 수령이 그대로 시행하라는 뜻은 아니다.

○ 전농田農이 한 과科가 되고【구곡九穀을 생산한다】 원전園廛이 한 과가 되고【백과百果를 심는다】 포휴圃畦가 한 과가 되고【백채百菜를 심는다】 빈공嬪功이 한 과가 되고【포백布帛을 짜낸다】 우형虞衡이 한 과가 되고【백재百材를 심는다】 축목이 한 과가 되어【육축六畜을 기른다】 공工·상商·신첩臣妾을 합하면 의당 9직이 되는 것이다. ○ 이들에 대해 고과하는 방법은 다음과 같다. 전농에 9가지 항목이 있으니 1)갈아엎기【가을과 겨울에 힘쓰는 정도】, 2)거름내기【부지런한 자가 많이 낸다】, 3)씨 뿌리기【부지런한 자가 일찍 파종한다】, 4)써레질【봄에 힘쓰는 정도】, 5)모내기【부지런한 자가 일찍 낸다】, 6)김매기【부지런 한자가 일찍 맨다】, 7)수확【부지런한 자가 더 많이 거둔다】, 8)제방【허술한 곳을 보수한다】, 9)관개【물을 끌어댄다】 등이다. 이상의 9가지 일로 그 성적을 살피되 밭농사의 고과는 부종附種[128]을 모내기에, 밭도랑 치기를 제방에, 진전 개간을 관개에 각각 해당시킨다.

○ 원전에 9가지 항목이 있으니 대추·밤·배·감·매실·살구·복숭아·오얏·호두로 9과果를 삼아 그 성적을 고과하되 나머지 여러 과일은 각각 그 지방의 산물에 따라 혹 출입이 있을 수 있다. 능금·빈파頻婆【방언에 사과라고도 한다】·앵두·석류·귤·치자·모과 등은 그 토질의 알맞음에 따를 것이다.

---

128 부종附種: 파종하는 법.

○ 포사圃師[129]에 9가지 항목이 있으니 파·부추·마늘·생강·오이瓜·박·배추·겨자·무로 9가지 채소를 삼아 그 성적을 고과하되 그 나머지 여러 채소는 비슷한 종류에 포함시키기도 하고【참외·수박은 오이에 포함시키고, 호박·동아는 박에 포함시킨다】혹은 토질의 알맞음에 따라 서로 출입이 있을 수 있다【아욱·상추·감자·토란 등】.

○부공婦功[130]에 9가지 항목이 있으니 뽕나무·산뽕나무·삼【즉 모마牡麻】·수삼【사枲, 유자마有子麻】·모시·면【즉 목화】·쪽풀【즉 대청大靑】·잇꽃·자열紫苶【즉 자초紫草】 이상의 9가지로 그 성적을 고과하되 닥나무와 옻나무도 함께 재배하여 백성의 용도를 넉넉하게 한다.

○ 우형에 9가지 항목이 있으니 소나무【측백나무와 잣나무도 이에 소속시킨다】·전나무·느릅나무·홰나무·오동나무·버드나무·상수리나무·단풍나무·은행나무의 9종으로 그 성적을 고과하고 남방의 참대·시누대·기목奇木【비자나무·가사목 같은 것】은 각기 토질의 알맞음에 따르도록 한다.

○ 목축에 9가지 항목이 있으니 말·소·염소·돼지·당나귀·닭·거위·오리, 그리고 연못에 기르는 고기의 9종으로 그 성적을 고과한다.

○ 여러 면, 여러 리里에서 각각 상농가上農家를 뽑는데 대략 1정井의 8가 가운데 3~4가를 뽑되 상족上族·중족中族·하족下族[131]에 구애됨이 없이 오직 농사에 힘써 100묘畝를 온전히 받은 자만을 선발에 참여시킨다.

○ 매 전지田地 100정마다 농정農正 한 사람을 두고 그 공능을 상고하여

---

129 포사圃師: 앞의 포휴圃畦에 대응되는데 포휴의 일을 맡은 자란 의미에서 포사라 한 것으로 추정됨.
130 부공婦功: 앞의 빈공嬪功과 같은 뜻의 말로 생각됨. 빈嬪은 부婦와 같은 의미로, 혹은 여성으로 관직을 맡은 자를 가리키기도 한다.
131 상족上族·중족中族·하족下族: 씨족의 사회적 신분의 등급을 말한다.

현령에게 보고하면 현령은 이를 받아 9가지 등급을 매기되 고과법과 같이 한다.

○『주례』에 재사載師가 토지의 용도를 구분하는 법을 보면 가장 안쪽을 국중國中이라 하고 그다음 쪽을 원전園廛이라 하였으니 이른바 장포場圃란 원지園地로 구분된 곳이다. 무릇 채소나 과일 등속은 반드시 교통이 편리한 큰 고을이나 도시의 성곽을 끼고 있는 땅[132]이라야 심고 재배하기에 마땅하니 똥거름을 쉽게 얻을 수 있으며 판매가 용이하기 때문이다. 외진 마을 궁벽한 곳에 이런 것들을 심어서 어찌 하리요. 도회지 사람들은 좋은 채소와 진귀한 과일을 먹을 수 있지만 시골 사람들은 그럴 수가 없는 것이다. 수령이 원포를 권장하려면 반드시 원사·포사를 모집하여 그들로 하여금 읍내에 살게 하고 성곽을 끼고 있는 땅을 주어 채소를 심도록 하되, 빈 땅을 구하여 9과를 심게 한다. 소읍에는 9명, 중읍에는 18명, 대읍에는 27명을 모집하여 각자에게 땅을 주고 일하는 데 드는 비용을 보조해주며 별도로 군관 2명을 차출하여 원감園監·포감圃監으로 삼는다. 이들에 대한 고공은 역시 법대로 한다.

○부공 역시 그렇게 한다. 9명이나 27명을 모집하여 관의 농지를 주고 토질의 알맞음을 살펴 오로지 9재材를 재배하게 하되 고공은 법대로 한다.

○ 소나무·전나무·단풍나무·상수리나무는 산에서 나는 나무이고 느릅나무·홰나무·오동나무·버드나무·비자나무·은행나무 등속은 모두 들에서 나는 나무이다. 모집한 백성들 중에서 우형이 되기를 원하는 자에게 산장山場·야장野場·택지澤地를 주어 각종 나무를 심게 하고 마을 어귀 및

---

132 원문의 "부곽지지負郭之地"를 번역한 말로 성곽 근처의 비옥한 땅을 말한다.

도로변에도 우형으로 하여금 나무를 심게 해서 그 마을 사람들이 기르게 한다. 혹 죽게 만드는 일이 생기면 책임을 지워 보충해 심도록 하고 아울러 우형감虞衡監[133]을 세워 법대로 고공한다.

○ 목축 역시 그렇게 한다. 소를 치는 자에게는 산을 주고 염소를 치는 자에게는 섬을 주며, 돼지를 치는 자에게는 읍성 부근의 땅을 주어 우리를 만들게 하거나 혹은 작은 섬을 주기도 한다. 닭을 치는 자에게는 노는 땅을 주어 구덩이를 파고 울타리와 덮개를 만들어 농사에 해가 없도록 한다. 거위와 오리를 치는 자에게는 개울이나 도랑이 있는 땅을 주며, 물고기를 기르는 자에게는 못이나 늪이 있는 땅을 준다. 오직 말을 기르는 땅만은 특히 바다의 섬을 주어 부유한 자들을 모집하되 기르는 말이 1000필에 이르는 자는 직접 팔아서 넉넉히 살 수 있게 허용하고, 그 공적을 기록하여 병조에서 직접 무관직을 주며, 전근이나 승직 또한 무과 출신과 같이 할 수 있게 하면 응모자가 많을 것이다. 소와 염소를 치는 일 이하의 고공은 앞의 법과 같이 하고 당나귀를 치는 일의 공적은 말 기르는 일 다음으로 한다【개는 오직 집에서 기른다】.

○ 무릇 고공하여 가장 우수한 자에게는 그 고을에서 진귀한 물건을 상으로 주고 그 고을의 직임을 준다【향승·창감 같은 것】. 감사는 여러 고을의 고과표를 모아 그 우열을 비교하여 3명을 선발하고【영남과 호남에서는 각 6명을 취한다】 이들을 전조銓曹에 추천한다. 전조에서는 각 도의 추천장을 모아 우열을 비교하고 직업을 참작하여 매양 3분의 2를 취하여【가령 30명이면 20명을 취한다】 초사初仕로 보임하되 농農·빈嬪·우虞·형衡은 이조吏曹에서

---

133 우형감虞衡監 : 우형을 도와서 산림천택의 일을 감독하는 자.

경전원외랑經田員外郎[134]에 보임하고 원포·축목은 병조에서 무원원외랑武院員外郎[135]에 보임한다. 벼슬한 지 만 2년이 되면 동반東班 소속은 나아가 찰방察訪·감목監牧[136]이 되게 하고 서반西班 소속은 나아가 보장堡將·성장城將이 되게 한다【지금의 첨사僉使·만호萬戶】. 이렇게 하면 육과六科[137]의 직임이 백성의 항구적인 직업이 되어 10년이 지나지 않아서 온갖 곡식·과일·채소가 다 먹을 수 없을 만큼 풍족해질 것이고 재목이 다 쓸 수 없을 만큼 많아질 것이고 베와 비단이 다 입을 수 없을 만큼 많아질 것이고 물감이 다 물들일 수 없을 만큼 많아질 것이며 가축과 어물이 나라 안에 가득찰 것이다. 나라를 부유하게 하고 백성을 넉넉하게 하는 정사가 이보다 더 큰 것이 있겠는가? 어떤 사람은 "관록이란 것은 덕 있는 사람에게 주는 것인데 지금 농사짓고 원예하는 소인과 목축하는 천한 사람들을 모두 관인 명단에 올리는 것이 어찌 나라를 다스리고 백성을 권장하는 길이겠는가?"라고 한다. 나는 이렇게 대답할 것이다. "그렇지 않다. 무릇 과시科詩라고 하는 것은 어떤 것인가? 항우와 패공에 관한 글귀나 풍진우주風塵宇宙에 관한 시구 등 되지 못한 말과 망령된 논설로 시험을 보여서 사람을 뽑아 벼슬을 시키는 것이 덕 있는 사람에게 관록을 주는 일인

---

134 경전원외랑經田員外郎: 원주에 "관제官制를 보라"라고 나와 있다. 여기서 관제는 『경세유표』에 수록된 천관 이하의 관제를 가리킨다. 다산이 『경세유표』에서 토지제도로서 제안한 정전법에 따른 제반 업무를 관장하는 기관이 경전사經田司이고 경전원외랑은 여기 소속된 관리이다.

135 무원원외랑武院員外郎: 원주에 "지금의 훈련원 봉사訓鍊院奉事이다"라고 나와 있다. 『경세유표·하관병조夏官兵曹』에는 무거원武擧院으로 되어 있다. 다산의 행정기구 개혁안에서 종래의 훈련원을 개칭한 것. 원외랑은 무거원에 소속된 관리.

136 감목監牧: 이조의 외관직外官職 종6품. 지방의 목장에 관한 일을 맡아보던 관원으로 대개 부사나 첨사가 겸직하였다.

137 육과六科: 앞에서 말한 전농·원전·포휴·빈공·우형·축목을 말한다.

가? 후직后稷과 우공은 농사에 힘썼으나 왕후로 천거되는 데 방해가 되지 않았으며, 진비자秦非子[138]는 말 기르는 일로 제후의 반열에 올랐다. 주공周公이 관직을 제정할 때 당시의 농사農師[139]·장사場師[140]·목인牧人·교인校人[141] 등은 모두 몸소 논밭에서 일함으로써 백성의 생업을 진흥시켰으며, 몸소 가축을 기름으로써 물산을 풍부히 했다. 후세의 관직이 헛되이 이름에만 얽매인 것과는 다르다. 한나라 초기에는 역전과力田科와 효렴과孝廉科[142]가 나란히 놓여 있어서 전천추田千秋[143]는 농사에 힘써 통후通侯[144]가 되었으며 복식卜式[145]은 가축을 길러 경卿의 지위에 올랐다. 지금 육과에 속한 사람들이 진실로 마음가짐을 깊고 성실히 하며 그 직분을 능히 다한다면 비록 그들을 천거해서 정승과 재상으로 삼는다 해도 오히려 옛 법대로인데 구구한 찰방·감목·보장·성장 같은 직책이야 어찌 다시 말할 거리가 되겠는가? 순차로 등용하여 수령의 벼슬을 주는 일은 그만 둘 수 없다." ○ 다만 이 육과의 직업은 10년이 되지 않고서는 실효를 거두기 어렵다. 오늘날의 수령은 2년이면 바뀌어 마치 지나는 길손과 같으니 야단스럽게 일을 시작하는 것은 쓸데없는 일이다.

---

138 진비자秦非子, ?~B.C. 858 : 중국 주나라 때 사람. 말을 잘 기르는 것으로 주나라 효왕에게 발탁되었고 후일 진秦 땅에 봉해져서 진나라의 시조가 되었다.
139 농사農師 : 중국 고대의 관명으로 농사를 관장했다.
140 장사場師 : 중국 고대의 관명으로 장포場圃를 관장했다.
141 교인校人 : 중국 고대의 관명으로 소택沼澤을 관장했다.
142 효렴과孝廉科 : 중국 한나라 무제 때 시작된 관리 등용 방법. 효행이 뛰어나고 청렴한 자를 뽑아 관리로 임용한 제도.
143 전천추田千秋, ?~ B.C. 77 : 중국 한나라 때 사람. 벼슬은 대홍려大鴻臚에 이르렀다.
144 통후通侯 : 제후를 뜻함.
145 복식卜式 : 중국 한나라 때 사람. 벼슬은 어사대부에 이르렀다.

『경국대전』에서 규정했다.[146] "농사·양잠·목축 따위에 힘쓰기를 특출이 한 자는 매년 뽑아 본 조曹[147]에서 기록, 보고하여 장려한다." ［案］ 국초에 법을 제정함이 이와 같았은즉, 그 조례가 반드시 볼 만한 것이 있었을 터이나, 지금으로서는 상고할 길이 없다. 무릇 권장하는 방법은 작으면 상을 베풀고 크면 벼슬을 주는 것이요 별다른 방법이 있을 수 없다.

매년 춘분날 여러 면에 첩문帖文을 내려 농사의 빠르고 늦음으로 상벌을 심사하겠다고 약속할 것이다.

첩문은 다음과 같다. "시부詩賦에도 재주를 겨룸이 있으니 농사라고 승부를 다툼이 없겠는가? 모내기는 일찍 하는 것이 좋으니 일찍 하고자 하는 자는 마땅히 일찍 심어야 하고 일찍 심고자 하는 자는 마땅히 일찍 갈아야 한다. 이제 백성들과 약속하노니, 금년 망종芒種이 지난 후 10일에 본관이 직접 여러 면을 순찰하거나 혹은 사람을 보내서 모내기를 먼저 끝낸 면에 대해서는 민고전民庫錢을 매호 2푼씩을 감해주고 그 면의 풍헌·약정 및 전감【별유사別有司】과 여러 마을의 70세 이상의 노인에게는 각각 상을 줄 것이다【부채나 빗 등】. 모내기가 가장 늦은 경우에는 그 면이 납부할 민고전을 매호 1푼씩 더 부과하고【상은 무겁게 하고 벌은 가볍게 한다】 풍헌·약정 및 전감에게는 각각 벌주를 받게 할 것이다【마땅히 모내기를 먼저 끝낸 면에 가서 그 향갑鄕甲의 면전에서 벌로 물 한 사발을 마시게 한다】. 민고전 원액에

146 『경국대전·호전·장권獎勸』.
147 본 조曹 : 여기서는 호조를 말한다.

결손이 생긴 것은 관에서 이를 보충할 것이다[단지 1푼만을 더 받았기 때문이다]. 이를 잘 알아서 일찍 끝내도록 꾀할 것이다." ○ 이와 같이 하면 농민들이 분발해서 활발히 움직여 일을 함에 남보다 늦을까 두려워할 것이니 반드시 좋은 결과를 볼 것이다. ○ 가을이 되어 보리를 심을 때도 마땅히 이렇게 하되 추분날에 첩문을 내릴 것이다.

○ 무릇 농사는 일찍 심는 것보다 더 좋은 것이 없다. 게으른 농부도 어리석지만은 않아서 매양 때를 놓칠까봐 걱정하며, 가난한 집은 소가 없어서 때를 놓치기 쉽다. 만약 이 영令을 시행되면 반드시 밤낮으로 힘써 일하고 소를 빌려주고 서로 힘을 도와 한판 이기는 기쁨을 다툴 것이다. 또한 좋지 않겠는가.

禮典六條

祭祀

군현의 제사에는 삼단三壇과 일묘一廟[1]가 있다. 그 제사 지낼 대상을 알아야 마음에 존경심이 생기고, 마음에 향념이 생겨야 이에 재계齋戒가 되고 경건하게 될 것이다.

『춘추좌전』에는 채묵蔡墨[2]이 위헌자魏獻子[3]에게 다음과 같이 대답한 말이 있다. "공공씨共工氏[4]에게 구룡句龍이라는 아들이 있어 후토后土[5]【관직명. 후직后稷[6] 또한 관직명이다】가 되었는데, 후토는 사社가 되었다【사신社神[7]에

---

1 삼단三壇과 일묘一廟: 삼단은 사직단·여단·성황단, 일묘는 문묘文廟를 가리킴. 각 지방 관아에서 행했던 공적이고 정규적인 제사 대상이었다.
2 채묵蔡墨: 중국 춘추시대 진晉나라의 태사太史.
3 위헌자魏獻子: 중국 춘추시대 위나라의 제후.
4 공공씨共工氏: 중국 상고시대의 인물. 복희伏羲의 뒤 신농神農 앞에 있었다고 한다. 그 후손이 대대로 물을 다스리는 관직인 공공共工을 세습했기 때문에 관직명을 성씨로 삼아 공공씨라 하게 되었다.
5 후토后土: 중국 상고시대에 물과 땅의 관리를 맡은 관직명. 구룡句龍이 이 관직에 있으면서 물과 땅을 잘 다스린 공적이 있어서 죽은 뒤에 토지의 신으로 배향되었다는데, 양자가 마침내 동일화되어 나중에는 후토가 토지의 신 자체를 가리키게 되었다.
6 후직后稷: 역시 중국 상고시대에 오곡의 농사를 맡은 관직명. 주나라의 시조로 일컬어지는 후직은 본래 이름이 기棄이다. 그가 후직의 관직에 있었기 때문에 이렇게 불렸다고 한다.
7 사社·사신社神: 여기서는 토지의 신을 의미한다.

배향된 것을 말한다]. 직稷은 전정田政【즉 전토를 맡은 관직】인데, 열산씨烈山氏【열산은 즉 신농神農이다】의 아들 주柱가 직稷이 되어 하夏나라에 이르기까지 이들을 제사 지냈다[『고상서古尙書·하사夏社』[8]에 있다]. 주周나라 조상인 기棄도 역시 직稷이 되었으니 상商나라 이래로 이를 제사 지냈다."[9]

○『예기·제법祭法[10]』에 이렇게 나와 있다. "공공씨가 9주九州[11]의 패권을 잡았을 적에 그 아들이 후토였는데 능히 9주의 토지를 잘 다스렸으므로 그를 제사하여 사社로 삼았다. 여산씨厲山氏[12]가 천하를 장악했을 적에 그 아들이 농農이었다. 백곡百穀을 잘 번식시켰는데 하나라가 쇠망하자 주나라 조상인 기棄가 이를 계승하였으므로, 그를 제사하여 직稷으로 삼았다." ○『춘추정의春秋正義[13]』에 이렇게 나와 있다. "배配란 제사를 같이 받아먹는다는 뜻이니, 저 제사의 본래 대상인 신神의 이름을 취하여

---

8 『고상서古尙書·하사夏社』:『고상서』는 진시황의 분서로 없어지기 이전의 원형인 『상서尙書』를 가리키는데 모두 100편이었다고 한다(현존하는 『상서』는 모두 58편). 하사편은 그중 「상서商書」의 한 편으로 분서 때 그 내용은 망실되고 편의 이름만 전해오고 있다. 상商나라의 탕湯이 하왕조를 멸망시키고 나서 지었다는, 하夏의 사社에 관한 글로 알려져 있다. 따라서 이 편의 존재는 곧 하대夏代의 존재를 증명해주는 것이 되므로 다산이 여기에 방증으로 인용한 것이다.

9 『춘추좌전·소공昭公 29년』의 기사의 한 대목이다.

10 제법祭法:『예기禮記』의 편명. 중국 상고시대 천자天子부터 사서인士庶人에 이르기까지 지위에 따라 제사의 대상이 달랐는데,「제법」에 그 대상이 되는 여러 신神을 기록해두었다.

11 9주九州: 고대 중국은 9개의 나라로 나뉘어 있었으니, 기冀·연兗·청靑·양揚·형荊·예豫·옹雍·유幽·병주幷州(『주례·하관사마夏官司馬·직방씨職方氏』에 의거함)가 그것이다.

12 여산씨厲山氏: 열산씨烈山氏라고도 하는데, 중국 신화 속에 나오는 제왕의 하나인 염제炎帝 신농씨神農氏를 가리킨다.

13 『춘추정의春秋正義』:『춘추좌전정의春秋左傳正義』. 총 60권. 중국 당나라의 공영달孔穎達이 지은 『오경정의五經正義』의 하나로 주로 진晉나라 두예杜預의 주註에 의거하여 『춘추좌전』의 내용을 본문의 구절에 따라 풀이한 책. 남송南宋 이래로는 『십삼경주소十三經注疏』에 편입되어 널리 행해져 왔다.

배향하는 대상의 이름으로 삼은 것이다. 사社는 본래 토신土神의 이름이고 직稷은 본래 곡신穀神의 이름인데, 배향된 것 또한 사직이라고 일컫게 되었다."[14] [鏞案]『주례』에 의하면 해를 맡은 것, 달을 맡은 것 등은 천신天神[15]이며, 토지를 맡은 것, 곡식을 맡은 것 등은 지기地示[16]이다.[17] 그러나 천신·지기가 다 같이 천신天神[18]이다. 그렇기 때문에 욕수蓐收[19]는 본래 지기에 속하는데 사은史嚚[20]은 그것을 하늘의 형신刑神[21]이라 했으니, 여기서 그 뜻을 알 수 있다. 하늘이 만물을 낳아 온갖 신령들에게 맡게 했는데 토지를 맡은 것과 곡식을 맡은 것은 그 가운데서도 큰 신령이다. 우리나라의 법 역시 국사國社와 국직國稷[22]을 제사할 적에 구룡句龍과 희기

---

14 『춘추좌전정의·소공 29년』. "제사를 지낼 때는 귀한 신의 대우를 받았으며, 사직의 다섯 사신으로 높여지고 받들어졌다[祀爲貴神, 社稷五祀, 是尊是奉]"의 풀이에 나오는 말이다.

15 천신天神: 이 경우의 천신은 최고신으로서의 천제天帝·상제上帝가 아니라 단순히 '하늘에 있는 신들'이라는 뜻이다.

16 지기地示: 示(시)는 음을 '기'로 읽는다. 기祇와 같다.

17 이 대목은『주례·춘관종백春官宗伯·대종백大宗伯』에 "대종백의 직임은 천신과 인귀, 지신을 세우는 예를 관장해서 왕이 나라를 건립하고 안정시키는 일을 돕는 것이다 (…) 혈제로 사직과 오사, 오악에 제사 지낸다[大宗伯之職, 掌建邦天神人, 鬼地示之禮 … 以血祭祭社稷五祀五嶽]"의 주소注疏 내용에 의거하여 서술한 것으로 추측된다.

18 천신天神: 이 경우의 천신은 만물의 주재자로서의 최고신인 천제·상제를 가리킨다. 따라서 "천신·지기가 다 같이 천신"이라는 말은 하늘과 땅에 있는 여러 개별 신들은 결국이 최고 주재자의 권능의 편재遍在·개별화個別化로서의 의미를 가지고 있는 것으로 이해된다.

19 욕수蓐收: 오행으로는 금金, 방위로는 서방西方, 계절로는 가을의 신神.

20 사은史嚚: 중국 춘추시대 주나라의 태사.

21 하늘의 형신刑神: 오행사상에 의하면 금·서방·가을, 그리고 형刑은 한 범주를 이루고 있다. 특히 가을의 숙살肅殺의 기氣를 형刑의 속성에 유추시켜 욕수를 형신이라고 표현한 것이다. 이 말은『국어國語·진어晉語』에 있다.

22 국사國社·국직國稷: 용어의 정확한 의미는 천자의 태사太社와 태직太稷에 대한 제후국의 사와 직이 되겠으나 여기서는 각 주현에 있는 사직의 상위에 있는 국가 차원의 사와 직을 가리킨다. 우리나라에서 국가 차원의 사직이 최초로 설치된 것은 고구려 고국양왕 9년(392)이다. 그 뒤 신라는 선덕왕 4년(783)에, 고려는 성종 10년(991)에, 조선은 태

姬棄[23]를 배향하니 옛 법과 합치된다. 다만 사직은 외신外神[24]이기 때문에 혈제血祭로 제사하니, 혈제란 예매瘞薶[25]와 같은 종류이다. 지금 사직의 제사에 쓰이는 갖가지 제기들이 종묘宗廟에서 사람의 귀신에게 제사할 때 사용하는 것들과 같으니 이것은 옛 법과는 다르다. 구룡과 희기는 발자취가 조선 땅에 미친 적이 없다. 그러나 국토를 다스리는 방식과 곡식을 심는 방법이 중국에서 전해왔으므로 이 때문에 같이 제사 지낸다[그런데 군현의 제사에서는 구룡과 희기를 제사하지 않고 단지 사신社神과 직신稷神에게만 제사 지낸다].

조 3년(1394)에 각각 자기 왕조의 사직을 설치하였다. 조선의 경우를 보면, 서울의 서부 인달방(仁達坊, 지금의 서울 사직동)에 사직을 두었는데, 사는 동쪽에, 직은 서쪽에 분리하여 각기 사방 2장 5척, 높이 3척의 단壇을 설치하고, 사직단 남쪽 제단 위에 석주를 세웠다. 정기적인 제사는 중춘仲春과 중추仲秋의 상무일上戊日, 그리고 납일臘日에 지내는 대제大祭, 숙종 9년(1683)부터 행하기 시작한 기곡제祈穀祭가 있었다. 부정기적인 제사로는 홍수나 가뭄 등 국가 유고 시에 기원祈願을 위해 지내는 기고제祈告祭 그리고 기원의 효과가 있었다고 생각될 때 이에 대한 보답으로 지내는 보사報祀가 있었다. 신좌神座는 사와 직 모두 단의 남쪽에 북향으로 놓고 그 왼쪽 약간 북쪽의 자리에 후토와 후직, 즉 구룡과 희기의 신좌를 동향으로 놓고 제사 지낸다. 제사의 자세한 절차는 『국조오례의國朝五禮儀』에 실려 있다. 각 주현의 경우는 읍성 서쪽에 사와 직을 합하여 하나의 단으로 설치하되 석주도 없고 배향위配享位도 없다. 정기적인 제사는 중춘·중추의 상무일 두 차례뿐이다.

23 희기姬棄: 중국 주나라의 시조. 희는 성이다. 그의 어머니 강원姜嫄이 거인의 발자취를 밟고 임신해 낳아 상서롭지 못하다 해서 내버렸으나 소와 말, 새 등 짐승들이 보호하는 것을 보고 다시 거두어 이름을 '기'라 하고 길렀다 한다. 요임금 때 농사를 담당한 관직인 후직에 있었다.

24 외신外神: 봉사자奉祀者와 혈연으로 이어져 그 일가에 국한되는 신을 내신이라고 하는데 대하여 천하·일국이나 군현이 공동으로 받드는 신을 외신이라 하니, 천신·사직·산천신 등이 여기에 속한다.

25 혈제血祭·예매瘞薶: 혈제란 제사에 바치는 짐승의 털과 피를 취해 신에게 바쳐 흠향시키는 일이다. 이 짐승의 털과 피를 제사 지내는 곳의 일정한 자리에 파묻어 신에게 흠향시켰기 때문에 예매(파묻는다는 뜻)라 하는 것이다. 예매는 땅에 속하는 신들에게 지내는 제사에 국한된다.

『예기·제법』에 "왕은 군성群姓[26]을 위해 사社를 세우니 태사太社라 하고, 제후는 백성을 위해 사를 세우니 국사國社라 하고, 대부 이하는 집단적으로 사를 세우니 치사置社라 한다"라고 했다. ○ 공영달孔穎達의 소疏[27]에 "대부와 사서인士庶人들이 모여서 살아감에 100가家 이상이 되어야 사를 세울 수 있다"라고 했다. [鏞案] 지금 우리나라의 군현은 옛 중국의 제후국과 같으므로 이치로 보아 사를 세운 것이 당연하다. 자고子羔[28]가 비費【계씨季氏의 가읍家邑[29]】 땅의 읍재邑宰로 있을 적에 자로子路[30]가 "인민이 있고, 사직이 있다"[31]라고 했다. 고대 중국에는 가읍家邑 또한 사직이 있었으니 군읍郡邑에 사직이 있는 것은 그 유래가 오래이다. 옛 중국에는 리里에도 사가 있었기 때문에 진평陳平[32]이 자기 마을의 사에 제사 지낸 음복 고기를 나눈 일이 있었던 것이다. 그런데 지금은 없다.

『예기·제법』에 "왕은 군성을 위하여 7사七祀[33]를 세운다"라고 했으니

---

26 군성群姓: 대부 이하 사서인에 이르기까지 천자의 통치를 받는 모든 사람들.

27 공영달孔穎達의 소疏: 중국 수나라 말에서 당나라 초의 경학가經學家 공영달이 지은 일련의 경전 해석서.『십삼경주소』의 소疏로 편입되어 있다. 여기서는『예기정의禮記正義』를 가리킨다.

28 자고子羔: 공자 제자의 한 사람. 이름은 고시高柴, 자고子羔는 그의 자이다.

29 계씨季氏의 가읍家邑: 계씨는 중국 춘추시대 노나라의 집정자였던 계손씨季孫氏. 가읍은 그의 봉토인 채읍采邑. 고대 중국의 봉건제는 왕의 천하 → 제후의 국國 → 대부의 가家로 단계를 구분지었기 때문에 대부가 받은 채 땅을 가읍이라고 표현한 것이다.

30 자로子路: 공자 제자의 한 사람. 이름은 중유仲由, 자로子路는 그의 자이다.

31 『논어·선진先進』에 나온다.

32 진평陳平, ?~B.C. 178: 중국 한나라의 건국 공신. 고조 유방劉邦의 휘하에서 뛰어난 병략가兵略家로 활약했고, 문제文帝 때 승상에 이르렀다. 그가 출세하기 전 자기 마을의 사祀에 제사 지낸 음복 고기를 맡아 아주 공평하게 잘 나누어 부로들이 칭찬하자 자기에게 천하를 맡겨도 이처럼 공평하게 잘 다스릴 수 있다고 장담한 고사가 있다.

33 7사七祀: 고대 중국에서 교郊·묘廟·사직社稷에서 받드는 큰 신들이 아닌 인간 생활의 장에 스며 있으면서 인간의 잗다란 일들을 살피고 벌한다고 믿은 여러 작은 귀신들이다. 수명·선악에 따른 응보 등에 간여하는 사명司命, 당실堂室·거처居處를 맡은 중류中霤, 문

그 다섯째가 태려泰厲이다. "제후는 자기의 나라를 위하여 5사五祀[34]를 세운다"라고 했으니 그 다섯째가 공려公厲이며, "대부는 3사三祀[35]를 세운다"라고 했으니 그 첫째가 족려族厲이다. ○『정의正義』[36]에 "태려는 옛 제왕 가운데 후손이 없는 자이고, 공려는 옛 제후 가운데 후손이 없는 자이고, 족려는 옛 대부 가운데 후손이 없는 자이다"라고 하였다. 『춘추좌전』에 "귀신이 돌아가 의탁할 곳이 있으면 여귀厲鬼가 되지 않는다. 돌아가 의탁할 곳이 없는 여귀는 혹 사람에게 해독을 끼치므로 제사를 지낸다"[37]라고 하였다. 鏞案 여厲란 죽 벌여놓는다는 의미이다. 옛날에 후손이 없는 귀신들의 신위를 소목昭穆[38]의 차례도 없이 죽 벌여놓고 제사를 지냈기 때문이다. 당시는 후손 없는 자만 여厲가 되었는데, 후세의 여는 무릇

으로의 출입을 맡은 국문國門, 도로에의 출행을 맡은 국행國行, 후손이 없는 옛 제왕의 귀신으로서 살벌殺罰을 맡은 태려泰厲, 호의 출입을 맡은 호戶, 음식의 일을 맡은 조竈가 그것이다.

34 5사五祀: 7사七祀 가운데 호와 조를 제외한 나머지 다섯 귀신. 다만 이름은 같아도 그 격은 천자의 지위에 대하여 제후의 지위에 상응하는 귀신들이다. 천자의 경우 후손이 없는 제왕의 귀신인 태려가 제후의 경우에는 후손이 없는 제후의 귀신, 즉 공려公厲로 바뀌었다.

35 3사三祀: 제후의 5사五祀에서 두 가지를 줄인 족려族厲·문門·행行의 세 귀신. 맡은 바 직능은 앞의 주 33에서 설명한 각각에 해당된 귀신과 동일하지만 그 격은 역시 대부의 지위에 상응하는 귀신들이다. 태려·공려에서 후손이 없는 대부의 귀신, 즉 족려로 바뀌었고, 대부는 나라를 가지고 있지 않기 때문에 국문·국행이 문·행으로 구별되었다.

36 『정의正義』: 여기서는 공영달의 『예기정의』를 가리킨다. 전 63권. 기존의 주註를 취사하여 『예기』의 내용을 본문의 구절에 따라 풀이해나간 책. 여기 인용된 부분은 앞 문단에 인용되어 있는 「제법」의 본문에 대한 소疏의 한 부분으로 『예기정의』 권46에 있다.

37 『춘추좌전·소공 7년』 기사의 한 대목이다.

38 소목昭穆: 옛날 사당에 조상의 신주神主를 모시는 차례. 시조를 가운데 모시고 이하 부父는 왼쪽에, 자子는 오른쪽에 모셔 왼쪽 줄을 소昭, 오른쪽 줄을 목穆이라 했다. 천자는 3소3목의 7묘, 제후는 2소2목의 5묘, 대부는 1소1목의 3묘로 했다 한다. 신주뿐만 아니라 장묘葬墓도 이와 같이 하였으며 묘제廟祭 때에는 자손 또한 소목으로 나누어 섰다고 한다.

물에 빠져서 죽은 자, 불에 타서 죽은 자, 짓눌려 죽은 자, 형을 받아 죽은 자들을 제사 지내는 곳이 되었다. 이런 종류의 귀신들은 꼭 후손이 없는 것은 아니므로 지금의 '여'는 옛날의 '여'와는 다르다. 이 법은 불가의 수륙재 水陸齋[39]와 보청 普請[40]이라는 것과 서로 비슷하다. 생각건대 불법이 유행한 뒤에 예가 이와 같이 변한 것이 아닌지 모르겠다.

『춘추좌전』【소공昭公 7년】에 다음과 같은 기록이 있다. "정鄭나라 자산子産이 진晉나라에 사신으로 갔을 때 한선자韓宣子[41]가 물었다. '우리 임금이 병들어 있는데 이제 황색 곰이 안채의 문으로 들어오는 꿈을 꾸었으니 이것은 어떤 여귀입니까?' 자산이 대답하기를 '옛날에 요堯임금이 우산羽山[42]에서 곤鯀[43]을 죽였는데 그 신이 황색 곰으로 변해서 우연羽淵으로 들어갔습니다. 이것이 하나라 교제郊祭[44]에 받들어지게 되어 3대에 걸쳐 줄곧 제사 지내 왔지요. 진晉나라가 맹주盟主[45]가 되어 혹시 미처 제사

---

39 수륙재 水陸齋 : 수륙회 水陸會·수륙도장 水陸道場이라고도 한다. 불교에서 물이나 육지에 있는 고혼孤魂과 아귀餓鬼에게 법식法食을 공양하는 법회. 중국의 양나라 무제武帝 때에 시작되었고, 우리나라는 고려 광종 22년(971) 수원 갈양사 葛陽寺(지금의 용주사 근처)에서 혜거국사惠居國師가 처음 시행했다고 전해진다.

40 보청 普請 : 불교의 대중운력 大衆運力을 뜻하는 말. 즉 널리 대중에게 청하여 함께 일하는 것.

41 한선자韓宣子, ?~B.C. 514 : 중국 춘추시대 진晉나라의 대부大夫인 한기韓起. 선자宣子는 그의 시호이다.

42 우산羽山 : 지금의 중국 강소성江蘇省 동해현東海縣 서북 혹은 산동성 봉래현蓬萊縣 동남이라는 두 설이 있다.

43 곤鯀 : 고대 중국의 전설상의 인물로 하우夏禹의 아버지이다. 치수治水에 공을 세우지 못해 요堯나라의 정사를 섭행攝行하던 순舜에게 벌을 받았다고 한다.

44 교제郊祭 : 천자가 천지天地에 드리는 제사. 교외郊外에서 지내므로 교郊·교제郊祭 또는 교사郊祀라 한다. 이 제사에 천자의 시조가 배향되었다.

45 맹주盟主 : 여기서는 중국 춘추시대 제후의 회맹會盟을 주도한 존재. 즉 제후의 패자·천자를 보좌하여 제사를 지냈다.

를 지내지 못한 것이 있지 않았나요?'라고 했다.〔『춘추정의春秋正義』에서 "귀신은 자기 족류族類가 아니면 그 동일한 지위地位로 이어진다"[46]라고 했다〕

○ "정나라 사람들이 '백유伯有[47]의 귀신이 나타났다'라고 하며 서로 놀라자, 자산이 '귀신이 돌아갈 곳이 있으면 여귀가 되지 않는다' 하고, 또 '평범한 사내와 아낙들도 비명에 죽으면 그 혼백이 다른 사람에게 붙어 여귀가 되는데, 하물며 양소良霄는 우리 선군先君 목공穆公의 후손으로 3대에 걸쳐 집정하면서 풍족한 생활을 누려 그 물자의 정기를 흡수함이 많았던 데다가 비명으로 죽었으니 여귀가 되는 것 또한 당연하지 않은가'라고 말했다."[48]

○ 가령 후세의 장순張巡 같은 사람이 죽어 여귀가 되었다 함도 모두 앞과 같은 자산의 설에 근거한 것이다〔지금 우리나라 법에는 무사귀신無祀鬼神[49] 15위位[50]를 성황신城隍神[51]과 여단厲壇[52]에서 같이 제사 지낸다〕.

육무관陸務觀[53]의 「영덕현寧德縣 중수성황기重修城隍記」에서 다음과 같이 말했다. "옛 사람들은 선색先嗇[54]에 제사 지내고, 선목先牧[55]에 제사 지내고, 문門에 제사 지내고, 아궁이〔竈〕에 제사 지냈다. 성은 백성을 보호하고 간악한 자의 출입을 단속하며, 안팎의 내왕을 절제하니 사람에게 기여함

---

46 이 대목에 인용된 『춘추좌전』 본문에 대한 『오경정의』의 풀이인데, 봉사자奉祀者가 제사의 대상이 되는 귀신의 족속이 아닌 경우에는 그전에 받들던 자와 지위가 동일한 자에게 제사가 계승된다는 뜻이다.
47 백유伯有: 양소(良霄, ?~B.C. 543)의 자이다. 양소는 중국 춘추시대 정鄭나라의 대부로 매우 탐욕스러워 정적에 의해 살해되었으며, 죽어서 여귀가 되었다고 한다.
48 『춘추좌전·소공 7년』의 기사로 앞 문단의 인용 부분에 뒤이어 나오는 대문大文을 따온 것이다.
49 무사귀신無祀鬼神: 자손이 없어 제사를 못 받아먹는 귀신.

이 매우 크다. 그런데 예로부터 행해진 일이 아니라고 해서 그 제사를 폐지해서야 어찌 인심이 편안하게 여기겠는가. 그래서 당나라 이후로 여러 군현이 모두 성황城隍에게 제사 지내기 시작하여, 지금까지도 여전히 정성스럽게 지낸다. 수령이 배알함에 있어서도 의식 절차가 다른 신사神祠보다 격이 높다. 사직이 비록 높다고 하나 다만 법령 격식에 따라 제사를 지낼 뿐이고, 화를 물리치고 복을 부르기 위해 치성을 드림에 있어서는 유독 성황만 그 대상이 될 따름이다. 그 예식이 도리어 중하지 않은가. 영덕 땅에는 독기 서린 안개가 끼고, 개구리나 구렁이·도마뱀 같은 부류의 동물들의 해독도 조심해야 한다. 그래서 성황에 대한 제사를 다른 고을보다 성대하게 모시는 것이다. 전에는 사당이 서산 기슭에 있었는데 소흥紹興 원년에 지현사知縣事 조선지趙詵之가 이곳으로 옮겼다. 소흥 28년 5월에 권현사權縣事[56] 진터陳攎[57]가 다시 중축하기를 높고 장대하게 해서

---

50 15위位: 15위의 신좌神座. 구체적인 내용은 다음에 나오는데, 제사 받들 자손의 유무와는 상관없이 대부분이 비명횡사한 귀신들이다.

51 성황신城隍神: 여기서 말하는 성황신은 민간에서 누석단累石壇·신수神樹·토우土偶 등 갖가지 형태의 신체神體로 구현시켜 신앙하는 것과는 달리 관에서 유교식으로 위패에 이름을 적어 세워두는 방식으로 형식화시켜 제사하는 신이다. 이것의 중국적 의미는 본래 성지城池를 수호하는 신이나 우리나라에서는 반드시 그렇지가 않고, 뭇 여귀를 통솔하는 신의 면모로 더 부각되어 있다. 성황신에 대한 제사는 소사小祀의 격格(국가에서 주관하는 제사는 대·중·소 3등급이 있었음)으로 정기적으로 지낸다.

52 여단厲壇: 여귀들을 제사하는 단으로서 반드시 성의 북쪽에 설치하게 되어 있었다. 조선에서는 정종定宗 2년(1400)에 중앙과 지방 각 주현에 여단을 설치했다.

53 육무관陸務觀, 1125~1210: 중국 송대 시인 육유陸游. 호는 방옹放翁, 무관務觀은 그의 자이다. 『검남시고劍南詩稿』 『노학암필기老學庵筆記』 등의 저서가 있다.

54 선색先嗇: 농경의 신. 신농神農을 이름.

55 선목先牧: 목마牧馬의 신. 최초로 말을 기른 사람을 신격화한 것

56 권현사權縣事: 권지현사權知縣事. 관장의 일을 섭행攝行하는 직무.

57 진터陳攎: 중국 송나라 사람. 자는 군익君益이다. 지방관으로 교육을 일으킨 공적이 있었다.

고을 사람들이 성황에 대한 제사를 존숭하는 뜻에 걸맞게 했다."

○또 육무관은 「진강부鎭江府 성황사기城隍祠記」[58]에서 이렇게 말했다. "한나라 장군 기신紀信[59]은 형양滎陽에서 죽었다. 송나라 건도乾道 원년 (1165)에 진강부鎭江府 지현知縣으로 있는 방자方滋가 '우리 부府에서는 예로부터 기신을 제사하여 성황신으로 섬기고 있다. 그 시초의 내력은 알 수가 없으나 백성들이 사는 곳에 놀랄 일이 일어나지 않고 질병이 잠잠하니 이것은 기신의 신이 실상 음으로 도와준 덕택이다'라고 했다." 案 성황의 제사는 8사八蜡[60]에 들어 있지 않으니 옛 제도는 아니다. 군현에는 성이 없는 곳이 많은데 성이 없으면서 성황에 제사 지내는 것은 또 무슨 예법인가. 특히 기신의 신에 대해 제사 지내는 일은 더욱 의미가 없다.

고려 문종 9년에 선덕진宣德鎭[61]의 새로 쌓은 성에 성황신사를 세운 다음, 숭위사崇威祠라는 칭호를 내리고 봄가을로 제사를 지냈다.

○『국조오례의國朝五禮儀』에는 "성황신좌城隍神座는 풍운뇌우風雲雷雨 신의 오른쪽에 놓고 모두 남향이 되게 하며, 여제厲祭[62] 때에는 성황단城隍壇

---

58 「진강부鎭江府 성황사기城隍祠記」: 진강부는 중국 강소성 양자강 연안에 있는 도시. 원제는 「진강부성황충우묘기鎭江府城隍忠祐廟記」로 되어 있다. 『위남문집渭南文集』 권17에 실려 있다.

59 기신紀信, ?~B.C. 204: 중국 한나라의 공신. 고조가 형양滎陽에서 항우에게 포위되었을 때 기신이 자청해서 고조로 변장해 항우를 속임으로써 고조를 탈출시키고 자신은 포로가 되어 죽었다.

60 8사八蜡: 옛 중국에서 농공農功을 마치고 지내는 8가지 제사로, 선색先嗇·사색司嗇·농農·우표철郵表畷·묘호貓虎·방坊·수용水庸·곤충昆蟲이 그것이니 모두 농사와 관련된 귀신들이다.

61 선덕진宣德鎭: 지금의 함경남도 정평군定平郡에 있는 지명.

62 여제厲祭: 여귀들에게 지내는 제사. 정기로는 봄에는 청명, 가을에는 7월 보름, 겨울에는 10월 초하룻날에 지내고, 부정기로는 특히 전염병이 유행할 때에 지냈다.

보다 먼저 발고제發告祭[63]를 행한다"라고 되어 있다. 또 "여제 지내는 날에 성황위판城隍位版을 받들어 여단에서 제사를 행한다"라고도 했다.

○ 발고제문은 이렇다. "아무 달 아무 날에 북교北郊에 단을 베풀고 온 경내의 무사귀신들에게 제사 지내려 하노니, 바라건대 성황의 신력神力을 써서 그들을 불러 제단으로 모여들게 하시라." 案 이는 대개 성황신으로 하여금 여귀를 불러 모으게 한 것이다.

『국조오례의』에는 이렇게 되어 있다. "여제 때 성황신좌를 단 위에 남향으로 놓고 무사귀신들은 단 아래에 좌우로 마주보게 놓는다고 하였다. ○ 창이나 칼날에 죽은 자, 물불이나 도적에 죽은 자, 남에게 재물을 빼앗기고 협박을 받아 죽은 자, 남에게 처첩을 강탈당하고 죽은 자, 억울하게 형벌을 받아 죽은 자, 천재와 전염병으로 죽은 자의 신위는 왼편에 둔다. ○ 맹수나 독충에 물려 죽은 자, 얼어 죽거나 굶어 죽은 자, 전투에서 죽은 자, 급박한 경우를 만나 목매어 자살한 자, 담장이나 집에 눌려 죽은 자, 난산難産으로 죽은 자, 벼락 맞아 죽은 자, 높은 곳에서 떨어져 죽은 자, 병들어 죽어 자손이 없는 자의 신위는 오른편에 놓는다."

문묘文廟[64]의 제사는 수령이 몸소 행하되,
목욕재계하고 경건하게 행하여 많은 선비들의
선도先導가 되어야 한다.

---

63 발고제發告祭: 앞으로 있을 행사에 관해 미리 신에게 고하는 제사. 성황단의 발고제는 여제 3일 전에 지냈다.

64 문묘文廟: 공자의 위패를 모신 사당. 중앙에는 성균관, 지방에는 향교라고 일컬었다. 교육기구로서의 역할을 함께하여 태학太學이라 부르기도 했다.

다른 제사에는 제사에 참여하는 사람이 많지 않기 때문에 난잡하지 않지만, 향교에서 지내는 석전釋奠[65]에는 헌관獻官[66]과 여러 집사執事[67]들 외에도 한산인閑散人[68]으로서 제사에 참여하는 자가 100명이 넘는 경우도 있다. 논밭에서 막일을 하거나 시장판에 드나들던 무지하고 비천한 무리들이 섞여들어, 제사 지내는 사람이 먹지 말아야 할 술과 파, 마늘 냄새를 풍기는 등 추악하기 이를 데 없다. 시끄럽게 떠들고 난잡하게 굴며 법도를 따르지 않을 뿐 아니라 제사가 끝난 뒤에는 향교 전체가 떠나가도록 싸움질을 해대기도 하니, 이런 행동은 금하지 않을 수 없다. 교임校任[69]이 뇌물을 받아먹고 집사를 뽑고 남의 집 고용살이하던 천인들도 모두 제관의 반열에 끼게 하는 일 또한 금하지 않을 수 없다. 또 무릇 집사는 원래 정원이 있는데 교임과 예리禮吏가 어울려 부정을 하여 정원 외에 사사로이 차첩을 내어 관인을 받는 일 또한 살피지 않을 수 없다.

석채를 지내기 열흘 전에 향교에 공문을 내려 헌관과 여러 집사를 모두 본고장의 손꼽히는 양반 가운데 단아하고 방정하여 위의威儀에 어그러짐이 없는 사람을 특별히 가려 뽑도록 하되 곧바로 차첩을 쓰지 말고 이름을 열거해서 먼저 바치도록 하여, 수령이 수일 동안 두루 물어보아

---

65 석전釋奠: 문묘 및 서원 등에서 공자 및 후세 유현儒賢들을 제사 지내는 의식. 음력 2월과 8월의 상정일(上丁日, 그달 초순의 정일丁日)에 행한다. 석채釋菜라고도 한다.

66 헌관獻官: 제사 의식에서 신에게 잔을 올리는 임부를 맡은 제관. 초헌관初獻官·아헌관亞獻官·종헌관終獻官이 있다. 향교 석전에서는 그 지방의 수령이 초헌관이 된다.

67 집사執事: 여기서는 제사 의식 때 그 정한 절차에 따른 식의 진행에 일정한 소임을 띤 사람들.

68 한산인閑散人: 지방에서 하류의 양반과 상류 양민에 속한 부류로 역役을 지지 않는 계층.

69 교임校任: 교수敎授·훈도訓導 등 향교 소속의 관원.

그 실상을 파악한 뒤에야 차첩을 받아 관인을 찍도록 허락할 것이다. ○ 집사 이외에 한산인으로 제사에 참여할 사람 또한 20명을 뽑아 제관의 반열에 참여하게 하고, 무릇 선발된 사람 이외에는 홍문紅門[70] 안에 함부로 들어오지 못하게 하며, 이를 범하는 자는 벌을 줄 것이다. 제사 지내기 이틀 전에 수령이 말단 아전을 보내거나 시동을 보내 향교에 모인 사람들을 살펴보게 해서 그 가운데 술을 마시고 마늘 따위를 먹었거나 옷을 벗고 허리띠를 끄르거나 하여 경건하고 정결하게 하지 못한 자가 있으면 그 이름을 모두 적어 정도에 따라 벌을 논한다. 만약 모인 가운데 있지 않고 향교에서 나와 읍내 거리를 드나드는 자가 있으면 곧바로 쫓아내 제사에 참여하지 못하게 한다.

제사 지내기 하루 전에 수령은 일찍 나가 제물로 바칠 짐승[犧牲]과 기물을 살펴봐야 한다. 대성전大成殿[71] 안으로 공손히 들어가 살펴보고, 그 좌우에 있는 선비들의 위패를 모신 전각인 양무兩廡[72]를 살피고, 제상祭床, 제기, 제수 진열, 청소 상태까지 두루 점검해야 할 것이다. 그래서 깨끗하고 정돈되어 잘못된 구석이 없게 하고, 주선하고 출입할 적에 위의를 신중히 하여, 백성들이 우러러보게 해야 한다. ○ 저녁에 목욕을 하고 당일 시간이 되면 일을 거행하되 공손하고 엄격하게 하여, 위의에 어그러짐이 없도록 해야 할 것이다. ○ 매월 삭망분향朔望焚香[73]은 비록 수령이

---

70 홍문紅門: 홍살문[紅箭門]. 능陵·원園·묘廟·궁전宮殿·관아官衙 등에 들어가는 길 초입에 세운 붉은 칠을 한 문.
71 대성전大成殿: 공자의 위패를 모신 전각. 문묘의 중심이 건물이다.
72 양무兩廡: 문묘의 대성전 좌우에 있는 두 건물로 역대 유현들의 위패를 모신 곳.
73 삭망분향朔望焚香: 매월 초하루와 보름에 문묘에 참배하는 일. 이때는 제물을 진설하지 않고 분향만 한다.

번번이 몸소 행하지 못하더라도 네 계절의 첫 달 초하룻날의 분향은 몸소 행하는 것이 옳다.

『경국대전』에 "제사를 직접 지내지 않는 수령, 더러운 그릇을 쓰거나 남은 음식을 제수로 쓴 자, 향교를 수리하지 않는 자에게는 죄를 준다"라고 규정되어 있다.

문묘의 건물이 퇴락했거나, 사직단·여단 등의 제단이 허물어졌거나, 제복祭服이 좋지 못하거나, 제기가 깨끗하지 못하면 모두 마땅히 수리를 해서 신에게 모독이 되지 않도록 해야 할 것이다.

이번李繁[74]이 건주虔州를 맡아 다스릴 적에 새로 공자묘孔子廟를 짓고, 또 장인을 시켜 안자顔子에서 자하子夏에 이르기까지의 10철十哲[75]의 소상塑像을 고쳐 만들게 했다. 나머지 60명의 공자 제자들 및 후세의 대유大儒인 공양고公羊高[76]·좌구명左丘明[77]·맹가孟軻[78]·순황荀況[79]·복생伏生[80]·모

---

74 이번李繁: 중국 당나라 사람. 이필李泌의 아들. 박주자사亳州刺史로 있을 때, 흉악한 도적들을 잡아 죽였다가 그 일로 모함을 받아 죽었다. 홍문관학사를 지냈다.

75 10철十哲: 공문孔門 4과四科에 꼽혔던 10명의 제자. 덕행으로 안연顔淵·민자건閔子騫·염백우冉伯牛·중궁仲弓, 언어로 재아宰我·자공子貢, 정사로 염유冉有·계로季路, 문학으로 자로子路·자하子夏가 10철이다.

76 공양고公羊高: 중국 춘추시대 제나라 사람. 이름은 고, 공양은 성이다. 자하의 제자로『춘추공양전春秋公羊傳』을 지었다고 한다.

77 좌구명左丘明: 좌구가 성이다.『춘추좌전』의 저자라고 한다. 그의 생존 시대에 대하여는 공자와의 동시대라는 설과 전국시대라는 설 등이 있다.

78 맹가孟軻: 맹자.

79 순황荀況: 순자.

80 복생伏生: 중국 한나라 사람 복승伏勝.『상서』의 전수자로 분서 때 망실된『상서』의 일부

공 毛公[81]·한생 韓生[82]·동생 董生[83]·고당생 高堂生[84]·양웅 揚雄[85]·정현 등 수십 인의 화상을 모두 벽에다 그리고는 몸소 이속과 박사·제자들을 거느리고 학교에 들어가 석채례 釋菜禮를 거행했다. 이에 고을 노인들이 감탄하고 그 자제들은 모두 학문에 분발했다【하희도 夏希道도 번창현령 繁昌縣令이 되어 자하·자로 등 10철의 상을 만들었다】.

임악 林鶚이 소주부 蘇州府를 맡아 다스렸는데, 당시 소주의 문묘에 모신 소상들이 헐고 떨어져나간 것들이 많았다. 어떤 사람이 옛 모습대로 다시 꾸미고자 하니 임악이 분연히 말하였다. "이것은 흙덩이다. 어찌 성현이라 할 것인가? 공자는 불교가 중국에 들어오기 전에 태어났으니 이른바 소상을 어떻게 안단 말인가. 저 소상들이 미처 허물어지지 않았다 하더라도 오히려 마땅히 허물어야 하겠거늘 마침 저절로 허물어져 좋은 기회를 만난 셈이다. 목주 木主[86]로 바꾸는 것이 무슨 불가함이 있겠나." 그리고는 공자 이하 종사 제현 從祀諸賢[87]의 소상들을 모두 바꾸어 목주로 대체하였다.

가 그에 의해 복원되었다.

81 모공 毛公: 중국 한나라 사람 모장 毛萇. 『시경』의 전수자. 모장의 스승인 모형 毛亨을 대모공 大毛公이라 하고, 모장을 소모공 小毛公이라 일컬었다.

82 한생 韓生: 중국 한나라 사람 한영 韓嬰. 『한시외전 韓詩外傳』을 지었다.

83 동생 董生, B.C. 179~B.C. 104: 중국 한나라 무제 때의 동중서 董仲舒. 유학의 진흥에 특히 공이 컸고, 『춘추번로 春秋繁露』를 지었다.

84 고당생 高堂生: 고당이 성, 생은 이름이다. 중국 한나라 사람으로 예서 禮書의 전수자.

85 양웅 揚雄, B.C. 53~18: 중국 한나라 사람으로 『태현 太玄』과 『법언 法言』을 지어 스스로 『주역』과 『논어』에 비견했다. 자는 자운 子雲이다.

86 목주 木主: 신주. 신주를 나무로 만들었기 때문에 목주라고 불렀다. 주로 밤나무를 썼다.

87 종사 제현 從祀諸賢: 문묘에 공자와 함께 모셔진 유교의 대표적인 분들. 우리나라에서 문묘에 종사된 인물은 신라의 설총으로부터 조선조의 퇴계 退溪 이황 李滉, 율곡 栗谷 이이 李珥, 현석 玄石 박세채 朴世采에 이르기까지 모두 18명이다.

증공曾鞏의 「의황현학기宜黃縣學記」에는 이렇게 쓰여 있다. "송나라가 흥기하여 경력慶曆 3년(1043)에 천하의 학교가 서게 되었으나 무주撫州의 의황현에는 아직 학교가 서지 못했다. 그래서 배우는 사람들이 모두 주학州學에 가서 거류하며 모여 공부하는 형편이었다. 그 이듬해에 천하의 학교가 다시 폐해졌다. 황우皇祐 원년(1049)에 이상李詳[88]이 이 고을에 부임해와서 비로소 학교를 세워 건물을 조금 지으면서 문과 담이 제자리에 위치하게 되고 학예를 강습하는 강당이라든가 유생들이 기숙할 숙사가 모두 갖춰졌으며, 기물의 수량이 어느 정도 불어나고 제사·음복·침식의 용구가 모두 정비되었다. 이후 공자를 위시하여 종사하는 유현들까지 모든 상이 만들어지기에 이르렀다." ○ 동의董儀가 균주筠州를 맡아 다스렸는데 이전에는 이곳에 학교가 없었다. 그가 높고 널찍한 땅을 잡아 그 위에다 학교를 세웠는데 재계와 제사를 위한 건물, 강학 건물, 휴식을 위한 건물, 주방·욕실·창고·마구간에 이르기까지 차례대로 지었다.

주자가 장주의 지방관으로 있을 때 약속문約束文[89]에서 다음과 같이 말했다. "본 고을 소관의 상정 석전上丁釋奠[90]과 사직단 제사 때의 세 헌관의 제복이 만든 연대가 오래된 연고로 법식에 맞지 않다. 그래서 지금 별도로 만들고자 하는데, 초헌관의 육류면六旒冕,[91] 아헌관의 사류면四旒冕,[92] 종헌관의 무류면無旒冕[93] 및 본관의 의상衣裳[94]·대대大帶[95]·중단中單[96]·수패

---

88 이상李詳: 중국 북송 인종仁宗 때 사람. 1049년에 의황현령이 되었다.
89 약속문約束文: 『주자대전朱子大全』 권100에 있는 약속방約束榜의 한 조.
90 상정 석전上丁釋奠: 석전은 2월과 8월의 상정일에 지내므로 이른 말.
91 육류면六旒冕: 유旒가 앞뒤로 각각 6개인 면류관. 유는 실로 주옥을 꿰어 관에 늘어뜨린 장식.
92 사류면四旒冕: 유가 앞뒤 각각 4개인 면류관.

綬佩[97]·폐슬蔽膝[98]·혁대革帶·이말履韈[99]을 각각 한 벌씩 마련하되 다만 현행의 인본에 따라 만들어서는 예제에 모두 부합하지 않을 것 같다. 이를 잘 시행하라는 것은 태상시太常寺의 관문에도 있으니 제복을 종류별로 한 벌씩을 빌려다 진주관進奏官[100] 양사공楊思恭 편에 부쳐 본 주에서 보내는 객사客司 양섬楊暹과 함께 임안부臨安府로 가서 만들어 본 고을로 돌아와 통용할 것이다." [鏞案] 지금 향교에서 쓰고 있는 제복은 세월이 오래되어 구겨지고 더러워져 꼴이 아니다. 이른바 제관祭冠은 누런 물을 잡스럽게 발라 칠한 데다가 갓끈조차 갖추어지지 않았다. 이른바 후수後綬[101]는 푸른 물 붉은 물을 어지러이 칠한 데다가 패옥佩玉도 달려 있지 않다. 곡령방심曲領方心[102]은 비뚤어지고 축 처져 있다. 이런 제복을 입고 제반祭班에 서면 모두 귀신 꼴을 이루어 등촉이 휘황한 데서 보면 눈이 어지럽다. 군

---

93 무류면無旒冕: 유는 없으나 기본 형태는 면류관과 같은 관.
94 의상衣裳: 상의하상上衣下裳. 여기서는 남자가 예복으로 입는 윗옷인 상의와 아래에 두르는 하의를 가리킨다.
95 대대大帶: 허리에 매고 남은 부분을 늘어뜨려 장식이 되게 한 큰 띠. 귀인의 정장용.
96 중단中單: 중의中衣. 제복祭服, 조복朝服 등 예복의 겉옷 안에 받쳐 입는 옷.
97 수패綬佩: 수綬와 패佩. 수는 주로 실끈을 이용하여 무늬를 넣어 만든 앞치마 모양의 장식물. 패는 갖가지 옥을 꿰어 일정한 수의 가닥을 종으로 늘어뜨린 장식물. 움직일 때에 소리가 나도록 함.
98 폐슬蔽膝: 제복·조복을 입을 때 무릎을 가리는 천 조각. 꿇어 엎드려 절을 할 때에 무릎을 보호하는 역할을 한다.
99 이말履韈: 신발과 버선.
100 진주관進奏官: 중국 송나라 때 진주원進奏院에 소속되어 자기 출신 지방의 관부와 중앙과의 사이에 행정 연락을 담당했던 관원.
101 후수後綬: 예복의 뒤에 늘이는 수綬. 붉은 바탕에 구름과 학을 수놓고 금은 고리를 붙였으며 아래에는 넓게 술이 있다.
102 곡령방심曲領方心: 곡령은 흰 깁을 가지고 목에 두를 수 있도록 평면의 원형으로 만든 것. 방심은 흰 깁의 네모진 조각 하나를 약간 늘어뜨려 달아놓은 것. 곡령은 목에 두르며, 방심은 가슴 정면에 와 닿게 함. 예복의 부속물.

자가 주의할 바는 위의를 차리는 것이다. 위의가 이미 어그러지고 보면 무엇을 더 기대하랴! 수령이 입는 제복은 마땅히 경관으로 있을 때의 제복을 사용하도록 하고, 헌관이 입는 제복은 수령이 마땅히 제사 기일에 앞서 만들되 모두 선명하고 단정하게 하며 법도에 맞도록 해야만 예식을 제대로 거행할 수 있다.

적속狄粟[103]이 곡성령穀城令이 되어 공자묘를 중수하고 제례에 소용되는 기물을 만들어주고는 고을 사람들과 함께 봄가을로 석전을 거행함에 고을의 자제들이 학문에 분발하고 교화가 크게 이루어졌다.

홍처정洪處靖[104]이 무주현감茂朱縣監이 되어 도임하자마자 고을 노인들에게 안부를 묻고 술과 고기를 보내며 문묘의 제기 등속 가운데 훼손되고 우그러져 마땅치 않은 것들을 다시 만들고 생도들을 모아 강학을 권장했다. 대소의 인민들이 모두 기쁜 마음으로 그를 따랐다.

관내에 관에서 제수를 공급하는 서원이 있으면
경건하고 정결하게 해서 사람들의 기대를 잃지
말도록 할 것이다.

사액서원의 경우는 그 제물을 관에서 공급하고 모두 공곡公穀으로 회감하게 되어 있다. 매양 보면 주리廚吏가 정성스럽지 못하여 좋은 과일

---

103 적속狄粟: 속粟은 율栗의 잘못인 듯. 적율狄栗은 중국 송대宋代 사람으로 자가 맹장孟章이다. 청렴한 벼슬아치로 이름났다.

104 홍처정洪處靖: 조선 인조 때 사람. 병자호란 때 강화도에서 순절한 홍명형洪命亨의 아들. 현감을 지냈다.

대신에 흔한 과일을 쓰고 좋은 반찬 대신에 거친 채소를 쓰니, 이런 일들을 모두 엄히 단속하고 타일러 한결같이 본래의 격식에 따르도록 해야 할 것이요, 되도록이면 제수를 풍성하게 하고 결점이 없도록 해야 할 것이다.

○ 사액하지 않은 사사私祠[105]에 수령이 사적인 관계로 그 제수를 공급하는 일도 있다. 한번 이 길을 열어놓으면 드디어 불변의 관례가 된다. 그런데 사사의 폐단이 날마다 새로 나타나고 달마다 심해져서 100리 되는 고을에 사사가 혹 수십 처소에 이르기도 한다. 한 가문 안의 부자 형제간에 겸암謙菴이다 눌헌訥軒이다 송재松齋다 죽정竹亭이다 해서 혹은 효행을 내세우고 혹은 전란에 죽은 공을 내세운다. 연치年齒로 서열을 삼아 한 처소에 위패를 죽 늘어놓고 제사를 올리는 자가 더러 12~13명에 이르기까지 한다. 또 혹은 국초의 명신으로 그 자손이 번성하지 못한 경우에 먼 시골의 비천한 족속이 그를 떠받들어 자기들의 조상으로 삼아 문서를 위조하고 어사를 속이는데, 어사는 일시의 과객이라 실상을 자세히 추구하지 못한 채로 이를 지나치게 칭찬하고 장려한다. 그리하여 세월이 오래되면 상응하는 대우[106]를 받지 못했다고 억울해하며 감히 조정에 진정을 하여 포증(褒贈, 포상 증직)을 얻기도 한다. 그러고는 돌아와 과시하고 또 사사를 세우는데, 그 고장 사람들은 사실을 알면서도 발설하지 않고 수령은 듣는 것이 총명치 못하여 마침내 하찮은 족속이 명신의 후손으로 자처해 썩 당연한 일인 양 부끄러워할 줄도 모른다. 무릇 사사는 국법이 금하는 바인데 수령 된 자가 금지하기에도 겨를이 없거늘 하물며 제사를

---

105 사사私祠: 국가에 의해 공인되지 않은 사적인 사원.
106 상응하는 대우: 문적文籍의 위조의 의해 격상된 신분에 상응하는 대우를 말한다.

도와 권장해서야 되겠는가. 그러나 전해 내려온 관례를 내가 폐지한다는 것은 원망을 사는 길이다. 마땅히 향촉香燭 두 가지로 그저 후의나 표하고 나머지 물품들은 비록 비방이 온 고을에 넘쳐나는 한이 있더라도 결단코 도리를 어겨가며 그들과 영합하기를 구해서는 안 될 것이다.

『속대전』에서는 이렇게 규정하였다.[107] "지방에서 사원祠院을 법을 어기고 창설하는 경우에는 관찰사는 의금부에 가두고, 수령은 그 관직을 세 등급 낮추고[告身三等], 솔선하여 이를 주창한 유생들은 먼 곳에 유배를 보낸다. 사액서원에서 조정에 품의도 하지 않고 마음대로 배향을 하는 경우에는 그 지방관을 파직시킨다."

주자가 남강군을 맡았을 때 「백록동서원 중수첩[修白鹿洞書院牒]」[108]에서 이렇게 일렀다. "여산廬山[109]의 백록동서원은 원래 당나라 때 빈객賓客[110] 이발李渤[111]의 은거지였는데 남당南唐 승원昇元 연간(937~942)에 학관學館을 세우고 토지를 사서 학생들의 학자學資로 준 것을 계기로 공부하는 사람들이 많이 모여들자 이에 국자감國子監의 이선도李善道를 동주洞主[112]로 삼아 그 교수를 맡게 했던 것이다. 본관이 도임한 초기에 즉시 한번 방문한 적이 있는데 마땅히 중수해야 할 것이다." 鏞案 서원 제도는 남당에

---

107 『속대전·예전禮典·잡령雜令』에 나온다.
108 백록동서원 중수첩[修白鹿洞書院牒]:『주자대전』권99에 실린 「백록동첩白鹿洞牒」을 가리킴. 주자는 남강군의 행정 책임자로 백록동서원을 중수했을 뿐만 아니라 자신이 이곳에서 강학을 하기도 했다. 이때 만든 '백록동서원학규白鹿洞書院學規'는 우리나라의 서원들도 그대로 따랐다.
109 여산廬山: 중국 강서성 구강시九江市 남쪽에 있는 산. 풍광이 수려하기로 유명하다.
110 빈객賓客: 태자빈객太子賓客. 태자를 보좌하는 관직.
111 이발李渤, 773~831: 중국 당나라 사람으로 자는 준지濬之이다. 학문에 독실하고 사람됨이 강직했으며 문종 때 태자빈객을 지냈다.
112 동주洞主: 서원에서 사표로서 유생들을 가르치고 이끌던 사람.

서 시작되어 송대에 이르러 점차 확대되었으니 이를테면 악록서원嶽麓書院[113]·석고서원石鼓書院[114]·숭양서원嵩陽書院[115]·수양서원睢陽書院[116] 등에 서적을 하사하기도 하고 액호額號를 하사하기도 했다. 요는 모두 공부하는 사람들이 학문을 닦기 위한 곳이었지 옛사람을 모시어 제사 지내면서 숭배하는 정성을 표하기 위한 곳은 아니었다. 그런데 주자가 백록동서원을 중수하여 염계濂溪[117]를 사당에 모시고부터 중국의 서원은 모두 이 법을 따랐다. 우리나라에서는 주신재周愼齋【이름은 세붕世鵬】가 백운동서원白雲洞書院[118]을 세워 안문성공安文成公[119]【이름은 유裕】을 사당에 모시고부터 서원이 모두 이 법을 따르게 되었다. 지금에 와서는 서원이 사당이 되었고 학교로서의 옛 모습은 볼 수 없게 되었다.

주자가 남강군에 있을 때 공첩公帖을 내서 사민에게 "도간을 모신 사당

---

113 악록서원嶽麓書院: 중국 송나라 태조 때에 호남성 장사현長沙縣 서쪽의 악록산嶽麓山 아래에 세워졌던 서원. 중국의 대표적인 서원이다.

114 석고서원石鼓書院: 중국 송나라 태종 때 호남성 형양현衡陽縣 석고산石鼓山에 세워졌던 서원.

115 숭양서원嵩陽書院: 중국 오대五代 후주後周 때 창건된 하남성 등봉현登封縣 태실산太室山 남록南麓에 있던 서원.

116 수양서원睢陽書院: 지금의 중국 하남성 상구현商丘縣에 세워졌던 서원으로 추정되는데 구체적인 사실은 미상.

117 염계濂溪, 1017~1073: 중국 북송시대의 학자인 주돈이周敦頤. 염계濂溪는 그의 호이다. 성리학을 개창한 인물.

118 주신재周愼齋·백운동서원白雲洞書院: 신재愼齋는 주세붕(周世鵬, 1495~1554)의 호. 자는 경유景游, 본관은 상주尙州이다. 주세붕은 중종 38년(1543) 풍기군수로 있으면서, 고려 말의 학자 안향安珦의 옛 집터인 경상북도 영주시 순흥順興의 백운동白雲洞에 서원을 세웠다. 이 서원이 백운동서원으로 우리나라 최초의 서원이다. 백운동서원은 뒤에 퇴계 이황의 건의에 따라 소수서원紹修書院으로 개칭, 사액서원이 되었다.

119 안문성공安文成公, 1243~1306: 고려 후기 학자인 안향安珦. 문성文成은 그의 시호이다. 초명은 유裕, 자는 사온士蘊, 호는 회헌晦軒, 본관은 순흥順興이다. 원나라에 왕래하면서 주자학을 공부하여 국학을 진흥시켰다. 충숙왕 6년(1319)에 문묘에 종사되었고, 벼슬은 도첨의중찬都僉議中贊에 이르렀다.

은 그 유적을 찾아보았고, 사태부謝太傅[120]·도징사陶徵士[121]·주렴계周濂溪에 대해서는 그 사당의 유무를 탐문하고자 한다"라고 했다. [鏞案] 마음에 느끼는 바 있어 옛 현인의 자취를 방문해서 희미하게 숨겨져 있는 것을 밝혀 드러내는 일 또한 어진 수령이 힘쓸 바이다.

관내의 사묘祠廟를 중수하고 수리하는 일 또한 위와 같이 할 것이다.

예를 들면 평양의 기자묘箕子廟[122], 경주의 숭덕묘崇德廟[123], 순천의 충민사忠愍祠[124], 강진의 탄보묘誕報廟[125]와 같은 사묘들이 곳곳마다 있다. 이 건물들의 중수와 제기를 간수하는 등의 일은 수령의 책임이다. 제사를 받는 신이 유감이 없도록 해야 이진 수령이다.

---

120 사태부謝太傅: 중국 동진東晉의 사안謝安. 태부太傅는 그의 벼슬 이름.

121 도징사陶徵士: 중국 동진東晉의 유명한 시인 도잠陶潛. 학행이 높아 조정에서 벼슬로 그를 호칭하여 도징사라 불렀다. 도잠은 저작랑著作郎으로 부름을 받았으나 나가지 않았다.

122 기자묘箕子廟: 기자를 모신 사당. 정식 명칭은 숭인전崇仁殿. 고려 숙종 7년(1102)에 평양에 세워져 조선시대에 이르기까지 연 2회 봄가을로 제사를 지냈다.

123 숭덕묘崇德廟: 신라의 시조 혁거세왕을 향사하는 사당으로, 세종 11년(1429)에 창건해 봄가을로 제사를 지냈다.

124 충민사忠愍祠: 충무공 이순신을 주향主享으로 하고 전라우수사 이억기李億祺와 보성군수 안홍국安弘國을 배향한 사당. 선조 34년(1601)에 세웠다. 조정에서 향을 내리고 순영에서 주관하여 봄가을로 제사를 지냈다.

125 탄보묘誕報廟: 강진 관내의 고금도古今島에 있었던 관왕묘關王廟를 가리키는 듯하다. 이 관왕묘는 임진왜란 중에 이순신과 명나라 장수 진린陳璘이 이 섬에 유진留鎭하고 있을 때 세웠다. 관우關羽는 일종의 군신軍神으로 숭앙되어 왔는데 임진왜란 때 우리를 도왔다 해서 그에 보답하는 뜻으로 이 사당을 세우게 되었다고 한다. 후일 이순신과 진린이 배향되었다.

중국의 남해신묘南海神廟는 광주廣州의 바다에 있어 바닷길로 80리다. 자사刺史가 항상 병을 칭탁하고 몸소 제사 지내러 가지 않아 신묘의 건물에 비바람이 치고, 희생으로 바치는 짐승은 여위고 술은 시어진 것을 임시로 마련해 쓰고, 제사 지내는 절도가 격식에 맞지 않았다. 그런데 공규孔戣가 자사가 되어서는 해마다 제사 지내러 몸소 다니며 그 뜰과 단을 손질하고, 동서 두 담장을 고쳐 만들고, 재계하는 방과 제수 장만하는 방에 온갖 용구를 고루 정비하였다.

> 희생으로 바치는 짐승을 여위거나 병들게 하지 않고 제수로 바치는 곡물을 미리 저장해두어야 어진 수령이라 할 수 있다.

군현에는 모두 공양公羊이 있는데 비록 모두 고력羖羘【우리나라 말로는 염소】이기는 하나 그런 대로 번식하고 있다. 이전에 내가 어릴 때에 아버님의 고을살이를 따라 어느 고을에 가 있었는데 공양 수십 마리를 기르고 있었다. 지금은 줄어들어 대체로 남아 있는 것이 드물다. 공양을 기르자면 응당 목전牧田[126]이 있고 기르는 사람에게 약간의 보수를 주어야 한다. 지금은 창노를 시켜 기르게 하는데 창노가 1년간 얻어먹는 것이라고는 불과 곡식 수십 석뿐이다. 이미 오이며 채소를 관에 바치고 있고 또 말【분양마分養馬】까지 먹이게 하니 무슨 여력이 있어 희생에 쓸 양을 기른단 말인가. 그래서 양은 항상 굶주리고 얼어 죽기만 할 따름이다. 수로를 내고

---

126 목전牧田: 공가公家에서 쓰는 가축 사육을 맡은 사람[牧子]에게 그 급료로 경작권을 주는 땅. 목자위전牧子位田.

저수지를 만들면 공전公田을 설치하여 민역民役을 도울 수도 있다. 또한 그 가운데 두어 경頃의 토지를 제하여 목전으로 삼는다면 그곳에서 공양을 잘 치게 할 수 있고 돼지 등속도 잘 먹일 수 있을 것이다. 희생이 큼직하고 살쪄서 제사를 받는 신이 유감이 없도록 하는 것이 수령의 직분이다. 저자에서 사온 술과 포脯로는 제사를 지낼 수 없다. 지금은 염소를 사고 돼지를 사서 희생에 충당하고 있으니 예법이 아니다. ○ 군현에는 반드시 학전學田이 있다. 마땅히 이 학전 두어 배미를 제하여 제전祭田[127]으로 삼아 그 곡식을 거두어 제사에 쓸 몫을 정하여 따로 깨끗한 독에 저장해두었다가 제사 때가 되면 공급하고 관아 주방의 쌀로 그 대가를 지급하는 것도 괜찮은 방법일 것이다.

혹시 고을에 음사淫祀가 있어 잘못된 관례가 전해
내려오는 것이 있으면 마땅히 사민들을 알아듣도록
타이르고 그 관례를 폐지하도록 도모할 일이다.

율곡栗谷 이이李珥는 초사醮詞·청사靑詞[128]를 짓는 것을 거절했고 약포藥圃 정탁鄭琢은 무당이 기도하는 데 쓸 향을 지급하는 것을 거부했다. 군자의 행실은 구차해서는 안 된다. 만약 명백히 음사에 속하는 사묘가 있

---

127 제전祭田: 그 수확을 제물 또는 제사 비용을 충당하기 위한 목적으로 경작하는 농지. 제
위전祭位田.
128 초사醮詞·청사靑詞: 오성五星과 여러 별자리를 위시한 도교의 신들에게 지내는 제사
인 초제醮祭에 사용하는 제문. 푸른색 종이를 사용했기 때문에 청사라고도 불렸다. 조선
시대에 소격서昭格署에서 초제를 담당했는데, 중종 때 잠시 폐지했다가 선조 때에 완전
히 폐지되었다.

으면 비록 전해오는 관례라 하더라도 그대로 따라서는 안 된다.

고소顧邵[129]가 예장태수豫章太守가 되어서 음사를 금하고 여러 사묘들을 훼철毀撤했는데 여산묘廬山廟에 이르러서는 온 고을이 모두 훼철하지 말도록 간했으나 듣지 않았다. 그런데 밤에 어떤 사람이 앞을 지나갔는데 그 모양이 방상씨方相氏[130] 같았다. 그가 여산군廬山君[131]이라는 것이다. 고소가 그를 맞아다 자리에 앉게 하고 더불어 『춘추』를 논함에 등불이 다 탔는데도 『좌전』으로 담론을 이어갔다. 그 귀신은 고소를 능멸하려 했으나 고소의 신기神氣가 태연했다. 오히려 귀신이 공손한 태도로 돌아와서 사묘를 복구해줄 것을 간청했으나 고소는 웃기만 하고 끝내 응답하지 않았다.

당나라 적인걸狄仁傑[132]이 강남순무사江南巡撫使로 있을 때 그 지방에는 음사가 많았다. 적인걸은 1700개소를 훼철하고 다만 하나라의 우공과 오나라의 태백泰伯[133]·계찰季札[134]·오원伍員[135]을 모신 네 사묘만 남겨두었다.

---

129 고소顧邵: 중국 삼국시대 오나라 사람. 자는 효칙孝則이다. 경전을 널리 읽고 인륜을 사랑했으며 예장태수로 있으면서 교화를 크게 베풀었다.

130 방상씨方相氏: 역귀를 쫓는 의식인 구나驅儺를 할 때 등장하는 나자儺者의 하나. 악귀를 쫓는다는 신으로 곰의 가죽을 들씌운 큰 탈에 붉은 웃옷과 검은 치마를 입고, 금빛의 눈이 2~4개이고 창과 방패를 가졌다. 『주례』에는 금빛의 눈이 4개인 것을 방상이라 하고, 2개인 것을 기俱라 하였으나, 우리나라에서는 모두 방상이라 하는데, 단지 품계 높은 사람만이 눈이 4개인 것을 썼다. 이는 광중(壙中, 시체를 묻는 구덩이)의 악귀를 쫓는다는 목적으로 쓰였는데, 장례 외에도 궁중에서 연말연시의 행사, 임금의 행차, 중국 사신의 영접 때에도 악귀를 쫓는다는 뜻으로 썼다.

131 여산군廬山君: 여산廬山의 산신을 가리킴.

132 적인걸狄仁傑, 630~700: 중국 당나라 때의 명신. 자는 회영懷英이다. 지방관으로 있을 때 묵은 옥송獄訟을 처리하고 음사를 훼철하는 등 치적을 남겼다. 측천무후則天武后에 의해 단절될 뻔했던 당나라의 이씨李氏 황통皇統을 회복한 공을 세운 바 있다.

유자후의 「훼비주상사기毁鼻州象祠記」는 이러하다. "비정鼻亭에서는 상象[136]의 신을 제사 지내왔다. 하동河東 설공薛公이 부임해와서 민간의 풍기를 살피기 위해 지도를 펼쳐보다가 이 사묘를 발견하고는 놀라서 '상은 아들로서 거만했고 아우로서 간악했는데 그런 악덕을 가지고서 대대로 제사를 받아먹는다니, 이는 우리 백성을 교화시키려는 뜻에 위배된다' 하고, 명령을 내려 즉시 훼철하도록 하고 그 신주를 강물에 던져버렸다. 고을 백성들이 '누가 혼미한 습속을 길러 우리로 하여금 눈멀게 했느냐. 천년의 어둠을 우리 사또가 열어주었네'라고 노래했다."

왕질王質이 채주蔡州를 맡아 다스렸는데, 채주의 풍속에 이전부터 오원제吳元濟[137]를 제사 지내왔다. 왕질은 "어찌 역적이면서 사당에서 제사를 받아먹는다는 말이냐. 적양공狄梁公[138]과 이태위李太尉[139]는 채주 사람에게 은덕을 베풀었는데 어찌 이런 분을 모시지 않으리오"라고 하고, 오원제

---

133 태백泰伯: 중국 주나라 태왕太王의 장자. 태백은 막내아우 계력季歷의 아들인 창(昌, 훗날의 주나라 문왕文王)이 매우 훌륭하다는 것을 익히 알고 있었다. 또한 태왕 역시 왕위를 계력을 거쳐 창에게 물려주고 싶어 했기 때문에 왕위를 계력에게 양보하였다. 이후 태백은 아우 중옹仲雍과 함께 남쪽 미개지로 도피하여 살면서 춘추시대 오나라의 시조가 되었다.

134 계찰季札, B.C. 576~B.C. 484: 중국 춘추시대 오나라의 현인. 오왕 수몽壽夢의 막내아들로 덕망이 높았고 여러 훌륭한 행적을 남겼다.

135 오원伍員, B.C. 559~B.C. 484: 중국 춘추시대 초나라 사람. 자는 자서子胥이다. 그의 부형이 초평왕楚平王에게 살해되자 오나라로 망명, 오왕 합려闔廬와 부차夫差에게 충성을 바쳤으나 간신의 참소로 억울하게 자결하였다.

136 상象: 순舜의 이복동생. 순을 모살謀殺하려다 실패했다 한다.

137 오원제吳元濟, 783~817: 중국 당나라 헌종 때 사람으로 채주蔡州를 근거지로 반란을 일으켰다.

138 적양공狄梁公: 적인걸을 가리킴. 양공은 그의 봉호封號이다. 즉 양국공梁國公.

139 이태위李太尉, 773~821: 중국 당나라 사람 이소李愬. 자는 원직元直 혹은 부직符直, 태위太尉는 그의 관명이다. 지략이 있고 무예에 능하여 오원제의 반란을 평정했다.

의 사당을 훼철하고 대신 두 사람의 사당을 세우도록 명했다.

정향程珦이 공주襄州를 맡아 다스릴 때의 일이다. 그때 의료宜獠 구희범區希範[140]이 처형되었는데 그 지역 사람들이 문득 서로 전하기를 구희범의 귀신이 내려와서 "나를 위해 남해南海에 사당을 세워야 마땅하리라"라고 하였다는 것이다. 이에 그 귀신을 맞이하여 남해로 가는 길에 공주에 이르렀다. 정향이 사람을 시켜 힐문했더니 "근자에 심潯[141] 땅을 지날 적에 심 땅의 수령이 요사스럽고 괴이하다며 제사 지낼 기구를 강물에다 던졌는데 그 기구들이 강물을 거슬러 올라가므로 수령이 두려워하여 이에 다시 예를 드렸다"라고 하였다. 정향이 다시 그 기구를 강물에 던지게 했더니 그 기구들이 강물을 따라 떠내려가고 그 요망스러움이 그쳤다.

진희량陳希亮이 우도雩都의 관장으로 있었는데, 무당들이 해마다 백성들에게서 재물을 거두어 귀신에게 제사 지내면서 춘재春齋라 불렀다. 그리고 제사를 지내지 않으면 화재가 일어난다고 하여, 백성들도 덩달아 떠들기를 붉은 옷을 입은 세 노인이 불을 지른다고 했다. 진희량이 귀신에게 제사 지내는 일을 금지시켰더니 백성들은 감히 범하지 못했고, 화재 또한 일어나지 않았다. 음사淫祠 수백 개소를 헐고, 무당을 몰아다 농민으로 만든 것이 70여 집이나 되었다.

유귀년劉龜年[142]이 무릉武陵을 맡아 다스렸는데, 초楚 지방 풍속이 귀신을 숭상하였다. 음사로서 반선옹潘仙翁이란 것이 있어 명절 때 모여 징을

---

140 의료宜獠 구희범區希範: 의료는 의주宜州 관내의 요족獠族, 즉 중국의 형주荊州 서남에 거주하는 야만족이라는 뜻. 구희범(?~1045)은 요족 출신으로 송나라 인종 때에 반란을 일으킨 인물이다.

141 심潯: 심주潯州를 가리키는 듯하다. 중국 광서성廣西省에 소속되어 있었던 고을.

142 유귀년劉龜年: 중국 송대 사람. 자는 차노且老이다. 무릉武陵을 맡아 잘 다스렸다.

치고 창을 잡고 반선옹을 맞아 제사 지내었다. 유귀년은 위尉¹⁴³ 두사안杜師顔에게 명하여 반선옹을 모신 집을 철거하고 그 상을 허물어버린 다음 무기를 거둬들이고 앞장선 자를 죄주었다.

오리吳履¹⁴⁴가 남강승南康丞이 되었는데, 고을에 음사가 있어 제사 지낼 적마다 문득 뱀이 문 밖으로 나오니 백성들이 그 뱀을 신으로 알았다. 오리가 무당을 결박하여 질책하고 신상神像을 강물에 넣어버리니 음사가 드디어 끊어졌다.

고려 우탁禹倬¹⁴⁵이 영해부寧海府 사록司錄¹⁴⁶이 되었는데, 백성들이 팔령신八鈴神¹⁴⁷에 현혹되어 제사 지내기를 심히 난잡하게 했다. 우탁이 부임하자 즉시 그것을 부수어 바다에 던져버리니 음사가 드디어 끊어졌다.

고려 김연수金延壽¹⁴⁸가 청풍군淸風郡을 맡아 다스렸는데, 정사를 맑고 간편하게 하였다. 이전에 군민들이 목우(木偶, 나무 인형)를 신으로 삼아 객

---

143 위尉: 과거 중국 지방 관아에 속한 무관직.
144 오리吳履: 중국 명대 사람. 자는 덕기德基이다. 젊어서 사서史書에 통달했다.
145 우탁禹倬, 1263~1342: 자는 천장天章, 호는 역동易東, 본관은 단양丹陽이다. 고려 말의 유수한 학자로 정주학程朱學의 초기 연구가 중 한 사람. 벼슬은 성균좨주成均祭酒에 이르렀다.
146 사록司錄: 고려시대 지방 수령 밑에 두었던 관직. 고려시대에는 관인들에게 지방행정의 수련을 쌓도록 하기 위해 과거 합격자들을 일단 사록으로 차임했다.
147 팔령신八鈴神: 고려 말에 민간신앙의 대상으로 영해寧海와 영양英陽의 경계인 위령峴嶺에 있었다는 팔신八神. 영해에 부임하는 새 수령이 그 고개를 지날 때 방울 소리가 나면 부임 당일 밤에 즉사하였다 한다. 우탁禹倬이 이 고을에 부임 도중 방울 소리를 듣고 그 유래를 물어서 그 팔신을 불러 꾸짖고 그중 5신을 쫓아버렸는데, 3신은 그 뒤 영덕의 병곡면 유금, 영해면 읍내, 영해면 괴시의 서낭[城隍]이 되었다는 전설이 있다(『동해안지구학술조사보고서』). 1권 82면에 나오는 손순효孫舜孝의 서읍령西泣嶺 고사도 이 팔령신에 관련된 것으로 보인다.
148 김연수金延壽, 1237~1306: 고려 충렬왕 때 사람. 여러 차례 원나라 사절로 내왕하였으며 벼슬은 밀직사사密直司使에 이르렀다.

사웅舍館에 모셔 놓고 해마다 5~6월 사이에 크게 제사의식을 벌이니 온 군내 사람들이 떠들썩하게 모여들어 그 폐단이 흘러온 지가 이미 오래되었다. 김연수가 부임해와서는 즉시 무당과 앞장서 일을 주선한 자를 잡아들여 곤장을 치고, 드디어 그 목우를 불태워버리니 요사한 제사 풍습이 끊어졌다.

황우黃瑀[149]가 영춘永春[150]을 맡아 다스렸는데, 향승의 딸이 병이 들어 잡귀가 붙어 있는 것 같았다. 무당이 "전의 나졸 아무개가 죽어서 성황의 신에게 부림을 받고 있는데 이것이 빌미가 된 것이다"라고 했다. 황우가 노하여 "어찌 그럴 수 있느냐"라고 하면서 토우土偶[151]를 곤장으로 쳐서 시냇물에 던져버렸다. 그러자 곧 그 딸의 병이 나았다.

홍윤성洪允成[152]이 나주목사로 있을 때 성황사城隍祠에 신이 있어 백성을 미혹시키므로 홍윤성이 그 사당을 불태워버렸다.

정언황이 안동부사로 있을 때의 일이다. 안동부에는 고려 때부터 신라공주 오금잠신新羅公主烏金簪神[153]이란 것이 있어 영검스럽고 이상한 일이

---

149 황우黃瑀: 고려 말 조선 초의 인물로 추정되는데 자세한 인적 사항은 알 수 없다.

150 영춘永春: 지금의 충청북도 단양군에 속한 고을 이름. 현재 행정구역으로 영춘면이 있다.

151 토우土偶: 여기서는 서낭의 신체神體로서의 소상塑像.

152 홍윤성洪允成, 1425~1475: 초명은 우성禹成, 자는 수옹守翁, 본관은 회인懷仁이다. 세조의 공신으로 벼슬은 영의정에 이르렀다.

153 신라공주 오금잠신新羅公主烏金簪神: 여기에는 안동부에 있었던 것으로 되어 있으나 실은 삼척부에 있었던 무속신앙의 대상으로, 오금烏金으로 된 비녀를 신체神體로 삼은 것이다. 신라시대부터 전해온다고도 하고 또는 고려 태조太祖 때라 하기도 한다. 오금 비녀 하나를 겹겹이 싸서 작은 함에다 넣어 고을의 동쪽 변두리에 있는 서낭당에 모셔 두고 매년 단오절이면 그것을 꺼내 받들고 호장戶長의 주재 아래 뭇 무당들을 불러 모아 아전과 일반 백성들이 어울려 3일간 크게 의식을 행했다고 한다(『조선무속고朝鮮巫俗考·강원도 무속 및 신사江原道巫俗及神祠』참조).

많아 사람들이 이를 믿었다. 성암省菴 김효원金孝元[154]이 안동부사로 있을 때 그 사당을 태워버렸다. 그러나 아전과 백성들이 여전히 숭배하여 해마다 5월 5일이면 무당과 재인才人 수십 명이 무리를 이루어 그 신을 받들고는 관리가 배행을 하며 지역 내를 두루 돌아다니니 이를 단오사端午使라 불렀다. 백성들이 뒤질세라 따라다녀 재산을 탕진하고 생업을 잃는 지경이 되어도 오히려 뉘우칠 줄 몰랐으나 전후 부사들이 아무도 금하지를 못했다. 정언황이 유림을 모아놓고 그 괴이한 옷을 불태워버리니 마침내 요사함이 멎었다.

이형상李衡祥[155]이 제주목사로 있을 때 일이다. 고을에 광양당廣壤堂[156]이라는 것이 있어 지방민들이 여기에 기도하는 것이 하나의 풍습이 되어 있었다. 이형상이 명을 내려 불태워버리니 사람들이 시원하다고들 일컬었다. 예전에 김치金緻[157]가 영남관찰사로 있을 때 태백산 신사太白山神祠[158]를 허문 일이 있었는데 이에 비견할 일이라 하겠다.

---

154 김효원金孝元, 1542~1590 : 자는 인백仁伯, 호는 성암省菴, 본관은 선산이다. 조식曹植·이황의 문인이다. 그가 이조정랑吏曹正郎에 천거된 일이 동서분당東西分黨의 계기가 되었던 것으로 유명하다.

155 이형상李衡祥, 1653~1733 : 자는 중옥仲玉, 호는 병와瓶窩, 본관은 전주全州이다. 벼슬은 한성부윤漢城府尹에 이르렀다. 『병와집瓶窩集』 등의 저술이 있다. 그가 제주목사가 된 것은 숙종 29년(1703)이다.

156 광양당廣壤堂 : 제주도 남부에 있었던 한라호국신사漢拏護國神祠. 제주도의 전설에 의하면 한라산신漢拏山神의 아우가 나면서 성덕이 있었고 죽어 신이 되었는데, 고려 때 송나라의 호종조胡宗朝가 이곳을 진압하고 돌아갈 때 신이 매로 변해 호종조의 배 돛대 위에 앉자 북풍이 크게 불어와 배가 침몰되었다 한다. 그래서 조정에서 그 신령스러움을 포상하여 그에게 식읍食邑을 주고 광양왕廣壤王으로 봉했다고 한다(『신증동국여지승람新增東國輿地勝覽·전라도·제주목齊州牧·사묘祠廟』 참조).

157 김치金緻, 1577~1625 : 자는 사정士精, 호는 심곡深谷·남봉南峰, 본관은 안동安東이다. 벼슬은 경상관찰사에 이르렀다. 성수星數의 학에 밝았다 한다.

158 태백산 신사太白山神祠 : 경상도와 강원도의 접경에 있는 태백산의 정상에 산신을 모신

이정악李挺岳[159]이 연안부사延安府使가 되었는데, 연안부에는 평소에 여러 가지 묵은 폐단이 많았다. 이정악이 부임해서는 한꺼번에 혁파하여 며칠이 안 되어 깨끗이 씻어졌다. 예전부터 음사가 있어 기도하는 백성들이 몰려들어 매일같이 재화를 탕진했다. 이정악은 즉시 이를 헐어버리며 "저것이 능히 빌미가 될 수 있다면 의당 내 몸에 가해질 터이다"라고 하니 고을 백성들이 크게 깨닫고 "처음엔 미혹하여 이런 줄을 알지 못했다"라고 하였다.

『상산록象山錄』에 이렇게 되어 있다. "가경 기미년(1799) 봄에 청나라의 국서를 맞을 참으로 평산부에 머물면서 여가에 풍천수豐川守 이민수李民秀, 장연수長淵守 구강具絳과 함께 태백산성[160]에 가서 노닐었다. 성 안에 삼태사三太師의 사당이 있어 함께 배알하기로 언약하였다. 삼태사란 태사太師 신숭겸申崇謙, 복지겸卜智謙, 유검필庾黔弼[161]을 말한다. 사당의 문을 열고 보니 철상鐵像 3구三軀가 있는데 모두 치졸하여 본 모습이 아니었고, 그 사이에 여인의 소상 2구가 있는데 노랑 저고리에 붉은 치마를 입고 분을 바른 얼굴, 붉은 칠한 입술이 요사스럽고 전아하지 못했다. 이민수가 '이게 무엇인가? 절할 수 없구나'라고 하고서 문을 닫고 나와버렸다."

신사. 그 신을 백두옹白頭翁이라 불렀고, 기원하는 사람들은 소를 몰고 가 신전에 바치고는(소를 신사 앞에 매어 두고는) 뒤돌아보지 않고 총총히 하산했다. 돌아보면 그 소를 아끼는 마음이 있다 해서 신에게 벌을 받는다고 믿었다. 그 3일 뒤에 산 밑에 거주하는 사람들이 그 소를 끌어다 잡아먹었는데 이를 퇴우退牛라고 한다. 그리고 매년 4월 8일에 신을 맞아 5월 5일에 산으로 돌려보내는 의식을 행했다고 한다(『조선무속고』).

159 이정악李挺岳, 1610~1674 : 자는 수이秀而, 호는 아은啞隱, 본관은 용인龍仁이다. 이재吏才가 뛰어나 서산군수瑞山郡守·연안부사延安府使 등 지방관을 지낼 때 좋은 치적을 남겼다. 그가 연안부사로 나간 것은 현종 13년(1672)이다.

160 태백산성太白山城 : 황해도 평산에 있는 태백산을 가리킨다.

161 신숭겸申崇謙·복지겸卜智謙·유검필庾黔弼 : 3명 모두 고려의 건국 공신이다.

기우제 祈雨祭는 하늘에 비는 것이다. 그런데 지금의 기우제는 아주 성의 없이 아무렇게나 하고 난잡해서 크게 예가 아니다.

앞 곱사를 햇볕 아래에 내세워 비를 비는 일[暴尫], 무당을 윽박질러 비를 비는 일[暴巫] 따위가 옛 전적[162]에 보인다. 흙으로 빚은 용으로 비를 불렀다는 말은 『회남자淮南子』[163]에 나오고, 돌로 만든 소[石牛]의 등에 진흙을 발라 비를 빌었다는 말은 『광주기廣州記』[164]에 나온다. 사의蛇醫를 독에 가두어 비를 빌기도 하고[165], 갈호蝎虎를 물에 넣어 비를 빌기도 한다.[166] 오성五星[167]을 불러 비를 내리게 한다는 요술은 관로管輅[168]에게서 기원했고, 오룡五龍[169]을 고무함으로써 비를 내리게 할 수 있다는 사설邪

---

162 『예기禮記·단궁 하檀弓下』를 가리킨다.
163 『회남자淮南子』: 중국 한나라 회남왕淮南王 유안劉安의 저서로 그 주지主旨는 노자사상에 두고 고금의 치란治亂·흥망興亡·길흉화복吉凶禍福·세상의 괴기한 일들을 다루었다. 전 21권.
164 『광주기廣州記』: 고징顧微이 편찬한 책으로 중국 광주廣州 지방의 풍물지.
165 사의蛇醫는 파충류에 속하는 도마뱀 비슷한 동물. 이 대목은 『유양잡조酉陽雜俎』에 나오는 것으로 돌로 만든 2개의 독에 물을 채우고 각각 사의 2마리씩을 독 안의 물에 띄워 뚜껑을 밀봉한 뒤 소란스러운 곳에 놓아두고 10세 이하의 어린아이들로 하여금 대나무로 작은 독을 밤낮으로 번갈아 치며 비가 내리게 해달라고 비는 의식.
166 갈호蝎虎는 도마뱀 따위의 동물. 이 대목은 『권유잡록倦游雜錄』에 나오는 것으로, 독에다 물을 담아 버드나무 가지를 꽂고 거기에 갈호를 집어넣은 뒤 아이들로 하여금 주문을 외게 하며 비가 내리기를 비는 의식.
167 오성五星: 목木·화火·토土·금金·수성水星을 가리킨다.
168 관로管輅: 중국 삼국시대 위나라의 점성占星·방술가方術家.
169 오룡五龍: 오방五方의 신으로 상징된 용. 동청룡東青龍·남적룡南赤龍·중황룡中黃龍·서백룡西白龍·북흑룡北黑龍.

說은 신농씨에게 가탁되어 있다. 예전부터 내려오는 여러 기우의 방법이 이처럼 성의 없이 황당하다. 지금의 수령들이 가뭄을 당하면 짚으로 용을 만들고 붉은 흙을 칠하여 아이들을 시켜 끌고 다니며 매질을 하여 욕을 보게 하거나, 도랑 바닥을 파 뒤집어 악취가 나게 하거나, 뼈를 묻어 놓고 주문을 외게 하는 등 기기괴괴하여 전혀 법도가 없으니 참으로 개탄스럽다. ○ 가뭄을 당하면 수령은 마땅히 경건한 마음으로 목욕재계한 뒤 마음속으로 신의 도움을 비는 한편 일체의 상스러운 풍속은 모두 엄금해야 할 것이다.

제나라 경공景公 때에 큰 가뭄이 들어 경공이 영산靈山에 제사 지내려 하자 안자晏子가 "영산은 본래 돌을 몸으로 삼고 풀을 털로 삼고 있습니다. 하늘이 오래도록 비를 내리지 않는다면 털이 타게 될 것이요 몸이 뜨겁게 될 터인데 영산인들 유독 비가 내리기를 원하지 않겠습니까. 제사 지내야 소용없습니다"라고 하였다. 경공이 하백河伯에 제사 지내려 하자 안자가 "대저 하백은 물을 나라로 삼고, 고기며 자라들을 백성으로 삼고 있습니다. 하늘이 오래도록 비를 내리지 않는다면 온 냇물이 장차 마를 터인데 하백인들 유독 비가 내리기를 원하지 않겠습니까. 제사 지내야 소용없습니다"라고 하였다. 경공이 "어찌하면 좋으냐?" 하고 묻자 안자는 "궁전에서 나와 뙤약볕에 몸을 드러내놓고 산신령과 하백으로 더불어 걱정을 같이 한다면 행여 비가 내릴 듯합니다"라고 대답했다. 경공이 이에 들판으로 나가 3일 동안 햇볕에 몸을 드러내고 있었다. 하늘에서 과연 큰 비가 내렸다.[170] 案 그때 경공은 백성들의 부세를 덜어주었다. 대저 비를

170 『안자춘추晏子春秋』에서 인용된 것이다.

비는 실속 있는 일로는 과다한 부세를 덜어주고 억울한 옥사를 판결해주는 일보다 더 좋은 것은 없다. 초왕楚王 영英[171]의 옥사에 연루된 자가 1000여 명이었다. 원안袁安[172]이 초의 정승이 되어 판결하여 석방해주자 하늘에서 크게 비가 내렸다. 오원五原 땅의 억울한 옥사가 오래도록 판결이 나지 않고 있었는데 안진경顔眞卿[173]이 어사가 되어 해결하여 바로잡으니 하늘에서 크게 비가 내렸다. 무릇 가뭄을 당하는 때에 수령은 마땅히 백성들의 부담을 덜어주고 옥사를 바로 다스리는 일을 급선무로 삼아야 할 것이다.

축량祝良[174]이 낙양령洛陽令으로 있는데 그때 날이 가물었다. 섬돌 앞에서 뙤약볕 아래 몸을 드러내놓으니 단비가 쏟아졌다. ○ 당나라 전인회田仁會[175]가 평주수平州守로 있을 때 날이 가물었다. 자신이 뙤약볕 아래 몸을 드러내놓고 비를 빌었더니 비가 크게 내려 백성들이 칭송을 하였다.

대봉戴封[176]이 서화령西華令으로 전임되어 갔는데, 그해에 날이 몹시 가물었다. 비가 내리기를 빌었으나 효과가 없자 이에 섶을 쌓아놓고 스스

---

171 초왕楚王 영英: 중국 후한 광무제光武帝의 여섯째 아들로 초왕에 봉해졌다. 젊어서 유협遊俠을 좋아하고 만년에는 노자와 석가의 가르침을 즐기며 방사方士들과 사귀었는데 역모를 꾀한다고 무고한 자가 있어 자살했다.

172 원안袁安, ?~92: 중국 후한시대 사람. 자는 소공邵公. 사람됨이 엄중하고 위엄이 있었으며 벼슬은 사도司徒에 이르렀다.

173 안진경顔眞卿, 709~784: 중국 당나라 현종 때의 명신. 자는 청신淸臣이다. 개원開元 연간에 과거에 급제하여 벼슬은 시어사에 이르렀다. 특히 글씨로 일가를 이루어 안진경체顔眞卿體로 일컬어졌다.

174 축량祝良: 중국 후한시대 사람. 성질이 과감했고 남방 야만족의 반란을 회유하여 평정했다.

175 전인회田仁會, 601~679: 중국 당나라 사람. 벼슬은 우위장군右衛將軍에 이르렀다. 태종의 요동정벌을 도와 공을 세운 바 있다.

176 대봉戴封, ?~100?: 중국 후한 사람. 자는 평중平仲이다. 현량과를 통해 벼슬길에 나갔다.

로 그 위에 앉아 몸을 불태우려 하였다. 불길이 일어나자 크게 비가 내리니 먼 곳과 가까운 곳의 사람들이 모두 탄복하였다. 案 대봉의 일은 예법이 아니다. 마침 하늘에서 비가 내렸으니 망정이지 만약 하늘에서 비가 내리지 않았다면 끝내 타죽었겠는가. 몸을 불태우려다 도망을 친다면 이는 하늘을 속이는 짓이 되고, 몸을 불태워 끝내 죽는다면 이는 하늘에게 강요하는 짓이 된다. 하늘을 속이는 것은 참되지 못함이요, 하늘에 강요하는 것은 공경치 못함이다. 참되지 못하고 공경치 못하고서야 어찌 예법이 되겠는가.

당나라 단문창段文昌[177]이 형남荊南을 통수할 때 일이다. 날이 가물어 푸닥거리를 하면 반드시 비가 내리고 장마가 들 때 나가 놀면 으레 날이 개었다. 백성들이 "가물어도 괴롭지 않네, 빌기만 하면 비가 내리니. 장마 들어도 걱정되지 않네, 우리 사또가 나가 노닐 터이니"라고 하였다.

장사손張士遜[178]이 사홍령射洪令으로 있을 때 백애신白厓神[179]에게 비를 빌면 곧 비가 내려 사람들이 기이하게 여겼다. 그가 업鄴[180]으로 옮겨가게 되자 백성들이 길을 가로막아 말이 나아갈 수 없었다. 이에 조정에 청하여 도로 유임을 했다.

황간黃幹이 안경부安慶府를 맡아 다스릴 때 날이 몹시 가물었다. 황간이 비를 빌면 곧 비가 내렸다. 때로는 관아를 나가지 않고 새벽에 일어나 관

---

177 단문창段文昌, 773~835 : 중국 당나라 사람. 자는 묵경墨卿이다. 추평군공鄒平郡公에 봉해졌다.

178 장사손張士遜, 964~1049 : 중국 송대 사람. 자는 순지順之이다. 벼슬은 동중서문하평장사에 이르렀고 등국공鄧國公에 봉해졌다.

179 백애신白厓神 : 신사의 명칭인데 어떤 신인지 미상.

180 업鄴 : 중국 하남성에 있던 지명. 사홍射洪은 사천성四川省에 있던 고을 이름이다.

아의 누각에 올라가 심산灊山을 바라보며 재배再拜만 해도 비가 내렸다.

여숭귀余崇龜가 구강九江을 맡아 다스렸는데 여름부터 가을까지 비가 내리지 않았다. 여숭귀는 도임한 이래 온 가족이 모두 육미를 피하고 채식을 하며 백성을 위하여 비가 내리기를 기도하였다. 이윽고 비가 내려 드디어 추수할 것이 있게 되니 향촌이 안도할 수 있었다. 이에 백성들이 모두 손을 이마에 올려 그에게 경의를 표하며 '우리 부처님〔余佛〕'이라고 불렀다.

왕숙영王叔英[181]이 한양현漢陽縣을 맡아 인자한 정사를 베풀었는데, 일찍이 가뭄을 당하여 경건히 비를 빌어도 효험이 없자 "백성들이 장차 먹을 것이 없겠구나. 내가 백성들의 부모가 되어 어떻게 혼자만 배부를 수 있겠는가"라고 탄식하며, 드디어 단식을 해서 하늘의 변화를 기대했다. 사흘이 못 되어 크게 비가 내렸다. 비가 그치지 않자 다시 비가 개이기를 빌었는데 계속 비가 내려서 앞서 비를 빌 때와 같이 했더니 비가 드디어 개었다. 案 단식하는 것 또한 예법이 아니다. 하늘에서 끝내 비가 내리지 않으면 끝내 먹지 않을 것인가.

손순효孫舜孝가 강원감사로 있을 때 마침 날이 몹시 가물었다. 비를 빌어도 아무 효험이 없자 손순효는 "다른 까닭이 없다. 수령이 정성을 다하지 않았기 때문이다"라고 하고 드디어 재계하고 몸소 나아가 기우제를 지냈다. 밤중에 빗소리를 듣고 기뻐하며 돌아와 "내 마땅히 하늘에 감사하리라" 하고는 조복朝服을 입고 뜰에 서서 비를 맞았다. 빗발이 점차 급해져 아전이 우산을 들고 뒤에 와 받쳐주었다. 손순효가 우산을 치우게

---

181 왕숙영王叔英, ?~1402 : 중국 명대 사람. 자는 원채原采, 호는 정학靜學이다. 벼슬은 한림수찬翰林修撰에 이르렀는데 정난靖難의 변으로 남경이 함락되자 자결하였다.

하니 그의 옷이 흠뻑 젖었다.

이태연李泰淵이 전라감사로 있을 때 홍수나 가뭄은 모두 신도神道에서 말미암는다 생각하고 조정에 향과 축문祝文을 청하여[182] 산천에 두루 기우제를 지내되, 사전祀典[183]에 없는 산천에도 제를 지냈다. 이에 앞서 조졸操卒 수천 명이 남쪽 바다에 빠져 죽은 일이 있었는데 기우제를 지내려던 저녁에 곡소리가 바다를 울리면서 큰비가 쏟아졌다. 사람들이 치성을 들인 결과라고 생각하였다.

성호 선생은 다음과 같이 말하였다. "우雩라는 것은 비가 농작물에 알맞도록 내리기를 비는 것인데 가뭄을 당해 비는 것 또한 '우'라고 한다. 옛날에 비를 빈 경우로는 상림육사桑林六事[184]가 감응의 실효가 된 것이다. 후세에 용을 본떠 만들고 돼지를 태우는 것 따위가 하늘을 감동시키는 데 무슨 도움이 되겠는가. 양나라 때에는 비를 비는 데에 반드시 일곱 가지 일을 행했으니, 첫째는 억울한 옥사와 실직자를 다루고, 둘째는 홀아비·과부·고아·자식 없는 늙은이 등 외로운 사람들을 구휼하고, 셋째는 요역을 덜고 부세를 가볍게 하며, 넷째는 어진 사람을 천거해 등용시키고, 다섯째는 탐욕스럽고 사특한 사람을 내쫓고, 여섯째는 홀로 사는 남녀들의 결합을 주선하고, 일곱째는 호화로운 음식상을 차리지 않으며 악기를 매달아 연주하지 않았다. 그런데 지금 시행하고 있는 것은 단

---

182 사전祀典에 올라 있는 제사의 경우는 향과 축문을 조정에서 보내도록 규정되어 있다.
183 사전祀典: 국가에서 정한 제사의 대상과 등급에 관한 규정.
184 상림육사桑林六事: 중국 은나라 탕왕이 7년 동안 큰 가뭄이 계속되자 상림桑林 들에서 자신을 희생으로 삼아 하늘에 비를 빌면서 열거한 6가지 조목의 자책自責. ①정치가 한결같지 아니한가, ②백성이 직업을 잃었는가, ③궁정을 호화롭게 짓고 있는가, ④여자의 말에 놀아나는가, ⑤뇌물이 횡행하는가, ⑥모략하는 자가 날뛰는가 등이 그것이다.

지 호화로운 음식상을 차리지 않고 억울한 옥사를 다스리는 정도에 그칠
뿐 그 나머지는 모두 시행하지 않고 있다. 옛날에 멀리 미치지 못하고 있
다."¹⁸⁵

> 기우제의 제문은 마땅히 새로 지어야 한다. 혹 전에
> 쓰던 제문을 그대로 쓰기도 하는데 이는 크게 예가
> 아니다.

무릇 제문은 사언四言으로 지어야 읽는 소리가 잘 조화된다. 글자 수와
문구가 고르지 못하면 읽을 때에 소리가 제대로 되지 않는다. 시골의 축
사祝史¹⁸⁶들은 읽는 것이 서툴러서 사언이 아니면 제대로 읽지 못한다. ○
사언이 아닌 경우에도 다 운자韻字를 달아야 한다. 소동파蘇東坡의 「제구
양공문祭歐陽公文」¹⁸⁷에 귀龜·사師·위爲·지知·의疑·이夷·시時·리貍로 모
두 운을 달았으니 본받을 만하다.

주자의 기우제문의 대략은 이러하다. "신께서는 상제上帝로부터 직분
을 받고 이 고장에 내려와 흠향하면서 사람을 복되게 하옵는바, 지금 사
람들의 다급함이 이와 같은데 신께서 만약 듣지 않으신다면 어찌 신이라
하겠습니까." 案 제문은 갈渴·일一·실室·홀忽과 약約·략略으로 운자를
달았으니 당사자는 참고할 일이다.

---

185 『성호사설유선星湖僿說類選·인사문人事門·수한보제水旱報祭』.
186 축사祝史: 제사 때 축문을 읽는 사람. 즉 축관祝官.
187 「제구양공문祭歐陽公文」: 소식蘇軾이 구양수歐陽脩를 위해 지은 제문.

계곡谿谷 장유張維[188]가 고을살이를 할 때 지은 기우제문은 다음과 같다. "이렇게 가무니 누구의 허물인가. 봄부터 여름이 가도록 비 한 방울 없다니. 기장과 피가 마르고 보리는 익지 않으니, 백성들이 병들고 주리면 무엇으로 낫게 하랴. 영물靈物이 굼실굼실 용추龍湫에 있어, 구름을 뿜어내고 비를 내려 위덕威德을 펴야 하겠거늘, 감추고 들어앉아 비도 내리지 않고 무엇을 요구하여, 우리 백성을 굶어 죽게 하시는가. 수령이 소임을 다하지 못해 신의 벌을 받는 것이거늘, 죄는 이 한 몸이 받을 따름 백성이 무슨 죄이리오. 살진 희생에 맑은 술 제수를 다 갖추어, 올리고 권하여 신의 즐기심 바라오니, 신은 흠향하여 신비로운 조화 부리사, 천둥을 울리고 번개를 쳐서 하늘을 진동시켜, 주룩주룩 단비를 천하에 내려, 타고 마른 것 적셔 주어 만물을 소생케 하시면, 영원토록 제사 드려 변하지 않으리다." 이는 용신龍神에게 바치는 제문이다.

"높고 높은 명산은 고을 사람 우러르는 바로다. 움직임은 보지 못하지만 베푸는 은택은 헤아리기 어렵구나. 잘못된 기후 포학 부려 오곡이 다 마르네. 며칠만 더 가문다면 남김없이 다 타리. 용추龍湫의 용이 잠을 즐겨 호소해도 듣지 못하네. 산신께서 덕을 베풀지 않으시면 누가 이 백성을 돌보랴. 나의 제물을 흠향하시고, 은혜로운 우리 신령께서는 주룩주룩 단비를 내려 뭇 생물을 살리소서." 이는 산신에게 바치는 제문이다

서파西坡 오도일吳道一[189]이 성주목사星州牧使로 있을 적에 지은 태자암

---

188 장유張維, 1587~1638 : 조선 중기의 문신, 문장가. 자는 지국持國, 호는 계곡谿谷, 본관은 덕수이다. 인조반정의 공신이기도 하며 벼슬이 예조판서에 이르렀다. 한문漢文 사대가四大家의 한 사람으로 저서에 『계곡집谿谷集』이 있다.

189 오도일吳道一, 1645~1703 : 자는 관지貫之, 호는 서파西坡, 본관은 해주海州이다. 영의정 오윤겸吳允謙의 손자. 숙종 때 대제학을 거쳐 병조판서에 이르렀다.

太子巖의 기우제문은 다음과 같다. "신령이 계신 곳 영기가 모인 데라, 위로는 하늘을 받쳐 웅장하고 옆으로는 여러 산봉우리들을 끼고 있도다. 이 고장 진산으로 지리서에 실려 있네. 조화를 부려 비 뿌리고 구름 일으키는도다. 우리 곡식 풍년 들고 우리 백성 복 받게 하시네. 진실로 끼친 공덕에 우리 성주 고을 백성들 의지하는도다. 만물이 자랄 시기에 가뭄이 기승을 부리네. 비가 올 듯 올 듯하더니 햇빛이 쨍쨍 나는구나. 이따금 가랑비 뿌렸으되 한 수레 섶에 붙은 불에 한 잔의 물 부은 양으로, 온 들판 이글거리며 개천이 메말랐구나. 모내기철을 잃으매 추수는 가망 없네. 집집이 양식 떨어지니 권농勸農¹⁹⁰은 울음을 삼키도다. 불쌍한 백성 하늘의 도움 없어 큰 흉년이 거듭 들었구나. 이해에도 마침내 흉년 들면 모두가 쓰러지게 되는도다. 밝으신 신령님이 차마 어찌 이토록 하십니까. 보잘것없는 이 몸이 외람되이 이 고을 맡아, 밤낮으로 걱정되어 속마음이 타는구나. 신께서 돌보지 않으시면 그 누가 도와주리까. 희생과 폐백을 조촐히 차려 경건히 술잔 드리노니, 신은 밝히 들으시와 강림하여 흠향하소서. 이에 조화를 부리어 속히 단비를 내리시와, 백성이 곡식 먹게 하여 신의 부끄러움 없도록 하소서."

정관재靜觀齋 이단상李端相¹⁹¹이 청풍군수로 있을 적에 금수산錦繡山 기우제문은 다음과 같다. "지극히 어둑한 것은 신이요 지극히 환한 것은 사람이다. 환함과 어둑함은 다르나 이치는 마찬가지이다. 그래서 신은 사

---

190 권농勸農: 원문은 "전준田畯"이다. 지방의 면 단위에서 일을 맡아보는 사람. 농사를 권장하는 것이 중요한 임무이므로 권농이라 한 것이다.

191 이단상李端相, 1628~1669: 자는 유능幼能, 호는 정관재靜觀齋, 본관은 연안이다. 부제학을 역임했다. 문하에서 임영林泳·김창협金昌協·김창흡金昌翕이 배출됐다.

람에게 느낌이 있으면 반드시 응한다오. 이에 하찮은 정성 바쳐 신이 들으시기 바라노라. 금수산은 높디높고 용연龍淵은 깊디깊네. 항상 구름과 비 일으켜 만물에 은택을 내림이 크도다. 이로움이 온 고을에 두루 펴져 이 백성을 살렸거늘, 실로 신의 은혜라 누군들 신을 받들지 않으리오. 어찌하여 근년에는 신이 그 베풂을 아끼는고? 온 경내 추수할 것 없으니 백성은 굶주릴 밖에. 올봄에 이르러서는 파종을 마쳐서, 벼는 갓 싹이 트고 보리는 이삭이 패었네. 추수가 유망하여 곡식을 먹게 되는가 했는데, 가뭄이 기승을 부려 몇 달을 뻗쳤구나. 싹은 점점 마르고 열매는 다 시드는도다. 아침나절의 한 번 가랑비가 어찌 이를 적셔주리 항상 구름 끼어 비 올 듯하다가도 바람이 문득 흩어버리는구나. 쳐다보면 햇볕만 쨍쨍, 어찌 차마 이럴 수 있으랴. 우리 임금께서는 위에서 밤마다 걱정이시니, 고을 맡은 이 신하 죄를 받아 마땅하리. 이런 때에 신은 오래도록 신령스런 은택 베풀지 않아, 만백성 한숨짓고 곤궁한 형세에 빠지게 되었구나. 신이여 혹시 노했거든 이 몸에 벌을 내려, 내 자손을 없애고 속히 신의 사랑 내리며, 신의 능력 펴서 천리에 비를 내려, 마르고 시든 것 소생시켜 신의 은택 입게 하시라. 진실로 이때를 놓치면 그 은혜 미칠 데가 없으리. 신이 어찌 인색해서 이 고을을 버리리. 그래서 변변찮은 제수로 몸소 신에게 드리노니, 신이여 흠향하고 이 땅에 비를 내리시라."

희암希菴 채팽윤蔡彭胤[192]의 용추기우제문龍湫祈雨祭文은 다음과 같다. "깊숙한 못이여 신령스럽기도 하도다. 구름을 마시고 우뢰를 토해내어 그 베풂이 가득 찼도다. 우리 백성 소생하면 그 보답 누리리라. 어찌하여 잘

---

192 채팽윤蔡彭胤, 1669~1731 : 자는 중기仲耆, 호는 희암希菴, 본관은 평강平康이다. 시문과 글씨에 능했으며 부제학을 역임했다.

못된 기후로 달포가 지나도록 가문단 말인가. 아침에는 안개 저녁에는 선들바람, 대지가 곧 말라 타도 빗방울 하나 내리지 않네. 도랑물 끊어졌으니 백성은 속수무책. 초목이 말랐으니 비를 어찌 더 늦추리오. 하지가 지나가니 비를 바라는 마음 더욱 애가 타네. 이 몸이 수령으로 있어 근심스런 마음이 몸의 불탐보다 더하도다. 생물이 다 죽으면 신령인들 어디에 의지하리. 신령으로서의 수치를 짓지 말고 우리에게 좍좍 비를 내리소서."

○ 채팽윤의 세 번째 기우제문은 이러하다. "여름의 가뭄이 줄곧 초복初伏까지 이르렀네. 보슬보슬 가랑비에 구름 피어 2, 3일이더니, 끼인 구름 흩어지고 뙤약볕이 쏟아져, 자라려는 싹들 무참히 시들어졌네. 갓난아이 젖을 얻어 채 넘기기도 전에 빼앗긴 듯. 가련하다, 이 백성 무슨 죄가 있기에 혹독하게도 이 벌을 내린단 말인가. 더구나 이 고을 수령으로 자리를 물러나기도 한 적이 있었고, 또 두 번이나 용추에 빌었는데도 우리를 돌보지 않는가. 근심으로 마음 째질듯, 누구를 인해 누구에게 하소하랴. 이 산의 신령은 이 고을을 맡아 있으니 음양 기운 잘 다스려 우리 농사 풍년 들게 하소서. 생민生民이 멸망되는데도 어찌 굽어 살피지 않으오리까. 이 재난에서 구제하시려거든 촌각寸刻을 지체 마시어, 향내 피어나자 은택이 곧 감응하여 흡족하게 하시고 흠뻑 젖게 하소서."

채팽윤의 설악산 두 번째 기우제문은 다음과 같다. "우람찬 이 산악이여 개벽 때부터 있었습니다. 위로는 하늘과 호흡을 통하고 아래로는 새·짐승들의 자취도 미치지 못합니다. 혼탁한 티끌 멀리 하고 맑은 기운만 길렀습니다. 음양 두 기운의 조화를 도와 그 변화가 무상합니다. 빌지 않으면 몰라도 빌기만 하면 감응이 없을 때가 없었습니다. 우리에게 은혜

주어 비호하고 복되게 했습니다. 어찌하여 이번 가뭄은 달이 넘도록 더욱 혹독합니까. 구름이 낄 듯 무지개가 설 듯하더니 햇볕이 쨍쨍 불탑니다. 비구름 피다 말고 바람이 저녁마다 붑니다. 백성의 소망 또 끊어지니 남은 농사철이 얼마입니까. 어쩔 줄 모르는 이 근심 굶주림보다 더합니다. 백성들의 고통이 덜어지지 않아서 국왕을 대신하여 뭇 산악의 신령[群望]께 다니며 제사를 드립니다. 왕께서 정성이 감히 태만해서가 아니오니 신령께서 곁에서 지켜보는 바와 같습니다. 어찌 우리를 돌보지 않으리오마는 하늘을 쳐다보니 까마득하기만 합니다. 못자리 갈라진 지가 이 달도 저물어 갑니다. 이즈음에 비가 오지 않으면 온 나라가 굶어 죽으리라. 이 뒤엔 비를 퍼부은들 마른 곡식 어찌 살아나리까. 무엇이 다르리까 건어물 가게에 물을 따 대는 것과. 설악의 신령은 온 나라가 우러르는 바입니다. 인민이 다 죽게 된 지경에 신령인들 어찌 홀로 편하리까. 나라 일이 이미 짜여 있으므로 이번에도 몸소 오지 못했습니다. 정성스러이 제물을 보내어 충심을 맹세해 고합니다. 위대한 신령께서는 굽어보시어 농사철을 놓치지 말게 하십시오. 당장에 단비 내려 큰 자애 베풀어주소서."

채팽윤이 무주茂朱 옥연玉淵에 드린 기우제문은 다음과 같다. "깊숙한 이 못은 신령이 깃들어 있는 곳. 단비의 은택을 자유로이 하여 때를 어김이 없었도다. 골짜기의 메아리처럼, 빌기만 하면 이내 감응했도다. 우리 농사 도와주어 기근이 없었도다. 어찌하여 사나운 한발이 그 위력 뽐는가. 타지 않는 땅이 없고 마르지 않는 싹이 없도다. 샘 줄기 다 말라 흙먼지가 일기도 하도다. 도랑과 논두렁이 갈라 터졌으니 높고 건조한 땅에서야 무엇을 바라리. 사직단에 고하여 부슬비가 약간 내렸지만, 한 잔의 물로 수레 가득한 땔나무에 붙은 불을 끄려 해도 소용이 없듯, 떨어지자 말라버렸도다. 해 뜰 무렵과 해 질 무렵에 약간 구름이 끼어, 비가 쏟아질까 고대하였더니, 활짝 햇볕이 쪼였도다. 만에 하나라도 바랐으나 날이면 날마다 글렀도다. 백성들 밭이랑 둘러보며 하나같이 눈물을 뿌리는구나. 귀로 들어도 눈으로 보아도 한숨만 쌓이네. 신령님 은혜가 아니라면 우리 백성 어디에 의지할까. 생물이 다 죽고 나면 신령에게인들 비난이 없을까. 바람 부르고 우뢰 불러 제발 속히 구름을 피우소서. 경각간에 비를 쏟아내려 재앙이 길복이 되게 하소서. 말라버린 뭇 싹들이 힘차게 살아나 시드는 것 없이 살찌게 하소서. 신령이여 나의 말 들으셨다면 삼가 흠향하소서."

국포菊圃 강박姜樸[193]의 흥림산興霖山[194] 기우제문은 다음과 같다. "저 높직한 산이여 이 고을의 주산主山이로다. 하계의 우리 백성 의지해 사는 바요, 영명한 신령이 맡은 바로다. 산꼭대기에 나방이 눈썹처럼 구름이 어리면, 이는 곧 비가 내릴 징조였나니. 지난 징험 틀리지 않았음을 노인들에게 들었도다. 이것 다 신령의 조화이니 흥림산이란 이름 생각해보면 당연하도다.[195] 가뭄에 비를 바라자면 신령이 아니면 누구에게 의지하리. 일찍이 이 고장이 우둔하여 이 산이 제질祭秩[196]에서 빠졌도다. 우리가 크게 난을 불러들였으니 신령이 어찌 우리를 돌보리오. 이번의 가뭄도 신령이 노한 탓이로다. 와야 할 비가 오지 않은 지가 달포가 지났도다. 우

---

193 강박姜樸, 1690~1742: 자는 자순子淳, 호는 국포菊圃, 본관은 진주晉州이다. 문장으로 이름났다. 노론 쪽에 대한 강경한 자세 때문에 벼슬길이 열리지 못했다. 판결사判決事를 역임했다.

194 흥림산興霖山: 경상북도 영양군에 있는 산.

195 흥림興霖의 '림霖' 자는 장마라는 뜻이니 산 이름을 풀이하면 장마지게 한다는 뜻이 되기에 이른 말이다.

196 제질祭秩: 사전祀典과 같은 뜻.

리 농사의 재앙은 우리 백성의 한숨이요, 우리 백성의 한숨은 내 마음의 슬픔이로다. 희생을 바치는 정성과 애타는 한숨이 천지天池[197]에 미쳐, 좍 좍 큰비가 내릴 듯하다가, 어느새 햇볕이 쨍쨍 쏟아지네. 내 일어나 들판을 돌아보니, 오히려 작물은 타서 문드러지네. 내 근심 더욱 절급하여 고을 사람들에게 물어보았네. 물어보기를 어떻게 했느냐면 이 수령의 한 일에 잘못을 지적하라는 것이었네. 그리하여 수령이 창도하고 수령이 거느리고서, 신령에게 나아와 기도하노니, 신령은 나를 벌하고 우리 백성을 벌하지 말아주오. 어찌 우리를 측은히 여기지 않아 이전의 하던 바[198]를 버릴 리가 있겠는가. 그 이름 상기해보면 큰비를 내려줄 것이 틀림이 없을 터이로다. 조금만 늦어도 깡그리 멸살될 지경이니, 바로 지금 내려주는 것이 소중하네. 진실로 이 하소 들어주어 끓는 듯한 뜨거움을 돌려 비로 흠뻑 적셔주면, 나와 고을 사람들 감히 그 편안케 해준 은공 잊으랴. 제터를 닦고 제단을 모으며 또한 그 담장까지 둘러쳐두고, 향기로운 곡식을 가지고 은덕에 보답하는 제사 길이 지내겠노라. 신령은 잘 들어 소홀히 말기를, 내 말은 거짓이 아니로다.”

일식과 월식이 있을 때 그것이 사라지도록 비는
의식은 또한 마땅히 장엄하게 할 것이요 성의 없이
아무렇게나 해서는 안 된다.

해와 달이 서로 침식하는 현상은 본래 천체 운행의 도수에 따른 것으

---

197 천지天池: 하늘에 존재하는, 비를 내리는 근원지라고 상상한 못을 가리키는 듯하다.
198 산꼭대기에 구름이 어리면 곧 비가 내렸던 일을 가리킨다.

로 미리 그 시각을 알 수 있으니 처음부터 재변이 아니다. 요순의 시대에 역법이 이미 밝혀졌으니 일식·월식을 알지 못한 것이 아니라 단지 해와 달의 빛이 죽어져 사방이 어둡고 불안하게 느껴지므로 북을 치고 희생을 바쳐서 하나의 변고임을 보인 것일 따름이다. 지금 군현에서 일식과 월식에 비는 법을 보면 중들을 잡아와 징을 울리고 판板[199]을 치며 "일광보살日光菩薩·월광보살月光菩薩"[200]을 부르짖으며 펄쩍펄쩍 뛰게 한다. 이것은 재앙과 변고를 두려워하는 행위가 아니라 바로 하늘을 업신여기는 행동으로 크게 예법에 어긋난다. ○ 의당 중앙 관서의 관례에 따라 수령이 빛깔 엷은 옷에 검은 각대를 하고 뜰 가운데 나가 앉아 소경을 시켜 북을 세 번씩 아홉 차례 치게 할 것이다. 수령은 공경스런 마음으로 단정히 앉아 있고 좌우는 떠들지 말게 하여 해와 달이 다시 밝아지기를 기다리는 것이 옳다. 이런 의식을 사직단에서 행한다면 더욱 옛 법도와 맞는 일이다. 『춘추좌전』에 "일식이 있으면 북을 울리고 사직에 희생을 바친다"[201]라고 하였다.

---

199 판板: 박拍을 가리키는 듯. 박은 악기의 하나로 6~9개의 홀笏 모양의 나무 조각을 뚫어서 녹피鹿皮의 끈을 꿰었다. 나무 조각을 맞부딪치도록 하여 소리를 낸다.

200 일광보살日光菩薩·월광보살月光菩薩: 약사여래불藥師如來佛의 좌우 보처補處 보살. 약사여래에게는 재화를 소멸케 하는 권능이 있기는 하지만 특히 이 두 보살을 부르짖어 염하는 것은 그 이름에 근거하여 일월의 정령으로 간주했기 때문인 듯하다.

201 『춘추좌전·장공莊公 25년』의 기사의 한 대목이다.

賓客

손님 접대〔賓〕는 오례五禮¹의 하나이다. 손님〔賓客〕을 대접하는 데 희뢰饌牢²의 여러 물품이 너무 후하면 재물을 낭비하는 것이요, 너무 박하면 환대하는 뜻을 잃는 것이다. 선왕先王은 이것을 위해 절도에 맞게 예禮를 만들어 후한 경우는 지나치지 않게 하고, 박한 경우는 줄이지 못하게 하였으니, 그 예를 만든 근본을 소급해보지 않을 수 없다.

빙례聘禮와 공사례公食禮³는 다 옛날에 손님을 접대하던 예법이다. 그 변籩·두豆·궤簋·형鉶의 수는 지위의 높고 낮음에 따라서 각각 일정한 격식이 있다. 주인과 손님이 이를 정성껏 지켜서 혹시 조금이라도 넘는 일이 없도록 하는 것이 옛날의 본뜻이다. 당시에 경대부卿大夫가 이웃 나라

---

1 오례五禮: 『서경書經·순전舜典』에 나오는 말로, 즉 길례吉禮·흉례凶禮·군례軍禮·빈례賓禮·가례嘉禮의 다섯 가지 의례이다. 우리나라에서는 성종 때 『국조오례의』가 완성되어 국가적인 오례를 자세히 규정하였다.
2 희뢰饌牢: 제사나 빈객의 향연에 쓰는 음식.
3 빙례聘禮와 공사례公食禮: 다른 나라를 빙문聘問하는 예와 다른 나라의 사신을 영접하여 접대하는 예인데, 그 내용이 각각 『의례儀禮』의 「빙례聘禮」와 「공사대부례公食大夫禮」에 나와 있다.

에 사신으로 갔을 때 그가 대접받는 향사饗食의 예가 1작爵 1변籩이라
도 지나친 일이 있으면 두려워하고 멈칫해서 감히 편안히 받아들이지 못
하였다. 조문자趙文子[4]가 정나라에서 대접을 받을 때 5헌五獻의 변두籩豆
가 있었는데 조맹趙孟은 굳이 사양하고 끝내 1헌一獻[5]만을 받았고【『춘추좌
전·소공 원년』】, 계손숙季孫宿[6]이 진晉나라에서 대접을 받을 때 변籩의 수효
를 늘린 일이 있었는데 계손은 굳이 사양하고 자리에서 물러나 "아래 신
하로서 감당할 수 없다"라고 말하였고【소공 5년[7]】, 주공열周公閱[8]이 진晉나
라에서 대접을 받을 때 상에 창포菖蒲 김치가 놓여 있음에 한사코 사양하
였으며【희공僖公 30년】, 관이오管夷吾[9]가 주나라에서 대접을 받을 때 반드시
하경下卿[10]의 예로 받았으니【희공 12년】, 이는 명분과 의리가 일정하므로 함
부로 흩뜨릴 수 없기 때문이 아니겠는가. 지금 감사가 관할 구역을 돌아
볼 때 군현에서 하는 접대가 아무런 절제 없이 풍성하고 사치에만 힘쓰
고 있어 그 변·두·형·조의 수가 태뢰太牢의 10배나 된다. 대개『국조오례
의』에서 정한 것이 현실에 맞지 않게 너무 박하고 검소하기 때문에 넘치

---

4 조문자趙文子, ?~ B.C. 541 : 중국 춘추시대 진晉나라의 권신인 조무趙武. 원문에는 "조무자
趙武子"라고 되어 있는데 조문자趙文子를 잘못 쓴 것 같다. 조문자의 시호는 문文이다. 조
맹趙孟이라고도 한다. 조순趙盾의 손자이다.
5 1헌一獻 : 주인과 손님이 술잔을 한 번만 주고받는 소연小宴. 향연에는 신분에 따라 1헌에
서 9헌까지 있었다.
6 계손숙季孫宿, ?~ B.C. 535 : 중국 춘추시대 노나라의 권신. 시호는 무武이다. 계무자季武子
라고도 함.
7 원주에 "소공 5년"이라고 한 것은 6년의 오기이다.
8 주공열周公閱 : 중국 춘추시대 주나라 양왕襄王의 신하.
9 관이오管夷吾 : 중국 춘추시대 제나라의 정치가인 관중管仲. 이오夷吾는 그의 자이다.
10 하경下卿 : 『예기·왕제王制』에 보면 후백侯伯의 나라에는 삼경三卿이 있는데 상경이 2명,
하경이 1명으로 되어 있다. 상경은 천자로부터 직접 임명을 받고 하경은 후백에게 임명
을 받는다. 제나라는 후작의 나라이므로 상경이 2명이요 하경이 1명인데, 관중은 하경이
었다.

고 허물어져 이 지경에 이르게 되었다. 삼대三代의 전장典章을 상고하지 않고 경솔하게 일시적인 법제를 세우는 경우, 이와 같이 무너지지 아니한 적이 없었다.

옛날 연향燕饗의 찬은 원래 5등급이 있는데 위로는 천자로부터 아래로는 삼사三士[11]에 이르기까지 그 길흉에 사용되는 것이 이에 벗어나지 않는다.

태뢰에 2등급이 있다. 위의 것은 9정鼎에, 그 작爵은 9헌獻이요【혹 7헌·5헌도 있다】, 그 식食은 8궤簋 7형鉶 9조俎 8두豆 8변籩이다【이는 천자·제후의 예이다】. ○ 아래의 것은 7정에, 그 작은 3헌이요, 그 식은 6궤 5형 7조 6두 6변이다【이는 공公이 대부大夫를 대접하는 예이다】. ○ 소뢰少牢는 5정에, 그 작은 3헌이요, 그 식은 4궤 3형 5조 6두 6변이다【이는 대부의 예이다】. ○ 특생特牲은 3정에, 그 작은 3헌이요, 그 식은 2궤 3형 3조 4두 4변이다【이는 사士의 예이다】. ○ 특돈特豚은 1정에, 그 작은 1헌이요, 그 식은 2궤 1형 1조 2두 2변이다. 案 이 5등급 각각의 숫자는 내가 일찍이 『제례고祭禮考』[12]를 편찬할 때 「빙례聘禮」「공사대부례公食大夫禮」「소뢰궤식례少牢饋食禮」「특생궤식례特牲饋食禮」 및 「예기禮器」「옥조玉藻」「사상례士喪禮」「사우례士虞禮」 등 여러 편[13]에서 주워 모으고 조사하여 그 수를 알게 된 것이다. 음식에

---

11 삼사三士:『예기·왕제』에 나온 중국 고대의 관직제도를 보면 제후를 공公·후侯·백伯·자子·남男의 다섯 등급으로 하고, 제후 밑에 상대부上大夫·하대부下大夫·상사上士·중사中士·하사下士 등 다섯 등급의 관직을 두었는데 상사·중사·하사가 바로 삼사이다.

12 『제례고祭禮考』: 강진에서 지은 『제례고정祭禮考定』을 말하는 듯하다. 『제례고정』은 뒤에 『상의절요喪儀節要』에 편입되었다.

5등급이 있는 것은 마치 면복冕服에 6등급이 있는 것과 같다. 즉 천자는 구면衮冕, 상공上公은 곤면袞冕, 후백侯伯은 별면鷩冕, 자남子男은 취면毳冕, 고경孤卿[14]은 희면希冕, 대부大夫는 현면玄冕을 착용했는데, 무늬나 채색이 이미 구별되어 감히 넘나들지 못한다. 태뢰·소뢰·특생·특돈 등이 각각 품급品級이 있는 것이 어찌 이와 다르리오. 고례에 천자의 사신이 제후의 나라에 가면 그 향연을 태뢰로써 했다. 우리나라의 의례儀禮는 천자에서 한 등급을 낮춘 것이므로 관찰사가 순시 차 관내에 도착하면 법으로는 원칙상 소뢰에서 더할 수가 없는 것이다.

○ 소뢰의 여러 물품은 이미 '씀씀이를 절약함'(제2장 제5조)에 나타나 있으니【사제私祭의 절에 나온다】살펴보면 알 수 있을 것이다. 수령이 능히 예에 의거하여 법을 지켜 소뢰의 찬饌으로 감사를 대접하면 대단히 좋을 것이다. 만일에 그렇지 못하면 그 고을의 등록謄錄을 살펴보아 그중에서 가장 박한 경우로 하는 것이 차선책이요, 그것도 안 되면 그 중간 경우로 하는 것이 그다음 방법이다. 여기에서 더 지나치는 경우에는 비루하고 아첨하는 사람이 음식으로 사람을 섬기는 것들이니, 내가 알 바가 아니다. ○ 향례饗禮【속어로는 다담茶啖이라고 한다】에 소뢰를 쓰면 사례食禮【속어로는 진지進支라고 한다】에는 마땅히 특생을 써야 한다.

만약에 내가 감사가 된다면 어찌 감히 소뢰의 찬을 받을 수 있겠는가. 『국조오례의』에 분명히 품수品數가 있으니 이를 넘을 수 없다.

---

13 빙례·공사대부례·소뢰궤식례·특생궤식례·사상례·사우례는 『의례』의 편명이고, 예기· 옥조는 『예기』의 편명이다.
14 고경孤卿: 『주례』에 나온 삼공三公의 관직으로 태사太師·태부太傅·태보太保가 있고, 그 다음 관직으로 삼고三孤가 있으니, 즉 소사少師·소부少傅·소보少保이다. 이것을 고경이 라 한다.

오늘날 감사의 순력은 천하의 큰 폐단이다. 이 폐단을
고치지 않는다면 부세와 요역이 번거롭고 무거워
백성들이 모두 못살게 될 것이다.

『산거방언山居放言』[15]에서 다음과 같이 말하였다. "감사가 순력할 때에
는 큰 기를 세우고 큰 일산을 받치고 큰 북을 치고 큰 나팔을 불며 쌍마
교雙馬轎를 타고 옥로모玉鷺帽[16]를 쓰고 가는데, 거기에 따르는 자는 부
府[17]가 2명, 사史[18]가 2명, 그리고 서胥는 부와 사의 수효에 2명을 더하고,
도徒[19]가 수십 명이요, 여輿·조皁·예隷·대儓[20] 기타 하인배들이 수십 내
지 수백 명이다. 여러 고을이나 여러 역에서 감사를 살펴보고 영접하는
이속 및 도徒가 수십 내지 수백 명이요, 사람을 태운 말이 100필, 짐을 실
은 말이 100필이다. 고운 의복에 곱게 치장한 여자들이 수십 명, 화살통
을 메고 앞에서 달리는 비장裨將이 2명, 맨 뒤에서 호위하는 자가 3명에,
역관驛官[21]으로 따르는 자가 1명, 향정鄕亭[22]의 관리로 말을 타고 따르는

---

15 『산거방언山居放言』: 다산의 저술인 듯하나 전하지 않는다. 다산의 저술 중 『다산필담』
   『상산록』 등과 같은 저술은 대개 후일 『경세유표』 『목민심서』 등속에 흡수된 듯하다. 여
   기에 인용된 『산거방언』의 내용은 『여유당전서·시문집·감사론監司論』에 나오는 내용 그
   대로이다.
16 옥로모玉鷺帽: 고관 또는 외국에 가는 사신이 쓰는 관인데 관머리에 옥으로 만든 해오라
   기 모양의 장식이 달려 있다.
17 부府: 재화의 보관과 관리를 맡은 이속.
18 사史: 문서의 기록을 맡은 이속.
19 도徒: 하급 무관 등을 말한다.
20 여輿·조皁·예隷·대儓: 관인에 예속되어 거마와 잡역 등 천역을 담당한 인원들.
21 역관驛官: 찰방察訪이나 역승驛丞 등.
22 향정鄕亭: 중국의 용어인데 우리나라의 경우에 원院·관館을 가리키는 것 같다.

자가 3명, 병부兵符를 차고 인끈을 늘어뜨리고 숨소리를 죽이며 조심스럽게 말을 타고 따르는 자가 4~5명, 차꼬나 몽둥이 등 울긋불긋한 형구를 싣고 사람들을 겁내게 하는 자가 4명이며, 홰[炬]와 초[燭]를 짊어지고 손에 붉고 푸른 사롱紗籠을 들고 사용할 때에 대비하는 자가 수백 명이요, 채찍을 쥐고 도중에서 자기 사정을 하소연하러 달려드는 백성을 막는 자가 8명이다. 길옆에 서서 구경하며 탄식하고 부러워하는 사람들이 수천 수백 명에 이른다. 가는 곳마다 화포火砲를 터뜨려 백성들을 놀라게 하는가 하면 다담상은 태뢰의 10배가 되는데 그중에 하나라도 간이 맞지 않거나 식은 것이 있으면 곤장을 친다. 곤장질을 맡은 자도 10여 명으로, 곤장질하는 죄목을 들어보면 길에 돌이 있어 말이 넘어졌다든가, 소란 피우는 자를 금하지 않았다든가, 영접하러 나온 여자들[23]이 적었다든가, 병풍·휘장·돗자리 등이 거칠다든가, 횃불이 밝지 않고 방바닥이 따뜻하지 않다든가 하는 등등이다. 도착하여 처소가 정해지면 서胥와 사史를 불러서 여러 군현에 공문을 보내 곡식을 판매하여 그 값을 바치게 하되 1섬에 150푼으로 하면 노하여 꾸짖으면서 200푼까지 올리게 하고, 백성이 곡식을 짊어지고 오면 그 곡식 섬을 엎어버리고 200푼을 요구한다. 그 이듬해 봄에는 200푼을 3등분하여 백성에게 주면서 '이것이 한 섬의 곡식값이다'라고 한다. 바닷가 고을에는 부상대고富商大賈들이 많으므로 곡식값이 뛰면 감사는 그 창고를 송두리째 비워 돈으로 바꾸게 하니, 광에 쌓여 있던 산간 고을의 곡식들이 발이라도 달린 듯 하루에 100리를 달려 바닷가로 간다. 그리하여 그 이득을 계산해보면 돈이 수천만에 이

---

23 감사의 시중을 드는 관기官妓들을 가리킴.

른다. 묘지 문제로 소송하는 자와 수령의 학정을 호소하는 자를 유배형에 처하되 그 속전이 4000이요, 병든 소를 도살하는 자를 유배형에 처하되 그 속전이 3000이니, 그 이득을 계산하면 돈이 수백만에 이른다. 반면에 토호와 간사한 아전들이 인장을 가짜로 만들고 문서를 조작하여 농간을 부려도 '연못 속의 물고기는 일일이 살필 필요가 없다'라고 하여 곧 덮어두고, 불효 불목하고 아내를 박대하여 음란하고 인륜을 어지럽히는 자가 있어도 '이는 전하는 자가 지나치게 말한 것이다'라고 하여 귀를 막고 외면해버린다. 수령 중에 환곡을 처분하고 부세를 훔치는 행동이 감사의 소행과 유사하면 용서하여 그대로 놓아두고 고과를 최우등으로 매겨서 임금을 속인다. 감사의 순력이란 풍경이 대체로 이런 모양이다. 어쩌면 그렇게도 위의는 장엄하면서 하는 짓은 이와 같을까. 백성들은 어리둥절할 뿐이다." 案 전부田賦가 날로 증가하기에 그 이유를 물어보면 순력 때문이라 하고, 민고에 지나치게 거두어들여서 그 이유를 물어보면 순력 때문이라 하고, 아전들의 수를 줄이지 못하기에 그 이유를 물어보면 순력 때문이라 하고, 계방契房을 없애지 못하기에 그 이유를 물어보면 순력 때문이라 한다. 도호陶戶는 날로 흩어지고 노호爐戶[24]는 날로 파산하며, 점촌店村은 날로 쇠퇴하고, 절은 날로 피폐하기에 그 이유를 물어보면 순력 때문이라고 한다. 어부는 물고기를 잃고 닭을 치는 이는 닭을 잃으며, 해변의 장사치들은 전복과 조개를 잃고, 산골 백성은 삼과 메밀을 잃어버리기에 그 이유를 물어보면 순력 때문이라고 한다. 순력의 법을 고치지 않으면 도탄에 빠진 민생을 건져낼 방도가 없을 것이다.

---

24 노호爐戶: 주막집을 가리킴.

내찬內饌은 빈객을 예로 대접하는 것이 아니다. 실제 그렇게 하더라도 그 명목은 없애는 것이 아마도 마땅할 것이다.

오늘날 감사가 고을에 도착하면 향사饗食[25]의 대찬大饌 외에 별도로 진수대찬珍羞大饌을 갖추어 이를 '내찬'이라고 부른다. 감사가 먹는 것은 오직 이것이다. 부녀자는 안에 있는데 어찌 공사公事에 간여할 것인가. 공사로 온 빈객을 대접하는데 내아의 부녀자가 상을 차리는 것은 예가 아니다. 그러나 감사의 일행이 오랫동안 고량진미에 젖어서 안주와 산적 등 여러 가지 음식들이 조금이라도 특별한 맛이 없으면 목에 넘기지 못하니 역시 주인 된 입장에서 근심이 되지 않을 수 없다. 의당 내찬을 마련하되 공적인 접대 형식으로 하여 내찬의 명목과 그 흔적을 숨기고 오직 손님이 배불리 먹기만을 바라고 내 덕을 생색내지 말아야 아마도 부끄러움이 없을 것이다. ○ 수행 비장의 접대는 주리廚吏를 엄중히 단속하여 맛있고 정갈하게 할 뿐이요, 구차하게 환심을 얻으려고 하면 기롱과 조소를 면치 못하게 된다. 낯부끄러운 일을 해서 되겠는가.

성종 때 어떤 사람이 감사로 있다가 내직으로 들어와 승지가 되었는데, 임금이 "감사는 대접하는 음식이 풍족하고 박함에 따라 고과의 전최殿最를 삼는다 하는데 과연 그러한가?"라고 물었다. 그는 "있습니다" 하고 대답하였다. 임금이 좋지 않은 기색으로 "어찌 구복口腹에 바치는 음식으

---

25 향사饗食: 빈객에게 향연을 베풀어 대접하는 것을 이른다. 향饗은 향례饗禮, 즉 다담茶啖이요, 사食는 사례食禮, 즉 진지進支이다.

로 관장에게 책임을 지우는가?"라고 말함에 "음식 지공도 입에 맞게 할 수 없다면 더구나 다른 일에 있어서야 더 말할 것이 있습니까?"라고 아뢰었다. 案 이 대답은 비루하기가 짝이 없다. 속으로 몸을 살찌우면서 겉으로는 공무에 힘쓰는 체하니, 나라를 병들게 하고 백성을 괴롭게 하는 것이 홍수와 맹수보다도 더 심함이 과연 이와 같다. 이윤伊尹[26]이 어찌 솥을 지고 간 일을 변명하며, 역아易牙[27]가 의탁할 만한 사람이었다면 어찌 그런 일이 있었겠는가.

『다산필담』에서 이렇게 말했다. "남방 고을에서는 매양 감사의 순력이 있을 때 살찐 소 한 마리를 예비하여 안채에다 매어 놓고 깨죽으로 달포를 길렀다. 그 소가 기름지고 연하여 보통 쇠고기와는 달라서 감사가 크게 칭찬하고 고과에서 최고 성적을 매겼다 한다. 한탄스럽구나. 습속이 이 지경에 이르렀으니 수령 노릇을 하기도 어렵다.『진서晉書·왕제전王濟傳』[28]에 임금이 언젠가 왕제의 집에 행차하였는데 살찐 돼지가 맛이 아주 좋았다. 임금이 그 까닭을 물으니, 대답하기를 '사람의 젖을 돼지에게 먹였다【일설에는 사람의 젖으로 쪘다고도 한다】라고 하였다. 깨죽으로 소를 사육하는 것과 무엇이 다르랴!"

---

26 이윤伊尹: 중국 은나라 탕왕의 어진 신하. 이윤은 처음에 탕왕에게 기용되고 싶었으나 길이 없었다. 그래서 유신씨有莘氏의 딸이 탕에게 시집갈 때 솥과 도마를 가지고 그를 따라가서 맛있는 음식으로 탕을 기쁘게 하여 그 인연으로 발탁되었다고 한다.
27 역아易牙: 중국 춘추시대 제나라의 유명한 요리사. 그는 자기 자식을 죽여서 요리하여 환공에게 바침으로써 환공에게 기용되어 총애를 받았다. 역아는 환공이 죽은 뒤에 제나라의 정치를 크게 어지럽혔다고 한다.
28 원주에 "왕무자王武子를 말함"이라고 나와 있다. 중국 위진남북조시대 진晉나라 사람으로 무자武子는 그의 자이다. 효기장군驍騎將軍 시중侍中 등을 역임하고 태복太僕에 이르렀다. 진나라 무제武帝의 사위.

감사를 접대하는 주전(廚傳, 이동 주방)의 법식은 전해 내려오는 선왕들의 훈계가 있어 나라의 사적에 실려 있다. 의당 정성껏 준수하여 무너뜨려서는 안 될 것이다.

숙종 9년에 팔도에 유시諭示를 내렸는데 그 내용은 다음과 같다. "순력할 때 주전의 지공이 도리어 소요를 일으키는 폐단을 끼치고 있으니, 모름지기 말 1필에 시종 1~2명만 거느리고 군관을 거느리지 않으면 폐단이 없을 것이다. 내가 요즈음 고금의 황정荒政[29]에 관한 여러 가지 책을 열람해보니, 주자가 절동淅東의 황사荒使[30]로 있을 때 그의 문인門人이 기록한 것에 보면 '그는 백성의 숨은 실정을 캐내는 데 주야를 가리지 않고 잠자는 일과 먹는 일을 폐하기까지 하면서 궁벽한 산골까지 이르지 않는 곳이 없었다. 매양 나설 때에는 반드시 간편한 수레를 타고서 따르는 자들을 물리치고 자신에게 필요한 물건은 모두 스스로 마련하여 가지고 다녔으며 주와 현에 추호도 폐를 끼치는 일이 없었다. 그러므로 그가 순력한 지역이 비록 넓었으나 그 지역에서 그의 행차를 아무도 몰랐다. 이 때문에 그곳 관리들은 밤낮으로 경계하고 조심하여 항상 사자使者가 그 지방을 위압威壓하는 것 같아서 그중에는 스스로 직을 버리고 가는 자까지 있었다. 이렇게 해서 구제된 백성들이 몇만 명이 되는지 몰랐다. 그 뒤에 주자가 효종孝宗을 뵈었더니, 효종이 영접하여 위로하기를 절동에서 부지런히 애썼던 일은 짐이 아는 바이다'라고 하였으니, 이 어찌 오늘날에

---

29 황정荒政: 흉년 든 때에 백성을 구제하는 정사. 기근 구제의 정책.
30 황사荒使: 기근 구제의 사명을 띠고 나간 관인.

도 마땅히 본받을 바 아니겠는가." [臣謹案] 숙종의 유시가 이와 같았는데도 요즈음 사람들은 숙종 때보다도 10배나 크게 하고 있어서, 대저 민폐는 고사하고라도 그 예의 절차가 왕과 비슷하니 억제하여 줄이지 않을 수 없다. 우리나라에서 왕이 거동할 때에도 오영五營의 행진行陣을 제외하고는 거마와 호위병 및 수행원들이 본래 5리里를 뻗치지를 못했는데 감사의 순력 행차가 이것과 별로 차이가 없으니 이는 무슨 예법인가. 중황中黃【중황이란 길 한가운데에 황토를 까는 것이다】과 치거植炬[31]는 모두 왕의 법도인데, 이를 범하는 자가 많으니 어찌 어리석은 짓이 아니겠는가.

위나라의 맹강孟康[32]이 홍농태수弘農太守로 있을 때 일이다. 그가 순행할 경우 미리 그곳의 독우督郵[33]에게 명령하여 영접을 대기하는 사람들을 보내지 말게 하였다. 또 그 고을의 관리들을 번거롭게 하고 싶지 않아 가는 곳마다 스스로 말먹이풀을 베고 관원의 숙소에 묵지 않고 나무 밑에서 노숙하였다. ○ 오늘날 감사가 자기 관내를 순행하는 것은 곧 안자晏子[34]의 이른바 유련황망流連荒亡[35]에 해당하는 행위이니 마땅히 맹강을 본받아야 할 것이다.

정선鄭瑄은 말하였다. "상관이 되었을 때에는 대접을 오직 높고 무겁게

---

31 치거植炬: 임금이 밤에 거동할 때 길 양쪽에 횃불을 세우는 것.
32 맹강孟康: 중국 위나라 사람. 자는 공휴公休이다. 벼슬은 중서감中書監에 이르렀고 『한서漢書』에 주注를 내었다.
33 독우督郵: 한대에 설치한 태수의 보좌관. 소속된 현을 순찰하면서 관리의 성적을 조사했다.
34 안자晏子: 중국 춘추시대 제나라 경공의 신하인 안영晏嬰.
35 유련황망流連荒亡: 『맹자·양혜왕 하梁惠王下』에 나오는 말인데, 뱃놀이에 정신이 빠져 물 흐름을 따라 흘러내려가서 돌아올 줄 모르는 것을 유流라고 하고, 물 흐름을 거슬러올라가서 돌아올 줄 모르는 것을 련連이라고 하며, 짐승 사냥에 넋을 잃어 세월 가는 줄 모르는 것을 황荒이라고 하고, 술을 즐기며 싫증나는 줄 모르는 것을 망亡이라고 한다.

해주기를 요구하여 영접과 송별은 멀리까지 하기를, 칭호는 높이기를, 절하고 앉는 것은 공손하기를, 공구供具는 화려하게 하기를, 술과 음식은 풍성하기를, 추종騶從은 위의가 있기를, 문안은 공손하게 하기를 바라서 그가 가는 관할 안에서 만인에 누를 끼치고 천호에 근심 걱정을 끼치니, 설사 지방에 사신으로 가서 큰 도움을 준다 하더라도 백성들의 피해가 오히려 많거늘, 그가 하는 일을 보면 모두가 헛된 형식, 쓸데없는 관례로써 범과 이리 같은 서리들을 풀어 전우(傳郵, 역원驛院을 가리키는 말)를 소란하게 하고, 자질구레한 내용의 공문들을 거듭 발송하여 군현을 들볶을 뿐이요, 민생의 고통에 대해서는 귀머거리나 장님처럼 되어버리니, 이것을 요얼妖孽이라고 부른다. 임금의 은혜를 저버리고, 하늘의 노여움에 부딪쳤으니 이는 생민들의 고통의 열매요, 자손들의 재앙의 씨앗이다. 우리들은 이를 경계할 것이다."

성호 선생은 말하였다. "국법에 무릇 사성使星[36]이 군현을 지날 때에 접대하는 음식이 풍성하지 아니하면 으레 임금에게 아뢰어 파직 당하게 하였으므로 수령들은 오직 호화스럽게 대접하는 것을 능사로 삼았다. 이 물건은 모두 민력에서 나온 것으로 점점 더 백성들을 괴롭히는 하나의 폐단이 되고 있다. 이에 투정鬪飣[37]이 한 풍습이 되고 잔학한 아전들은 이를 빙자하게 되니 심히 가증스러운 일이다. 조정에서 마땅히 그 법도를 헤아려 그릇의 크고 작음과 접대하는 음식의 많고 적음을 벼슬의 고하에 맞추어 하고, 지공을 지나치게 하지 말도록 하면 반드시 앞으로 다소나마 백성들에게 도움을 주게 될 것이다."

---

36 사성使星: 왕명에 의하여 지방에 파견되는 관원들.
37 투정鬪飣: 여러 가지 모양으로 만든 오색五色의 떡을 높이 괴는 것.

일체 빈객을 접대하는 향연饗宴은 마땅히 고례古禮를
따라서 그 격식을 엄하게 정해야 한다. 법으로
제정되어 있지 않았더라도 예를 항상 강구해두는
것이 마땅하다.

체찰사體察使[38]·하정사賀正使·원접사遠接使[39]·관반사館伴使[40] 등 무릇 대
신·정경正卿 1품관에 속한 관원들에 대한 향연에는 의당 태뢰를 쓰고[7정
鼎이다], 사례食禮에는 소뢰를 써야 하며, 관찰사·순무사巡撫使[41]·위유사慰
諭使[42]·절도사 등 중하대부中下大夫 당상관에 속한 관원들은 향연에는 소
뢰를 쓰고 사례에는 특생을 써야 하며, 어사·경시관京試官·접위관接慰官[43]
·서장관 등은 비록 높은 벼슬은 아니더라도 역시 의당 이와 같이 해야
하며, 금부랑禁府郞[44]·반사관頒敎官·비변랑備邊郞[45]·선전관宣傳官[46] 등 무릇

---

38 체찰사體察使: 전란과 같은 비상시에 왕을 대신하여 지방에 나가 총찰하는 임무를 맡은
   직위. 대개 재상급이 겸임하는 임시 관직이었다.
39 원접사遠接使: 중국 사신을 영접하는 관직. 2품관 중에 선발하여 원접사로 삼고, 의주까
   지 중국 사신을 마중 나가서 영접하는 임무를 맡았다.
40 관반사館伴使: 서울에 묵고 있는 중국의 사신을 접대하기 위하여 임시로 임명한 정3품
   의 관직.
41 순무사巡撫使: 고려시대에는 충렬왕 2년(1276)에 안무사安撫使를 개칭하여 백성들의 질
   고와 지방관들의 잘잘못을 순찰하였다. 조선시대에는 전시나 지방에서 변란이 일어났을
   때 군무를 맡아보던 임시 관직.
42 위유사慰諭使: 위유어사慰諭御史를 말한다.
43 접위관接慰官: 원래 일본 사신을 접대하는 관직을 선위사宣慰使라 했는데 인조 때 접위
   사로 명칭을 바꿨다.
44 금부랑禁府郞: 금부도사禁府都事. 즉 금오랑金吾郞. 의금부의 종5품 관직.
45 비변랑備邊郞: 비변사備邊司의 낭관.
46 선전관宣傳官: 선전관청宣傳官廳의 관직. 정3품에서 종9품까지로 문관과 무관이 다 있었

지위가 낮은 관원들은 향연에는 의당 특생을 써야 하고 사례에는 특돈을 써야 한다. 이것은 모름지기 대신이 자세히 아뢰어 법제로서 반포된 뒤라야 준수할 수 있을 것이다. 지금은 비록 그렇지 않다고 하더라도 수령은 마음속으로 선왕이 예를 제정할 때 본래 이와 같았다는 것을 분명히 알아, 그 형鉶과 조俎·변籩·두豆의 수를 마음속으로 요량해서 주공과 공자의 예법대로 따른다면 역시 좋지 않겠는가. ○ 옛날에 태뢰는 3생三牲[47]에 9정鼎이요, 소뢰는 2생二牲[48]에 5정이다. 생뢰牲牢 외에는 닭·생선·선석鮮腊[49]【야생 짐승의 고기】·윤부倫膚[50]·내장 등으로 나머지 정鼎을 채운다. 우리나라에는 양이 없으니 소가 아니면 향례를 치를 수 없다. 무릇 이른바 7정이니 5정이니 하는 것은 소·돼지·선석·닭·꿩·내장·물고기·전복 등으로 그 수효를 채워도 안 될 것은 없다.

○ 궤簋라는 것은 밥그릇이다. 그러나 지금의 풍속에 향례【다담이라고 한다】는 밥을 놓지 아니하니 마땅히 떡에 해당하는 것 여섯 종류 및 국수·만두 각 한 그릇으로 8궤에 충당시키고, 사례에는 떡을 놓지 않으니 비록 태뢰의 찬이라 하더라도 다만 홍반紅飯[51]·백반白飯 두 가지를 갖출 것이요, 그 이상 더 놓아서는 안 된다.

○ 형鉶이라는 것은 국그릇이다. 나물로 끓인 것을 갱이라고 하고, 고

다. 형명刑名·계나啓螺·시위侍衛·전령傳令·부신符信의 출납 등을 맡았다.

47 3생三牲: 소·양·돼지 세 가지의 희생.

48 2생二牲: 양과 돼지 두 가지의 희생.

49 생선·선석鮮腊: 『의례·공사대부례』에 어魚·석腊에 대한 주註를 선어鮮魚·선석鮮腊이라고 하였으니, 여기의 어선석魚鮮腊도 생선과 건어물〔鮮腊〕이다.

50 윤부倫膚: 육류로 연한 것.

51 홍반紅飯: 팥밥인 듯함.

기로 끓인 것을 학臛[52]이라고 한다. 7형이란 것은 마땅히 일곱 가지 채소에 육즙肉汁을 넣어서 형갱鉶羹으로 할 것이다.

○ 조俎라는 것은 익은 고기를 놓는 그릇이다. 옛날에는 생牲과 정鼎에 속한 것을 가지고 담아서 조라고 하였는데 지금은 반드시 이에 구애될 것이 없고 삶은 것이라든지 찐 것이라든지 구운 것이라든지 회친 것이라든지 또는 물고기·전복·닭·꿩 등을 가지고 고기 종류를 일곱 그릇으로 만들어 조에 충당시킬 것이다.

○ 두豆라는 것은 물기 있는 음식을 담는 그릇이다. 김치나 식혜나 볶은 것, 지진 것【요즈음 정과正果 같은 종류】 등 물기 있는 음식들을 작은 접시에 담아 8두에 대충할 것이다.

○ 변籩이라는 것은 마른 것을 담는 그릇이다. 포脯, 거腒【마른 꿩】, 전복, 수鱐【건어】, 과실, 요蓼【건과류】, 분粉, 구糗【지금의 약과나 강정 같은 종류】 등으로 8변에 충당시킬 것이다.

○『예기』에서 "정과 조는 홀수로 하고 변과 두는 짝수로 하는 것은 음양을 상징하는 것이다"[53]라고 하였다. 또 고례를 상고해보면 술은 홀수로 하고 밥은 짝수로 하였다. 그러므로 술은 1헌에서, 3헌, 9헌까지요, 밥은 2궤에서 4궤, 8궤까지요, 형과 조는 3과 5요, 변과 두는 6과 8이니, 모두 이 뜻이다. 『주자가례朱子家禮』에도 역시 6두·6변으로 나와 있는데 지금 사람들은 이 뜻을 모르고 제 집에서 제사 지낼 때에 변과 두를 함께 홀수로 하고 있으니, 이는 예가 아니다.

○ 궤를 지금은 발盋【속명으로 주발周鉢】로 하고, 형을 지금은 완盌【속명으

---

52 학臛: 곰국.
53 『예기·교특생效特牲』에 있다.

로 탕기湯器】으로 하고, 조를 지금은 대접 大碟【접시 중에 큰 것】으로 하고, 두를 지금은 구甌【속명으로 보아甫兒】로 하고, 변을 지금은 접碟【작은 접시】으로 하고 있다. 이들 모두 고금의 변천인 것이다. 다만 그 이름과 수효는 엄격히 하여 옛 제도를 넘지 않으면 예법이 엄정하다고 볼 수 있다. 외면적인 형색의 변화에 구애받을 것이 무어 있겠는가.

　○ 이상에서 논한 것은 모두 태뢰의 경우이다. 소뢰 이하도 덜고 줄이기를 적당히 하여 6궤에는 네 종류의 떡을 놓고 4궤에는 두 종류의 떡을 놓으며, 나머지도 다 이를 유추해서 시행하며, 다른 데 구애될 필요가 없다. 다만 음양과 홀수 짝수는 틀려서는 안 될 것이다.

옛날의 어진 수령들은 상관을 접대하는 데 감히 예에 벗어나지 않았다. 이 아름다운 행적은 다 전적에 기록되어 있다.

　당나라 하역우何易于가 익창령益昌令으로 있을 때 일이다. 자사 최박崔樸[54]이 배를 타고 봄놀이를 하기 위해 익창으로 와서 백성들을 동원하여 배를 끌고 가도록 했다. 하역우가 몸소 배를 끌려고 하니 최박이 놀라 그 사연을 물었다. 하역우는 "지금은 바야흐로 봄철이라, 백성들이 농사일 아니면 누에치기로 바쁩니다. 오직 하역우만은 아무 일이 없으니, 이 일을 대신 하렵니다"라고 대답하였다. 최 자사는 마음이 불안하여 곧 말을 타고 떠났다.

54　최박崔樸: 중국 당나라 사람. 벼슬은 자사에 이르렀다.

오대 때에 소결蕭結[55]이 기양령祁陽令이 되었는데 그는 상관의 위압을 두려워하지 않았다. 어느 늦은 봄철에 주州에서 통첩이 내려왔다. 자사가 구경을 하려 하니 경도선競渡船[56]을 징발하라는 내용이었다. 소결이 노하여 그 통첩을 손으로 치면서 "벼의 모가 다섯 잎이 나왔고 누에가 석 잠을 자서[57] 사람들이 다들 바쁜데, 무슨 여가에 놀잇배를 젓겠는가"라고 말했다. 자사가 부끄러워 그만두었다.

언무경鄢懋卿[58]이 총리염법總理鹽法[59]으로 군읍들을 순행하면서 몹시 위세를 부렸다. 그의 처가 오색 비단으로 꾸민 가마를 타고 12명의 여자에게 메게 하고서 뒤를 따라다녔다. 이에 관내 수령들이 그 앞에 기고 엎드리며, 심지어는 채색한 비단으로 뒷간을 꾸미고 요강을 백금으로 장식하기도 했다. 그런데 순안현淳安縣을 맡고 있었던 해서海瑞가 지공 절차를 간소히 하면서 가난한 고을이라 화려한 행차를 감당하기 어렵다고 당당히 말했다. 언무경이 몹시 노하였으나 평소에 해서의 강직함을 익히 들었기 때문에 그만 위세를 부리지 못하고 얼른 순안현을 떠났다.

유남원劉南垣[60]이 늙어 은퇴하여 집에 있을 때 일이다. 한 직지사直指使[61]가 각 지방 소속 아전들에게 음식을 가혹하게 요구하여 군현에서 괴

---

55 소결蕭結: 중국 오대 때 사람. 기양령祁陽令을 지냈다.

56 경도선競渡船: 경주용 배. 용선龍船이라고 일컫는 것이다.

57 누에는 성장 과정에서 몇 번 잠을 자고 허물을 벗는데 석 잠을 자는 시기에는 모내기를 하는 등 농민들의 일손이 바쁘다.

58 언무경鄢懋卿: 중국 명나라 때 사람. 벼슬은 형부우시랑刑部右侍郞에 이르렀다. 사치가 심한 것으로 유명하였다.

59 총리염법總理鹽法: 소금 생산을 총괄 감독하는 관직.

60 유남원劉南垣, 1475~1561: 중국 명나라 관원인 유린劉麟. 자는 원서元瑞, 남원南垣은 그의 호이다. 벼슬은 공부상서에 이르렀고, 학문이 뛰어나 고린顧璘·서정경徐禎卿과 함께 강동삼재江東三才로 알려졌다.

롭게 여겼다. 유남원이 "나의 문생門生이니 마땅히 내가 그를 깨우쳐주리라" 하고는, 그가 찾아옴에 아침부터 점심때가 지나도록 밥상을 내오지 않았다. 직지사는 몹시 배가 고팠는데 밥상이 나오고보니 오직 조밥에다 두부 한 그릇뿐이었다. 각각 세 주발씩 먹고 나자 과식했음을 깨달았다. 조금 후에 좋은 안주 좋은 술이 나와 앞에 가득히 차려졌는데 수저를 댈 수가 없었다. 유남원이 굳이 권하자 그는 "몹시 포식하여 더 먹을 수 없습니다"라고 했다. 유남원은 웃으면서 "음식이란 원래 좋고 나쁜 것이 아니요, 배고플 때에는 잘 들어가고, 배부를 적에는 아무리 맛있는 것도 들어가지 않는 법이다. 이는 때가 그렇게 만든 것이다"라고 하였다. 직지사는 그의 가르침을 깨닫고 그 뒤로부터는 음식을 가지고 사람을 책망하는 일이 없었다.

유천화劉天和[62]가 삼변三邊[63]의 총제總制로 있을 때 일이다. 그는 아비 없는 자기 손자와 아비 없는 조카 하나를 임지에서 기르고 있었다. 그 두 아이가 화주華州[64]를 지나다가 데리고 간 하인이 우연히 문지기를 매질한 일이 있었다. 문지기가 자기 고을 수령에게 이 일을 하소연하자 수령이 노하여 그들을 대접하지 않았을 뿐 아니라 잡아두고서 문에 빗장을 채워놓았다. 그리고 땔나무와 쌀을 주지 않으니, 두 아이가 기갈이 심하여 담을 넘어 걸식을 하면서 도망쳐왔다. 수령은 바로 유천화에게 공문

---

61 직지사直指使: 중국의 한나라 무제 때 두었던 관직으로 암행어사와 같은 임무를 띠었다.

62 유천화劉天和, 1479~1546: 중국 명나라 사람. 자는 양화養和, 시호는 장양莊襄이다. 벼슬은 병부상서兵部尚書에 이르렀으며, 치적이 있었다.

63 삼변三邊: 중국 명나라 때 연수延綏·영하寧夏·감숙甘肅의 3진鎭을 가리킨다. 명나라 헌종 10년에 삼변총제三邊總制라는 관명을 두었다.

64 화주華州: 지금의 중국 섬서성陝西省에 속한 고을 이름. 화주는 삼변과 연계된 지역이다.

을 보내 하인이 문지기에게 폭력을 쓴 일을 자세히 알렸다. 두 아이는 임지에 도착하자, 그의 부인 앞에서 울며 호소했다. 부인은 마음으로 아이들을 가엾게 여겼다. 얼마 후에 화주관장이 공무로 유천화를 뵈러 오자, 그의 집 사람들은 발돋움을 하고 엿보면서 필시 수령을 질책하리라고 생각하였다. 그런데 유천화는 수령을 한층 더 예우를 하였고, 뒤에 또 그의 어질고 능함을 들어서 조정에 특별히 천거하였다.

정선은 다음과 같이 말하였다. "옛날에 어떤 현령이 극히 청렴하고 강직하였다. 하루는 성문에서 감사를 맞게 되었는데, 아전이 유시(酉時, 오후 5시~7시)라고 보고하자 그가 급히 성문을 닫도록 하였다. 이윽고 사자使者가 왔으나 들어설 수가 없었다. 현령은 문틈으로 '지금 시각은 법도에 응당 문을 닫게 되어 있으니, 청컨대 내일 아침에 영접하겠습니다'라고 하였다." ○ 손보孫甫[65]가 진주晉州[66]를 맡았을 때의 일이다. 어느 근신近臣이 진주를 지나다가 성문을 두드리고 들어오려 하였다. 손보는 "성에는 법이 있으니, 나 혼자 사적으로 처리할 수 없다"라고 하면서 끝내 문을 열어 주지 않았다.

당나라 엄승기嚴昇期[67]는 강남 지방을 순찰할 때 쇠고기를 좋아하여 그가는 곳이면 소를 잡는 일이 아주 많았다. 그리고 일이 크든 작든 간에 금이 들어오면 곧 해결되었다. 그리하여 그가 가는 곳에는 금과 은의 값이 뛰어올랐다 한다. 강남 사람들은 그를 금우자사金牛刺史라고 불렀다.

---

65 손보孫甫, 998~1057 : 중국 송나라 때 사람. 자는 지한之翰이다. 학문을 좋아했다. 저서에 『당사논단唐史論斷』이 있다.
66 진주晉州 : 중국 산서성山西省에 있는 지명.
67 엄승기嚴昇期 : 중국 당나라 사람. 탐관오리로 악명이 높았다.

비록 상관이 아니더라도 때때로 지나가는
사성使星에게는 예의상 마땅히 경의를 표해야 할
것이다. 무리한 요구는 받아들이지 말되 그 이외에는
마땅히 정성스럽고 공손히 대해주어야 한다.

후주後周의 왕파王罷[68]가 강동江東을 진무鎭撫하고 있을 때 일이다. 언젠
가 대사臺使[69]가 들렀기에 그를 위해 음식을 대접했다. 그런데 대사가 떡
의 엷은 가장자리를 떼어버리고 먹는 것이었다. 왕파가 노하여 "갈고 심
고 거둬들인 공이 벌써 많이 들었고 방아 찧고 불을 때서 만드는 데 들인
힘이 적지 않거늘 너는 가려내서 먹다니! 아직 배가 고프지 않은 모양이
로구나" 하고는 좌우 사람들에게 명하여 상을 치워버리게 했다. 대사가
크게 부끄러워하였다.

당나라 장연蔣沇[70]이 네 번이나 현령을 역임하여 아름다운 정사가 널
리 행해졌다. 곽자의郭子儀[71]가 군사를 거느리고 그 고을을 통과하면서 그
휘하 장병들에게 "장연이 이 고을의 관장이다. 대접하는 것이 아마도 간
소할 것이다. 나물밥이라도 먹게 되면 만족하겠다. 그의 맑음을 흐리게
하지 말라"라고 당부하였다.

---

68 왕파 王罷 : 중국 후주의 왕비(王羆, ?~541)를 가리키는 듯하다. 자는 웅비熊羆, 벼슬은 대
   도독大都督에 이르렀다.
69 대사臺使 : 조정이나 감찰어사監察御史에서 보낸 사자使者.
70 장연蔣沇 : 중국 당나라 사람. 벼슬은 대리경 大理卿에 이르렀다.
71 곽자의郭子儀, 698~781 : 중국 당나라 화주 華州 사람. 무장 출신으로 안사의 난이 일어나
   자 반란군을 토벌하였고, 이후에도 여러 차례 군공을 세워 분양왕汾陽王에 봉해졌다.

유중영柳仲郢이 지방관으로 있을 때, 그는 관전館傳[72]을 반드시 확충하고 빈객의 접대와 군사의 호궤犒饋를 성대하게 하였다.

손보가 섬부陝府를 맡아 있을 때 일이다. 섬부는 동서의 중요한 길목이어서 아전들이 음식 접대에 시달렸다. 전임 수령들은 말썽이 날 것을 염려하여 그 접대의 규모를 줄이지 못하였으나, 손보는 단호히 절제해버렸다. 지나가는 관원이나 손님들이 그의 청백함을 두려워하여 처음부터 아무것도 바라는 것이 없었으며, 그를 비방하는 말 또한 없었다. 섬부의 사람들은 이에 힘입어 생활이 나아졌으며, 이후로는 그것이 법이 되기까지 하였다.

박문부朴文富[73]가 영해부사寧海府使로 있을 때 일이다. 그는 역마를 타고 온 관원이면 비록 지위가 낮은 이라도 반드시 그 숙소에 들러서 위로하고 접대하였다. 어떤 이는 "공은 지위가 높고 저 사람은 낮은데 어찌 이렇게까지 하는가" 하니, "저 사람은 손님이요 나는 주인인데, 손님과 주인 사이에 어찌 품계를 따지겠는가. 그가 만일 공사를 빙자하여 함부로 위세를 부려 아전과 백성들을 괴롭힌다면 내가 어찌 그냥 보고 있겠는가. 내가 저 사람에게 후하게 하면 저 사람도 반드시 노하지 않을 것이다"라고 하였다. 이로 말미암아 오는 이들이 기뻐하였으며 아전들도 시달리지 않았다.

완천군完川君 이순신李純信[74]이 의주판관으로 있을 때 일이다. 중국에

72 관전館傳: 공용 여행자의 숙식과 빈객을 접대하기 위하여 각 주현에 설치했던 집.
73 박문부朴文富: 미상
74 이순신李純信, 1554~1611: 자는 입부立夫, 본관은 전주이다. 임진왜란 때 공이 많았고 선무공신宣武功臣 3등에 완천군完川君에 봉해졌다.

사신으로 가는 어떤 사람이 이 고을을 지나갈 때 물품의 청구와 토색이 지나치게 많았다. 그는 마음으로 부당하게 여기고 노자를 주는 것 외에는 다 들어주지 않고 보냈다. 사신이 돌아올 때에 일부러 다른 일을 가지고 기어코 분풀이를 하려 들자, 그는 곧 인끈을 던져버리고 돌아갔다.

계곡 장유가 이조판서 겸 대제학으로 있다가 죄책을 받아 나주목사로 내려갔을 때 일이다. 조정에서는 그의 성품이 퍽 간오簡傲한 것으로 알려져 있었다. 그가 나주에 부임하자, 무인 금오랑金吾郎이 죄인을 나포하기 위하여 지나가다가 이곳 객사에 들었다. 그는 예복을 갖추고 말을 타고 나와서 "왕인王人[75]이 이 고을에 왔으니 내가 가마를 탈 수 없다"라고 하고, 서로 인사를 하매 그 예절을 공손히 지켰다. 금오랑은 엎드려 진땀을 흘리면서 "대감께서는 어찌 이처럼 스스로 체통을 손상시키고 계십니까?" 하니, 그가 웃으면서 "도사都事가 서울에 있으면 내 집 문에 와서 명함을 들여놓기도 어려울 테지만, 지금은 외직에 있는 사람으로 왕인을 접대하게 되었으니 이렇게 하지 않을 수 없다"라고 하였다. ○ 청음淸陰 김상헌金尙憲 형제[76]가 고을살이할 때에 비록 율목경차관栗木敬差官[77]과 같은 낮은 관원이 오더라도 친히 요강까지 점검하였다.

고려의 하윤린河允潾[78]이 숙천군肅川郡[79]을 맡았을 때 일이다. 위왕僞王 알첩목아歹帖木兒[80]가 쳐들어와 여러 도의 장병들이 다 이 고을을 왕래하

---

75 왕인王人: 왕명을 받들고 온 관인.
76 김상헌金尙憲 형제: 김상헌과 형인 김상용金尙容. 본관은 안동이다. 김상용은 호가 선원 仙源이고 김상헌은 호가 청음淸陰이어서 '선청仙淸'으로 일컫기도 한다.
77 율목경차관栗木敬差官: 신주神主나 그 궤를 만드는 데에 쓰려고 산에 심은 밤나무를 돌아보기 위해 파견된 경차관. 경차관은 지방의 행정을 조사하고 밝히기 위하여 파견하는 임시 관원으로 문관 중에서 당하관이 임명된다.

였는데, 하윤린은 장병들을 대접하매 결례가 없었고, 정사에는 인자와 관용으로 근본을 삼으니 마구 걷어가는 것이 끊어지고 형벌이 줄어들어 아전과 백성들이 감사히 여겼다. 그는 당상관으로 승진되었다.

계림군難林君 이수일李守一이 성주목사가 된 것은 체찰사體察使 이원익의 추천이었다. 그는 금오성金烏城[81] 대장을 겸하였는데, 당시에 명나라의 장수 24명이 성주에 군대를 주둔시키고 있어서 사무가 매우 복잡하였다. 그는 밖으로는 명군의 요구에 응하고 안으로 군민을 위무하되 그때마다 모두 사리에 합당하였다. 명나라 장수로 오는 자는 으레 예물로써 교제 해왔으나 그는 한결같이 이를 군비에 충당하고 제 주머니에 넣지 않았으므로 이원익 정승은 그를 더욱 공경하고 중히 여겼다.

> 옛날 사람들은 내시가 지나갈 때에도 오히려 바른
> 주장으로 그를 억제하였으며, 심한 경우에는 임금의
> 행차가 지나갈 때에도 백성을 괴롭히면서 임금에게
> 잘 보이려고 하지는 않았다.

---

78 하윤린河允潾, 1321~?: 고려 후기 문신. 식목도감弑目都監, 순흥부사順興府使를 지냈다. 공민왕 때 숙천군 수령으로 있으면서 위왕 탑사첩목아가 침입했을 때 이 지역을 통과하는 군병을 잘 대접하였고, 백성들에게도 선정을 베풀었다. 하륜河崙의 부친이다.

79 숙천군肅川郡: 평안남도 평원군 속한 고을 이름.

80 알첩목아歹帖木兒: 고려 제26대 충선왕忠宣王의 셋째 아들 덕흥군德興君 왕혜王譓. 몽고식 이름이 『신증동국여지승람』에는 알첩목아로 되어 있으나 탑사첩목아塔思帖木兒로 더 알려져 있다. 원나라 순제順帝에게 아첨하여 왕에 책봉된 뒤, 공민왕 때 기황후奇皇后·최유崔濡 등과 공모하여 고려에 침입했으나 실패하고 원으로 쫓겨 갔다.

81 금오성金烏城: 경상북도 구미시에 있는 금오산의 산성.

한강韓絳[82]이 성도成都를 맡았을 때 일이다. 내시로서 사명을 받들고 촉蜀 지방에 당도한 자가 상행위를 하므로 그곳 수령들이 그에게 이익을 보태주어서 내시의 마음을 기쁘게 하였다. 한강이 조정에 아뢰어 이런 행위를 금지하게 하니 영종이 그를 가상히 여겼다.

이급李及이 항주杭州를 맡았을 때 일이다. 당시에 내시 강덕원江德元은 권세가 천하를 기울일 정도였다. 덕원의 아우 덕명德明이 사명을 받들고 항주를 지나가는데, 이급이 그를 특별히 접대하지 않으므로 막료들이 모두 "현명한 사또께서는 비록 복을 구하지는 않더라도 어찌 그 화를 두려워하지 않습니까?" 하고 물었다. 이급은 "내가 강덕명을 접대한 것이 감히 소홀하지도 않았거니와 감히 간과하지도 않았다. 이렇게 했으면 이미 족한데, 여기에 또 무엇을 더하겠는가"라고 하였다. 그 뒤로 강덕명은 그를 해칠 수 없었다.

정호程顥가 부구현扶溝縣을 맡았을 때 일이다. 내시 왕중정王中正이 보갑保甲[83]을 검열할 때 그 권세가 불꽃을 튀길 것 같았다. 이웃 고을에서 다투어 호화로운 접대로 그를 기쁘게 하자, 부구현의 주리主吏도 그렇게 하기를 청했다. 정호는 "우리 고을은 가난하다. 어찌 다른 고을을 본받을 수 있겠는가. 백성에게 거두는 것은 법으로 금하는 바이다. 다만 오래된 푸른 장막이 하나가 있으니 그것이나 사용하자"라고 하였다. 왕중정은

---

82 한강韓絳, 1012~1088: 중국 송나라 사람. 자는 자화子華이다. 어사중승御史中丞, 검교태위檢校太尉 등을 지냈고, 강국공康國公에 봉해졌다. 왕안석과 동시대 사람.
83 보갑保甲: 중국 송대에 왕안석이 주창한 신법의 하나인 향병鄕兵 제도. 10가家를 1보保로 하여 보장保長을 두었고, 50가를 대보大保로 하여 대보장大保長을 두었고, 10대보를 도보都保로 하여 정장正長·부장副長을 두었으며, 그 속의 남정들을 보정保丁이라고 하여 이들에게 군사 교육을 실시하여 유사시를 대비함과 동시에 지방 자경自警의 임무를 띠게 하였다.

그의 청렴함과 정직함을 알고 자주 지경을 왕래하면서도 끝내 이 고을에는 들어오지 않았다.

설선薛瑄이 남경 대리시경大理寺卿[84]으로 있을 때 일이다. 태감太監[85] 김영金英[86]이 사명을 받들고 남경을 지나가는데 공경公卿들은 모두 강가까지 나와서 전송했으나 그 홀로 나가지 않았다. 김영은 그를 어질게 여겨 서울에 와서 여러 사람들에게 "남경에서 좋은 관인은 오직 설선뿐이다"라고 하였다.

양진楊瓘이 단도현丹徒縣을 맡고 있을 때 일이다. 마침 중사中使[87]가 절강浙江에 가면서 이르는 곳마다 수령을 결박하여 배 안에 놓아두고 뇌물을 받고서야 풀어주었다. 중사가 단도에 당도할 즈음에 양진은 헤엄 잘 치는 사람 2명을 골라서 원로인 것처럼 의관을 차리게 하여 먼저 달려가 중사를 영접하게 했다. 중사가 노하여 "수령은 어디에 있고 감히 어떻게 너희들이 나오느냐" 하고 좌우에 있는 사람들에게 명하여 잡아들이게 하였다. 두 사람은 곧 강 속으로 뛰어들어 헤엄쳐서 도망쳐버렸다. 양진이 천천히 와서 "들건대 공은 두 사람을 강물에 몰아넣어 빠져죽게 했다지요. 바야흐로 지금은 성명聖明의 시대로 법령이 삼엄한데 인명을 어찌 그렇게 처리하십니까?" 하니, 중사가 두려워 예를 차려 사과하고 얼른 떠났다.

양계종楊繼宗이 절강안찰사浙江按察使로 있을 때 일이다. 전에는 번얼藩

---

84 대리시경大理寺卿: 대리시大理寺의 장관. 대리시는 형옥刑獄을 다스리던 기관이다.
85 태감太監: 내시감內侍監의 관직. 환관에게 그 벼슬을 맡김.
86 김영金英: 중국 명나라 선종宣宗 때 사람.
87 중사中使: 환관으로서 궁중의 명령을 받아 나가는 자.

요의 여러 기관이 쓰는 물종들을 모두 그 하부 기관으로 하여금 마련하게 하여, 진수鎭守의 중관中官[88]에게 쓰는 돈이 하루에 만전萬錢을 소비할 정도였다. 이에 양계종이 일체 혁파해버렸다.

왕응진이 외직으로 나가 사주태수泗州太守로 있을 때 일이다. 무종武宗이 남쪽으로 순행을 나갔는데 그 행차가 이르게 되자, 여러 고을의 수령들이 당황하였으나 왕응진만은 홀로 태연히 움직이지 않았다. 그리고 말하기를 "현재로는 어가御駕가 당도한다는 기약이 없는데, 각기 돈을 배당하고 사람을 동원시켜 사방으로 내보낸다면 아전들을 풀어놓아 농간을 일삼게 할 뿐이다"라고 하였다. 다른 고을에서는 횃불을 잡게 하는 데 동원되는 인원만 해도 1000명을 헤아리고, 대기하는 데도 달포가 걸리니, 얼고 굶주려 죽는 사람까지 있었다. 그런데 왕응진은 횃불을 느릅나무와 버드나무 사이에 묶어놓고 한 사람이 횃불 10개를 맡게 하였다. 어가가 밤에 경내를 지날 때에 횃불의 대오가 정연하여 도리어 다른 곳보다 나았다. ○ 왕응진은 천자의 행차에도 오히려 백성을 아낌이 이와 같았는데, 지금 수령들은 매양 감사를 마중하는 데에도 백성들 몰아치기를 개와 닭처럼 하고 있다. 응당 부끄러워할 줄을 알아야 할 것이다.

장요蔣瑤가 양주태수揚州太守로 있을 때 일이다. 무종이 남쪽으로 순행을 나갔는데, 회淮의 태수인 설빈薛贇[89]이 물가의 민방民房【곧 민옥民屋이다】을 철거해서 배 끄는 인부에게 편리하도록 하였고, 밧줄은 다 민간의 견백絹帛을 징발해서 만드니 양회兩淮[90] 지방이 크게 소란하였다. 황제의 행

---

88 중관中官: 환관.
89 설빈薛贇: 중국 명나라 사람. 정덕正德 연간(1506~1521)에 회안淮安의 태수를 지냈다.
90 양회兩淮: 회안淮安과 회음淮陰을 말한다. 지금의 중국 강소성에 속한 지역.

차가 양주를 지날 때 장요는 유독 민방을 철거시키지 않고 "물가는 황제가 발을 딛지 않는 곳이며, 본래 강가 언덕은 인부들이 다닐 수 있는데 굳이 민가를 헐 것까지 있겠는가. 죄가 있으면 나 자신이 받겠다"라고 하였다. ○ 무릇 사람의 무덤을 파내고 인가를 헐어서 감사가 지나갈 길을 넓히는 자는 부끄러운 일인 줄을 알아야 할 것이다.

칙사를 접대하는 일을 지칙支勅이라고 이른다. 지칙은 서로西路의 큰 정사이다.

칙사가 온다고 연락이 오는 것을 칙기勅奇라고 이른다. 칙기가 한번 당도하면 여러 고을들이 소란스럽다. 일체 필요한 물건은 모두 부민에게 나누어 맡겨 사방에 보내서 주선하도록 한다. ①포진鋪陳【즉 연석筵席】 ②병장屛障 ③유장帷帳 ④상탑牀榻 ⑤관사館舍 ⑥단청丹靑 ⑦기명器皿 ⑧기부錡釜 ⑨호피虎皮 ⑩녹육鹿肉 ⑪생육牲肉 ⑫선어鮮魚 ⑬포거脯腒 ⑭수복鱐鰒[91] ⑮미면米麪 ⑯유밀油蜜 ⑰염장鹽醬 ⑱탐해醓醢[92] ⑲지물紙物 ⑳등촉燈燭 등이다. 이 밖의 교고茭藁[93]·시신柴薪·도로·교량에 이르기까지 수많은 명목은 이루 다 기술할 수가 없다. 이들은 모두 부민을 차출하여 감관監官으로 삼고 그들로 하여금 사재私財를 내놓아 기일 내에 구입해 들이게 한다. 한 가지 물종에 대한 감관은 반드시 여러 명을 차출해야 하고 여러 명을 차출하기 위해서는 열 집을 괴롭혀야 한다. 먼저 지명된 자는 뇌물

---

91 수복鱐鰒 : 상어와 전복.
92 탐해醓醢 : 육장肉醬. 고기를 잘게 썰어 간장이나 소금 등에 절인 것.
93 교고茭藁 : 건초와 짚. 소와 말의 먹이로 사용하는 것.

을 주고 모면하고 뒤의 사람은 차첩을 받아 뇌물을 마련한다. 그 꼴이 마치 물고기가 파닥거리고 짐승이 놀라 뛰는 듯 눈을 두리번거린다. 수령이 뇌물 한둘을 받으면 아전은 10배나 100배나 뇌물을 받으니, 울부짖으며 도망치는 모습이 마치 난리를 만난 것 같다. 마침내 가산을 탕진하여 파산하고 백에 하나도 온전한 자가 없으니, 이는 민생의 일대 폐해이다. ○ 칙기가 처음 당도하면 문무 이교文武吏校[94]들이 문을 밀치고 관정으로 오르는데, 두 눈을 휘둥그렇게 떠서 겉으로는 절박한 근심이 있는 체하면서도 속으로는 뛸 듯이 좋아한다. 이때 수령은 응당 엄숙한 안색으로 대답하지 않은 채 형리를 불러 각 면, 각 리에 방을 붙여 알리도록 하여 모든 농간의 싹을 꺾어버려야 할 것이다. ○ 방문은 다음과 같다. "행현령은 알리노라. 지금 칙사가 온다는 소식은 모두 들어서 알 것이다. 옛관례로는 여러 물종에 대한 감관은 모두 외촌의 부민들을 차출해서 먼길로 파견하여 많은 피해를 보게 하였다. 그런데 금년에는 옛 관례를 쓰지 않고 읍내의 아전과 군교들을 골라서 이 임무를 맡길 것이다. 여기에 부족함이 있으면 스스로 관에서 보충 지급할 것이요, 관의 힘이 미치지 못할 경우에는 차라리 민호民戶에 고루 배당하게 할지언정 어찌 특정한 수십 호로 하여금 유독 그 해를 입게 할 것이랴! 모름지기 이 뜻을 알아서 각자가 안심하고, 만약 그중에 사기꾼이 있어서 옛 관례를 빙자하여 어리석은 백성들을 공갈하더라도 거기에 속아 재물을 잘못 낭비하는 일이 없도록 할 것이다. 이에 미리 포고하노니 향갑과 이장은 일일이 알아서 듣지 못하는 이가 없도록 하여 관의 다짐을 잘 따라야 할 것이다." ○

---

94 문무 이교文武吏校: 여기서 문은 아전, 무는 군교軍校를 지칭하는 것이다.

각 면의 저졸을 불러 그들에게 이렇게 훈계한다. "지금 이 방문을 득달같이 가서 전하라. 길의 이수가 얼마인지 조사하여 기한을 엄격히 정할 테니, 감히 날짜를 넘기는 일이 없어야 할 것이다. 향갑의 도부장到付狀[95]을 받아서 관가에 올려라."

이에 문무 이교들을 불러 다음과 같이 이른다. "칙사는 십수 년에 한 번 나오는 것이다. 이런 기회를 이용하여 백성들의 재물을 탈취하는 짓이 어찌 미풍이 되겠느냐. 그것은 정상으로 받는 녹이 아니니 포기한들 무슨 해가 되겠느냐. 칙수도감勅需都監[96]과 각 물종에 대한 감관은 모두 읍인邑人[97] 중에서 차출하여 보낼 것이다. 나의 뜻이 확정되었으니 원망하는 일이 없도록 하라. 마음과 뜻을 함께하여 나랏일을 돌볼 것이며, 한결같이 청백을 지켜 비용을 아낄 것이니, 만약에 부족함이 있으면 관에서 보조하고 너희들에게 손해를 끼치지 않을 터이다." ○ 이에 퇴리退吏와 노교老校에서 골라 그중에 제일가는 인물을 차출하여 도감으로 삼을 것이다. ○ 그리고 도감을 불러 다음과 같이 이른다. "이번 일에서는 백성을 괴롭게 하지 않기를 기약할 것이다. 모름지기 이 뜻을 알아서 한결같이 청백한 마음으로 나라의 일을 보살펴야 한다. 잘되고 못되는 책임은 너희 몸에 달렸으니, 보좌할 사람들을 잘 선택해야 해로움이 없을 것이다. 여러 물종의 감관은 많은 인원이 필요치 않다. 다만 5~6명을 차출하여 몇 가지 일을 겸해 보도록 하는 것이 또한 좋다. 모름지기 읍인 중에서 잘 골라 차출할 것이다." ○ 이에 감관이 인원수를 의논, 결정하여 문건을

---

95 도부장到付狀: 공문서를 접수했다는 보고서.
96 칙수도감勅需都監: 칙사에게 접대하는 물품에 대한 사무를 담당하는 도감.
97 읍인邑人: 앞의 방문에 나오는 고을의 아전과 군교 등을 가리킨다.

만들어 참알參謁을 받고 할 일을 의논할 것이다.

시험 삼아 한 가지 일을 논해보기로 한다. 내가 곡산부사로 있을 때 일이다. 칙사가 온다는 기별이 처음 당도하자, 향교의 수복守僕이 하첩下帖 수십 통을 가지고 와서 아뢰기를 "옛 관례가 칙서勅書는 각閣 안에 봉안하고 의례적으로 교생 2명이 그 앞에 지키고 앉아서 밤새도록 자지 않는 것입니다. 실차實差[98]와 예차預差[99]를 항상 4명으로 파견하는데 기일에 앞서 봉점逢點[100]하는 일이 언제나 두어 달 걸리며, 그에 따라 순영과 병영에 으레 바치는 것이 있습니다. 그러므로 본 고을의 교생 160명에 1인당 1냥씩 거두어 4명에게 주었습니다. 지금 이 하첩을 결재해주시기 바랍니다" 하기에, 내가 "긴요하지 아니하니 번거롭게 고할 필요 없다"라고 하였다. 그 후 수개월이 지나 칙사가 압록강을 건너오매, 감리監吏가 "일이 급하게 되었습니다. 교생을 어떻게 하면 좋겠습니까?" 라고 고하기에, 나는 "급하지 않다"라고 하였다. 그 기일이 닥치자 감리가 또 "일이 급박하게 되었습니다. 교생을 어떻게 하면 좋습니까?" 하기에, 내가 미리 만들어서 상자 속에 넣어 두었던 조건무巾[101] 두 개를 내주면서 "아전 두 사람이 모름지기 이 조건을 쓰고, 마치 교생같이 하고 가서 칙서를 모시면 누가 의심하겠느냐. 남이 해야 할 일에 한갓 수고만 할 수 없다" 하고는 돈 2냥을 주어 담뱃값이라도 하라고 하였다. 아전은 크게 기뻐하여 조건을 받아서 갔고 끝내 아무 일도 없었다. 이른바 지칙의 비용이 1000전이니

---

98 실차實差: 나라에 중대한 일이 있을 때 임시로 두었던 차비관差備官에 임명된 사람.

99 예차預差: 실지로 차임된 실차의 유고 시를 대비한 예비 차임자差任者.

100 봉점逢點: 원주에 "점열點閱을 받음"이라고 나와 있다. 점열은 점고의 뜻. 차임된 교생이 순영과 병영으로부터 점고를 받는 절차이다.

101 조건무巾: 검은 두건.

100전이니 하는 것은 모두 이런 따위다. 이 한 가지 일을 들어보면 나머지는 가히 알 만하다. ○ 또 한 가지 일을 논해보기로 한다. 하루는 칙수도감이 고하기를 "옛 관례에 교량채橋梁債[102] 60냥을 평산부平山府에 보내기로 되어 있으니【곡산은 평산에 출참出站[103]하게 되어 있다】, 이번에도 역시 그와 같이 해야 합니다"라고 하였다. 내가 그쪽 지형을 알아보니 하천이 자못 넓어 매양 칙사의 행차 때가 되면 세 고을이 합력하여 임시 교량을 설치했던 것이다. 그런데 그 상류 쪽으로 불과 수십 보 거리에 하천의 폭이 좁아서 인부 몇 사람의 힘이면 다리를 놓을 수가 있었으므로, 나는 길을 닦아 상류 쪽으로 가게 하였다. 평산 아전들이 크게 놀라서 길을 고치지 말라고 간청하며 영구히 돈을 요구하지 않겠다고 하였다. 대개 돌아서 길을 내 임시 교량을 만들어왔던 것은 여러 면에서 돈을 거두어들이고, 두 이웃 고을의 돈을 뜯어내기 위한 것이었다. 이른바 지칙의 비용이란 본래 이런 따위의 것이 많다.

박원도朴元度[104]가 황주판관으로 있을 때 일이다. 황주는 대로상에 위치해 있고 목사와 판관이 자주 바뀌었기 때문에 그 틈을 타서 협잡이 많았다. 서사(西使, 청나라 사신)가 왕래할 적이면 접대하는 물품의 명목과 수량을 마구 불려서 이를 상인에게 납품하게 하고 거기서 생기는 이익을 나누어 먹었다. 박원도가 부임해 이 실정을 다 파악하고서 아전들이 착복

---

102 교량채橋梁債 : 교량 사용에 대한 잡세.
103 출참出站 : 사신 또는 감사를 영접하고 그들에게 돈과 쌀, 역마를 제공하기 위해 그들이 묵고 있는 숙소 가까운 역에서 사람을 보내는 일.
104 박원도朴元度, 1626~1690 : 자는 중헌仲憲, 호는 죽창竹窓, 본관은 반남潘南이다. 송시열을 변호하다가 황주판관으로 좌천되었다. 경신대출척 후에 형조참의를 지냈고, 기사환국으로 남인이 다시 정권을 잡자 사직하였다.

한 세포稅布 2000여 필을 찾아내고, 아전과 짜고 농간을 부린 상인들을 잡아다가 죽이려고 하였다. 상인은 자기가 죽을 줄 알고 면할 방법이 있을까 하여, 즉시 자백하고 칙사 접대의 물품을 구체적으로 열거하였다. 얼마면 된다고 한 비용을 종래 소요되었던 액수와 비교해보니 절반도 못 되었다. 박원도는 상인을 놓아주고 그가 말한 것을 죄다 기록하여 보관해두었다가 뒤에 사신이 왔을 때 이에 의거하여 준비하니 음식을 다 접대하고 물건을 선사하는 데 조금도 남거나 모자라는 것이 없었다. 이로부터 이를 항구적인 규례로 정하니 공사 간에 비로소 모두 소생할 수 있었다.

이창정李昌庭이 은율현감殷栗縣監으로 있을 때 일이다. 부임한 지 얼마 되지 않아 칙사가 오게 되었다. 이웃 고을에는 농민들이 빈관儐館[105]의 일에 지쳐 쓰러질 지경인데 그는 자기 고을에 사는 백성들에게 품삯을 주고 민역民役을 대신하게 했다. 그래서 일이 잘 진행되고 백성들을 괴롭히지 않게 되었다.

이경직李景稷[106]이 수원부사에 임명되었을 때 일이다. 칙사에게 지공하는 것으로 갑건치甲乾雉[107]라는 것이 있어서 여러 고을의 폐단이 되었다. 그는 조정에 건의하기를 "중국인은 이 맛을 귀하게 여기지 않는데 만드는 비용은 갑절이나 드니, 마땅히 쓰지 않는 것이 좋겠으며, 사옹원司饔院의 자기도 지나치게 커서 중국의 것과 다릅니다"라고 했다. 관반사館伴使

---

105 빈관儐館 : 주로 중국 사신을 접대하는 객관.
106 이경직李景稷, 1557~1640 : 자는 상고尙古, 호는 석문石門, 본관은 전주이다. 벼슬은 호조판서戶曹判書에 이르렀다.
107 갑건치甲乾雉 : 말려서 포脯로 만든 꿩고기를 가리키는 듯하다.

인 월사月沙 이정귀李廷龜가 그의 말이 옳다고 하여 그대로 따랐다.

강유후姜裕後[108]가 정주목사로 있을 때 일이다. 북사北使[109]가 오자 모두들 아첨하여 받들었으나, 그는 북사의 요구를 들어주지 않았다. 빈재擯宰[110] 이하 모두들 무슨 일이 생길까 두려워하는데 그는 "내가 감당하겠다" 하고 한마디 말로 거절했다. 북사는 웃고 그만두었다.

민진량閔晉亮이 성천부사로 있을 때 일이다. 청나라의 사신 정명수鄭命壽[111]가 그에게 화를 내어 군졸에게 잡아오게 하였다. 그 당시 이런 일을 당하면 으레 지방관이 달아나고 조정에서는 그 사람을 파직하여 일을 미봉하였다. 그는 "달아나는 것은 비겁한 일이다" 하고 즉시 군졸을 꾸짖어 물리치고 바로 들어가 꼿꼿이 서서 눈을 부릅뜨고 노려보았다. 정명수가 놀라서 "이 사람은 누구냐?"라고 물으니, 옆의 사람이 "옛 상서 아무의 아들이다"라고 말했다. 정명수는 "그는 일찍이 나를 죽이려던 사람이었는데, 그 아들이 또 이렇구나" 하면서도, 끝내 감히 욕을 보이지 못했다. 듣는 이들 모두 놀랐다. ○ 세상에 전하기를 허적許積이 의주부윤으로 있을 때 정명수【당시에 통역관으로 왔다】를 잡아다가 형틀 위에 엎드려 놓고 호통쳐서 "너의 몸뚱이는 청나라에서 살쪘고, 뼈는 우리나라에서 생긴 것이다. 응당 살은 돌려주고 뼈만은 여기 남겨두어야 한다" 하고 살을 도려내

---

108 강유후姜裕後, 1606~1666 : 자는 여수汝垂, 호는 옥계玉溪, 본관은 진주이다. 벼슬은 황해도 관찰사에 이르렀고, 숙종 때 청백리에 뽑혔다.

109 북사北使 : 여기서는 중국 청나라의 사신을 가리킴.

110 빈재擯宰 : 빈객을 영접하는 주무관. 빈擯=빈儐.

111 정명수鄭命壽, ?~1653 : 원주에 "본래 우리나라 사람인데 청나라에 투항한 자"라고 나와 있다. 평안도 은산殷山 사람으로 명의 요청으로 원병을 파견했을 때 졸개로 강홍립 부대를 따라 갔다가 적군에 투항했다. 그리하여 저쪽의 앞잡이가 되어 온갖 횡포를 부리고 반역적인 행동을 자행했다. 효종 4년(1653)에 심양에서 죽임을 당했다.

라고 명령했다. 정명수가 애걸복걸하기에 그만두었다고 한다. ○ 이 이야기는 믿을 수 없다. 그 당시에는 아마도 이와 같이 하기가 어려웠을 것이다.

정승 오윤겸吳允謙이 안주목사로 있을 때 일이다. 마침 선조가 승하昇遐하여 요동 차관遼東差官이 치제致祭[112]를 하러 오는데 연도의 수령들은 모두 상복을 벗고 차관을 기다렸다. 오윤겸만은 "차관은 칙사와 다르니 상복을 벗어서 안 된다"라고 주장했다. 차관은 성을 내며 지나쳐갔다. 뒤에 조정에서 여러 고을에 공문을 내어 안주목사의 격식을 따르도록 했다. 이에 상복을 벗었던 수령들은 모두 부끄럽게 여겼으며, 차관도 돌아가는 길에 사과하고 떠났다.

조세환趙世煥이 동래부사로 있을 때 일이다. 종래 관례는 반드시 화려한 복장으로 왜인을 접대하였는데, 그는 "어떻게 화려한 복장으로 적의 마음을 감복시킬 수 있겠는가" 하고는 평상시의 복장으로 대했다.

동악東岳 이안눌李安訥이 동래부사로 있을 때 일이다. 옛 관례에 일본 상인을 접대하는 데 공비公費가 매우 많이 들었다. 그래서 그는 규정을 고쳐서 상선의 수를 줄여 한 해에 사뢰賜賚하는 돈을 1000전 내지 1만 전 이상을 덜게 하였다.

가경 기미년(1799) 여름, 내가 곡산부사로 있다가 돌아오자 선대왕(정조를 가리킴)이 중희당重熙堂에서 부르시더니 지칙의 폐단을 물으셨다. 이에 대략 수십 조를 들어 아뢰고 물러나와 「지칙정례보설支勅定例補說」을 만들

---

112 치제致祭: 임금이 신하에게 내리는 제사. 여기서는 중국 황제가 조선 국왕의 제사를 지내는 것을 가리킨다.

어 올렸다. 임금께서는 원접사遠接使 이시수李時秀[113]에게 가서 의논하라고 하셨다. 이시수는 "지칙의 법식에 대해 참으로 규례를 새로 정하려 하면 필히 홍제원弘濟院으로부터 서쪽으로 의주義州의 용만관龍灣館[114]에 이르기까지 기존의 관사館舍·원사院舍·참사站舍 등을 모두 아울러 철거하고 새로 지어야 할 것이다. 관사는 1등급으로 하고 원사와 참사도 1등급으로 하되 관사의 기둥 높이는 몇 자요, 기둥의 너비는 몇 자요, 창문의 길이와 너비는 몇 자요, 승진承塵【우리말로 반자라 하는 것이다】은 밑에서 거리가 몇 자라는 식으로 각각 규격을 정해서 한 치도 어겨서는 안 된다. 참사 역시 이와 같이 하되 각각 몇 자씩을 줄여 2등급으로 한다. 그런 다음에는 거기에 쓰일 포진鋪陳·병장屛障·유장帷帳·상탑床榻 등과 거기에 소요되는 비단·포백·자리·재목·단청·종이 등도 규격을 정할 것이다. 이렇게 하지 않으면 규례를 정할 수 없다"라고 말하였다. 이에 바야흐로 개정하여 바로잡을 문제를 의논하였는데 말들이 있어서 일이 드디어 중지되고 말았다. 하지만 지칙에 관한 여러 가지 일들은 자못 상고할 필요가 있다. 그것을 여기에 기록해놓고 후인을 기다리는 바이다.

해서 지칙정례 보설

지칙은 나라의 큰일이다. 칙사가 온다는 기별은 급박한 경우가 많으며, 칙사를 위한 물자 또한 매양 부족할까 걱정되기 마련이다. 여기에는 필히 금석과 같은 규정을 만들어 바꿀 수 없게 하여 여러 고을로 하여금

---

113 이시수李時秀, 1745~1821 : 자는 치가稚可, 호는 급건及健, 본관은 연안이다. 호조와 예조의 판서를 지냈으며 영의정에 이르렀다.
114 용만관龍灣館 : 의주에 있던 건축물로 중국 사신을 접대하기 위한 시설.

따라 행하게 해야 한다. 그래야만 가히 안심하고 조처해나갈 수 있을 것이다. 그런데 지금은 그렇지 않아 무신정례戊申定例·을묘정례乙卯定例·원접사관문遠接使關文·순병영관문巡兵營關文·평안도전례平安道前例·경기전례京畿前例 등이 있어서, 어느 것을 따라야 할지 몰라서 거행하는데 어리둥절하게 된다. 7참站[115]이 있는 고을에서는 처음에 을묘정례로 일일이 준비하였는데, 상사가 또 별도로 관문을 내려 무신정례로 하도록 지시한다. 이에 여러 참站에서는 붉은 것을 푸른 것으로 바꾸고 둥근 것을 모나게 만든다. 보름쯤에 평안도의 소식을 탐문하니 모두 을묘정례를 사용하며, 또는 무신정례나 을묘정례도 아닌 따로 신규를 만든 것도 있다. 평안도가 이미 그러하니 황해도도 응당 이와 같을 것이다. 그래서 또 무신정례와 을묘정례를 참작해 쓰게 되며, 겸해서 평안도의 방식을 모방하기도 한다. 그러는 사이에 낭패가 나고 막대한 비용이 드니 어떻게 하겠는가. 이를 미루어 보면 법이 없는 나라라고 말해도 좋을 것이다. 지금 응당 무신정례와 을묘정례를 참작하여 따로 불변의 확고한 규정을 제정하여 의주로부터 홍제원에 이르기까지 추호도 감히 어기지 말게 하고, 정례에 조금이라도 지나치거나 미치지 못하는 것들은 똑같은 죄로 다룰 것이다. 율문律文을 엄하게 제정하여 율문을 범하는 자가 있으면 이에 비추어 엄중하게 다스려야 한다. 이는 결단코 그만둘 수 없는 일이다. 여러 규정 중에서 응당 바로잡아야 할 것들을 초록해서 다음에 제시한다. ○ 정례 책자를 보면 쓸데없는 말들이 많다. 지금 번거로운 것들은 삭제하고 간략하게 하여 책으로 만들어서 3도道가 공동으로 간행하여 여러 고을에

---

115 7참站: 황해도 금교역 金郊驛 관할의 길에 있는 7개의 참站.

반포하고 그들로 하여금 영구히 준행토록 할 것이다. 매양 지칙에 당해서는 빈사儐使[116]와 감사가 점잖게 앉아 있고 세밀한 일에 간섭하려 들지 말 것이요, 비장을 파견하거나 관문을 띄우는 법을 일체 없애버리면 여러 고을에서 거행하는 일이 필시 순조롭게 될 것이다.

1)칙서를 봉안하는 전각의 옛 관례는 좌우의 벽에 용호병龍虎屛 둘을 설치하였는데, 금년의 주벽主壁에는 용호병 하나를 또 설치했다. ○생각건대 좌우의 벽에 단청할 때 용호를 그려놓았으면 병풍을 설치하지 않아도 무방하다고 본다. 주벽에는 서상書牀과 향상香牀[117]이 있으니 마땅히 용호병 하나를 설치해야 하고 좌우의 두 병풍은 제거하는 것이 좋을 듯하다.

2)궐패闕牌[118]는 대부분 다급할 때 가서 거칠게 만들고 있다. 그 길이와 너비의 치수가 고을마다 다른 데다, 깎아서 다듬지 않고 글자도 서툴게 새기는가 하면, 표면을 도금한 곳도 있고 황칠한 곳도 있으며, 누런 보자기로 덮어두거나 그냥 두기도 한다. ○생각건대 이것은 심히 못마땅하다. 지금부터라도 궐패는 길이와 너비를 한 푼도 어기지 말 것이며, 정밀하게 만들고 새겨서 모두 도금하고 누런 보자기로 덮는 것이 좋다.

3)다담茶啖의 정배庭排【연향의 음식을 뜰에 배설한 것】를 금년에는 제거했으나 원래 정배 시에 가가假家[119]에 차린 음식은 칙사의 좌석에서 거리

---

116 빈사儐使: 접반사를 가리킴.
117 서상書牀·향상香牀: 문서를 놓는 상과 향로를 놓는 상.
118 궐패闕牌: 궐자闕字를 새긴 위패 모양의 나무패. 각 고을의 객사에 이를 모셔놓고 그 앞에서 초하루와 보름에 망궐례望闕禮를 행하였다. 여기서는 중국 황제를 상징하는 물건으로 추정된다.
119 가가假家: 원주에 "초사草舍이다"라고 나와 있다. 임시 건물을 가리킴.

가 거의 100보에 가까워 칙사의 눈이 애초부터 가지 않는다. 아무리 먹을 만한 음식이 있다고 하더라도 실상 젓가락이 닿기도 어려운 형편이다. ○ 생각건대 음식은 마시고 먹는 것인데, 이 무슨 예법인가. 하물며 정배 시의 가가는 비용이 워낙 많이 든다. 수백 리 밖에서 출참出站하는 고을은 재목·볏짚·삿자리 등 물품을 사람을 차출해서 운반해오니 그 노고가 더 심하다. 이 뒤로는 칙사의 행차 때 원접사로 하여금 먼저 국경에서부터 정배를 당배堂排¹²⁰로 바꾸기를 청하고, 정배법은 영구히 없애는 것이 좋을 것이다.

4)칙사와 통역관의 방배房排¹²¹ 중에서 파리채·부채·향로 등의 물건은 저들이 좋아하지 아니하니 당장 없애도록 한다. ○ 생각건대 손님이 좋아하지 않고 주인은 비용이 많이 드니, 이는 이른바 주인집에 간장이 떨어지자 손님이 국을 싫어하는 격이다. 지금부터 이런 물건들은 일체 제거하며, 향동자香童子¹²²는 책상 위에 놓는 것이 좋을 듯하다.

5)나무로 만들고 칠을 한 담배 재떨이는 보기에 좋지 않다. 게다가 불이 나무에 닿기 때문에 이치상으로도 좋지 않고 저들이 싫어한다. 당장 바꾸도록 한다. ○ 생각건대 재떨이는 지금부터는 일체 놋쇠로 만들고, 한번 만든 뒤에는 영구히 두고 쓰게 되면, 1년 회계에 그만큼 여유가 있을 것이다.

6)통역관을 접대하는 희뢰餼牢의 가짓수가 칙사와 조금도 차등이 없는 것은 예법이 아니다. 칙사도 항상 언짢게 여기고 통역관 자신도 편치 않

120　당배堂排 : 대청마루에 연향의 음식상을 배설하는 것.
121　방배房排 : 연향의 음식상을 방에 배설하는 것.
122　향동자香童子 : 향로의 일종.

게 여기므로 사람들이 모두 "줄이는 것이 좋다"라고 말한다. ○ 방안의 호피 방석은 무용지물이다. 저들은 방에 들어오면 모두 의자에 앉으니 이런 물건이 어디에 필요하겠는가. 칙사의 방은 조금 넓기 때문에 그대로 두더라도 괜찮지만 통역관의 방은 좁기 때문에 당장 치울 것이다. 지금부터 통역관에게는 당배 때에만 호피 방석을 쓰고 방배에는 치우는 것이 좋을 듯하다.

○ 체마소遞馬所[123]의 의자 밑에는 삼중석三重席을 설치하고 또 호피 방석을 설치하는데 저들은 모두 의자 위에 앉으니, 의자 밑의 겹자리가 무슨 필요가 있겠는가. 지금부터는 의자 위에 겹석袷席【우리말로 등매登每라 한다】을 깔고, 겹석 위에 호피 방석을 설치하며, 의자 밑에는 지의地衣 위에 자리를 한 겹 더 까는 것이 좋을 듯하다. 또 체마소의 통역관 처소는 마땅히 조금 낮게 한다. 그러면 휘장의 비용 역시 절감이 될 것이다.

7)쟁반찬錚盤饌【우리말로 지이只伊라 한다】은 옛 관례에 여러 가지 찬을 따로따로 한 접시씩 놓았는데, 금년에는 여러 종의 찬을 한 쟁반에 합해놓으니 뒤섞이고 모양이 나지 않았다. 저들도 불만스러워 하는 기색이 있었다. ○ 그중에 돼지고기 같은 것은 삶고 익히는 풍속이 다르니 저들은 애초부터 젓가락도 대지 않는다. 밀이蜜餌【우리말로 약과라 한다】도 역시 많이 먹는 음식이 아니며 요즈음 저들이 찾는 것은 미음米飮뿐이다. 지금부터는 큰 쟁반 한 개 안에다 사발 두 개에 그중 하나는 미음【잣죽이나 깨죽이나 다 좋다】, 다른 하나는 상장爽漿【우리말로 수정과水正果라 한다. 곶감·배·밤으로 하는 것이 좋다】을 담아놓고, 접시 세 개에 그중 하나는 약과, 하나는 증편

---

123 체마소遞馬所: 말을 갈아타는 곳. 역참.

【대추떡이나 밤떡이나 다 좋다】, 하나는 가효佳肴【건치乾雉·약포(藥脯, 육포의 일종) ·접복(鰈鰒, 가자미와 전복을 말린 것) 따위】를 담아놓는다. 두 사발과 세 접시를 한 쟁반에다 같이 놓고, 오직 술만 따로 하여 올리는 것이 좋을 듯하다. 칙사와 통역관은 의당 차등이 있어야 한다.

8)방배房排에는 푸른 비단 휘장〔靑錦帳〕에 붉은 깃 붉은 가를 댄 것을 쓰고 침상 위의 붉은 요는 칙사와 통역관 모두 같은 것으로 하여 차등이 없다. ○ 지금부터 통역관에게는 푸른 비단 휘장에 자주 깃과 자주 가를 대고 붉은 요는 푸른 요로 바꾸는 것이 좋을 듯하다.

9)청배廳排[124]에는 초롱불을 추녀 끝에 걸어놓는데, 그 수가 너무 많다. ○ 지금부터는 칙사와 통역관을 막론하고 적당히 그 수를 줄이는 것이 좋을 것이다.

10)모든 관사와 참사站舍에 승진承塵【우리말로 반자이다】은 높이가 같지 않다. 높은 것은 몇 발이 되기도 하고 낮은 것은 한 발에 그치기도 한다. 그 높낮이가 같지 않으므로 도배지도 많고 적음에 큰 차이가 있다. 여기에 매 칸의 소요 경비를 다 같이 지출해주니 이것은 이른바 큰 신이나 작은 신이나 값이 같다는 격이다. 심지어 푸른 비단 휘장은 반드시 승진에서부터 지의地衣까지 드리우니 높은 집은 비단이 갑절이 드는데도 같은 값을 쳐주고 있다. ○ 지금부터 승진은 관사나 참사를 막론하고 모두 그 높이를 정하여 침상 위에서 키가 큰 사람이 설 정도면 될 것이다. 그 높이가 이미 줄면 벽지나 휘장의 비단도 반드시 따라서 줄게 되고 다만 넓고 좁은 폭의 차이만 있을 뿐이다. 승진을 옮겨 설치할 때에도 수고가 매

---

124 청배廳排: 연향의 음식상을 대청에 배설하는 것을 가리키는 말.

우 적게 들고 비용도 줄어 그 이익이 크다. 그리고 추운 계절을 만나면 방 안이 따뜻하고 아늑하여 저들이 오히려 편하게 여길 것이다. 이는 변통하지 않을 수 없는 일이다.

11) 벽지의 품질로 무신정례에는 청릉화靑菱花를, 을묘보례乙卯補例에는 백면지白綿紙[125]를 사용하게 되어 있다. ○ 그 의도는 대개 비용을 줄이고자 한 것이다. 그러나 청릉화는 백지에다 푸른 능화 무늬를 박은 것이니, 백면지에 비해서 값이 훨씬 헐하다. 지금부터는 마땅히 청릉화로 정식定式을 삼을 것이다.

12) 영위사迎慰使를 도내의 수령으로 차출하면 숙식은 자기 부담으로 한다고 하는데, 이 말이 등록騰錄의 한 구절에 보일 뿐 정례定例에는 당초에 이 말이 들어 있지 않다. 문안사問安使와 각무차사원各務差使員[126]은 비록 도내의 수령으로 차출하더라도 모두 참관站官[127]이 제공하게 한다. 다같이 도내의 수령임에도 규례가 같지 않다. ○ 대저 많은 차사원에게 제공하는 일은 실로 하나의 큰 폐단이다. 가령 곡산부사가 문안사가 되고 풍천豐川[128] 부사가 도차원都差員[129]이 되었다고 할 때 황주참黃州站에 도착하면 풍천에서는 건가乾價【손님 접대에 쓰이는 돈】를 곡산으로 보내고, 평산참平山站에 도착하면 곡산에서는 건가를 풍천으로 보낸다. 갑 고을에서 을 고을로 보내고, 을 고을에서 갑 고을로 보내는데 거기서 서로 많다느

---

125 백면지白綿紙: 부드럽고 질겨 품질이 퍽 좋은 백지의 일종인데, 제조할 때 면을 넣는다.
126 각무차사원各務差使員: 사신 접대의 관원 중에서 문안사와 영위사를 제외한 일반 차사원. 차사원은 나라에 중요하고도 어려운 일이 생겼을 때 임시로 차출하여 보내는 관원.
127 참관站官: 사신 영접 때 동원된 관원.
128 풍천豐川: 황해도 송화군松禾郡에 속한 지명.
129 도차원都差員: 차사원으로 동원된 인원 중에서 으뜸이 되는 이를 일컫는 말.

니 적다느니 하고 다투니, 일 치고 도리에 맞지 않음이 이보다 더할 수 없다. 지금부터 각무차사원으로 나온 도내의 수령은 음식 제공받는 문제를 아예 논하지 말 것이며, 영위사와 문안사의 경우는 비록 임시 직함이라 하더라도 왕명을 받든 사신에 속하니, 음식 제공은 없애기 어려울 것 같다.

13)호행대장護行大將[130]이라든가 배칙차원陪勅差員[131] 따위는 사실상 긴요한 직책이 아니다. ○ 관찰사가 기왕에 그 뒤를 수행하니, 이것이 바로 호행대장이다. 그런데 또 무슨 필요가 있겠는가. 대저 수령으로서 자기 고을에서 접대하고 있는 자를 또 배칙차원으로 차출하면 사성이 군속해진다. 지금부터 호행대장은 관찰사가 으레 겸하게 하고, 배칙차원은 이미 칙사가 통과한 고을의 수령을 반드시 차출하여 다음 참까지 배행하게 하며, 차례차례로 교대하면 일이 매우 간편하게 될 것이다.

14)감영 비장들이 일제히 출동하는 것은 하나의 큰 폐단이다. 여러 고을에서 비장 접대가 감사나 다를 것이 없다. 조금이라도 저희들의 뜻에 차지 않으면 공사를 빙자하여 트집을 잡기 때문에 여러 고을의 하인들 말에 "1등 반찬은 비장이 차지하고, 2등 반찬은 감사가 차지하고, 3등 반찬을 칙사가 먹는다"라고 하니 이는 옛날부터 흘러오는 말이다. ○ 지금부터는 감영 비장을 2명 외에 수행하지 말게 하고, 설령 수행한다 하더라도 일체 지공하지 말며, 각자가 양식을 지참토록 하고 또한 역마를 타지 못하게 하면 폐단이 크게 제거될 것이다.

15)관찰사에 대해 지공하는 것은 옛 관례로는 분판分纁에 들어 있었는

---

130 호행대장護行大將 : 호행차사護行差使와 같다. 사신을 호송하는 임무를 맡음.
131 배칙차원陪勅差員 : 칙서를 배행하기 위하여 차출된 관원.

데 무신정례에는 이것을 그때그때 임시로 참站에 관련된 여러 고을에 나누어 배정했다. ○ 대저 지칙이란 것은 큰일이다. 한 가지 일이든 반 가지 일이든 모두 금석 같은 규정이 있은 뒤에라야 여러 고을이 준비하였다가 조처할 수 있을 터이다. 지금 이것을 그때그때 임시로 나누어 배정하면 그 낭패스럽고 황망함이 한 입으로 다 말하기 어려울 것이다. 혹 청탁하여 모면하려고 하는가 하면 혹 객참客站이 있는 고을이 일을 서로 미루기도 한다. 또 객참을 담당한 고을에서 음식 제공을 맡았다 하더라도 현지의 수령은 부득불 따로 성찬을 마련해야 한다. 음식 제공의 일이 겹쳐져서 그 번거로움이 막심하다. 기치·육각六角·포진鋪陳·병장屛帳·기명 등의 물품을 수백 리 밖으로 출참出站하는 이로 하여금 운반하여 왔다 갔다 하도록 하는 것은 지극히 불편한 일이다. 지금부터 관찰사 일행은 주참관主站官으로 하여금 제공하게 하고, 이 규정을 정례에 올려 원칙수元勅需에서 회감하게 하는 것이 좋을 것이다.

16) 역졸은 전부터 패악하여 제가 못 먹고 잘 먹는 일체를 뇌물에만 의존하려 든다. 여러 고을의 하인배들은 역졸을 호랑이처럼 두려워한다. 사단이 생기는 것은 모두 역졸들 때문이다. ○ 지금부터 역속驛屬들에게 제공하는 것은 모두 건가乾價로 하되 후하게 책정하여 각 고을로부터 기일에 앞서 해당 역 찰방에게 보내, 그로 하여금 인원수를 계산하여 나누어주게 하면 아무 일이 없을 것이다.

17) 정례에 아무 고을의 지칙전支勅錢은 몇천 몇백 몇십 몇 냥 몇 전 몇 푼에서 한 푼도 가감하지 못하게 하여 불변의 규정으로 삼는 것 또한 심히 부당한 것이다. ○ 지칙에 드는 비용의 많고 적음은 미리 예정할 수 없으니, 몇 전 몇 푼이라고 어찌 반드시 규정을 할 수 있겠는가. 지금부터

여러 고을의 지칙전은 그 대충을 계산하여 어느 주는 몇천 몇백 냥이요, 어느 현은 몇천 몇백 냥이라는 식으로 그 대략의 액수만을 배정하는 것이 아마도 사리에 맞을 것이다.

18)여러 고을의 지칙전은 예치하여 손대지 말고 의외의 경우에 대비하는 것이 본래 이 법의 뜻인데, 여러 고을의 잘못된 규례는 형형색색이어서, 심지어는 지칙전을 이용해 이자를 얻어 수령의 월봉에 보태는 경우도 있다. 한 가지를 들어보면 세 가지를 알 수 있다.

○ 지칙의 정례에 비록 후하게 예산을 세운다고 하더라도 급할 때 가서 마련하자면 물건 값이 갑절이나 들 것이니, 지칙 후에는 그 결손이 거의 수천 전이나 1000냥이 되기도 한다. 이는 일이 되어가는 형세의 자연스런 현상이다. 부민으로 도감을 삼는 것을 비록 엄금한다고 하더라도 필경은 숨은 피해가 백성들에게 돌아갈 뿐이다. 또 설사 수령으로 하여금 그 결손을 보충하게 하더라도 나라의 체모에서 볼 때에는 역시 온당치 못한 점이 있다. 지금부터는 여러 고을의 지칙전 중에서 그 절반이나 3분의 1을 유고留庫하여 그 외의 경우에 대비하며, 그 나머지는 민간에 방채放債하여 월 2푼으로 이자를 늘리고, 이자가 몇 해 가서 어느 정도에 차면 예치해두고서 다시는 방채하지 말아야 일에 편리할 것이다. 각 해당 고을에 대해 본래 책정해놓은 지칙전의 액수를 계산하여 거기에 결손의 액수를 정하면 이자 수입의 한도액을 어느 정도로 한다는 것은 저절로 고을에 따라 정해질 수 있을 것이다. 혹 "민채民債[132]는 폐단이 있다"라고 한다. 그러나 황해도 지방에는 이른바 상채미償債米라는 것이 있으니, 이는

---

132 민채民債: 관에서 백성에게 돈을 빌려주고 이자를 받는 것.

본래 영속營屬[133]들의 포흠을 상환하기 위한 것이었는데, 문서를 태워버리고 포흠을 탕감해준 뒤에는 변하여 민채가 되어서 매년 4월에 돈 2냥 4전을 방채하여 불과 7개월 만에 강제로 징수함이 4냥에 가까울 정도가 된다. 이에 비하면 지칙전의 방채는 문제될 것이 없다. ○ 지칙전의 이자 수입은 정례에 따라 규정된 이외에 별도로 해당 고을에 주어 그들로 하여금 얼마가 나가고 얼마가 들어온 액수를 따지지 않고 형편에 따라 보충해 쓰도록 하는 것이 좋다. 이렇게 해야 비로소 부민을 도감으로 삼는 것을 엄금할 수 있고 수령도 잘못을 저지르지 못할 것이다.

19)여러 고을의 지칙에 대한 사례는 고을마다 각각 달라서 형형색색으로 그 명목을 이루 다 말할 수 없다. 혹 차인을 파견하여 그들로 하여금 장사꾼 행위를 하게 하기도 하고, 혹 칙고勅庫[134]를 사적으로 설치하여 그들로 하여금 보충하도록 하기도 하며, 심지어는 금란장교禁亂將校[135]·봉기무학奉旗武學[136]·배칙교생陪勅校生[137]·계란·생치生雉·모마募馬·낙우酪牛·도로·교량·횃불·촉롱군·주행군 등에 이르기까지 각 항목마다 잘못된 규례가 한둘이 아니다. 함부로 거두어 백성들을 수탈하는 명색이 심히 많다. 마땅히 여러 고을에 명령하여 세밀히 조사하고, 각기 자진 신고하게 하여 혹 옛 관례에는 있으나 금년에 사용하지 않는 경우와 혹 옛 관례에는 없는데 금년에 새로 시작한 경우를 일일이 열거해 적어 그 시정을 논

---

133 영속營屬: 감영 소속의 아전과 군교들을 가리킴.
134 칙고勅庫: 중국의 사신을 접대하기 위해 설치한 민고.
135 금란장교禁亂將校: 귀인의 행차에 행인을 비롯한 도로 정리를 위해 임시로 동원된 군교.
136 봉기무학奉旗武學: 귀인의 행차에 깃발을 앞세우고 가는 무자武者. 무학武學은 무예를 익히는 한량을 가리키는 말.
137 배칙교생陪勅校生: 칙서를 지키는 교생을 가리키는 말.

의할 것이다. 비록 죄를 범한 일이 있더라도 아울러 추구追究하지 말고 몇 번이고 자세히 명령을 되풀이하여 그로 하여금 사실을 자백케 하면 수령 역시 어찌 감히 속여 숨기겠는가. 여러 고을 중에 사고私庫를 두어 보충해 쓰는 것에 대해서는 수령이 반드시 선뜻 말하려 하지 않을 것이다. 그러나 사고를 두어 보충하여 쓸 경우에는 마땅히 지칙전의 방채 수를 줄여야 한다. 각종의 잘못된 규례는 자백을 받아 정례의 끝에다 나열해 기록해서 일체 금단하여 그 법령을 엄하게 하고, 매양 지칙이 끝난 뒤에는 감사가 이것을 살펴 염문廉問하면 민폐가 반드시 종전과 같지는 않을 것이다.

20)정례 중에 물건 값에 대한 규정은 산간 고을과 바닷가 고을이 의당 각각 달라야 한다. 산간의 노루와 바닷가의 어물이 어찌 값이 같을 수 있는가. 거리가 먼 고을과 가까운 고을은 운반비가 의당 달라야 할 텐데 정례에는 애초부터 언급이 없다. ○ 지금 마땅히 이에 관한 정례를 마련해야 할 것이다.

21)여러 고을에서 차출하고 준비하는 사람과 물종은 감영의 신칙에 못 배겨 기일 이전에 출참出站하여 걸핏하면 시일을 낭비하니, 부채가 많으면 한 사람이 수십 냥에 이른다. ○ 지금 마땅히 법령으로 정하여 매양 일정을 알리는 기별이 온 뒤에 그 날짜를 계산하여, 해당 참站에 도착하기 3일 전에 그로 하여금 나가서 기다리게 하고 비장이 나와서 비리를 적발하는 일이라든가 기일에 앞서서 점고하는 법 따위는 영구히 혁파해야 한다. 그렇게 하면 사람들의 힘도 펴지고 공사도 잘 거행될 것이다.

22)부고訃告를 가지고 오는 칙사를 영접하는 여러 가지 절차에 대해서는 정례에 본래 아무 말도 제시하지 않았을 뿐만 아니라『국조오례의』에

도 역시 상고한 내용이 없다. ○ 지금 마땅히 그 요점을 추려 정례에 올릴 것이다.

23)수리하고 단청을 하는 일은 기간을 정해두고 하는 것이 아니므로 그 값을 장부에 마감할 성질이 못된다. ○ 가령 지칙하고 난 뒤 3년 만에 할 경우 60냥을 주고 6년 만에 할 경우 90냥을 주어야 할 것이다. 적당히 정식을 만들어 지출케 함이 옳다. 병진년에 그 본값을 준 것은 깎을 수가 없었기 때문이요, 금년에 또 영문으로부터 수리를 잘하라고 신칙하여 단청을 환하게 한 경우, 이에 대가를 지급하지 않으면 사리에 극히 타당하지 못할 것이다.

24)정례를 개정한 뒤에 보관해두어 다음 사용될 때까지 기다릴 수 없는 것은 모두 매각하여 즉시 입본立本을 하고 남겨두지 말도록 함이 좋다. ○ 반자를 높이고 낮추는 일 따위는 한가한 틈을 타서 바로 옮겨 설치하도록 하는 것이 좋을 듯하다.

25)두 참站 사이에는 으레 체마소 한 곳이 설치되어 있다. 혹 그 사이가 너무 멀어서 일행이 배고픔을 참아야 하고, 혹 두 참 사이가 너무 가까운데도 말을 바꾸어 타게 되어서 폐단이 되기도 한다. 역관의 말을 들으면 안주와 숙천肅川 사이는 교량으로 인해서 길을 돌게 해놓은 곳이어서 한 참이 거의 80리에 가까운데 중간에 체마소가 한 곳만 있어서 칙사 이하 모두들 배고프다고 한다. 총수葱秀[138]에서 평산, 평산에서 금천金川 사이는 30리에 불과한데도 말을 바꾸어 타니 한갓 폐단만 된다. ○ 지금부터는 두 참 사이의 거리가 50리를 넘지 말게 하여 중간에 체마소를

---

138 총수葱秀: 황해도 평산군에 있는 지명.

하나를 두고, 30리면 말을 바꾸지 말며, 30리 미만인 곳은 적절히 줄여야 한다. 의주에서 홍제원까지 모두 조절하는 것이 좋을 것이다.

26)칙사 일행이 혹시라도 약이 없는 고을에서 병이 생기면 약을 요구해도 줄 수가 없다. ○ 형식적인 의례는 지나치게 많고 실용적인 면은 모두 소홀하다. 지금부터는 각종 약품을 내의원內醫院에서 역관에게 주면 의주까지 가지고 가 필요에 대비하며, 쓰고 남은 것은 내의원에 도로 반납함이 좋을 것이다.

정약용丁若鏞

조선 정조 때 실학자로 호는 다산茶山이다. 1762년 경기도 광주부에서 출생하여 28세에 문과에 급제했다. 곡산부사·동부승지·형조참의 등의 벼슬을 지냈다. 경학經學과 시문학에 뛰어났으며 천문·지리·의술 등 자연과학에도 밝았는데, 수기치인修己治人의 실학은 그의 학문 자세와 방향을 상징하는 말이 됐다. 18년간의 강진 유배생활 동안『목민심서』『경세유표』『흠흠신서』등 방대한 분량의 초고를 저술했으며, 경학 연구서 232권을 비롯해 2500여 수의 시와 다수의 산문 등 빼어난 저술들을 남겼다. 1818년 귀양이 풀려 고향으로 돌아와 1836년 별세하기까지 방대한 저술의 완성에 힘을 쏟았다.

다산연구회

1975년 고故 벽사 이우성 선생을 필두로 실학에 관심을 가진 학자들이 함께 원전을 읽고 토론해보자는 취지로 모임이 시작되어『목민심서』독회와『역주 목민심서』출간에 이르렀다. 10년간 치밀하게 조사하고 치열하게 토론하며 역주에 힘을 쏟은 결과, 1978년『역주 목민심서』(창작과비평사) 제1권을 간행한 이래 1985년 전6권이 완간되었다. 회원은 작고한 분으로 이우성李佑成·김경태金敬泰·김진균金晉均·박찬일朴贊一·성대경成大慶·정윤형鄭允炯·정창렬鄭昌烈, 현재 활동하는 분으로 강만길姜萬吉·김시업金時鄴·김태영金泰永·송재소宋載邵·안병직安秉直·이동환李東歡·이만열李萬烈·이지형李篪衡·임형택林熒澤 등 16인이다.『목민심서』200주년을 기념한『역주 목민심서』전면개정판 작업의 교열은 임형택이 맡았다.

역주 목민심서 3

초판 발행/1981년 12월 5일
전면개정판 1쇄 발행/2018년 11월 7일

지은이/정약용
역주/다산연구회
교열/임형택
펴낸이/강일우
책임편집/윤동희 홍지연
펴낸곳/(주)창비
등록/1986년 8월 5일 제85호
주소/10881 경기도 파주시 회동길 184
전화/031-955-3333
팩시밀리/영업 031-955-3399 편집 031-955-3400
홈페이지/www.changbi.com
전자우편/human@changbi.com

ⓒ 다산연구회 2018
ISBN 978-89-364-6049-5 94300
     978-89-364-6985-6 (세트)